EPISTOLARIO
de
LÁZARO CÁRDENAS
* *

siglo
veintiuno
editores

méxico
españa
argentina

siglo veintiuno editores, sa
CERRO DEL AGUA 248 MÉXICO 20 DF

siglo veintiuno de españa editores, sa
EMILIO RUBÍN 7. MADRID 33 . ESPAÑA

siglo veintiuno argentina editores, sa
Av PERÚ 952 BS AS. ARGENTINA

edición al cuidado de elena vázquez gómez
portada de ricardo harte

primera edición en español, 1975
© siglo xxi editores, s. a.

derechos reservados conforme a la ley
impreso y hecho en méxico
printed and made in mexico

ÍNDICE

III. TEMAS INTERNACIONALES	7
Diversos	9
América Latina	82
La paz mundial y la liberación nacional	208
IV. VARIA	295
ÍNDICE ONOMÁSTICO	389

III
TEMAS INTERNACIONALES (1941-1970)

DIVERSOS

(20 de julio de 1941 al 4 de julio de 1970)

Tacámbaro, Mich., 20 de julio de 1941

Señor general de división, Manuel Ávila Camacho, presidente constitucional de la República, México, D. F.

Estimado general y amigo: Vemos cómo día a día se vienen presentando nuevas complicaciones internacionales, con serias repercusiones en los países de este continente y en particular en el nuestro que tiene por vecino a un país poderoso que está preparándose con gran actividad por tomar parte en la actual contienda.

Se habla hoy de que el gobierno de Norteamérica ha puesto en "lista negra" a firmas alemanas e italianas establecidas en las repúblicas latinoamericanas, considerándolas "agentes del Eje" y privándolas de crédito y de toda posibilidad de comercio con aquel país.

Aunque el sólo anuncio de esta medida lesiona seriamente la economía de los países que alojan a empresas incluidas en dicha lista, lo más grave es que el gobierno norteamericano pretenda el control económico de las citadas empresas, como lo viene anunciando la prensa.

A las empresas establecidas en nuestro territorio, de *comprobárseles plenamente* su complicidad (pero sólo en este caso), hará bien el gobierno mexicano en intervenirlas, manteniéndolas en actividad con recursos *exclusivamente nacionales*.

Conviene observar el alcance que pueda encerrar la medida dictada por el gobierno de Norteamérica, investigando si en realidad las empresas señaladas son agentes de los enemigos de las democracias o si se pretende aprovechar la ocasión para desplazar de América la penetración de la industria alemana, que por cierto aumentó considerablemente antes de la guerra debido, en gran parte, a la torpe política del capitalismo norteamericano que siempre ha obstaculizado el desarrollo industrial de los países de este continente, queriendo mantenerlos como productores de materias primas baratas.

Indudablemente que el momento es muy delicado para México, pero afortunadamente hay confianza en usted que, con su profunda comprensión de los problemas y con su serenidad manifiesta, librará al país de todo peligro.

Esta carta que escribo a usted la inspira sólo el deseo de que le llegue, en momentos tan trascendentales, la opinión de un amigo que siente la preocupación de usted en caso tan delicado para la nación.

Con mis saludos afectuosos quedo su atento amigo que lo quiere.

Lázaro Cárdenas

Pátzcuaro, Mich., 25 de julio de 1941

Señor Julio Álvarez del Vayo, 188 Sullivan Street, Nueva York, N. Y., EU.

Estimado y distinguido amigo: Hasta hoy he podido hacer referencia a su atenta del 9 de junio próximo pasado, en la cual me comunica usted que se me hace el honor de asociar mi nombre a un movimiento de democracia internacional que luche contra la opresión que el totalitarismo implica y representa.

Muy agradecido por tan destacada distinción.

Considero, mi estimado amigo, que la Asociación Democrática Mundial que comienza su obra en esta hora de guerra en que el mundo sufre un reajuste por medios violentos, en que fuerzas diferentes luchan por defenderse, por seguir afirmando más y más su hegemonía y sus privilegios, se empeñará porque esta guerra de tan extrañas características se transforme en lucha efectiva contra la reacción, contra las dictaduras, contra los enemigos directos e indirectos de las auténticas democracias, contra todo resurgimiento de la tiranía, contra las victorias de las ideas totalitarias que significarían la desaparición de cualquier vestigio democrático, la ausencia total de autonomías nacionales y el vasallaje completo de pueblos aún hoy libres, para evitar en esa forma un mañana trágico, de dependencia imperialista y como tal, condicionado por los intereses particulares que forman una sola clase solidaria del interés común de la plutocracia internacional.

Si esta guerra que no ha querido el pueblo, que representa desolación y muerte, no logra a su tiempo una transformación verdaderamente democrática, una solidaridad de hombres, naciones y razas, si esta destructora lucha tan sólo sirve para afirmar la debilidad democrática, la inhibición de los mejores y la dominadora codicia de algunos pueblos para la opresión y el despojo de las naciones débiles, la historia del mundo recogerá en sus páginas, refiriéndose a nuestro tiempo, un ejemplo oprobioso del que no existe precedente.

Para combatir el intento visible de las clases detentadoras del poder y dueñas actualmente del mundo, frecuentemente ciegas a la necesidad popular, y ayudar a la realización de los ideales de justicia social de las clases desheredadas, la Asociación Democrática Mundial tiene que adelantar ciertamente una actitud activa que prepare, como lo expresa usted en su carta, el camino para el establecimiento de un orden más progresista y más justo.

Soy de usted, su siempre atento amigo.

Lázaro Cárdenas

Ensenada, B. C., 23 de enero de 1942

Señor don Julio Álvarez del Vayo, revista *Mundo Libre*, Nueva York, N. Y., EU.

Estimado y fino amigo: Hace algún tiempo que sin noticias suyas, tampoco he recibido la revista *Mundo Libre*, cuyos números sucesivos deseo conservar, como síntesis cabal del pensamiento contemporáneo con relación a la grave crisis por la que atraviesa el mundo, aunque me imagino que deben estar en Michoacán a donde ya los pido.

En realidad, el panorama no puede ser más interesante. En cuanto es el momento crucial en que se debaten, hasta vencer, la democracia y el régimen totalitario. Por mi parte, estoy seguro de que el triunfo de la democracia es ineludible y que sólo es cuestión de tiempo, el necesario para que se conjuguen las acciones coordinadas de los países que están en contra del Eje. Y por lo que atañe a los pueblos de América, antes y después del resultado de las conferencias en Río de Janeiro, estoy seguro también de que priva en el continente, por tradición histórica, una fuerte corriente repulsiva a todo sistema que niegue la libertad y la soberanía de los pueblos. Aquí es, precisamente, en donde encuentro la parte trascendental para un programa ideológico de América: pienso que desde ahora pudiera definirse la tesis de que los pueblos demócratas, vencedores, deben tomar en cuenta, al vencer, el derecho de los pueblos vencidos a subsistir, soberanamente, con un criterio amplio, democrático, que atienda a sus necesidades naturales, sociológicas y económicas, todo esto, digo, con un espíritu de justicia y como base permanente para conservar la paz. Otra cosa, cualquier impulso de rencor ciego, llevado al extremo de sojuzgar a los pueblos vencidos, no haría otra cosa sino preparar, en principio, los gérmenes de una nueva guerra a un plazo más o menos largo.

La verdad de esta guerra —que es nuestro principio—, radica en el respeto absoluto a la soberanía de los pueblos y en la conservación de las normas de justicia social y democracia más completas.

Me congratula saludar a usted y me repito su siempre amigo y servidor.

Lázaro Cárdenas

Durango, Dgo., 11 de febrero de 1943

Señor doctor y general Francisco Castillo Nájera, embajador de México, Washington, D. C.

Estimado y fino amigo: Con tu atenta del día 22 del pasado recibí la copia del informe sobre tu plática con el señor general Hurley que encuentro muy interesante.

Las impresiones recogidas por el señor general Hurley, primero en su viaje a Oriente y últimamente a Rusia, vienen a confirmar las noticias acerca de los sentimientos que privan en Rusia, Asia y la India contra Inglaterra, a la que juzgan estar más interesada en mantener su hegemonía que en luchar por la libertad de los pueblos.

El señor general Hurley habló del futuro de la guerra basándose en la situación que él pudo apreciar en el campo de las operaciones en la fecha de su viaje, situación que ha variado hoy con la derrota del ejército alemán en Stalingrado y otros puntos y que lo imposibilita para iniciar de momento nuevas operaciones en el propio territorio ruso.

Rusia, triunfante en su territorio, tampoco podrá ir más allá de sus fronteras mientras no cuente con los materiales suficientes para dotar a su ejército en condiciones de combatir con éxito fuera de su país, en tanto que Alemania aun derrotada en Rusia, cuenta con grandes efectivos humanos y alta producción de material bélico en sus numerosas instalaciones establecidas en su propio territorio y en la parte de la Europa ocupada, para resistir ventajosamente una invasión.

Indudablemente que sí hay suficientes fundamentos para pensar que la victoria final quedará de parte de las naciones aliadas y también que se obtendrá a costa de grandes sacrificios, pero lo importante de esta guerra y su victoria, es asegurar desde ahora el fin que se persigue y que no podrá conseguirse sin el concurso de todas las naciones que luchan contra el Eje.

El disgusto de Rusia contra Inglaterra, expresado con cruda franqueza al señor general Hurley, y las reservas que encontró para su propio país, no dejan de tener su justificación, pues mientras Rusia hace inauditos y heroicos sacrificios para combatir y desalojar al más poderoso ejército de Europa que tiene invadido su territorio, y China se desespera por la falta de materiales, las demás naciones aliadas operan en forma que no satisface a los dirigentes de aquellos países.

Y para dominar totalmente al enemigo y también en previsión de posibles disensiones entre las mismas naciones aliadas, los Estados Unidos tienen mucho trabajo por delante: poner en actividad, y en actividad eficaz, su potente maquinaria, extendiendo su movilización estratégica a puntos convenientes y, ante todo, exigir la unidad en el comando, indispensable en una guerra de la magnitud como la actual, en que se juega el destino de todos los continentes y en la que se lucha contra un enemigo de vieja y recia organización militar que, indiscutiblemente, irá hasta lo último por evitar su derrota.

La opinión del señor general Hurley, contenida en el párrafo último de tu memorándum, al expresar que terminada la guerra en Europa, la guerra con el Japón podrá durar muchos años, puede tener fundamento que ignoramos, pero juzgo que el Japón aislado no podrá resistir a los Estados Unidos aunque éstos se vieran solos en la lucha y menos si participan las naciones aliadas. De todas maneras, es indispensable que se mantenga la unidad hasta el final y que se establezca el mando único para que puedan obtenerse los propósitos anunciados en la carta del Atlántico, haciéndose necesario que China y Rusia sientan y tengan ayuda franca y amplia para que queden por ello obligadas a participar en el desarrollo del plan general, en el momento que se les demande.

Al tener ocasión de hablar con el señor general Hurley, te ruego hacerle presente mi congratulación por haberme dado a conocer sus observaciones logradas en sus últimos viajes y por sus saludos que le retorno con todo afecto.

Te desea todo bien, tu siempre atento amigo.

Lázaro Cárdenas

TELEGRAMA

México, D. F., 6 de diciembre de 1944

General Luis Alamillo Flores, agregado militar, Embamex, Washington, D. C., EU.

EMS. Núm. 2690-S. Ruégole transmitir a señor archiduque Félix de Austria que radica en Nueva York, siguiente mensaje: "Tuve agrado recibir su bondadoso mensaje fechado tres actual. Para México y su gobierno la protesta por la agresión que a Austria hizo Alemania, fue la expresión de su tradicional política en defensa de la soberanía e integridad de las naciones. Deseo que su estancia en mi país le haya sido grata y hago votos por la pronta liberación de su patria." Afectuosamente.

Secretario Defensa, Lázaro Cárdenas

Excelentísimo señor don Diego Martínez Barrio, presidente de las Cortes Españolas, Presente.

Excelentísimo señor Presidente: Con motivo de la reunión de las Cortes de la República Española que celebran hoy uno de sus actos más trascendentales, deseo expresar a usted y por su digno conducto a los miembros del Parlamento, mis congratulaciones por la reanudación de su ejercicio legítimo, haciendo votos porque el esfuerzo unido de todos los republicanos traiga muy pronto la liberación de vuestra patria.

Y en esta hora de júbilo para todos los pueblos amantes de la libertad en que se celebra la victoria contra el totalitarismo, me permito hacer llegar, a través de vuestra H. Representación, mi felicitación más calurosa a los republicanos españoles por haber sido los primeros en combatir hasta el sacrificio a las huestes nazifascistas, que hoy han sido aniquiladas por la justicia y el derecho.

Atentamente.

Lázaro Cárdenas

México, D. F., 17 de agosto de 1945

México, D. F., 18 de agosto de 1945

Excelentísimo señor general de división don Lázaro Cárdenas, secretario de la Defensa Nacional, Presente.

Exmo. Sr.: La comunicación de fecha 17 del corriente mes que tuvo V. E. la bondad de dirigirme fue leída ante la Cámara de Diputados españoles en la reunión extraordinaria celebrada ayer en la Sala de Cabildos del gobierno del Estado federal.

Hondamente conmovidos mis compatriotas dieron rienda suelta a su emoción vitoreando a México y a V. E. defensor valeroso de la causa republicana española, cuando en el horizonte del mundo parecían triunfantes la maldad y la injusticia.

A los sentimientos de los españoles, visiblemente manifestados, se unen los míos personales. De antiguo he medido exactamente la trascendencia de la obra realizada por V. E. y su repercusión dentro de la vida futura de nuestros dos grandes pueblos, más que unidos, confundidos e identificados en el gran ideal de servicio a la justicia y la libertad. Perseverar en estos propósitos y cultivar tales sentimientos constituyen para mí una satisfacción y un honor.

Con la mayor consideración y afecto le saluda

Diego Martínez Barrio

México, D. F., 9 de septiembre de 1946

Señor licenciado Alfonso Francisco Ramírez, ministro de la Suprema Corte de Justicia de la Nación, México, D. F.

Estimado licenciado y fino amigo: Con el agrado de siempre doy contestación a la atenta carta de usted del día 5 del actual, en la que se sirve participarme la integración de un Comité Pro-Palestina, invitándome a formar parte de él y asistir a la ceremonia de solidaridad a su causa que tendrá verificativo el día 11 de este mismo mes.

Me place expresarle mi honda simpatía por la actitud de aquellos mexicanos que como usted, definen su postura en favor de las justas demandas de los palestinos, y al hacerlo encuentran eco en los ámbitos del pensamiento del pueblo mexicano inclinado a acoger las grandes causas en las que asiste la justicia y ampara el derecho. Nuestro pueblo, que en ocasiones amargas del pasado ha visto que intereses externos a sus fronteras han sido capaces de imponerle la injusticia, alza su voz en defensa y protesta cuando contempla que a otros pueblos se les trata también de privar de lo que está consagrado en su favor por condiciones geográficas, históricas, raciales y hasta de elemental humanidad.

Las anteriores condiciones asisten a los hebreos en su derecho de entrar a Palestina, y no deben ser intereses de una o más naciones los que prevalezcan en este caso sobre los postulados de la moral humana, que es la que dicta el respeto mutuo y la equidad indispensables para el concierto del vivir pacífico entre los hombres; sin ella, no pueden existir sino animadversión y resentimiento incitadores a la violencia y a la guerra.

La simpatía misma que ha despertado esta noble causa para cuya defensa se han ustedes agrupado, me hace lamentar que ineludibles compromisos me obliguen a ausentarme antes de la fecha de la celebración del acto de solidaridad que usted, señor licenciado, me anuncia, pero, desde luego, acepto el quedar incluido en el Comité Pro-Palestina, para cuya labor alta y generosa van mis mejores deseos.

Reciba usted los saludos afectuosos de su servidor y amigo.

Lázaro Cárdenas

México, D. F., 18 de junio de 1947

Señor licenciado Raúl Noriega, Delegación Mexicana en la Organización de las Naciones Unidas, Empire State Bldg. Room 6003, Nueva York, N. Y.

Estimado y fino amigo: Debido a mis frecuentes viajes, que ya conoces, hasta hoy doy contestación a tu interesante carta del día 14 de abril último, en la que me platicas algunas de tus primeras impresiones acerca de la ONU, desde el puesto honroso que nuestro gobierno te ha conferido.

Si bien por una parte la diferencia del ambiente, la natural dificultad del distinto idioma y la intensidad de atención y trabajo requerido, hacen que tu labor motive especial esfuerzo, por otra, el medio en que actúas te será un continuo aporte de experiencias y conocimientos que no dudo serán altamente benéficas para nuestro país y para ti mismo.

Es muy natural que quien como tú se acerca con un bagaje de ideales a la mesa de los arreglos internacionales donde se ponen en juego los grandes intereses que frecuentemente atropellan a los más elementales derechos de los pueblos, sienta la repulsa y el desencanto. Pero, como has advertido desde tu puesto de primera fila, no es posible suponer una armonía internacional de imperialismos.

Por ello, bastante es ya que los funcionarios que representan a México en los organismos internacionales, estén animados de la altura de miras y estricto respeto a la soberanía y al derecho de otros pueblos que a la política internacional de nuestro país siempre ha correspondido como norma invariable, sin hacer concesiones respecto a tamaños ni establecer categorías entre las naciones. Porque dentro de una crisis mundial, como la que atravesamos, en que las grandes potencias no tienen empacho en dar como válidas al mundo grandes mentiras convencionales que mal ocultan la bastardía de los intereses que las originan, es indispensable que algunas naciones sostengan con energía los justos principios y los esgriman como los únicos valiosos, capaces de dar lugar al surgimiento de normas de mejor convivencia entre los hombres.

Efectivamente, la historia no se desenvuelve dando tumbos sino que es un proceso cuyas aceleraciones y estacionamientos no son fatales, ya que en gran parte responden a la intencionada actuación de los hombres. Por ello, dado el avance universal de la cultura, que aunque tendenciosa —como dices—, en muchos países ha abierto campo al pensamiento y al conocimiento permitiendo un alto margen de crítica y determinación que en otros tiempos no existía, debemos de tener fe en que las generaciones nuevas sabrán encontrar el camino en medio del aparente caos. De ahí la importancia de que se frecuente cada día entre los intelectuales un mayor intercambio y discusión de los grandes problemas internacionales, puesto que la cierta dosis de autonomía que da la cultura al imponer siempre en última instancia el propio juicio por sobre los dictados de los gobiernos, hace esperar que, aunque lentamente, las más acertadas opiniones vayan difundiéndose entre los pueblos, creando una psicología de paz y una voluntad internacional de las grandes masas que un día podrían hacer imposible para los gobiernos precipitarlas a la guerra.

Debo decirte que he leído con hondo interés toda tu carta,

congratulándome del sentido humanista con que ves los problemas de nuestra época, y deseo seguir recibiendo tus letras que veré con gusto.

Seguramente tendrías ocasión de saludar al señor presidente Alemán durante su visita a ese país y ojalá hayas podido también hacerle conocer tus interesantes observaciones.

Con saludos afectuosos para tu familia de parte de todos los de esta tu casa y deseándoles todo bien, quedo tu siempre amigo.

Lázaro Cárdenas

México, D. F., 1 de mayo de 1948

Señor Henry A. Wallace, Nueva York, N. Y., EU.

Estimado y distinguido amigo: Por la prensa me he enterado de la campaña emprendida por usted, para encauzar el criterio del pueblo estadounidense por senderos políticos y sociales más congruentes con la hora del mundo.

Felicito a usted por esta actitud, que no sólo entraña un propósito generoso sino una tarea difícil, dado el medio ambiente de la nación americana formado por varios siglos de tradición y de educación cívica, a base de sus dos grandes partidos.

Ojalá que el espectáculo sangriento y ruinoso de las dos guerras mundiales pasadas, logre producir el ambiente necesario para alzar una verdadera ola de oposición a toda posibilidad de otra guerra, y que los sentimientos generosos de los trabajadores del campo, de la fábrica y de la mina de Norteamérica, se empeñen en interesar a los órganos verdaderamente democráticos de su país para que encaucen el poderío económico y la fuerza material de su opinión, por senderos de paz.

Si llega a apaciguarse el ambiente belicoso del factor oficial influido por la guerra anterior y por los sensacionales descubrimientos de nuevos medios de destrucción, hará una de las obras más patrióticas y meritorias que la humanidad entera aplaudirá y secundará seguramente.

Si se aplaca el rigorismo con que se trata de encadenar la libertad y la defensa del trabajo en provecho de intereses privados y de una sola clase social, se pondrán las bases más sólidas para que la potencia americana del norte sea considerada como verdadero paladín de los pueblos americanos, tan débiles y tan llenos de problemas para el logro de su bienestar, de la salud pública que les falta, y de su economía doméstica tan deficiente.

Para aspirar a la dirección del mundo es menester acercarse a la perfección en el interior, eliminando las posibilidades de disgregación civil; contar con estadistas de cualidades excepcionales, dotados de austeridad y de alta calidad en los métodos de dirección, y poseer una generosidad ilimitada, a fin de distinguir claramente los actos de oposición temperamental de los actos de rebelión en defensa de libertades congénitas, que con frecuencia caracterizan las diversas actitudes de los pueblos sometidos a la dirección de las potencias.

Pero aparte de las fundamentales bases anteriores, que deben distinguir a este complejo Estado que pretenda imponerle sus objetivos y puntos de vista al resto del mundo, no hay que olvidar que el principal obstáculo para lograr el propósito es el imperialismo opresivo y constante que, aceptado por el imperativo de la fuerza o de las circunstancias, tratan de sacudirse las naciones con una frecuencia que convence, pues la protección misma encaminada a favorecer las actividades del ciudadano en el extranjero, en donde con frecuencia se buscan bienestar y prosperidad no logradas en la propia patria, enciende las pasiones, despierta las suspicacias y termina por comprometer la dignidad y la soberanía de los pueblos.

Deseo siga hasta el fin su importante labor, y que aparte de representar la más definida continuación de la gran obra política del eminente estadista Franklin D. Roosevelt, cuente con la simpatía de los trabajadores de su pueblo y del extranjero y de los pensadores del mundo.

De usted atento amigo.

Lázaro Cárdenas

México, D. F., 18 de julio de 1948

Señor general de división Lázaro Cárdenas, Donizetti 10, Villa Obregón, D. F.

Mi distinguido y fino amigo: En *El Popular*, primero y después en *La Prensa*, leí con el interés que su índole demanda, la carta que usted dirige a Mr. Henry Wallace, así como la contestación, que está en absoluta armonía con ella; no pudiendo ser de otro modo, ya que ambas proceden de hombres que analizan sin prejuicios, actúan sin convencionalismos y sienten igual preocupación, más que por el presente, que ya es grave, por el futuro de la humanidad.

La carta de usted es oportuna y de una validez indiscutible, digan cuanto quieran la canalla, los "indiferentes", que sólo se dan cuenta de que algo malo ocurre en la tierra, cuando el daño les traspasa la piel; los traficantes, para quienes lo único importante es que haya negocios, vengan de donde vengan y sean de la naturaleza que fueren, y los frívolos, para quienes la resolución de los problemas vitales está en que haya muchas diversiones; honestas, menos, y de las otras, más.

Oportuna, porque ahora no se lee acerca de lo que trata la carta de usted —salvo raras excepciones— más que lo que publica la prensa al servicio de los magnates del imperialismo, los que todavía no satisfechos con sus ganancias en tiempo de paz, que ya son muchas y logradas en su mayoría por medios abominables, ni con las enormes que les rindieron las matanzas de millones de hombres, mujeres y niños, en las dos grandes guerras por ellos mismos provocadas, ahora invocando libertad, democracia y paz quieren, valiéndose de artimañas, comerciar con estas tres supremas aspiraciones y encadenar al mundo con la peor de las cadenas.

Porque libertad, sí, la quieren los capitanes del imperialismo para ensanchar más aún la acción de sus monopolios; para que no haya agricultura, industria o negocio alguno que no sea presa de sus tentáculos.

Libertad, sí, para los que oponiéndose rabiosamente a la economía dirigida cuando un gobierno trata de ponerla en práctica para beneficio de los pueblos, les resulta inmejorable cuando ellos son los que la dirigen para provecho de la "familia privilegiada".

Ya los disfraces no pueden encubrir lo que pretenden, en lo que se empeñan, en lo que para conseguirlo ponen en juego todo su poderío y echan mano de los recursos más innobles: convertir en dependencias monocultoras o monoproductoras —menos que colonias— a los pueblos débiles y a los hambreados hoy por ellos mismos.

Libertad, sí, la quieren para esclavizar más a los trabajadores destruyéndoles sus conquistas y, como consecuencia, aumentar y asegurar sus ganancias.

¿Cuál es, por fin, en el terreno económico, la libertad que dejan a los pueblos?

Y de las otras libertades, ¿cuál?

¿La de expresión? ¿Cómo? Si tienen monopolizados prensa, radio, cine; todos los medios ¿cómo puede manifestarse?

¿La de reunión? Sí, pero cuando las reuniones sean para celebrar una boda, un onomástico, con motivo de un velorio, o para aplaudir cuanto hacen y deshacen esos superhombres; mas cuando las reuniones son para que se haga sentir el clamor de los que sufren sus injusticias ¡abajo libertad! y que venga la fuerza pública a ametrallar a los "demagogos", a los alborotadores, a los comunistas; porque para ellos, ¡ay de aquel que no esté atento a su batuta, infeliz del que desafine en el concierto! Ése es comunista y merece el anatema y la persecución.

¿Libertad de creencias? Pero hombre, si ahora tales señores ya no quieren que se crea más que en lo que ellos dicen, y sólo falta que hagan resurgir las hogueras de la Santa Inquisición. O bien, pueden llevar su tolerancia hasta permitir que se adore a Siva, a Apis, a Buda, a Alá, con tal de que ellos puedan apropiarse libremente de los pozos petroleros, de las minas de oro, plata, de los bosques de caucho y de las plantaciones de caña y de plátano.

¿Democracia? Pero si sólo quieren organismos políticos que sirvan dócilmente a la superplutocracia.

¿Paz? Como presumen que su venta no pueda producirles lo que demanda su avidez, provocan la guerra.

Digo que la carta de usted es oportuna, porque ahora ¡qué pocas voces de estadistas, de pensadores, de representativos de verdad, se levantan en contra de la avalancha de propaganda mantenida espléndidamente por los provocadores de la guerra!

Muchos pueden, porque son hombres de gran comprensión y de corazón generoso; pero callan, o si acaso, musitan su sentir. Temen disonar en el concierto macabro.

Mejor se oyen las voces de "los de abajo", la mayoría de los cuales, si no tienen preparación para el análisis, porque no se les ha dado oportunidad para ello, por intuición se dan cuenta del alcance de los males que tratan de agregar a su ya larga lista, los autollamados directores del mundo. Pero a esas voces, o se les hace un vacío completo, o cuando se les cita es para dirigirles las críticas más despectivas y hasta chocarreras.

He dicho que la carta de usted es de gran validez, tanto por lo que cito renglones arriba al referirme a su oportunidad, como, principalmente, porque la conducta de usted de hoy, está en íntima relación con sus procederes como revolucionario y como presidente que fue de nuestra República.

Su trayectoria ha sido y es la misma, y aunque dicen que es de sabios cambiar de opinión, preferimos, mi general, quienes le queremos, que continúe usted sin ingresar a esos grupos de elegidos (?) y conserve su firmeza de carácter y la altura y limpidez de sus ideales.

¡Qué dieran, mi general, los enemigos de las libertades, los enemigos de la paz, los machacadores de pueblos, porque usted engrosara sus filas, o cuando menos, que hubiera continuado guardando silencio ante la mayor de las catástrofes a que quieren empujar al mundo!

Y porque no hizo usted ni siquiera lo segundo, guardar silencio, es por lo que se ha levantado la gritería de los secuaces del imperialismo, y es también por lo que, en el rostro de los tránsfugas se advierte la mueca de un fingido desprecio: se conforman con esto; pues no gritan, por si acaso...

¿Por qué habló Cárdenas?

¿Por qué, en esto, hizo acto de presencia Cárdenas?

¿Qué fin oculto persigue Cárdenas?

¡Oh invocadores de la sagrada libertad y practicantes del Santo Oficio! ¿Buscáis una muerte civil para Cárdenas?

¿Cuándo, quién y con qué derecho lo despojó de sus derechos de ciudadano?

¿Queréis condenarlo a un perpetuo mutismo?

¿Por qué no pedís, de una vez, que se le corte la lengua como al ilustre Belisario Domínguez?

Pero frente a tanta vileza están los hombres que aman la libertad en su más puro significado; los que no la desean mermada ni en retazos para nadie; los que quieren la autodeterminación de los pueblos, sin traba alguna; los que anhelan el desenvolvimiento integral de las naciones, cualquiera que sea su tamaño, sin compromisos humillantes y menos con cercenamientos más o menos disfrazados; los que quieren, por último, que en lugar de esclavizar a las masas trabajadoras, se respeten sus legítimos derechos y se les ponga en un plano de mejor disfrute de la vida.

Esos hombres, y en general, "los de abajo", están con usted, y aunque no tengan oportunidad de decírselo, esté usted seguro de que lo están.

Hizo usted muy bien en expresar públicamente su sentir, y aunque a éste, los malvados procuran torcerlo y deformarlo, su miserable empeño no alcanza a quitarle su significado.

¿Qué es, si no, más que la expresión sincera de un corazón generoso que desea no sólo para México, o para América, sino para todos los pueblos un porvenir mejor, libre de las cadenas del imperialismo, sin la amenaza de los horrores de una nueva guerra y en el que impere una amplia justicia social?

Hizo usted muy bien en felicitar a Mr. Wallace por su incansable cruzada: es un estímulo de valía que mucho merece por sus elevados fines, y cualesquiera que sean los móviles que la perversidad, la estulticia y la calumnia quieran atribuir a la felicitación de usted, bien sabemos, sabe el pueblo, el verdadero pueblo, que no tiene otro origen que el sentir patriótico y profundamente humano del estadista que se ha distinguido por su generosidad, por su amor a los oprimidos y porque invariablemente ha seguido el camino recto hacia la consecución del bien común.

No tiene, tampoco, otra interpretación la coincidencia entre lo expresado por usted y la contestación de Mr. Wallace, que la de que dos grandes hombres de raza e idioma diferentes, apreciando certeramente la situación mundial del momento, sienten la misma honda preocupación por el porvenir humano y les animan los mismos nobles propósitos.

Seguramente que ya recibió usted muchas felicitaciones por su elevada actitud; mi felicitación, por cuidados graves de familia que tengo, va retrasada; pero no quiero que falte: se la envío de todo corazón.

De usted muy cordialmente.

Heriberto Jara

México, D. F., 5 de octubre de 1948

Señor general de división Heriberto Jara, Avenida de las Palmas Nº 320, Lomas de Chapultepec, México, D. F.

Muy estimado compañero y amigo: Por motivo de ausencia de la capital, ruégole excusar mi tardanza en contestar su atenta del 18 de julio. La lectura de su grata confirma, una vez más, su sentir ideológico en la interpretación de los problemas mundiales que, además, es consecuente con sus destacados antecedentes de precursor y constituyente de nuestras instituciones sociales.

En verdad, la carta cruzada con el honorable señor Henry A. Wallace, no implica propósito alguno de intromisión en el proceso electoral de Norteamérica y, mucho menos, militancia en nuestra política interior. Dicha correspondencia, sólo expresa la obligada solidaridad con un exponente de la sincera amistad que, sin codicia ni reservas, debe unir a todos los pueblos de América, así como de adhesión con un destacado paladín de la causa de la paz y del progreso entre los pueblos que en la última contienda se sacrificaron por la fraternidad y la justicia entre todas las naciones.

Respecto a los censores interesados en desvirtuar la carta dirigida al señor Wallace, seguramente que se desilusionarán al convencerse que ella no obedece a ninguna ambición de poder, pues no creemos en la razón de la violencia, ni en los gobernantes vitalicios, ni en los caudillos imprescindibles. Sabemos que las instituciones y obras al servicio del pueblo, se perfeccionarán y perdurarán por la voluntad del propio pueblo, y seguimos teniendo fe en que las generaciones venideras continuarán avanzando, más capaces y decididas, mientras más obcecadas o rebeldes sean las resistencias del pasado.

Participo de los valiosos conceptos de su carta, sobre los peligros de usufructuar la libertad y el bienestar colectivos en provecho del acaparamiento especulativo de la riqueza, del monopolio de la cultura y de la oligarquía del poder, pues no es concebible una verdadera democracia minada por la pobreza, la ignorancia, la explotación y la inseguridad de las mayorías productoras; ni tampoco se tiene derecho a ostentarse como guía de la civilización, cuando los frutos creados por el genio humano se pretenden destinar al sacrificio de víctimas inocentes y a la ruina y subyugación de nuestros semejantes, ya que los dones de la cultura a todos pertenecen y en la esencia de las libertades democráticas todos somos iguales en dignidad y derechos.

Por otra parte, pensar y hablar en voz alta con serena y desinteresada intención, es un deber y un derecho de todo ser humano y, no por ser mexicanos, dejamos de ser ciudadanos de América y del mundo. Mientras la vida aliente, cualquier individuo no podrá sustraerse, con fingida indiferencia o cobardía, de apreciar los trascendentales acontecimientos que están decidiendo el curso de la humanidad y, cuya misma suerte —querámosla o no— tendremos que correr, lo mismo en sus horas de infortunio, que en sus instantes de ventura.

Con sus cariñosos recuerdos, le envía un apretado abrazo su viejo amigo y servidor.

Lázaro Cárdenas

Corte Internacional de Justicia,
La Haya, 20 de octubre de 1948

Señor general de división, don Lázaro Cárdenas, Donizetti 10,
México, D. F.

Muy estimado general y distinguido amigo: Antes de salir de México le supliqué a nuestro buen amigo el licenciado don Gustavo Espinosa Mireles que me hiciera el favor de hacerme saber cuando estuviera usted en ésa para saludarlo y despedirme de usted, pero como no tuve ningún aviso de Gustavo, ya próximo a salir, lo busqué a usted en su casa de Donizetti sin tener la suerte de encontrarlo.

Ahora le escribo, mi respetado y querido general, porque sabedor de que mis "Cartas al Presidente Cárdenas" le parecieron bien, encontrándose el mundo amenazado de una nueva hecatombe, considero que quizá mis observaciones sobre la situación internacional presente pudieran interesarle.

Además, mi general, le escribo porque estoy convencido de que si estalla la nueva conflagración usted tendrá forzosamente que intervenir, ya fuera directa o al menos indirectamente en el estudio y solución que ameriten los problemas que a México se le presentaren como Estado beligerante y quizá conviniera que, desde ahora, usted tuviese informes directos sobre lo que está pasando y pudiera pasar en Europa.

He dicho Estado beligerante porque en la nueva guerra ningún Estado que forme parte de las Naciones Unidas puede ser neutral, según la Carta de San Francisco, por lo que México, en consecuencia, tendría que intervenir en la contienda en contra del que resultara responsable según la resolución que tomaren el Consejo y la Asamblea de las Naciones Unidas. Esta resolución no es muy difícil de prever en qué sentido sería.

Desde luego debo decirle, señor general, que así como en la vez pasada la guerra dependía de Hitler y el nazismo, la nueva guerra depende de Stalin y el comunismo; sólo que con esta diferencia: en el caso anterior, Hitler quería la guerra y por eso la provocó y en el caso presente, aunque estimo que los comunistas no quieren la guerra, sin embargo, *la están provocando.*

Esta afirmación mía, amerita una explicación.

Estoy convencido, mi estimado general, de que los rusos desearían que su privilegiada situación en Europa, que está bien consolidada, se extendiera aún más sin recurrir a la guerra, y esto es lo que a mi juicio no podrán conseguir. Y el peligro consiste en que lo siguen intentando pues su táctica consiste en conservar a todo trance las posiciones que ya tienen controladas —vale decir conquistadas— y además de eso, en extender su dominio político, con el económico y militar, en todos los lugares donde les es posible.

Esta táctica la entienden y la ven claramente los occidentales y por eso están resueltos a no dejar avanzar a los rusos un paso más allá de lo que poseen ahora.

El caso de Berlín es típico en esta lucha entre la URSS y las grandes potencias occidentales. Los rusos desearían arrojar de Berlín a los Estados Unidos, la Gran Bretaña y Francia; y estas potencias, convencidas del peligroso alcance que esta pretensión entraña, están resueltas a no salir de Berlín.

A mi juicio el peligro de un rompimiento estriba en que los rusos han declarado oficialmente que quieren el control de Berlín por las tres vías, aérea, terrestre y por agua. Y naturalmente los occidentales no están dispuestos a aceptar esa exigencia.

Seguramente que usted habrá seguido las informaciones diarias de las agencias cablegráficas y por ellas estará enterado de las tremendas dificultades que tienen los americanos para avituallar a los millones de habitantes de su zona y también estará usted enterado de todos los incidentes que se han sucedido ininterrumpidamente entre unas y otras autoridades, al grado de que existe una situación verdaderamente tirante y muy peligrosa entre ambos bandos.

Para dar a conocer al mundo entero la verdad sobre las dificultades surgidas entre los Estados Unidos y Rusia, la Secretaría de Estado ha publicado un "Libro Blanco" que demuestra en su copiosa documentación, que comienza desde marzo de este año, que la conducta de los soviéticos no ha sido, según ellos, ni clara ni recta ni leal, sino todo lo contrario.

Ante esa política que tiene ya verdaderamente exasperados a los occidentales, ¿qué es lo que hay en el fondo?

A mi juicio el objetivo de los rusos es bien sencillo: sacar de Berlín a las otras grandes potencias para quedarse ellos como dueños de la capital de Alemania.

La Gran Bretaña y los Estados Unidos han declarado ya enfática y terminantemente que no saldrán de Berlín y que para mantenerse en su actual posición están dispuestos a recurrir a todos los extremos, es decir, que están resueltos a ir a la guerra antes que dejar el campo libre a los comunistas.

Yo me doy cuenta, mi estimado general, que la trágica lección de los acuerdos de Munich no la olvidan ni la deben olvidar las grandes potencias ni el mundo entero, porque las anexiones que le dieron a Hitler para satisfacer sus caprichos lo hicieron más fuerte, colocándolo en una situación mucho mejor que antes para hacer la guerra. Ahora sería lo mismo: dejarle Berlín a los soviéticos sería entregarles una fuerza enorme desde donde irían extendiendo sus tentáculos poco a poco al resto de Alemania, para apoderarse del pueblo alemán lo que significaría para los rusos una fuerza de lo más considerable que pudieran haber conquistado hasta ahora, si se compara con los otros pueblos que ya tienen sojuzgados.

En otras palabras, mi estimado general Cárdenas, los rusos pretenden seguir en Berlín su mismo juego de siempre: conquistar una posición más; sólo que esta posición sería, de todas las que han conquistado, la más estratégica, la más poderosa, porque el pueblo alemán, aunque vencido, sigue siendo el más bien organizado, el más disciplinado de toda Europa; de tal manera que si todo ese pueblo llegara a entrar dentro de la órbita del comunismo, la fuerza de su poderío sería considerable.

Coincidiendo con la publicación del "Libro Blanco" norteamericano, las tres grandes potencias, Gran Bretaña, Francia y los Estados Unidos, han pedido a las Naciones Unidas que el Consejo de Seguridad estudie y resuelva en la crisis de Berlín, fundándose en que ese caso está poniendo en peligro la paz mundial.

Conforme a esta solicitud, el Consejo está tratando ya ese problema.

¿Cuál ha sido la reacción de Moscú? La reacción ha sido ésta: los rusos han declarado que están dispuestos a seguir discutiendo entre las cuatro cancillerías todo el problema alemán, que implica varias y muy importantes cuestiones; y por otra parte niegan la competencia del Consejo de Seguridad para tratar el caso. Absurda pretensión porque la competencia de ese organismo es perfectamente clara en la crisis de Berlín.

Al observar la política de estira y afloja que siguen los rusos, en estos momentos, algunas gentes creen que no habrá guerra porque a los comunistas no les conviene y que, en consecuencia, basta con que ellos retrocedan en algunas de sus pretensiones para que los demás se tranquilicen y no lleven las cosas al extremo. Yo no creo lo mismo, yo estimo que ya Washington, Londres y París están harto convencidos de cuáles son los fines de esas maniobras y le pondrán un hasta aquí a esa política soviética. Por eso han recurrido al Consejo de Seguridad y recurrirán eventualmente a la Asamblea para demostrar al mundo que agotaron todos los medios pacíficos y legales para oponerse a los designios de los rusos y que en vista de su fracaso acuden a las Naciones Unidas para que ellas le den la razón a quien la tenga y aplicar entonces las sanciones respectivas que establece la Carta, sanciones que son mucho más efectivas que las previstas por el Pacto de la Sociedad de Naciones.

Además de los hechos y consideraciones expuestos, existe otra razón que me parece fundamental para ser pesimista respecto a la nueva guerra y es ésta:

No considero que puedan coexistir en el mundo, sin llegar a un choque, dos ideologías y dos políticas tan opuestas como son el capitalismo y el comunismo. Su política es tan contraria como su sistema económico, de tal manera que no puede existir entre ellos interdependencia, vida de relaciones internacionales libre y franca, sino siempre cautelosa, llena de reservas y de obstáculos que ponen trabas a la vida internacional de Rusia y sus satélites con el resto del mundo.

Además, el comunismo obra de acuerdo con una fe apasionada que constituye una verdadera mística. Los comunistas están convencidos de que su credo es la verdad; no su verdad, sino la verdad absoluta. Y como los directores de esta política lo creen de buena fe y consideran que su sistema de gobierno es el único que puede salvar a la humanidad, su campaña por llevar al triunfo sus ideas es una lucha constante, decidida, encarnizada y que está dispuesta a llegar no sólo al heroísmo sino al martirio.

Y por otra parte, los gobiernos que viven bajo el régimen capitalista consideran al comunismo como el mayor enemigo de la vida libre de los ciudadanos y de la vida independiente de los estados.

De estos hechos que son una realidad, derivará algún día próximo o lejano, la guerra inevitable.

Como yo estimo que realmente los comunistas no quieren ahora la guerra porque lo que les conviene es avanzar sin pelear, lo más probable es que la actual crisis política que está en manos del Consejo, se vaya alargando por los mismos soviéticos utilizando el veto que tienen a su disposición. Entonces el caso de Berlín pasará a la Asamblea donde con seguridad la inmensa mayoría de los estados miembros estaría contra Rusia.

Una vez que se llegue a estos extremos, ¿qué sucederá?

Varias soluciones pueden presentarse. Primera: que Rusia y sus satélites hagan lo que hicieron Alemania, Italia y el Japón en la Sociedad de las Naciones: dar un portazo y salirse de la ONU. Esto sería tal vez el principio de la guerra. Segunda: que las potencias occidentales, con la inmensa mayoría de los estados que están con ellas, se cansaran de la política soviética y se decidieran a aplicar a Rusia el sistema de sanciones previsto en la Carta de las Naciones Unidas, sanciones que de aplicarse al pie de la letra traerían también como consecuencia la guerra. Tercera: que Rusia dé un paso atrás en Berlín y levante el bloqueo o bien, se resuelva a hacer algunas otras concesiones que calmaran la agitación de Washington y Londres para seguir después aplicando su hábil y efectivo sistema, de avanzar sin pelear. Cuarta: que las potencias occidentales sean las que cedan en favor de Rusia. Quinta: alguna solución imprevista e inesperada de esas que pueden presentarse teniendo por origen acontecimientos insospechados.

Hasta ahora, de todas esas imposibilidades, la que me parece de más probable realización es la tercera, es decir, el aplazamiento indefinido de la situación actual.

Pero también esta eventualidad de tiempo indefinido no será seguramente de tiempo eterno. ¿No lo cree usted así mi general?

Al pensar así me fundo en estos hechos sintomáticos de la mayor gravedad:

La Gran Bretaña y los Estados Unidos están en plena preparación bélica. Últimamente recibí noticias de Inglaterra en las que nuestro embajador me dice que los preparativos militares británicos son "fantásticos". Y en cuanto a los Estados Unidos, usted estará mucho mejor informado que yo en este sentido: en que ya se está recurriendo a la "movilización industrial" como preludio de una preparación bélica.

Por otra parte, la campaña de prensa en ambos países está encaminada abierta e intensamente a preparar los espíritus de sus respectivas naciones en el sentido de que la guerra es inevitable, y que hay que afrontarla y ganarla para que el comunismo no conquiste al mundo entero.

¿Se presentará en el porvenir, mi general Cárdenas, algún acontecimiento sorprendente que venga a ahuyentar el peligro de la guerra?

Ojalá y así fuera para bien de la humanidad porque la nueva contienda sería sencillamente espantosa.

Pero nosotros los mexicanos en la duda debemos pensar lo peor y obrar en consecuencia. ¿No le parece a usted, mi general?

Ahora bien, mi estimado general, ¿el actual gobierno de México habrá reflexionado en estos graves problemas y estará tomando las medidas precautorias necesarias para que la posible guerra no nos tome desprevenidos e impreparados?

No lo sé. Usted que está allá lo ha de saber. Usted que tiene la experiencia y la visión certera de las cosas internas e internacionales, ¿no está preocupado por el peligro que amenaza al mundo?

Estoy seguro que sí, como estoy seguro también de que si llegara la tragedia usted sería de los primeros mexicanos que se pusieran al servicio de la patria.

Soy de usted su invariable y adicto amigo que mucho lo estima y se respeta su muy atento y seguro servidor.

Isidro Fabela

México, D. F., 18 de diciembre de 1948

Señor licenciado Isidro Fabela, ministro de la Corte Internacional de Justicia, La Haya.

Mi estimado licenciado y fino amigo: En su grata del 20 de octubre último, que hasta hoy contesto por haber estado ausente de esta capital, me expresa sus preocupaciones porque la peligrosa situación internacional conduzca inminentemente a una nueva guerra mundial, y me pregunta usted si creo factible su aplazamiento y eliminación de las causas que la motivan.

Dada su experiencia y preparación leo con gusto e interés su correspondencia y dentro de las limitadas fuentes de información de que dispongo, doy contestación a su atenta mencionada.

No considero que la coexistencia en el mundo de ideologías y sistemas políticos o económicos opuestos, como usted conceptúa al capitalismo anglosajón y al comunismo soviético, tengan que provocar una inminente tercera guerra mundial, porque estimo que están aún latentes los enormes daños causados por el reciente conflicto armado que destruyó miles de ciudades y de centros industriales y agrícolas, así como millones de seres, muchos de ellos inermes y aun alejados de los frentes de batalla. La obligación de reconstruir y de organizar la vida económica y social, así como de restañar los huecos de los hogares, nos hace presumir que el sentimiento universal está en contra de la nueva conflagración, que intereses económicos o políticos quisieran provocar.

Un evidente ejemplo de cómo los pueblos, no obstante la propaganda belicista, se orientan en los momentos de decisión, lo acabamos de presenciar en el norteamericano: cuando el consorcio capitalista republicano creía asegurado el triunfo electoral, la conciencia cívica se pronunció por la política progresista de reducción del costo de la vida, de la ampliación de la seguridad social, de bienestar de las masas, de equitativa cooperación y sincera buena vecindad y de entendimiento en pro de la paz internacional.

Tampoco parece inaplazable la guerra puesto que, sin abdicar de sus filosofías y sistemas se logró, no sólo la alianza para la defensa común contra las dictaduras del Eje, sino acuerdos para la solución de graves problemas posbélicos y después se han celebrado pactos cuya expresión en las cartas de Chapultepec y San Francisco contienen principios, organismos de avenencia y planes de acción que son indudablemente garantías de justicia, de cooperación y de paz entre las naciones y cuya salvaguarda compete a una autoridad mundial, como es la Organización de las Naciones Unidas, que está sobre los regímenes políticos, económicos y espirituales de sus miembros. Considero que sería una actitud de consecuencias graves desconocer o repudiar la existencia y atribuciones de esta institución, promesa de fraternidad entre los pueblos y cualquier país que, sin justificados motivos lo hiciere, tendría la sanción de la humanidad y la de los estados contemporáneos.

Es evidente que todos los órganos de las Naciones Unidas deben hacer esfuerzos supremos por mantener el respeto a sus estatutos constitutivos y actuar con absoluta independencia y capacidad, pues una posición de parcialidad en pro o en contra de los intereses de las grandes potencias motivarían la censura y aun la separación de alguna de las partes, con mengua de los principios y alta autoridad de las Naciones Unidas.

A mi entender, toda la opinión pública mundial, que no desea la guerra, anhela y espera la actuación definida de los órganos de esta elevada institución, para que apremiando a las partes en disputa haga cumplir los convenios preliminares como son los adoptados en Yalta y en Potsdam, debiendo también activarse los tratados de paz para la desocupación militar de los países vencidos y evitar la celebración de alianzas militares que debilitan la autoridad de la onu.

No es aventurado decir que existen condiciones molestas derivadas de las cargas fiscales en que se apoyan los presupuestos de guerra y podrían reducirse por mandato del Consejo de Seguridad de las Naciones Unidas, pues no es factible intensificar la obra de reconstrucción, ni acelerar la modernización de la agricultura y de la industria, ni realizar las obras públicas de utilidad social, ni luchar eficazmente contra la miseria, la ignorancia, las enfermedades y el desamparo de las masas, mientras los presupuestos de guerra absorban la mayor parte de los impuestos que gravitan sobre la sociedad.

La Asamblea de las Naciones Unidas debiera satisfacer la inquietud mundial frente a la amenaza del empleo destructor de la bomba atómica, exigiendo que su enorme energía se destine al aumento de la producción y del bienestar colectivos, y esto no puede suceder mientras se mantenga como un monopolio de guerra, ya que es indudable que los grandes inventos de la humanidad no son privilegios de nadie sino que pertenecen a la misma humanidad.

Otros aspectos justificarían la intervención inmediata de las Naciones Unidas para refrenar la propaganda criminal, que falseando hechos y poniendo a subasta la libertad de expresión, pretende agitar la conciencia contra el espíritu de fraternidad de los pueblos.

Quienes no ven los compromisos internacionales como promesas utópicas, esperan que los principios democráticos sean una realidad por las sanciones que se apliquen a los agresores de los más elementales derechos del hombre y de la independencia de los estados, y tratándose de perspectivas, aunque fuesen remotas, de una nueva contienda universal, las masas trabajadoras que son siempre las primeras víctimas y las últimas en cosechar los frutos de la victoria, siguen confiando que la Organización de las Naciones Unidas no sufra en su prestigio moral, sino que aprovechando la experiencia de la Sociedad de las Naciones contribuya realmente a la solución de las controversias y problemas internacionales por los medios pacíficos marcados en su Acta Constitutiva.

Por lo que a mis deberes de ciudadano atañe, tenga usted la seguridad que estaré siempre al servicio de las instituciones democráticas y de los ineludibles destinos de mi patria.

Correspondo sus afectuosos recuerdos y le ruego expresar a su estimable señora los atentos respetos de su amigo y servidor.

Lázaro Cárdenas

Uruapan, Mich., 3 de marzo de 1949

Señor licenciado Isidro Fabela, ministro de la Corte Internacional de Justicia, La Haya, Holanda.

Mi estimado licenciado y fino amigo: Me refiero a sus atentas del 10 de noviembre y 23 de diciembre del año pasado, rogándole disculpar la demora de su contestación, por el recargo de actividades con motivo de la próxima visita del señor Presidente de la República a la Cuenca del Tepalcatepec.

Principio aclarándole que son inexactas las informaciones de que he aceptado convocar y presidir la celebración de una conferencia continental por la paz y la democracia, pues sólo he externado mi simpatía por la iniciativa de distinguidas personalidades y organismos para que los representativos de la conciencia libre americana reiteren su adhesión a las instituciones democráticas y a los propósitos de reconstrucción, justicia y cooperación entre los pueblos y gobiernos que postulan los pactos internacionales de la posguerra. Por ello no creo que dicho congreso culpara a los pueblos de los Estados Unidos de América y de la Gran Bretaña de provocadores de una nueva guerra y de pretender dominar al mundo, pues considero que dicha acusación no podría fundarse por ningún exponente de las tradiciones americanas, sin desconocer la valiosa aportación de la doctrina y experiencia de las comunidades anglosajonas a nuestras luchas de independencia y a la estructuración de nuestras repúblicas, ni olvidar la simpatía de sus paladines a las resistencias contra los intentos de reconquista colonial, las invasiones y violaciones a las autonomías regionales.

Precisamente, no se pueden menospreciar las enseñanzas benéficas de la nueva diplomacia de los gobiernos norteamericanos, como el del ilustre presidente Roosevelt, campeón de la fraternidad entre las naciones, con particularidad entre su gran país y las gallardas entidades de Latinoamérica que sufrieron desmembraciones de sus territorios o limitaciones a sus soberanías; la eficacia de esta política de buena vecindad se estrechó con la participación solidaria de las democracias en su defensa contra la agresión del Eje, y para conjurar una tercera conflagración universal se sometieron a la autoridad suprema de las Naciones Unidas, a fin de promover y organizar las tareas de justicia social, planear la cooperación entre los estados, evitar las coaliciones y las intromisiones unilaterales que desvirtúen o violen su jurisdicción y así contribuir al éxito de su trascendental función pacificadora y progresista.

¿Por qué considerar, entonces, que la posición de un congreso continental por la paz y la democracia, que coincidiese con las aspiraciones mundiales, sería dirigida por los comunistas?

Debemos recordar que muchos lustros antes de la Revolución Rusa de octubre de 1917, los países americanos se habían rebelado y triunfado contra las fuerzas de dominación extranjera. Los demócratas americanos se emanciparon de los imperios inglés y francés; los insurgentes de Latinoamérica sacudieron la subyugación de los absolutismos español y portugués, y México consolidó sus instituciones republicanas con el ejemplo glorioso de haber ajusticiado las restauraciones imperiales de Iturbide y de Maximiliano de Austria.

Si en el pasado dichas tendencias de esclavitud colectiva chocaron con los impulsos legítimos de independencia, de integración y de progreso de los pueblos americanos, con mayor razón debe estimarse que las reencarnaciones de dominación contemporánea, aunque sean encubiertas en nuevas formas o tácticas de expansión territorial, industrial, comercial, financiera, diplomática o publicitaria, recrudecen las inquietudes y oposiciones de antaño. En consecuencia, no podría lógicamente atribuirse la defensa de la inviolabilidad de los regímenes democráticos y la exigencia de su derecho indiscutible a la reivindicación de su patrimonio nacional, a acatamiento ignominioso de cualquier consigna soviética.

Me interesa aclarar a usted que mi ingerencia en un genuino congreso pro paz y democracia, sería exclusivamente particular, por lo que no debería darse a mis actos privados una repercusión determinante en las actividades de la administración; mucho menos, si mis opiniones fuesen en todo congruentes con nuestras tradiciones democrático-republicanas y acordes con los principios que mantuvieron la solidaridad de los pueblos progresistas en la reciente contienda mundial, que culminó con los pactos internacionales que estatuyen la vigencia de las democracias y de la paz entre los pueblos.

¿Qué acaso a todos los que ocuparon la Presidencia de la República les está vedado opinar públicamente sobre los más trascendentales acontecimientos del mundo de que forman parte?

¿No se estimaría como egoísmo incalificable el mantenerse indiferente o despectivo ante las amenazas y angustias de nuestros hermanos? ¿Podría alguien permanecer inmutable ante el incendio que amenaza consumir su propio hogar?

¿Nos conservaríamos invulnerables, aunque quisiéramos, a la peste que, como las guerras totalitarias de agresión, arrasan los bienes más preciados y las energías más vigorosas, sin honor, culpa ni beneficio?

Es por ello que dejar de advertir estas calamidades o despreciar la oportuna prevención de los azotes sociales, sería una inconciencia suicida y una cobardía criminal. Por lo demás, las masas sienten la necesidad instintiva de congregarse para apremiar su defensa y continuar sus tareas constructivas, sin sujeción a ninguna orden de poder extraño, el que nunca tendría la influencia suficiente para lanzarlas a situaciones contrarias a sus esencias vitales.

Para aclararle más mi posición espiritual, externo a usted que la circunstancia de haber repudiado las tendencias de usurpación de la voluntad popular que pretendían compartir la jefatura de la nación y menoscabar los atributos de los poderes públicos, así como por el hecho de mantener mi inalterable disciplina de ciudadano respetuoso de los regímenes y de las autoridades institucionales, me siento libre en la responsabilidad que todo individuo tiene ante los graves acontecimientos que amenazan a su patria y a la humanidad, pues pienso que todo arraigado y limpio credo social, no es un lastre que pueda arrojarse impunemente, sino que constituye la causa determinante de toda noble existencia y la energía motriz de nuestras más fecundas realizaciones, las cuales tenemos la obligación ineludible de defender y superar.

Explayo a usted mis convicciones correspondiendo a la sinceridad de sus reflexiones, y le agradecería que, con su franqueza, cultura y experiencia, se sirviera calificarlas.

Con saludos de Amalia para su estimada esposa, le envía un abrazo su servidor y amigo.

Lázaro Cárdenas

Uruapan, Mich., 25 de abril de 1951

Señor ingeniero Raymundo E. Enríquez, Calz. México-Tacuba N° 27-2, México, D. F.

Estimado ingeniero y fino amigo: Lo saludo y me refiero a su atenta de 18 del actual, en la que se sirve invitarme para que dé mi opinión a la prensa en ocasión al caso del general MacArthur. No tiene importancia mi opinión para el público, pero se la doy para usted en estas líneas.

Considero que la espada del general MacArthur no es un "símbolo de libertad y derecho", como la llama usted. Está muy lejos de representar tan grandes ideales.

La ocupación permanente de Japón y la penetración y campaña en Corea no le han creado las simpatías de los pueblos de nuestro continente, a que usted se refiere.

Además, la verdad no puede desviarse para desvanecer como usted indica "malévolos ataques", que en realidad no tienen importancia cuando se defiende la libertad de los pueblos sojuzgados.

Le agradezco su sugestión que reconozco es originada por su sincera amistad, a la que correspondo con todo afecto.

Sin otro particular por ahora, soy de usted como siempre su atento amigo y servidor.

Lázaro Cárdenas

México, D. F., 22 de junio de 1951

Excelentísimo señor Mohamed Mossagedh, primer ministro, Irán.

Excelentísimo señor: La radio ha transmitido a México y a todo el mundo la decisión de vuestro gobierno decretando la expropiación de la industria petrolera para ponerla en manos de un organismo nacional.

Tal acto, revelador del patriotismo de vuestro pueblo, se agiganta al sostener con energía sus derechos de soberanía ante las amenazas de los intereses imperialistas, que no quieren ceder a pesar de la razón que asiste a los países que reclaman el beneficio de sus propios recursos naturales. Sin embargo, la justicia va imponiéndose, y hoy toca a Irán reivindicar su riqueza petrolera que le permitirá desarrollar su economía.

México reivindicó en 1938 la industria petrolera que explotaban compañías inglesas y norteamericanas, y desde entonces la dirigen con éxito elementos nacionales.

Un numeroso grupo de mexicanos se permiten hacer patente, por vuestro conducto, al pueblo de Irán, su admiración y sus congratulaciones.

Reciba Vuestra Excelencia las expresiones de mi amistad.

Lázaro Cárdenas

Villa Obregón, D. F. 24 de octubre de 1953

Señor don Adolfo Ruiz Cortines, presidente constitucional de la República, Palacio Nacional.

Estimado señor Presidente y amigo: Considero de mi deber dirigirle estas líneas para expresarle mi sentir como mexicano y amigo de usted en ocasión a su entrevista con el Presidente norteamericano, el 19 del actual.

Indudablemente que el solo anuncio de una entrevista con fines de fortalecer los lazos de amistad entre los dos países, era ya, de por sí, satisfactorio para ambas naciones, pero al emitirse conceptos durante la plática pública que sostuvieron los dos más altos representantes de sus respectivos países, sobre los derechos de hombres y naciones, y al expresar usted con leal franqueza que "el derecho internacional sólo actúa como un instrumento decisivo de solidaridad cuando se basa en la buena fe y en el respeto a la igualdad jurídica de los estados", y que "no podrá haber tranquilidad ni concordia entre las naciones bajo la amenaza destructora que la carrera de armamentos tiene suspendida sobre la humanidad", y al fincar usted "el porvenir de las naciones y de la paz mundial en las bases de una moral internacional, forjada por la igualdad al trato de todos los países y todos los hombres con ausencia absoluta de prejuicios raciales y con el derecho inalienable de toda nación, de regirse por un gobierno y un sistema económico de su elección", fue usted, señor Presidente, fiel intérprete de las aspiraciones de libertad de todos los pueblos, no sólo de nuestro continente sino de todos aquellos que se ven privados de los derechos a que usted aludió tan oportuna y certeramente.

Por tan elevados y patrióticos principios expresados en la tribuna internacional de Falcón, ha ganado usted, señor Presidente, más afecto en el corazón de los mexicanos, amantes de la libertad y del progreso humano.

Con agrado escuchamos también del Presidente norteamericano, entre otros lineamientos de su plática: "respetar cuanto pertenece a su vecino, su cultura, su historia, sus justos bienes y sus elevadas aspiraciones". Nobles propósitos que esperamos ver realizados en el futuro.

Desafortunadamente, no todo pudo ser alegría en la entrevista internacional del 19 de octubre. La pérdida de ameritados periodistas y pilotos y demás valiosos elementos que viajaban en cumplimiento de su misión en el avión que se estrelló ese mismo día en la sierra de Mamulique, dio una nota de positivo luto nacional, que seguramente usted, señor Presidente, es el primero en lamentar. Por tan penoso acontecimiento, hago a usted patente las condolencias de parte de todos los de esta su casa.

Soy de usted, señor Presidente, su atento amigo y servidor.

Lázaro Cárdenas.

Uruapan, Mich., 9 de marzo de 1956

Señor Antonio Pérez Elías, Bucareli Nº 69, 2º piso, México, D. F.

Estimado señor y amigo: Me refiero al contenido de su muy atenta carta de 23 de enero pasado, que se ha servido reiterarme en su mensaje del día 2 del actual (que encontré al regresar a ésta), en la que pide para el periódico *Otechestven Front* de Sofía, Bulgaria, opiniones sobre la situación actual de la lucha por la paz internacional, que con agrado contesto.

Considero que las conferencias celebradas en Ginebra fueron ocasionadas por un deseo unánime de estudiar soluciones adecuadas para resolver los conflictos; conferencias que han tenido una importante significación. ¿Sus resultados prácticos? Uno de ellos, y muy valioso, es que ha disminuido la tensión belicista, que muchos daños ha causado en todos los países.

El hecho mismo de que representantes de los países poseedores de las nuevas armas atómicas están visitándose entre sí, demuestra al mundo que fue útil la reunión de Ginebra y que sí existe la posibilidad de un entendimiento pacífico entre los pueblos, sin distinción de instituciones, razas y religiones.

Y para que las relaciones sean cordiales y permanentes entre las naciones de distinto régimen social, es indispensable la seguridad interior de cada país, mediante el efectivo respeto y vigencia de los más esenciales derechos humanos, de manera que nadie sea objeto de discriminaciones y que desaparezca toda ingerencia o coacción sobre la libre determinación de los pueblos y su plena independencia.

Los propósitos de paz, que se han puesto de manifiesto, requieren, desde luego, un cambio fundamental en la propaganda que se hace en todos los países y que ha contribuido a sembrar desconfianzas y crear enemistades.

La función de un tribunal pacifista de prensa y propaganda, dependiente de la Corte de la Organización de las Naciones Unidas, que sancione las infracciones de publicidad que fomenten el odio y las hostilidades entre pueblos de diferentes credos, instituciones y razas, ayudaría mucho a consolidar la paz. Y con la autoridad moral y política adquirida por los países cimentada en el fiel cumplimiento de la Carta de la ONU, podrá exigirse a esta institución internacional que con plena independencia, lealtad y eficacia, asuma su trascendental misión histórica.

Y en cuanto a la aportación que México y demás países puedan dar a la causa de la paz, la mejor es, sin duda alguna, su moral pacifista, que representa más que las armas atómicas y la movilización de millones de soldados.

De usted, atento amigo.

Lázaro Cárdenas

México, D. F., 11 de marzo de 1956

Señor Frank Tannenbaum, Departamento de Historia de la Universidad de Columbia, Nueva York 27, N. Y.

Distinguido amigo: Ampliando mi carta de ayer, contestación a su atenta de 24 del mes pasado, y refiriéndome a la preocupación que tiene usted por habérseme otorgado el Premio por la Paz, acordado por un Comité Internacional, no veo justificada su preocupación.

Si el mundo está pidiendo la paz; si los antiguos aliados en la pasada guerra han vuelto hoy a reunirse para ver de encontrar soluciones a sus diferencias; si delegaciones de Norteamérica y de la Unión Soviética comen el pan y la sal de unos y otros al visitar sus territorios; si México, como Estados Unidos de Norteamérica, mantiene relaciones diplomáticas con el país en que reside el citado Comité Internacional, ¿en qué puede lesionar a México y a un mexicano el que se le haya otorgado el Premio por la Paz?

Refiere usted la tradición de México y la filosofía democrática de Occidente, y continúa, "usted cree en la libertad, en la justicia, en una prensa libre, asambleas libres, dignidad humana, en la igualdad de naciones pequeñas, etcétera".

En realidad creemos en ello y lo deseamos para todos los que tienen vedadas estas libertades que usted menciona.

Si como usted expresa existen pueblos en otros continentes que viven oprimidos, no hagamos lo mismo hiriendo a "naciones pequeñas" y suprimiendo la libre expresión de las ideas, porque resulta más delictuosa la opresión cuando se tienen en vigor constituciones que amparan la independencia de los países y el derecho inalienable de la persona.

Que esté usted bien le desea su atento amigo.

Lázaro Cárdenas

Pátzcuaro, Mich., 4 de agosto de 1956

Señor licenciado Ramón Beteta, embajador de México en Italia, Roma, Italia.

Estimado licenciado y fino amigo: De paso hoy para Uruapan envío a usted estas líneas con mi saludo afectuoso.

Le escribí de México contestando sus últimas cartas.

Estará usted bien informado, y con noticias más recientes, de las publicaciones de la prensa y la radio sobre "preparativos bélicos de Inglaterra y Francia contra Egipto" por haber cancelado la concesión del Canal de Suez a la compañía beneficiada; que

"Egipto pretende cerrar el canal al tránsito internacional y que Inglaterra y Francia se disponen a recuperarlo a cañonazos".

Consideramos que la realidad sea otra: que es un acto consumado, decretado con apego a las leyes del país; que la concesión difícilmente la recuperará la compañía y que no hay tal cierre a las embarcaciones de todas las nacionalidades.

Inglaterra se serenará; Francia, tan gastada en la pasada guerra y en la sangría que sufre dentro de los territorios en que ha querido mantener su dominio en vez de seguir el ejemplo de Holanda, se serenará también; los barcos de uno y otro país seguirán cruzando el canal y Egipto realizará las obras de riego y de generación de energía que proyecta, para las que no obtuvo el financiamiento que solicitó a nuestros vecinos antes de la llamada expropiación.

Quizá cuando usted reciba esta carta sea otra la actitud de aquellos países, hoy agitados por el acto que realizó el gobierno de Egipto.

Recordando del interés que usted ha tomado por la Escuela Práctica de Agricultura de Apatzingán, ahora sí hay probabilidades de que pronto llegue a funcionar. Para la inauguración tendrá usted que tomar parte ya que fue usted mismo quien colocó la primera piedra.

Amigos de Guanajuato me han platicado tuvo gran éxito la exposición de los cuadros del general Beteta y que han sido muy elogiados por autoridades en la materia. Nos congratulamos de ello.

De usted, afectuosamente.

Lázaro Cárdenas

Uruapan, Mich., 1 de noviembre de 1956

Señor Luis G. Quintanilla, embajador de México en la Organización de Estados Americanos. 2440 Massachusetts Ave., N. W. Washington 8, D. C.

Estimado y distinguido amigo: Tengo tu carta de 9 del actual que me fue reexpedida de la ciudad de México, que he leído con interés por venir de ti y por su contenido en relación a España y al Canal de Suez.

Muy correcta tu tesis expresada en la contestación que diste al C. embajador del Brasil sobre el gobierno de España, que preside el general Francisco Franco.

Como tú lo dices, se ha considerado que México mantiene su actitud de no reconocimiento al actual gobierno de España precisamente por su origen espurio, que fue apoyado por la intervención militar que le prestaron gobiernos extranjeros.

Si otros países regidos como el nuestro por constituciones democráticas han reconocido al gobierno de Franco, sus razones especulativas tendrán. México en este caso se ha mantenido fiel a sus tradiciones sobre política internacional.

A los interesados en las relaciones con el gobierno de Franco, les queda lo que muy bien expresaste a tu amigo el embajador del Brasil: "Franco no es eterno; España sí lo es. Cuando el 'caudillo' desaparezca del escenario político, México restablecerá con honra sus relaciones diplomáticas."

Contestaba tu carta cuando la radio comunicó con detalles la agresión de Israel y la actitud de Inglaterra y Francia lanzando a la vez su poderío militar contra Egipto, que hizo uso de un derecho que le da su categoría de país independiente para cancelar la concesión del Canal de Suez que administraba una compañía extranjera.

Con esta actitud imperialista de Inglaterra y Francia, que tienen un alto nivel cultural y que se rigen interiormente por un sistema democrático, ¿qué puede esperarse para fincar la paz mundial? El abuso de la fuerza contra el derecho, como es el caso de Inglaterra y Francia, agrediendo a Egipto y apoderándose de una parte de su territorio, revelan al mundo la burla que se hace de la independencia de los países.

¿Y, Washington? Aconseja llevar el conflicto ante la Organización de las Naciones Unidas cuando ya Israel, Inglaterra y Francia se han movilizado sobre territorio egipcio. El Alto Tribunal Internacional será impotente para apoyar la absoluta soberanía de Egipto, dada la influencia que en el organismo tienen las potencias agresoras.

El error de los poderosos y el sacrificio de los débiles precipitará el desmoronamiento de un sistema político-económico que va cercenándose día a día por el espíritu del coloniaje, el orgullo y el despotismo que priva en los responsables de hoy que, como tú bien lo expresas, no han sabido contribuir para edificar un mundo pacífico.

Hay que tener fe, mi estimado amigo, en que las nuevas generaciones sabrán respetarse entre sí y harán honor a los tribunales que se constituyan para el arreglo amistoso de sus conflictos.

Me congratula tu noticia de que en este mes regresarás a México. Tendré gusto en verte.

Con saludos afectuosos para tu esposa y para ti quedo tu siempre atento amigo que te desea todo bien.

Lázaro Cárdenas

Uruapan, Mich., 1 de noviembre de 1956

Señor licenciado Ramón Beteta, embajador de México, Roma, Italia.

Estimado licenciado y fino amigo: En relación a mis cartas anteriores sobre el caso del Canal de Suez debo decirle que me equivoqué al manifestar a usted mi creencia de que Inglaterra y Francia no cumplirían la amenaza, que anunció la prensa, de abrirse paso a cañonazos para apoderarse del Canal de Suez.

Creí que en los tiempos actuales el sistema colonial y el espíritu imperialista iban cediendo su lugar a la "cultura" y a la "democracia" que distinguen a estos dos países.

Pensaba que el conflicto que se había creado por el acto de soberanía de Egipto que canceló la concesión del Canal de Suez, sería llevado ante la Organización de las Naciones Unidas para resolverse por la vía pacífica. Y no; tras su avanzada israelita, Inglaterra y Francia movilizaron su poderío militar invadiendo territorio egipcio para sacrificar al país por haber hecho uso de su derecho soberano.

Tenía usted razón al dudar de que Francia e Inglaterra no reaccionaran violentamente ante el acto cancelatorio dictado por el gobierno de Egipto, y es que las llamadas democracias se resisten a abandonar los territorios ocupados, que luchan por su independencia. Tal parece que sólo por la fuerza pueden obtener los medios para su subsistencia.

Con la actitud agresora de estos países no es posible pensar hoy en el mantenimiento de la paz. Si se ha hecho caso omiso del Tribunal Internacional que representa la Organización de las Naciones Unidas, ¿quién será capaz de detener la violencia y el abuso de países agresivos? Sólo la fuerza misma. Por ello es que los países poderosos siguen la carrera de aumentar sus armamentos, pensando en que su poderío militar les garantizará su seguridad; carrera de armamentos que resistirán los pueblos en tanto no se les canse.

Con mi saludo afectuoso, me reitero su atento amigo.

Lázaro Cárdenas

México, D. F., 31 de julio de 1957

Señor Kuo Mo-jo, presidente de la Academia de Ciencias,
Pekín, China.

Honorable señor y fino amigo: El señor licenciado Narciso Bassols, jefe de la delegación mexicana que asistió a la Asamblea de Colombo, Ceilán, convocada por el Consejo Mundial de la Paz, me trasmitió la cordial invitación que usted, a nombre del H. Jefe del gobierno de la República Popular de China, tuvo a bien hacerme para visitar su país.

Le estimaré hacer patente mi reconocimiento al Jefe del gobierno por tan gentil invitación, haciéndole conocer que tan luego como termine asuntos que me precisa atender en México avisaré la fecha en que tendré el honor de visitarlos.

Doy a usted las gracias por haberme participado tan significativa invitación y deseo siga prosperando su gran país.

Con mi saludo cordial, quedo de usted su atento amigo.

Lázaro Cárdenas

México, D. F., 11 de enero de 1960

Señor licenciado Adolfo López Mateos, presidente constitucional de la República, Los Pinos, D. F.

Estimado señor Presidente y amigo: En el continente chino —en Hong Kong, posesión inglesa— permanece, en dramáticas condiciones, más de un centenar de mujeres mexicanas con sus hijos, quienes salieron de nuestro país hace más de veinte años, cuando sus maridos chinos o hijos de chinos, fueron expulsados del noroeste de México a consecuencia de las campañas antiasiáticas que allí se llevaron a cabo.

Esos mexicanos, mujeres e hijos, que anhelan reintegrarse a la patria, no han podido hacerlo debido a que carecen de la documentación completa que acredite su ciudadanía, lo que en última instancia no es imputable a ellos, en virtud de las condiciones anormales en que salieron de nuestro territorio.

Las gestiones que durante varios años han llevado a cabo para regresar al país, han fracasado por cuestiones estrictamente formalistas.

A nombre de un grupo de mexicanos y en el mío propio someto a su consideración se estudie esta repatriación que, de autorizarse, será en bien del decoro y la dignidad de México.

Le agradezco sus atenciones y me reitero de usted su afectísimo amigo.

Lázaro Cárdenas

México, D. F., 1 de febrero de 1960

Señor Kuo Mo-jo, presidente del Comité del Pueblo Chino Pro Defensa de la Paz Mundial, Pekín, China.

Distinguido y fino amigo: Saludo a usted con particular afecto y deseo que su país continúe registrando un feliz progreso cada día superior, para bien del pueblo chino y como ejemplo de lo que es capaz una nación cuando se une y programa su esfuerzo para engrandecer a su patria.

A raíz de nuestro regreso del viaje por Europa y Asia escribí a usted reiterándole las gracias por las gentiles consideraciones que recibimos durante nuestra visita y especialmente la atención personal de usted, que amablemente nos acompañó en todo el recorrido, lo que nos permitió confirmar el desarrollo integral que está logrando China, gracias a la acertada y honesta actuación de sus dirigentes y a la confianza que el pueblo chino tiene en sí mismo y en su régimen.

Nos congratulamos de los trabajos intensos que ha venido desarrollando el Comité del Pueblo Chino por la Defensa de la Paz Mundial para lograr la amistad y convivencia pacífica entre todos los pueblos. Su labor ha contribuido valiosamente al fortalecimiento de la fuerza moral de los pueblos que se oponen a una nueva guerra imperialista.

Se espera fundadamente que las proposiciones de desarme total, presentadas por la Unión de Repúblicas Socialistas Soviéticas ante la Organización de las Naciones Unidas, sean aceptadas por todos los países y llegue a fincarse la paz mundial sobre bases de sincera amistad y mutua cooperación.

Afortunadamente los últimos progresos de la ciencia y la técnica, puestos a la luz de todo el mundo, están sirviendo a la humanidad para detener la agresividad bélica de los consorcios imperialistas, que creían poder dominar al mundo con su poderosa fuerza material, y que hoy se debilitan ante la unidad que forman los pueblos que luchan por desarrollarse pacíficamente.

Le ruego, al tener ocasión, sea usted tan amable en expresar mis saludos a los honorables miembros del Comité de la Paz y demás personas que nos distinguieron con su atención y hospitalidad.

Quedo de usted atento amigo.

Lázaro Cárdenas

México, D. F., 25 de septiembre de 1960

Señor Mao Tse-tung, presidente del Partido Comunista de la República Popular China, Pekín, China.

Distinguido amigo: El señor general Heriberto Jara, que acaba de regresar de Pekín, me ha traído el saludo cordial que tuvo usted a bien enviarme, que le agradezco y le retorno con sincero afecto. El propio señor general Jara ha manifestado la satisfacción que le causó ver el adelanto integral que China ha alcanzado después de su anterior visita y nos congratulamos de ello.

Patentizo a usted, una vez más, mis calurosas felicitaciones con motivo del undécimo aniversario de la proclamación de la República Popular China y por el ejemplo de unidad de su gran nación, que se ha significado por sus sentimientos de un auténtico patriotismo, que le da derecho al respeto y consideración de todos los pueblos.

Con mis votos por su salud, me reitero su atento amigo.

Lázaro Cárdenas

México, D. F., 11 de noviembre de 1960

Señor licenciado Alejandro Carrillo, embajador de México, El Cairo, Egipto.

Mi estimado licenciado y distinguido amigo: Le agradezco sus letras del 20 de octubre, que me envió de Beirut, Líbano, participándome estuvo usted al frente de la delegación de México que asistió al Congreso Petrolero Árabe. Me congratulo de ello, porque debe haber resultado muy interesante para usted y también importante para la delegación de nuestro país.

Nuestro propósito de visitar Egipto se aplaza hasta después de febrero próximo, por varios asuntos que nos precisa atender. Sentimos privarnos de ver más pronto a ustedes y de visitar la Exposición Agrícola Internacional, que se inaugura en el citado mes de febrero, pero seguimos pendientes de conocer ese interesantísimo país y observar el progreso que va alcanzando bajo la orientación del gobierno que preside el señor presidente Nasser.

Novedades importantes, la elección de presidente de la Unión norteamericana para el próximo período, que favoreció al candidato del Partido Demócrata. La responsabilidad política en el vecino país, de un nuevo régimen sustituyendo al del Partido Republicano, que ha gobernado durante los dos últimos períodos, presenta la posibilidad de un cambio de procedimientos en las relaciones de amistad con los demás países, que contribuya al mantenimiento de la paz mundial.

Con relación a Cuba, la prensa ha venido publicando noticias amarillistas de una posible invasión a territorio cubano; noticias que se han reducido últimamente, quizá porque los gobiernos agresivos se hayan dado cuenta de los problemas y conflictos que se crearían en el seno de los mismos países de América y, el peligro también, de que el apoyo moral y ministración de armamentos atómicos a un país agresor, significaría la tercera guerra mundial.

Muy pronto podrá conocerse la política que el nuevo responsable norteamericano siga ante los problemas internacionales, que tiene ante sí la realidad de que no se puede seguir usando el imperio de la fuerza sobre los derechos de los pueblos.

Deseo tenga usted éxito en su destacada misión, para bien de México y satisfacción de sus amigos.

Como siempre, recordándolos con afecto.

Lázaro Cárdenas

México, D. F., 24 de marzo de 1961

Señora Sun Yat-sen, vicepresidenta de la República Popular China, Pekín, China.

Honorable y distinguida señora: No hemos dejado de recordar el privilegio de haber podido conocer y saludar a usted, al visitar China en 1959. Su pensamiento por el engrandecimiento de su patria, su interés por la liberación de la mujer, su participación en el desarrollo integral de los pueblos y el cariño que le guarda a usted el pueblo chino, nos dejó grabada para siempre su imagen, con sus virtudes y su espíritu cívico. Y hoy, que tenemos la satisfacción de ver en nuestra patria a la delegación de su país, integrada por los distinguidos amigos Chou Ehr-fu, Juan Chang-ching y Tsao Tsuo-kuo, que asistieron a la Conferencia Latinoamericana por la Soberanía Nacional, la Emancipación Económica y la Paz, nos brindan la oportunidad de enviar a usted estas líneas, que le llevan, a nombre de la señora Cárdenas y mío, nuestro cordial saludo.

Tenemos la esperanza de visitarla alguna vez y reiterarle nuestra admiración y amistad.

Con esta oportunidad, hacemos votos por el bienestar de usted y la prosperidad del pueblo chino.

Lázaro Cárdenas

México, D. F., 12 de marzo de 1962

Señor Kuo Mo-jo, presidente del Comité del Pueblo Chino por la Defensa de la Paz Mundial, Pekín, China.

Distinguido y fino amigo: Me complace saludar a usted afectuosamente y manifestarle que siento sinceramente que el grupo de periodistas chinos invitados por el señor Armando Pareyón, presidente de la Asociación Mexicana de Periodistas, cuya visita me fue anunciada por usted en su cable del 25 de diciembre pasado, y al frente de la cual venía el señor Mei Yi, vicepresidente de la Asociación de Periodistas Chinos, no haya podido venir a México. De haber fructificado en toda su amplitud las gestiones que el señor Pareyón emprendió para la visita a México de los mencionados periodistas, hubiera yo tenido el agrado de recibirlos como manifesté a usted en mi cable del 31 de diciembre pasado, contestación del suyo. El conocimiento que tuve sobre las gestiones del señor Pareyón fue posterior a la resolución ya tomada en este caso.

La presente carta tiene como principal objeto extenderle una invitación para que, si no tiene usted inconveniente, me haga el honor de ser mi huésped en México por el tiempo que así lo permitan sus actividades, en la inteligencia de que mucho le agradecería que su viaje a mi país, de serle posible, se realizara antes de finalizar el próximo mes de junio, y de no permitirlo sus numerosas atenciones, usted señalará la fecha; en la inteligencia que ya se hicieron las gestiones para su visa, que fue autorizada por el gobierno de mi país, así como la de nuestro común amigo Tsai Tung-kuo. En caso de aceptar mi invitación le suplico tenga usted la bondad de comunicarme la fecha aproximada de su viaje y en su oportunidad el día de su llegada.

Nuevamente deseo agradecer a usted, a los honorables miembros del Comité de la Paz del Pueblo Chino y a las personas que nos atendieron en su gran país, la hospitalidad que se nos brindó durante nuestra estancia allá. Espero verlo muy pronto en tierra mexicana y tener la oportunidad de conversar con usted ampliamente sobre los problemas que mutuamente nos interesan, en bien de la paz y amistad de todos los pueblos.

Quedo de usted su afectísimo amigo.

Lázaro Cárdenas

México, D. F., 25 de septiembre de 1962

Señor doctor Paúl Faber, secretario general de la Conferencia Afroasiática de Juristas, Apdo. Postal 215, Conakry, Guinea.

Distinguido amigo: Con retraso involuntario, debido a mi ausencia de esta capital, tengo ahora el gusto de referirme a su atenta carta de fecha 27 de julio pasado, en la que tuvo usted a bien comunicarme la celebración de la Conferencia Afroasiática de Juristas en Conakry, que había de tener lugar el 23 de septiembre y que, por su cable del 13 de este mes, supe fue pospuesta hasta el 15 de octubre próximo.

Con interés me enteré de la orientación, la composición, así como de la agenda y de la declaración del comité preparatorio, materiales estos últimos que recibí con su carta.

Agradezco su invitación para concurrir como observador a la citada Conferencia, la que, desgraciadamente, no puedo atender por trabajos perentorios que me detienen en el país, pero deseo confirmar a usted mi cable de esta misma fecha registrando el nombre del presidente de la Asociación Nacional de Abogados de México, señor licenciado Raúl Cervantes Ahumada, así como la dirección respectiva a efecto de que si se considera conveniente, puedan girar la invitación correspondiente para que México sea representado en la Conferencia por un miembro de esta organización de juristas.

De acuerdo con sus deseos, adjuntos encontrará mis breves

puntos de vista y sugestiones respecto a la agenda de la Conferencia, los que espero obren dentro del espíritu general de los temas que se abordarán.

Con mis mejores votos por el éxito de este nuevo evento antiimperialista y por la paz del mundo, quedo, sin otro particular, su atento servidor y amigo.

Lázaro Cárdenas

A nuestro juicio, la agenda de la Conferencia Afroasiática de Juristas cubre los principales problemas que confrontan los pueblos que durante largos años soportaron y aún viven bajo la opresión y la explotación extranjera, y que hoy se levantan con el mismo impulso de liberación. Por causas semejantes y con igual anhelo los pueblos latinoamericanos se hermanan con los afroasiáticos en una lucha común de efectos y proporciones universales.

Creemos que la lucha de nuestros pueblos por liberarse del imperialismo, en sus viejas y nuevas formas, es la manera más directa y eficaz que tenemos para ahuyentar la amenaza de una guerra nuclear y de contribuir a despojar a una gran parte del mundo de sus últimas cadenas de sujeción extranjera, haciendo posible a nuestros pueblos el pleno ejercicio de su soberanía, en completa libertad económica y bajo formas democráticas de su propia elección, asentando en firme permanencia las bases de la paz mundial, así como despojando a la cultura de ancestrales prejuicios que han sido capaces, en el pasado, de deformar la mente de los hombres y de alterar la verdad científica.

Se sabe que esta forma de concebir las relaciones humanas es válida para todos los pueblos, pero es sólo posible con la liquidación de todos los vestigios de explotación imperialista.

Es obvio, por lo tanto, que afroasiáticos y latinoamericanos antiimperialistas tenemos un propósito común y que en el camino de nuestra lucha necesitamos firme, sistemática y mutua solidaridad, por lo que ésta merece un lugar específico en la agenda de la Conferencia, tanto en lo que se refiere a la que debe propugnarse entre nuestros pueblos como a la que debe establecerse entre los juristas afroasiáticos y latinoamericanos preocupados por los problemas enunciados.

Asimismo, sería deseable que en cada reunión internacional antiimperialista se tuvieran en cuenta los lazos solidarios que deben tenderse o reforzarse entre los pueblos con las mismas urgencias históricas de liberación y los que desde distintas latitudes buscan una atmósfera propicia para el trabajo y para vivir en paz, pueblos todos ellos prestos o susceptibles a comprender que sólo se exige independencia y respeto a las formas de organización interna de propia elección y que se propugna el establecimiento de relaciones de sincera amistad y mutuo provecho entre todos los países, en un mundo sin armas.

México, D. F., septiembre, 1962

México, D. F., 29 de septiembre de 1962

Señor licenciado Alberto Bremauntz, Donceles 100, Ciudad.

Estimado licenciado y fino amigo: He leído con interés su libro titulado *La batalla ideológica de México*, en el que hace usted un estudio sobre las distintas corrientes del pensamiento contemporáneo, tomando como tema principal el desarrollo de las ideologías modernas en nuestro medio. Asimismo, como lo impone nuestra realidad, se extiende usted sobre la ideología política y social de la Revolución Mexicana.

Me parece muy útil su obra citada, ya que es un nuevo aporte para clarificar el pensamiento y la acción del movimiento revolucionario mexicano, en su lucha por el progreso material e intelectual de las mayorías nacionales y por la total independencia económica de nuestro país.

Como se desprende del contenido de su libro, los rumbos ideológicos de la sociedad encuentran su punto de partida en las contradicciones que, por causas económicas, se producen entre explotados y explotadores. Hoy, en la época de la liberación nacional de los pueblos y de la revolución social, de la decadencia del imperialismo y de todas las formas de explotación humana, presenciamos que las ideologías en pugna se han polarizado universalmente a un extremo sin precedentes.

Ante esta crisis de las relaciones de la sociedad, en que la lucha de los pueblos por su emancipación económica y social cobra mayor ímpetu y a la vez se ve considerablemente impulsada por los movimientos de independencia nacional, los explotadores de las clases desvalidas y de naciones extranjeras están perdiendo la serenidad ante su gradual aislamiento y tratan de salvarse, tardía e inútilmente, recurriendo a promover el "anticomunismo", bandera que esgrimen contra todo afán de justicia social, de liberación nacional, de pacífica convivencia entre los pueblos: señalando estas reivindicaciones como nocivas y de ajena inspiración. Como si los ideales universales del ser humano pudieran tener condición de extranjería.

Sólo desearía comentar la parte del primer capítulo, que se refiere a "los neutralistas". Comprendiendo el fondo de sus conceptos sobre la posición de las naciones y de las corrientes "neutralistas" o "no comprometidas", a mi juicio, no puede existir, en las actuales condiciones, una nación o grupo de ellas, ni sector político alguno que responda verdaderamente a una actitud neutral. Sólo una postura pasiva, objetivamente imposible en nuestra época, podría llamarse "neutralista". Basta con la adopción de una actitud contra el imperialismo, o de complacencia o inercia ante su acción explotadora y belicista, para que todo "neutralismo" tenga sinonimia con inexistencia. Sobre esto tendré oportunidad de platicar con usted en la primera ocasión que tenga el gusto de verlo.

Al felicitarlo por la franca y objetiva exposición sobre el desarrollo de las ideologías políticas y sociales, así como por sus comentarios y orientaciones revolucionarias al respecto, le reitero mi cordial estimación.

Su servidor y amigo.

Lázaro Cárdenas

México, D. F., 4 de junio de 1963

Señor embajador licenciado Luis Padilla Nervo, delegado de México ante la Conferencia del Comité de Desarme, Ginebra, Suiza.

Estimado amigo: Agradezco cumplidamente el envío de sus intervenciones en el Comité de Desarme y en la Asamblea General de las Naciones Unidas ante cuyos organismos tan dignamente representa usted a nuestro país.

He leído con interés la equilibrada y consecuente exposición que hace usted en cada uno de sus discursos.

Es de la mayor importancia que el gobierno de nuestro país, consciente del clamor universal por la paz, se haya abocado la tarea de buscar las formas más viables para aligerar la tensión internacional poniendo especial hincapié en la cesación de los ensayos con armas nucleares y, recientemente, en la desnuclearización de América Latina.

Deseo referirme especialmente a su discurso pronunciado en la 109 Sesión Parlamentaria del Comité de Desarme, el 15 de marzo de este año, en el que México expone con la autoridad adquirida en la aplicación de una política internacional sustentada en sólidos principios, la necesidad de que las grandes potencias lleguen a entenderse para aprobar una fórmula que lleve al inmediato cese de las pruebas nucleares.

Como usted dice, "la condición *sine qua non* de un progreso en los diversos aspectos del desarme", es la de lograr, como tarea previa e inmediata, la suspensión de los ensayos con armas nucleares. Y es primordial porque, además de constituir un peligro latente su uso eventual, las emanaciones radiactivas que originan aquéllos están ya ocasionando un daño irreparable en la salud de las gentes. Sin derecho para dañar la de sus propios pueblos, las grandes potencias carecen en absoluto del de dañar a los ajenos.

Ante las proposiciones positivas que respecto a la supresión de los ensayos nucleares han presentado los demás países que integran el Comité de Desarme, nos encontramos que de inmediato surgen nuevos escollos, revelando que las grandes potencias continúan en "la búsqueda del arma definitiva y de la superioridad nuclear permanente... una ilusión mentirosa, y el peligro mayor de jugar con la mentira es que se acaba por creer en ella". Y así, a las noticias esperanzadoras siguen las que provocan desaliento, y los pueblos ven con profundo escepticismo los regateos de las grandes potencias y la inmovilización de toda acción constructiva, comprobando el hecho incontrovertible de que, "detenerse a larga o corta distancia de la meta es un fracaso igual" para todos.

Sin embargo, el continuo esfuerzo que la representación mexicana realiza en el Comité de Desarme y en la Asamblea General de las Naciones Unidas cobra su sentido más valedero y útil al integrarse con el que desarrollan los pueblos en favor de un entendimiento que promueva un arreglo, aunque sea temporal y parcial, mientras se busca una solución más consistente sobre la abolición de las pruebas y que, a su vez, abra la posibilidad de nuevos adelantos en la cuestión del desarme.

Comprendemos en toda su importancia el valor de las conversaciones y de los trabajos que distintos organismos internacionales realizan en favor del desarme general, así como el tiempo que la humanidad gana en su prosecución y los avances, por exiguos que sean, que se obtienen en esos foros.

Debo manifestarle mi convicción de que para asegurar la paz por medio del desarme general, tendrán que vencerse de antemano las causas que originan las guerras modernas y que se manifiestan en forma cruenta o incruenta en la agresión y la explotación de que son todavía objeto numerosos países del mundo.

En estas condiciones, considero que a las razones de orden moral y legal que esgrimen los gobiernos amantes de la paz en favor del desarme, es menester permanecer atentos a la necesidad de que los países y los pueblos que no han logrado su cabal independencia la adquieran y, asimismo, evaluar en sus justas proporciones la acción emancipadora de aquéllos como coadyuvante para obtener, eventualmente, el desarme general como culminación de una auténtica convivencia pacífica entre los estados basada en el respeto a la total autonomía política y económica de las naciones.

Felicito a usted muy sinceramente por sus fundamentadas intervenciones, así como por el espíritu de justicia que las inspira, y que hace honor a nuestro país y a sus sólidas tradiciones de paz y convivencia en materia de política internacional.

Aprovecho esta oportunidad para saludarlo muy cordialmente y quedo su amigo.

Lázaro Cárdenas

México, D. F., 24 de junio de 1963

Señor doctor Kuo Mo-jo, presidente del Comité del Pueblo Chino por la Defensa de la Paz Mundial, Pekín.

Distinguido y fino amigo: La presente es para saludar a usted afectuosamente y pedirle tenga la bondad de hacer llegar al señor Mao Tse-tung, presidente del Partido Comunista Chino, la carta que adjunto. Una similar envío con esta fecha al señor Nikita Kruschev, secretario general del Partido Comunista de la URSS.

Como partidario de la paz, amigo de los países socialistas y en atención a las muestras de amistad que he recibido de la República Popular China y de la Unión de Repúblicas Socialistas Soviéticas, me ha parecido conveniente manifestarles mi preocupación por las diferencias surgidas entre los partidos comunistas que ellos dirigen, así como mis sinceros deseos de que la discusión ideológica se encauce por el camino de la avenencia en beneficio de la fructífera amistad de ambos pueblos y de la unidad de las masas populares que luchan en el mundo por intereses comunes: el progreso social, la liberación nacional y la paz mundial.

Agradeciendo de antemano su amable atención quedo de usted muy cordialmente su amigo.

Lázaro Cárdenas

México, D. F., 24 de junio de 1963

Señor Mao Tse-tung, presidente del Partido Comunista de la República Popular China, Pekín.

Distinguido amigo: Tengo el honor de manifestar a usted que hemos seguido con señalado interés y cuidadosa atención el reciente desarrollo de las relaciones entre los partidos comunistas de la República Popular China y de la Unión de Repúblicas Socialistas Soviéticas y que es motivo de satisfacción su resolución de entablar conversaciones para dilucidar las diferencias que han surgido en cuanto a la interpretación de los principios que norman el movimiento internacional inspirado en el marxismo-leninismo.

Nos parece que existe completa coincidencia entre los dirigentes de ambos partidos, así como entre los amigos del socialismo en el mundo, en el sentido de que tales diferencias perjudican seriamente la unidad de los comunistas en el ámbito internacional y la amenazan dentro de las fronteras de cada país, repercutiendo desfavorablemente entre las fuerzas que luchan por la liberación nacional de los pueblos y por la paz mundial.

Esperamos que ambos partidos lleguen a encontrar fórmulas comunes para llevar a cabo las conversaciones anunciadas para el 5 de julio próximo, y que en el curso de las mismas, al hacer un examen exhaustivo de los diversos puntos de vista, se logren conclusiones comunes tendientes a encauzar el debate ideológico.

Confiamos en que en sus deliberaciones y en las que hubiere en el futuro con el mismo empeño unificador, los partidos comunistas de los dos países socialistas más grandes del mundo, así como los demás que eventualmente interviniesen, tendrán presente la responsabilidad que adquieren ante las fuerzas proletarias que luchan por sus intereses de clase; las que se oponen a la opresión imperialista de pueblos y naciones extranjeras; aquellas que luchan por el advenimiento o la defensa del socialismo en sus respectivos países; y ante los partidarios de la paz en el mundo: conjugación de los más amplios y variados sectores sociales que encuentran en el movimiento comunista internacional un aliado de valor excepcional para el logro de objetivos comunes.

Debo manifestar a usted que una carta de igual contenido enviamos hoy al señor Nikita Kruschev, secretario general del Partido Comunista de la Unión de Repúblicas Socialistas Soviéticas, respondiendo a nuestro más sincero deseo de que se restablezca en breve la unidad ideológica, política y estratégica del movimiento comunista internacional, esperando que las próximas conversaciones de los partidos comunistas ruso y chino contribuyan a este importante fin.

Aprovecho esta oportunidad para saludar a usted cordialmente haciendo los mejores votos por el progreso del pueblo de la República Popular China y por su bienestar personal.

Lázaro Cárdenas

La Habana, 2 de septiembre de 1963

Al general Lázaro Cárdenas, Andes 605, México 10, D. F.

Estimado general Lázaro Cárdenas: Tengo el honor de transmitirle a usted que, el presidente Mao Tse-tung ya ha recibido la carta de usted dirigida a él, fechada el día 24 de junio de 1963, en la que usted manifestaba su preocupación por las relaciones chino-soviéticas, y expresa por este medio su gratitud a usted. Sobre el curso del desarrollo de las relaciones chino-soviéticas, se puede ver claramente en los materiales y tesis publicados por ambas partes. Con la presente, el presidente Mao Tse-tung le dará otra respuesta al referido mensaje de usted dirigido a las partes de China y la Unión Soviética y desea que usted tenga buena comprensión al respecto.

Aprovecho esta oportunidad para ofrecer a usted el testimonio de mi más alta consideración.

        Shen Chien, embajador extraordinario y plenipotenciario de la República Popular China en la República de Cuba

        México, D. F., 24 de junio de 1963

Señor Nikita Kruschev, secretario general del Partido Comunista de la URSS, Moscú.

Distinguido amigo: Tengo el honor de manifestar a usted que hemos seguido con señalado interés y cuidadosa atención el reciente desarrollo de las relaciones entre los partidos comunistas de la Unión de Repúblicas Socialistas Soviéticas y de la República Popular China y que es motivo de satisfacción su resolución de entablar conversaciones para dilucidar las diferencias que han surgido en cuanto a la interpretación de los principios que norman el movimiento internacional inspirado en el marxismo-leninismo.

Nos parece que existe completa coincidencia entre los dirigentes de ambos partidos, así como entre los amigos del socialismo en el mundo, en el sentido de que tales diferencias perjudican seriamente la unidad de los comunistas en el ámbito internacional y la amenazan dentro de las fronteras de cada país, repercutiendo desfavorablemente entre las fuerzas que luchan por la liberación nacional de los pueblos y por la paz mundial.

Esperamos que ambos partidos lleguen a encontrar fórmulas comunes para llevar a cabo las conversaciones anunciadas para el 5 de julio próximo, y que en el curso de las mismas, al hacer un examen exhaustivo de los diversos puntos de vista, se logren conclusiones comunes tendientes a encauzar el debate ideológico.

Confiamos en que en sus deliberaciones y en las que hubiere en el futuro con el mismo empeño unificador, los partidos comunistas de los dos países socialistas más grandes del mundo, así como los demás que eventualmente interviniesen, tendrán presente la responsabilidad que adquieren ante las fuerzas proletarias que luchan por sus intereses de clase; las que se oponen a la opresión imperialista de pueblos y naciones extranjeras; aquellas que luchan por el advenimiento o la defensa del socialismo en sus respectivos países; y ante los partidarios de la paz en el mundo; conjugación de los más amplios y variados sectores sociales que encuentran en el movimiento comunista internacional un aliado de valor excepcional para el logro de objetivos comunes.

Debo manifestar a usted que una carta de igual contenido enviamos hoy al señor Mao Tse-tung, presidente del Partido Comunista de la República Popular China, respondiendo a nuestro más sincero deseo de que se restablezca en breve la unidad ideológica, política y estratégica del movimiento comunista internacional, esperando que las próximas conversaciones de los partidos comunistas ruso y chino contribuyan a este importante fin.

Aprovecho esta oportunidad para saludar a usted cordialmente haciendo los mejores votos por el progreso de los pueblos de la Unión de Repúblicas Socialistas Soviéticas y por su bienestar personal.

Lázaro Cárdenas

Al excelentísimo señor general Lázaro Cárdenas

Estimado amigo: Recibí su carta. Le agradezco sinceramente sus amistosos saludos y buenos deseos dirigidos al pueblo soviético y a mí personalmente. Los soviéticos le conocen bien a usted como un destacado dirigente progresista, como un luchador activo por la causa de la paz y la liberación nacional de los pueblos del imperialismo extranjero.

En su carta usted expresa la preocupación con motivo de las discrepancias surgidas en el movimiento internacional comunista y hace hincapié en que esas discrepancias merman su unidad y hacen daño a la lucha por la paz y por la independencia nacional de los pueblos. Comprendemos esta preocupación.

A nosotros, los comunistas soviéticos, nos dirige un solo deseo: hacer todo lo posible para fortalecer la unidad de todo el movimiento internacional comunista, no permitir que se agraven las discrepancias. Éstas no son puras palabras. En efecto, precisamente fue el Comité Central del PCUS quien en enero de 1963 propuso poner coto a una polémica abierta dentro del movimiento comunista y celebrar la entrevista de los representantes del PCUS y del PCCH. Nuestro partido hacía todo para crear las condiciones favorables para esta entrevista.

Desgraciadamente el CC del Partido Comunista Chino procedía del modo contrario. Él continuó artificialmente y sin justificación alguna agudizando la polémica, lo que confirma en particular la publicación de su carta del 14 de junio de este año en que abundan las acusaciones infundadas contra el PCUS y otros partidos hermanos. Durante la entrevista bilateral celebrada en julio del año en curso, los delegados del PCUS hacían grandes esfuerzos para llegar a mutuo entendimiento en las importantes cuestiones de principio del actual desarrollo mundial del movimiento internacional comunista y de las relaciones soviético-chinas. Sin embargo, por propuesta de los camaradas chinos se suspendieron los trabajos para reanudarlos dentro de un tiempo.

No tenga usted duda alguna que nosotros haremos todo a nuestro alcance para no profundizar las discrepancias existentes y superar las dificultades, defender la unidad del movimiento internacional comunista y del campo socialista sobre la base de los principios del marxismo-leninismo en interés de la lucha por nuestra causa común: la paz y seguridad de los pueblos, la independencia nacional y el progreso social.

Permítame hacer votos por su buena salud y por el éxito de su noble actividad cuyo fin es el bien del pueblo mexicano en aras de la paz en todo el mundo y de la amistad entre los pueblos.

Muy atentamente.

N. Jruschev

31 de julio de 1963

México, D. F., 5 de septiembre de 1963

Señor doctor Kuo Mo-jo, presidente del Comité del Pueblo Chino por la Defensa de la Paz Mundial, Pekín, China.

Distinguido y estimado amigo: Por informaciones diversas y comunicaciones recientes del Consejo Mundial de la Paz he podido percibir que las diferencias surgidas entre la República Popular China y la URSS en cuanto a la aplicación de la política en favor de la coexistencia pacífica, el desarme general y la paz se han reflejado, desventuradamente y de tiempo atrás, dentro de aquel organismo internacional de los pueblos.

Esta circunstancia incide desfavorablemente, a mi juicio, sobre la cohesión de las fuerzas que luchan por un mismo objetivo, la paz mundial.

Sinceramente considero que, independientemente de la disparidad de opiniones en cuanto a los caminos más viables para llegar a conquistar la paz, sería posible y aun necesario encontrar fórmulas comunes de aceptación universal que permitieran un trabajo armónico y conjunto en la esfera de acción del Consejo Mundial de la Paz, dentro de la comprensión y la apreciación cabal de la pluralidad de los métodos que los pueblos de cada país y región del mundo se ven precisados a emplear para combatir las fuerzas bélicas y del mayor o menor énfasis con que se subrayen las causas y los efectos de la guerra moderna a la que todos los pueblos están expuestos. De otro modo se presenta el peligro de que el organismo a que pertenecemos se debilite al convertirse en un campo de la lucha ideológica de dos grandes países amantes de la paz.

En los mismos términos me dirijo al eminente escritor Nicolai Tijonov, presidente del Comité Soviético de la Paz, y envío una copia de ambas cartas al señor profesor John D. Bernal, presidente del Consejo Mundial de la Paz, todo ello con la libertad que la cordial amistad de usted y de ellos, así como de otros distinguidos dirigentes de los tres organismos me han dispensa-

do, y consciente de la responsabilidad adquirida al incorporarme al Consejo Mundial de la Paz para trabajar, en estrecha unidad con las diversas fuerzas que lo integran, por la paz y la amistad de los pueblos.
Sin otro particular quedo de usted cordialmente su amigo.
Lázaro Cárdenas

México, D. F., 10 de octubre de 1963

Señor Peter Benenson, secretario del Movimiento Amnistía Internacional, 1 Mitre Court Buildings, Londres, C. 4, Gran Bretaña.

Estimado señor Benenson: Oportunamente recibí su carta del 27 de agosto pasado, en la que tiene usted a bien hacer una detallada relación de las condiciones que privan en Sudáfrica en lo que respecta a la discriminación racial y a la explotación de que es objeto la población de color de aquella vasta región.

Es penoso que en pleno siglo veinte se decreten y apliquen leyes contraviniendo el más elemental sentido de justicia y en detrimento de la libertad humana y de los principios universalmente reconocidos y resumidos en la Declaración de los Derechos del Hombre.

Como usted dice, la opinión internacional debe contribuir para que los dirigentes sudafricanos que luchan en favor de los derechos humanos y que hoy están en la cárcel por tan injusto motivo, recobren su libertad y con ella su facultad de promover un cambio en la situación actual que permita al pueblo sudafricano llevar una vida digna y pacífica, integrada en plena igualdad con los miembros de la sociedad de que forman parte.

Las condiciones de discriminación racial y social en que viven grandes núcleos humanos en varias partes del mundo, despiertan nuestra constante preocupación y nuestro sentimiento de solidaridad más acendrado hacia las luchas que llevan a cabo por su completa liberación.

Hago del conocimiento de otras personas y organismos el contenido de su carta que contesto, para los efectos de la solidaridad que su movimiento merece.

Sin otro particular quedo de usted muy atentamente.
Lázaro Cárdenas

México, D. F., 18 de marzo de 1964

Excelentísimo señor general Charles de Gaulle, presidente de la República Francesa, Corregidores 930, Lomas de Chapultepec, Presente.

Honorable señor Presidente: Mucho agradecemos la amable invitación de la señora De Gaulle y de Vuestra Excelencia para asistir a la recepción que ofrecen hoy en la embajada de Francia a las 19 horas, lamentando sinceramente no concurrir por la necesidad que tenemos de salir hoy mismo a la ciudad de Guadalajara, donde se encuentra gravemente enfermo uno de mis hermanos.

Deseamos manifestarle la satisfacción de mi señora y la mía por haber tenido la ocasión de saludar personalmente a su distinguida esposa y a Vuestra Excelencia y de presentar nuestros parabienes al estadista patriota que desempeña la importante misión de estimular con su presencia en México la amistad entre los gobiernos y los pueblos mexicano y francés, en los que existe una recíproca simpatía que genera una fácil comprensión mutua. Asimismo apreciamos en todo su valor la labor de acercamiento que Vuestra Excelencia extiende a toda América Latina y entre los pueblos del mundo.

La señora Cárdenas y el suscrito deseamos a Vuestra Excelencia y a su esposa una feliz estancia durante los días que permanezcan en México y un venturoso retorno a su gran país amigo.

Reitero a Vuestra Excelencia las seguridades de mi más alta y distinguida consideración.

Lázaro Cárdenas

CARTA NOCTURNA

México, D. F., 30 de abril de 1964

Señor general Humberto Castelo Branco, presidente provisional de Brasil, Palacio Presidencial, Brasilia, Brasil.

Ante detención y amenaza deportar Taiwán nueve ciudadanos chinos con residencia legal en Brasil, violando normas Derecho Internacional derechos humanos universalmente reconocidas me permito rogarle su alta intervención fin obténgase libertad ciudadanos chinos. Atentamente.

Lázaro Cárdenas

CARTA NOCTURNA

México, D. F., 30 de abril de 1964

Señor U Thant, secretario general ONU, Nueva York, EU.

Considerando detención ciudadanos chinos por nuevo gobierno

Brasil viola normas Derecho Internacional derechos humanos muy atentamente solicito ese organismo de no tener inconveniente gestione su libertad conjurando su deportación Taiwán. Respetuosamente.

Lázaro Cárdenas

TELEGRAMA

Arteaga, Mich., 29 de septiembre de 1964

Señor licenciado Luis Torres, presidente de la Sociedad Mexicana de Amistad con China Popular, Madrid N° 10, 1er. piso, México, D. F.

Agradeciendo invitación Sociedad Mexicana Amistad China Popular para concurrir homenaje decimoquinto aniversario triunfo gran Revolución china, deseo manifestar mis mejores votos por que propio pueblo chino continúe progresando en su programa socialista y porque se logre ampliación intercambio comercial cultural entre pueblos mexicano y chino, que llegará a culminar con establecimiento relaciones diplomáticas con país reúne más de la quinta parte población mundial y cuya creciente importancia política y económica es ya patente de hecho y derecho para muchos países. Seguramente muy pronto todas naciones restituirán joven República Popular China su asiento en Naciones Unidas y foros internacionales a que tiene derecho. Cordialmente.

Lázaro Cárdenas

México, D. F., 25 de octubre de 1964

Señor doctor Kuo Mo-jo, presidente del Comité del Pueblo Chino por la Defensa de la Paz Mundial, 9, Tai Chi Chang, Pekín, China.

Distinguido y fino amigo: Por su honorable conducto deseo hacer presentes mis felicitaciones al gobierno y al pueblo chinos por el éxito logrado al realizar la primera prueba nuclear y por lo que se expresa en el comunicado oficial de la República Popular China dado a la publicidad con fecha 16 de este mes.

Debido a las condiciones imperantes respecto a la posesión de armas nucleares, China, como se manifiesta en la declaración, se ha visto en la necesidad de producir armas atómicas y efectuar la prueba de referencia, obligando al imperialismo a medir de hoy en adelante el alcance de sus amenazas y de su acción bélicas.

El examen realista de la situación justifica plenamente la fabricación de armas atómicas por el gobierno de su gran país para la defensa nacional y la de la paz; y el profundo contenido político y el elevado sentido humano del comunicado se definen al declarar su gobierno que jamás será el primero en utilizar las armas nucleares, en cualquier momento o circunstancia; en la afirmación de que no son éstas sino el pueblo chino el que decidirá el destino de su país y los pueblos del mundo los que determinarán su porvenir; y en la convicción de que las armas atómicas, creadas por el hombre, pueden ser ciertamente eliminadas por él.

Con esta nueva prueba de capacidad científica y técnica puesta al servicio de altas miras internacionales, el pueblo y el gobierno chinos se constituyen en mejores defensores activos de la paz y aún más valiosos aliados de los pueblos que luchan por su liberación nacional y que con ello promueven la desaparición definitiva de las guerras imperialistas y las guerras de agresión que deben quedar excluidas en el devenir histórico de los pueblos.

Para la conciencia mundial es altamente alentadora la invitación que el gobierno chino oficialmente hace a todos los gobiernos del mundo para que se celebre una conferencia cumbre de todos los países para discutir la cuestión de la prohibición completa y la destrucción total de las armas atómicas, comprendiendo que este asunto no sólo concierne a los países que han logrado manufacturar y probar esas armas, sino que es una cuestión que afecta a todos y cada uno de los pueblos de la tierra, pues su uso también acarrearía grandes perjuicios a territorios y poblaciones ajenas a las áreas en eventuales conflictos.

Los enunciados anteriores y esta invitación revisten al gobierno chino de una fuerza moral incontrastable.

Si nunca hubo justificación alguna para privar a la República Popular China de su derecho a ocupar su sitio en las Naciones Unidas y los organismos internacionales, hoy es una necesidad perentoria que las naciones amantes de la paz y todos los pueblos del mundo lo impongan como una exigencia y una reparación inaplazables.

Finalmente, deseo manifestar a usted que este y otros acontecimientos recientes permiten avizorar un mejoramiento de las condiciones para lograr mayor unidad y paralelismo en los propósitos de paz, independencia y liberación nacionales que persiguen los pueblos para desarrollarse sin ingerencias ni sujeciones extranjeras, acelerando así el advenimiento de un mundo capaz de crear una civilización digna del linaje humano.

Con mis parabienes y los mejores votos por el continuo éxito de la República Popular China en la construcción socialista, el adelanto técnico y científico y el progreso social de su pueblo, le ruego trasmitir mis atentos saludos a los dirigentes y amigos chinos que tuve la satisfacción de conocer en su gran país.

Para usted los más cordiales y afectuosos saludos de su amigo.
Lázaro Cárdenas

México, D. F., 15 de febrero de 1965

Señor general de división Heriberto Jara, Av. General Miguel Alemán N? 2, Veracruz, Ver.

Distinguido y gran amigo: Leí con gran interés su artículo publicado en el número 608 de la revista *Siempre!* y felicito a usted muy sinceramente por la claridad de sus apreciaciones al examinar la situación creada por las fuerzas belicistas de los Estados Unidos en su afán de dominio y explotación de otros pueblos, agravada en las últimas semanas con los bombardeos sobre poblaciones abiertas de Vietnam del Norte, violando toda norma de derecho, abandonando el más elemental sentido de humanidad y poniendo en peligro la paz mundial.

Asimismo, analiza usted con toda atingencia los antecedentes de la política imperialista norteamericana durante la segunda guerra mundial, caracterizada por una ambición siempre insatisfecha y capaz, en consecuencia, de las más injustificables agresiones.

El nefasto precedente que se estableció durante el gobierno de Truman al ordenar el bombardeo atómico de Hiroshima y Nagasaki, fue y sigue siendo un aliento para las fuerzas belicistas, cuya falta de discernimiento puede determinar ahora, como entonces, el empleo de las armas modernas de destrucción en masa.

A guisa de comentario y como muestra de repudio a ese execrable hecho, cuando Truman vino a México en el año de 1947 y se me invitó a una comida en su honor, rehusé asistir a ella por considerarlo un criminal de guerra por aquel genocidio.

Desafortunadamente, esa acción estableció una escuela cuyos peligros se ciernen ahora sobre la humanidad entera.

En Vietnam del Sur, los agresores intervencionistas impusieron los métodos de destrucción y exterminio con el uso de armas bacteriológicas, las que ni siquiera Hitler quiso utilizar, así como el empleo del napalm, dejando yermos y estériles los campos y la otrora exuberante vegetación en vastas regiones del país; hoy, con el sorprendente pretexto de ejercer "represalias" por derrotas que los patriotas sudvietnamitas han infligido al invasor, éste pretende extender la guerra a otro país y amenaza gravemente universalizarla, y volver a recurrir eventualmente al empleo de las armas nucleares, sin importarle el destino de otros pueblos y del suyo propio.

En realidad existe ya, de hecho, un estado de guerra.

Una acción positiva para detener y conjurar nuevos ataques

de la naturaleza que hoy se registran en Vietnam del Norte, sería la imposición de sanciones prácticas y efectivas contra el agresor. De otra manera sólo el empleo de la fuerza podría ser un escarmiento para los agresores, ya que parece ser la única forma de persuadirlos de que deben medir las consecuencias que tendría también para ellos y para todos los pueblos, una guerra generalizada.

Los pueblos agredidos por fuerzas extranjeras se ven siempre en la necesidad y en la obligación de defender su territorio, su soberanía y su independencia y, por poderoso que sea el adversario, defenderán hasta la muerte su derecho a la vida y a la integridad de su patria.

Ésta es la lección que la historia ha legado al pueblo mexicano y a los que han tenido que luchar por su libertad.

Los que hemos pugnado por la paz mundial esperamos que la solidaridad de los pueblos en su lucha por ella, y la conciencia y la ponderación de los estadistas amantes de la paz, lograrán apagar la hoguera encendida, pero en caso contrario, considero que el imperialismo y las fuerzas bélicas que desata serán finalmente aniquilados.

Lo saluda con gran afecto su siempre atento amigo.

Lázaro Cárdenas

México, D. F., 5 de agosto de 1965

Señor doctor Kuo Mo-jo, presidente del Comité del Pueblo Chino por la Defensa de la Paz Mundial, Pekín.

Distinguido amigo: Aprovecho la oportunidad del viaje que hace a la República Popular China nuestro mutuo y grande amigo, el señor general Heriberto Jara, para enviarle un saludo afectuoso y reiterar a usted y, por su valioso conducto, al pueblo chino mis sinceros sentimientos de amistad y los mejores votos por su ininterrumpido progreso que conocemos a través de amigos que han visitado su país recientemente y por las publicaciones que recibimos con toda regularidad.

Ante la agresividad del imperialismo norteamericano tanto en Vietnam como el Congo, en la República Dominicana y otros lugares, nos enteramos de la firme solidaridad del pueblo chino hacia las causas de la liberación de los pueblos y la paz mundial, rechazando enérgicamente la política de invasión que lleva a cabo en su inútil empeño de constituirse en árbitro y rector del mundo contemporáneo. Además de lo injustificable de sus agresiones, está utilizando métodos bárbaros y reprochables, contrarios a toda ley moral y humana, promoviendo la animadversión de los pueblos que lo aísla y coloca en la antesala de su propia derrota.

Debemos tener plena confianza en el triunfo de las fuerzas nacionales que luchan contra el imperialismo en todas sus formas y que con la unidad de todos los pueblos antiimperialistas se logrará fincar la paz mundial.

Me será sumamente grato conocer, por medio de nuestro dilecto amigo, el señor general Jara, a su regreso, los nuevos avances obtenidos por el gobierno y el pueblo chinos que, con su propio esfuerzo, están labrando el bienestar social y los grandes destinos históricos de la nación china.

Deseo disfrute usted de completa salud y quedo afectuosamente su amigo.

Lázaro Cárdenas

BERTRAND RUSSELL PEACE FOUNDATION

Londres, 23 de junio de 1966

Señor general Lázaro Cárdenas, Iguala, Gro., México.

Querido general Cárdenas: Durante un período de tiempo he recogido evidencias respecto al bombardeo continuo de hospitales, escuelas, sanatorios y leprosarios realizados por la fuerza aérea de los Estados Unidos en Vietnam del Norte. Además, abunda la clara evidencia disponible de que las fuerzas armadas norteamericanas han usado productos químicos tóxicos y gases venenosos en Vietnam del Sur. Ha habido también saturación de bombas especiales que contienen filosos proyectiles de acero que han caído en número de 100 millones en una provincia de Vietnam del Norte en el período de un año. El napalm y el fósforo acompañan los bombardeos, tanto en el norte como en el sur. Estas dos sustancias producen irremisiblemente quemaduras que no pueden extinguirse con tierra o agua. Causan la supuración de las víctimas.

Es de una claridad meridiana que los Estados Unidos se han embarcado en una serie de crímenes de guerra contra el pueblo de Vietnam. Deseamos la constitución de un jurado internacional representativo e independiente, para que acoja la total evidencia respecto a estos crímenes contra la humanidad. Consideraría de la más grande importancia para esta tarea si usted puede participar como miembro del jurado. Con gusto enviaré a usted todos los detalles relativos al jurado propuesto. ¿Podría usted comunicarme en la oportunidad más próxima su aceptación, en principio? Con mis mejores saludos suyo sinceramente.

Bertrand Russell

México, D. F., 13 de julio de 1966

Señor doctor Bertrand Russell, Bertrand Russell Peace Foundation, 3 and 4 Shavers Place, Haymarket, Londres, Gran Bretaña.

Distinguido amigo: Al recibir su atenta carta de fecha 23 de junio pasado envié a usted un cable aceptando, en principio, formar parte del tribunal internacional que bajo sus auspicios se estructurará para registrar y dar a conocer los crímenes perpetrados por la fuerza aérea de los Estados Unidos de Norteamérica contra la República Democrática de Vietnam y los execrables medios que emplean los invasores para aniquilar a los patriotas de Vietnam del Sur.

La descripción que usted hace en cuanto al uso de productos químicos tóxicos, de gases venenosos, del napalm y fósforo y de bombas especiales con proyectiles de afilado acero que caen por millones sobre el pueblo vietnamita, así como la extrema injusticia que sufre al verse atacado e invadido su territorio por tropas extranjeras, sacude la conciencia del mundo en tal forma que, de lograr la movilización activa de los pueblos en la misma proporción de su repudio a esa guerra impuesta, podría paralizar los crímenes del imperialismo norteamericano, encontrando su primera gran derrota mundial.

Conozco y aprecio en alto grado sus incansables esfuerzos por el advenimiento de la paz en el mundo, sus protestas ante las agresiones y las injusticias, su indomable espíritu de luchador antiimperialista y sus sabias advertencias a los hombres que, revestidos de autoridad, no saben o no quieren emplearla para bien de sus pueblos y de la humanidad.

Es para mí un honor la distinción de que he sido objeto al llamarme usted a cooperar en una cruzada urgente de elevadas miras: la defensa de un pueblo heroico, brutalmente atacado, que está luchando por lo que nos es más preciado: el derecho de los pueblos a una vida independiente y pacífica, libres para regir sus destinos.

Espero con profundo interés los detalles que me anuncia usted en su carta relativos a la creación del tribunal, al que prestaré mi decidida y sincera colaboración, considerándolo un deber de humanidad y un acto de fervorosa solidaridad hacia un pueblo que, como el mexicano, ha visto mutilado y violado su territorio, varias veces invadido y agredido por potencias imperialistas.

Sin otro particular quedo su atento amigo que lo saluda afectuosamente.

Lázaro Cárdenas

México, D. F., 11 de octubre de 1966

Señor Bertrand Russell, Bertrand Russell Peace Foundation, 3 and 4 Shavers Place Haymarket, Londres, Gran Bretaña.

Honorable y distinguido amigo: Oportunamente recibí su atento cable del 2 de octubre, así como su anunciada carta del 5 del mismo mes adjuntando un bosquejo de agenda, todo ello relacionado con las sesiones formales para convocar al Jurado Internacional de Crímenes de Guerra en Vietnam y que se ha resuelto tengan lugar en Londres del 13 al 15 de noviembre próximo.

Desafortunadamente, asuntos inaplazables que debo atender en México en los últimos meses del año, evitarán mi concurrencia a las sesiones antedichas, lo que verdaderamente siento.

Sin embargo, percatado de los temas de la agenda, deseo manifestarle que me haré partícipe de los acuerdos que se tomen en las reuniones de Londres y que, según entiendo, tienen un carácter preparatorio para formular los objetivos del Jurado y emprender organizadamente los trabajos de investigación necesarios para culminar más tarde con la realización, en fecha determinada, del juicio de los crímenes de guerra perpetrados por los norteamericanos en Vietnam, el que involucra, asimismo, la evaluación de la heroica resistencia de los vietnamitas ante la agresión y la invasión de ultramar, condenables de acuerdo con las leyes internacionales y, lo que es más importante, por la conciencia de todos los pueblos.

Independientemente de hacerlo más ampliamente en su oportunidad, deseo aprovechar la ocasión para apuntar, en síntesis, mi criterio sobre la evaluación de la resistencia vietnamita, como sigue:

Las hostilidades contra los patriotas de Vietnam del Sur y los bombardeos a la República Popular de Vietnam por parte de las fuerzas armadas norteamericanas, constituyen una agresión extranjera violatoria de las leyes internacionales consagradas en la Carta de las Naciones Unidas, y la presencia de tropas extranjeras en el sur de Vietnam, una flagrante e ilegal ocupación militar de un territorio ajeno.

Los llamados gobiernos de Saigón que se han sucedido en los últimos tiempos, incluyendo al actual, han perdido desde años atrás toda legitimidad al violar los Acuerdos de Ginebra de 1954 y al mantener su precaria vigencia en la fuerza de las armas extranjeras.

Todo esfuerzo por el restablecimiento de la paz en Vietnam, que ignore las premisas anteriores y que procure negociaciones en plan de igualdad entre los agresores e invasores y sus víctimas, es inadmisible.

Sólo la desocupación de las tropas y del equipo militar extranjero del territorio vietnamita, como lo estipulan los Acuerdos de Ginebra de 1954, y la cesación total de los bombardeos sobre Vietnam del Norte, podrán crear las condiciones para un nuevo examen de la situación en Vietnam a la luz de los Acuerdos antedichos, capaz de producir un arreglo definitivo para la unificación y la neutralidad libremente proclamadas y realizadas por el pueblo vietnamita, haciendo pleno uso de su independencia y su autodeterminación.

Agradezco a usted su amable respuesta a mi carta del 27 de septiembre en la que justamente solicitaba información precisa sobre la fecha y la sede de las reuniones preparatorias y definitiva del Jurado y espero sus noticias sobre los acuerdos de Londres, deseando a usted y a sus colaboradores el mayor éxito en sus trabajos.

Quedo su atento amigo que lo saluda muy cordialmente.

Lázaro Cárdenas

Cd. Altamirano, Gro., 2 de febrero de 1967

Señor doctor Guillermo Montaño,
México, D. F.

Mi querido doctor y fino amigo: Dispensará usted que hasta hoy haga relación a su muy atenta carta del 5 de diciembre pasado, debido a mis frecuentes viajes.

En el contenido de su citada carta hace usted una justa apreciación de la resistencia heroica del pueblo de Vietnam, que lucha por la defensa de su autodeterminación y soberanía, siendo verdaderamente admirable el valor y patriotismo con que defienden su territorio ante el imperialismo que no se ha detenido en invadir a un pequeño país, sino que ha llegado a utilizar armamentos prohibidos segando vidas y destruyendo importantes obras materiales que se han levantado a costa de grandes sacrificios del pueblo invadido.

Le agradezco su felicitación por las declaraciones que di a la Agencia "Checoslovaca" sobre el propio caso de Vietnam, así como su disposición de cooperar en los trabajos preparatorios del jurado internacional al que fui invitado por el filósofo pacifista Bertrand Russell. Para ello, a mi regreso a esa capital platicaré con usted.

Con esta oportunidad le envío un abrazo con mi cordial saludo.

Su siempre atento amigo.

Lázaro Cárdenas

Londres, 2 de marzo de 1967

General Lázaro Cárdenas, Andes 605, México 10, D. F., México.

Querido general Cárdenas: Nosotros estamos a punto de iniciar las sesiones públicas que habían sido determinadas y el Jurado Internacional de Crímenes de Guerra pasará de la etapa de las investigaciones preparatorias a la de las audiencias públicas. Doy a esto enorme importancia. He trabajado durante año y medio para que el Jurado Internacional de Crímenes de Guerra tuviera un gran impacto en la opinión pública. Prometimos en la apertura de sesiones y en nuestras declaraciones sobre los fines y objetivos una encuesta exhaustiva. Nosotros hemos dicho que las cinco áreas serían examinadas totalmente y que los trece años de guerra deben dar una documentación adecuada para presentarla dramáticamente a los pueblos del mundo.

Por estas razones, creo que la decisión tomada por los miembros del comité ejecutivo de hacer una serie de sesiones públicas es correcta y absolutamente esencial para la realización de nuestra tarea común. Estoy alentado por el hecho de que los miembros del Jurado, en su correspondencia, están de acuerdo con esta decisión. Claramente, la vasta cantidad de datos, testimonios y evidencias de primera mano, esenciales para una honesta y efectiva presentación de la naturaleza de la guerra en Vietnam, requieren de muchas audiencias. Si nosotros intentáramos todo esto con una sola audiencia, nos engañaríamos para cumplir con nuestras responsabilidades o nos empeñaríamos en una sesión tan extensa que limitaría las posibilidades de nuestros miembros.

Nuestra decisión, por lo tanto, de efectuar una serie de sesiones públicas de 4 a 5 días, con intervalos de varias semanas, tiene una gran ventaja. Nos permite presentar exhaustivamente parte de las evidencias en cada audiencia pública y extraer las conclusiones al final de cada una de ellas. Este procedimiento ha sido discutido con el Presidente y el Primer Ministro de Vietnam del Norte, quienes lo favorecen. La necesidad de presentar la más completa evidencia y el mayor impacto sobre la opinión pública ha sido expuesta y ha recibido la completa aprobación de los funcionarios responsables de Vietnam.

Le suplico encarecidamente su presencia en la primera sesión pública que se celebrará en París en el local de la Mutualidad del 10 al 15 de abril. Las evidencias de los primeros grupos investigadores serán presentadas durante esta sesión. La segunda se efectuará del 16 al 19 de mayo. La tercera sesión será en la tercera semana de junio.

Considero estas decisiones como un punto de partida de nuestro trabajo. Estoy profundamente convencido que destruiríamos la confianza en nuestra intención ya declarada y nuestra responsabilidad hacia los vietnamitas y la verdad misma, si no hacemos el máximo esfuerzo para crear el mayor impacto posible al examinar públicamente los crímenes de guerra y exhibir a los responsables.

Los testigos vietnamitas que nos han ofrecido el Frente de Liberación Nacional y la República Democrática de Vietnam son centrales para este fin, como seguramente estarán de acuerdo los miembros del Jurado.

Creo que las primeras tres sesiones planeadas hasta el mes de junio, permitirán crear interés en la opinión pública. Debido a la inactividad que se registra en Francia durante el verano, confío que las sesiones planeadas para septiembre y octubre harán culminar nuestro trabajo ya beneficiado enormemente por las sesiones iniciales entre abril y junio. Desearía expresar aquí la opinión de que el Jurado Internacional de Crímenes de Guerra debiera prevalecer en el futuro, a fin de que cuando nuevos crímenes de guerra sean cometidos, podamos tener la oportunidad, si así lo queremos, de reanudar nuestro trabajo aun después del juicio respecto a la guerra de Vietnam.

Durante las próximas semanas de preparación de las audiencias públicas, espero estaremos en estrecho contacto.

Con mis mejores deseos, suyo sinceramente.

Bertrand Russell

México, D. F., 20 de marzo de 1967

Señor Bertrand Russell, 11A Wormwood Street, Londres EC2, Gran Bretaña.

Estimado y distinguido amigo: Al llegar ayer a esta capital recibí su atenta carta y el cable de fechas 2 y 12 de marzo, respectivamente, agradeciendo su información sobre los importantes trabajos desarrollados por usted y sus inmediatos colaboradores para que el Jurado Internacional de Crímenes de Guerra se realice en el amplio marco que merece la presentación de las pruebas y evidencias de los actos altamente punibles cometidos por los invasores extranjeros en Vietnam.

El mundo entero ha presenciado la transformación de un conflicto civil en una guerra de agresión extranjera contra los patriotas de Vietnam del Sur, extendida alevosamente, en los últimos dos años a la República Democrática de Vietnam, hechos flagrantemente violatorios de los Acuerdos de Ginebra de 1954 y de los más elementales principios internacionales, con el agravante de que los métodos empleados por los agresores norteamericanos y sus aliados rebasan todo sentido de humanidad al usar armas genocidas de efectos inimaginablemente crueles.

El obsesivo propósito de someter a la población de la República Democrática de Vietnam con el lanzamiento continuado e impune de bombas de alto poder destructivo sobre escuelas, hospitales, mercados, centros religiosos y otros sitios donde se desenvuelve la vida civil; de aniquilar a los patriotas del sur con el uso de armas químicas y bacteriológicas que extinguen masivamente la vida de las gentes, sin consideración de edad o sexo y bajo la consigna, de "quemarlo todo, destruirlo todo"; y de recluir en las llamadas "aldeas estratégicas", verdaderos campos de concentración, a poblaciones enteras, ha producido general indignación que recoge, con su existencia, el Jurado Internacional de Crímenes de Guerra.

A decir verdad, el Jurado se ha constituido en la síntesis de la conciencia universal al tratar de rescatar el sentido de crimen que tienen estos actos y, también el que los origina: o sea la guerra de agresión.

En estos momentos, con el reciente aumento de decenas de miles de millones de dólares para la guerra de Vietnam, los invasores incrementan los bombardeos sobre el norte y anuncian el empleo de la electrónica, de precisión mortífera en gran escala, en la guerra, poniendo en grave peligro la paz mundial; todo esto coincidiendo con una vasta y universal campaña que en todos los niveles y las latitudes se lanza para crear condiciones propicias para las negociaciones pacíficas. El logro de éstas, sin embargo, se ve obstruido por la acentuación de la guerra bajo proclamas pacifistas, débiles mamparas que el invasor utiliza para engañar, por cierto inútilmente, a la opinión pública.

Por otra parte, condicionar el cese de los bombardeos al norte a métodos correspondientes de la parte contraria, además de ser un contrasentido es una falacia, pues solamente el agresor bombardea, unilateral e impunemente. Los agredidos no bombardean y se concretan a defender su territorio y a ayudar a sus hermanos del sur a recuperar su independencia. Ambos territorios, provisionalmente divididos, corresponden a un solo país y su pueblo fraterno tiene la obligación de ayudarse y defenderse mutuamente contra la invasión extranjera.

En realidad las premisas para llegar a la mesa de conferencias sólo se pueden establecer con la cesación incondicional de los bombardeos y de la agresión a Vietnam del Norte, el retiro de las armas y las fuerzas militares extranjeras en el sur y la aplicación escrupulosa de la no intervención en los asuntos internos de los vietnamitas para que éstos reunifiquen, eventualmente y en libertad, su propio país.

Me he extendido en el aspecto político y militar de la guerra porque su terminación en justicia, acabará con la muerte y la tortura de los vietnamitas y con el inútil sacrificio de jóvenes norteamericanos, coreanos y filipinos, que es, en último análisis, lo que los pueblos del mundo reclaman.

Volviendo a los asuntos que trata usted en su carta que contesto, he leído con interés la forma periódica en que se sucederán las sesiones públicas del Jurado y me parece, como a usted y a los demás miembros, que serán más efectivos y extensos los resultados del trabajo ya que se mantendrá vivo el interés público, lo que evidentemente estimulará las acciones concretas de solidaridad hacia la República Democrática de Vietnam y los patriotas del sur. Considero como usted, que es conveniente dar vida permanente al Jurado que usted dignamente preside, para poder enjuiciar moralmente los crímenes de guerra que pudiesen cometerse en el futuro.

Siento manifestarle que me será difícil desplazarme de México en la primera mitad de este año, por lo que tengo que prescindir del honor de concurrir a las sesiones del Jurado Internacional de Crímenes de Guerra que se celebrarán en ese período.

Felicito a usted por su trabajo y, por su digno conducto, a los que intervienen en la preparación de las sesiones inaugurales del Jurado y deseo a éste los mayores logros, los que serán, en verdad, de las fuerzas que luchan por una paz justa, que devuelva a Vietnam su plena independencia y su derecho a la autodeterminación.

Quedo de usted su amigo que lo admira y saluda muy cordialmente.

Lázaro Cárdenas

México, D. F., 25 de abril de 1967

Señor Bertrand Russell, 11A Wormwood Street, Londres EC2, Gran Bretaña.

Mi estimado y gran amigo: Recibí su muy atenta carta de fecha 19 de abril en que tiene a bien pedir mi opinión sobre su deseo de presentar la candidatura de la doctora Melba Hernández, presidente del Comité Cubano de Solidaridad con Vietnam, para que sea aceptada como miembro del Jurado Internacional de Crímenes de Guerra.

Los altos méritos de la doctora, a los cuales se refiere en la citada carta, y su importante trabajo en favor del pueblo vietnamita la hacen, sin duda, un elemento idóneo para formar parte del Jurado que usted dignamente preside, por lo que con agrado respaldo su proposición.

Aprovecho esta oportunidad para enviarle copia de la carta que remití a usted el 20 de marzo en contestación a su cable del 12 del mismo mes, en que expuse mi imposibilidad de concurrir por hoy a las sesiones del Jurado que tendrían lugar en París y, a la vez, hacía ciertas consideraciones respecto a la incalificable agresión de los Estados Unidos contra la República Democrática de Vietnam y los patriotas del sur. Asimismo, remito a usted copia de mi telegrama del 16 de abril en contestación al que con fecha 7 del mismo mes me envió Russfound London.

La prensa de México ha reproducido las cartas intercambiadas entre el presidente De Gaulle y el eminente escritor Jean-Paul Sartre en días pasados y espero nuevas noticias respecto a los trabajos del Jurado.

Quedo de usted su atento amigo que lo saluda muy cordialmente.

Lázaro Cárdenas

CARTA NOCTURNA

México, D. F., 7 de mayo de 1967

Señor Jean Paul Sartre, Folkets Hus, Barnhusgatan 14, Estocolmo, Suecia.

Ante circunstancias particulares me privan estar presente en trascendental reunión Tribunal Internacional Crímenes Guerra que dignamente preside usted, patentizo felicitaciones por claros y contundentes testimonios de eminentes científicos, escritores y estadistas, testigos presenciales atrocidades comete ejército extranjero contra República Democrática Vietnam, denunciando empleo armas prohibidas sobre habitantes indefensos, niños, mujeres y ancianos. Destrucción realiza imperialismo contra heroico pueblo que lucha por irrenunciable derecho defender su territorio e independencia, merece solidaridad todos los pueblos sin distinción de credos políticos o religiosos y obliga a pugnar por que cese de inmediato agresión sufre Vietnam por invasores extranjeros que quieren destruirlo todo. El veredicto que dicte el Tribunal Internacional Crímenes Guerra contribuirá sacudir conciencias permanecen indiferentes frente criminal destrucción de un pueblo digno de que se le defienda contra un poderoso enemigo que posee el mayor material destructor y que está demostrando no tener límites sus ambiciones desorbitadas de controlar territorios de este y otros continentes. El Tribunal Internacional convocado por el gran humanista inglés Bertrand Russell actúa con nobles propósitos, no dispone de fuerza material para ejecutar sentencias, pero hará conocer al mundo la criminalidad de la agresión que no debe disimularse ni aceptarse por consideración al agresor por poderoso que sea. Es de esperar que quienes disponen de fuerzas potenciales así como las instituciones civiles que tienen ascendiente moral sobre millones de gentes se empeñen en marcar un alto a la agresión de Vietnam, impidiendo la continuación de una guerra que no encuentra justificación y que amenaza la paz del mundo. Los saludo cordialmente.

Lázaro Cárdenas

México, D. F., 3 de mayo de 1967

Señor general de división, don Lázaro Cárdenas, Andes 605, Lomas de Chapultepec, México 10, D. F.

Respetado señor general: No sin sorpresa me he enterado de que en la edición de *Últimas Noticias* del sábado 29 de abril, se han hecho aparecer unas declaraciones mías relacionadas con la posible intervención de usted en el Tribunal que el señor Bertrand Russell trata de establecer en Estocolmo para juzgar los actos del presidente Lyndon B. Johnson en relación con la guerra de Vietnam.

Tal declaración que se me imputa es falsa, pues jamás la he hecho yo ni he emitido juicio alguno en relación con el Tribunal de referencia, y mucho menos de la intervención de usted en él.

Dados incluso los términos irrespetuosos que se hacen en dicha declaración, quiero aprovechar esta oportunidad para hacer constar que siempre he sentido por usted respeto. Estoy muy lejos de compartir sus ideas extremistas, pero no por eso he dejado de reconocer que México encontró en usted el inicio de una etapa definida de la Revolución.

En efecto, durante la época en que usted fue Presidente de la República, siendo yo estudiante, le aplaudí entusiastamente cuando en el balcón del Palacio Nacional, Alejandro Gómez Arias ponía de relieve la importancia de la expropiación petrolera. Aun cuando considero la política agraria equivocada en su base, fue usted quien tuvo valor para impulsarla sin desviaciones. En materia obrera sentó usted el trascendental principio de que la justicia no es tratar a todos por igual, sino proteger a los débiles frente a los poderosos.

En esa virtud, por su rectitud, por su valor personal y por su hombría me ha merecido usted respeto y quiero hacerlo constar expresamente.

También quiero aprovechar esta ocasión para mencionar que el Tribunal Russell, es un Tribunal parcial desde su aparición y que no va a garantizar una resolución justa. Yo no creo en los juicios históricos de los hombres cuando se realizan entre vivos. Juana de Arco fue condenada por la Inquisición y la Iglesia tuvo que llevarla a los altares. El verdadero juicio es el de la historia cuando a través del tiempo matiza los actos buenos y malos de los hombres.

Lyndon B. Johnson, como muchos de los capitanes de los Estados Unidos, entre ellos Roosevelt, Truman y Kennedy, serán colocados por el juicio de las generaciones venideras en el lugar que realmente les corresponde.

Juzgarlos por vivos a vivos, es la falla humana más trascendente. Sólo la verdadera historia es el juez imparcial.

Envío copia de esta carta a los periódicos de México desautorizando declaraciones que no hice y precisando, quizá por única vez, cuál es mi posición frente a la figura política de usted.

Lo saluda atentamente.

Licenciado y diputado, Felipe Gómez Mont

México, D. F., 9 de mayo de 1967

Señor diputado y licenciado Felipe Gómez Mont, Reforma 195, Piso 16, México, D. F.

Estimado señor licenciado: He recibido su muy atenta carta de fecha 3 del mes en curso, en la que me expresa usted no haber hecho declaración alguna a la prensa relacionada con la actuación del suscrito en el Jurado Internacional de Crímenes de Guerra, convocado por el filósofo inglés, señor Bertrand Russell, y cuyas primeras reuniones se celebran en Estocolmo.

Agradezco la sinceridad y caballerosidad de su aclaración y la franqueza de sus juicios respecto a mis ideas, que "usted no comparte", y a la política agraria del régimen de la Revolución que estima "equivocada en su base"; así como la manifestación de su criterio en favor de la expropiación petrolera y del principio que se sentó en materia obrera durante la administración 1934-1940.

En cuanto a la parcialidad que usted señala de antemano a las resoluciones del Jurado Internacional de Crímenes de Guerra, y que usted considera "no va a garantizar una resolución justa", me parece, señor licenciado, que es anticipado juzgar la resolución del Tribunal, más cuando en él no se trata de dictar sentencia alguna, ya que fue constituido para investigar y dar a conocer los crímenes de guerra que haya podido cometer un poderoso país agresor contra el pueblo de un país pequeño y su misión no es la de condenar o absolver sino la de presentar ante la conciencia mundial las acciones inhumanas y el carácter criminal de éstas y de la agresión misma, de acuerdo con los convenios y las leyes internacionales consagradas, pues en última instancia son los pueblos los que deben juzgar y extraer las necesarias conclusiones.

Consideramos, los miembros del Jurado, que la opinión pública y las instituciones civiles, podrán tener nuevos elementos de juicio con los testimonios y las pruebas aportadas y así fomentar su influencia y su acción moral en favor de la paz en el respeto a los derechos humanos y a los principios de soberanía, integridad territorial e independencia nacional.

Sin duda, como usted manifiesta, la historia se encargará de enjuiciar los hechos y a los hombres, mas los pueblos no pueden ni deben ser indiferentes ante aquéllos, en el momento de ocurrir, cuando vidas humanas están de por medio, más aún si la intromisión y la agresión se están convirtiendo en una política de hecho y sin fronteras, amenazando la paz mundial.

Le retorno su saludo y quedo de usted muy atentamente.

Lázaro Cárdenas

México, D. F., 21 de julio de 1967

Señor Bertrand Russell, Plas Penryn, Penrhnyndeudraeth (Merioneth), País de Gales, Gran Bretaña.

Distinguido y estimado amigo: En su oportunidad recibí su atenta carta de fecha 17 de mayo pasado y copias de la que usted dirigió al señor doctor Vladimir Dedijer y de un artículo aparecido en *The Observer* de esa ciudad, ambos de fecha 14 del mismo mes.

Más tarde he recibido copias de la carta dirigida a usted por los señores Jean-Paul Sartre y Laurent Schwartz con fecha 27 de mayo y la de este último del 24 de junio.

A través de esta correspondencia me doy cuenta de ciertas divergencias surgidas entre integrantes del Jurado Internacional de Crímenes de Guerra que, en lo que concierne a las cuestiones de carácter administrativo, seguramente habrán encontrado o se hallarán fáciles soluciones. Asimismo, espero que el tratamiento público y privado de las cuestiones concernientes al trabajo del organismo que usted auspició e inspiró con su generoso humanitarismo, también encuentre un cauce adecuado.

Sólo me preocupan las declaraciones de distinta índole que usted y el presidente ejecutivo, señor Jean-Paul Sartre, hicieron alrededor del conflicto en el Medio Oriente * y que puede afectar la orientación, necesariamente homogénea para ser verdaderamente útil, del Jurado Internacional de Crímenes de Guerra en cuanto al concepto y a la calificación de la agresión, delito que, de acuerdo con el veredicto de la primera sesión y mi más sincera convicción, conlleva todos los demás delitos en la guerra de Vietnam y, con toda probabilidad, en cualquiera otra en que directa o indirectamente intervenga el imperialismo.

Desearía saber, como lo espero, que las diferencias de origen administrativo hayan sido superadas y las que involucran cuestiones políticas de contenido fundamental y trato delicados hayan sido subsanadas en la unidad de criterio, para que el pueblo vietnamita y los que en el futuro sean víctimas de la agresión y de la crueldad imperialistas cuenten con una tribuna en la que se puedan examinar los delitos de guerra y manifestar la condena que de ellos hace la conciencia universal.

Mucho agradezco su carta del 25 de mayo en que se sirve usted informarme del éxito obtenido en los trabajos del Jurado Internacional de Crímenes de Guerra en Estocolmo, en la sesión efectuada en los primeros días de mayo.

Quedo su amigo que lo saluda muy cordialmente.

Lázaro Cardenas

---

* Bertrand Russell y Jean-Paul Sartre hicieron declaraciones públicas tomando posiciones divergentes con respecto al conflicto del Medio Oriente, el primero tomando el partido de los árabes y el segundo, el de los israelitas. [B.V.G.].

Tonalá, Oax., 16 de octubre de 1967

Señor licenciado Gustavo Díaz Ordaz, presidente constitucional de los Estados Unidos Mexicanos, México, D. F.

Estimado señor Presidente y amigo: Por medio de la presente me anticipo a felicitar a usted por la entrega oficial de la zona de El Chamizal, que de tiempo atrás y por un acuerdo internacional pertenece a México, y que se efectuará durante su próximo viaje a los Estados Unidos. Asimismo, en ocasión de la entrevista concertada con el C. Presidente de aquel país, hago los mejores votos por que ésta sea satisfactoria para los intereses de la nación que usted salvaguarda y defiende con empeño, de acuerdo con los mejores principios internacionales de México, en el respeto mutuo, la soberanía y la independencia nacionales.

Por otra parte, quiero hacer a usted patentes mis sentimientos solidarios con motivo de los días difíciles que vivieron vastas regiones del país debido a los efectos causados por las perturbaciones atmosféricas registradas a fines de septiembre y a principios de octubre y que ocasionaron pérdidas que hubiesen sido mayores en vidas y bienes de no haber mediado la previsión del Poder Ejecutivo para conjurar, en algunas zonas, verdaderos desastres.

Comprendo cabalmente las preocupaciones que usted y su gobierno afrontaron y es de apreciar en alto grado la decisión, la entereza y la acción coordinada con que se supieron enfrentar.

A su regreso de los Estados Unidos, espero tener la oportunidad de saludarlo personalmente.

Quedo de usted su atento amigo que lo saluda muy cordialmente.

Lázaro Cárdenas

México, D. F., 11 de febrero de 1968

Señor Antonio J. Bermúdez, Av. Ávila Camacho 108, México, D. F.

Muy distinguido y fino amigo: Nuestro común amigo el mayor Amézaga dejó en esta su casa los documentos del señor Salazar, que se sirvió usted remitirme y que voy a leer con el interés que me merecen. Sentí no haberme encontrado aquí al presentarse el mayor para expresar a usted por su conducto mi reconocimiento por su deferencia, pero lo haré a mi regreso del viaje que emprendo la semana próxima.

Con anterioridad recibí los ejemplares de la publicación titulada *¿Por qué los Estados Unidos no reconocen a México?*, conteniendo el discurso del senador F. Ladd, pronunciado ante la alta Cámara legislativa de los Estados Unidos el 19 de julio de 1922, relacionado con la difícil situación que en aquella época privaba en México y en la que era necesario consolidar la estabilidad.

Es, sin duda, interesante y útil la reimpresión de aquel discurso del senador Ladd, mensaje de amistad y comprensión que encierra al esgrimir razones de justicia y derecho para que las relaciones entre los pueblos mexicano y norteamericano se fincaran en la amistad y las de gobierno a gobierno en el respeto mutuo, en momentos en que la falta de ponderación y escrúpulos caracterizaban la política emanada de Washington.

Le patentizo mis congratulaciones por su patriotismo al dar a la publicidad documentos históricos tan importantes y le agradezco cumplidamente su amable atención.

Pendiente de saludarlo personalmente le envío un cordial y afectuoso abrazo, quedando de usted, como siempre, su amigo.

Lázaro Cárdenas

México, D. F., 12 de febrero de 1968

Señor Ho Chi Min, presidente de la República Democrática de Vietnam, Hanoi, RDV.

Distinguido señor Presidente y amigo: Aprovechando el viaje que el periodista, señor Luis Suárez, realizará a la República Democrática de Vietnam deseo hacer llegar a Su Excelencia, y por su honorable conducto al pueblo de Vietnam, mi homenaje de admiración por su denodada y heroica lucha en defensa de la independencia y la integridad territorial de ese noble país contra la injusta y despiadada agresión del imperialismo norteamericano, agresión condenada por la opinión internacional.

Las noticias de los últimos días reseñando los avances y los combates de los patriotas del sur para desalojar a las fuerzas extranjeras del territorio, constituyen un ejemplo extraordinario para los pueblos que luchan en una u otra forma por su libertad y una contribución invaluable para la paz del mundo al conjugarse los esfuerzos de todo el pueblo vietnamita, el del norte y sus hermanos del sur, para detener y contrarrestar las fuerzas de la guerra.

La posición reiterada de los dirigentes de la República Democrática de Vietnam y del Frente Nacional de Liberación en el sentido de que sólo el cese de los bombardeos, la cesación de todo acto de guerra y el retiro de las tropas extranjeras podrá abrir las puertas de las negociaciones, es digna del más firme apoyo de los pueblos, especialmente de aquellos que han tenido experiencias similares por pasadas agresiones e invasiones imperialistas, como es el caso de México. Apoyo que es congruente con los principios internacionales consagrados por el derecho y con el más estricto respeto a la autodeterminación del pueblo vietnamita, único que puede decidir libremente su destino.

El estoicismo con que el pueblo de Vietnam defiende su territorio y las pérdidas sufridas por el invasor, son una lección que recibe el imperialismo de que no basta la fuerza material de un país poderoso para vencer a un pueblo, por pequeño que sea, cuando a éste le asiste la razón, la justicia y la voluntad de luchar para recuperar y garantizar la inviolabilidad de su territorio, su independencia y su soberanía.

Quedo de usted su amigo que lo saluda solidaria y fraternalmente.

Lázaro Cárdenas

México, D. F., 19 de febrero de 1968

Señores Jean-Paul Sartre y Laurent Schwartz, Jurado Internacional de Crímenes de Guerra, 22, Rue Étienne-Marcel, París 2e., París, Francia.

Estimados amigos: Recibí su atenta carta de fecha 8 del actual, en la que, considerando que el Jurado Internacional de Crímenes de Guerra ha cumplido su misión y mientras se hace necesaria una nueva sesión del mismo, proponen ustedes la constitución de un centro de información internacional para dar a conocer los crímenes de guerra, el que funcionará de acuerdo con las leyes francesas.

Para que esta idea se realice proponen también que el señor Laurent Schwartz se haga responsable de este nuevo centro.

Deseo manifestarles que me parece útil y necesario que el esfuerzo del Jurado Internacional de Crímenes de Guerra, durante su receso, auspicie la creación del centro de información que tendrá como tarea el análisis y la publicación de las investigaciones hechas en Vietnam por el Jurado, así como la difusión de los nuevos crímenes que se están cometiendo contra el heroico pueblo de Vietnam, el que lucha con denodado espíritu y un valor inigualable por la libertad, la independencia y la eventual reunificación del país.

En la medida de las posibilidades de cada uno de los miembros del Jurado Internacional de Crímenes de Guerra, sin duda seguiremos apoyando el derecho de Vietnam de sacar de su territorio a las fuerzas extranjeras y de lograr la paz en el respeto irrestricto de su soberanía política y territorial.

Quedo de ustedes su atento amigo.

Lázaro Cárdenas

México, D. F., 13 de mayo de 1968

Excelentísimo señor Ngo Mau, embajador de la República Democrática de Vietnam en Cuba, La Habana, Cuba.

Distinguido señor embajador: Al llegar de un recorrido por el interior del país, me enteré de que durante su breve estancia en México tuvo usted la intención de honrarme con su saludo personal. Siento mucho que no haya acaecido en vista de mi ausencia de la capital. Créame, señor embajador, que hubiera sido en extremo grato para mí recibirlo en esta su casa.

Deseo manifestarle que la lucha que el pueblo vietnamita lleva a cabo por su independencia y su libertad contra la agresión que el imperialismo norteamericano ha desatado contra la República Democrática de Vietnam y los patriotas del sur, es motivo de preocupación continua, por los sacrificios que para el heroico pueblo de Vietnam implican, y de acendrada admiración hacia la resistencia y la voluntad de triunfo que éste y sus dirigentes muestran cotidianamente de modo ejemplar, para los pueblos que en una u otra forma también luchan contra la opresión imperialista.

Le ruego trasmitir al excelentísimo presidente de la República Democrática de Vietnam, señor Ho Chi Min, mis más afectuosos saludos y el vehemente deseo de que la paz, en la independencia y el respeto a la integridad territorial y la soberanía de Vietnam, vuelva a imperar en todo el territorio.

Reitero a usted mi sincera pena por la ausencia fortuita que evitó un encuentro que hubiera sido altamente satisfactorio y honroso para el suscrito.

Quedo de usted su atento amigo que lo saluda muy cordialmente.   Lázaro Cárdenas

México, D. F., 15 de octubre de 1968

Señor ingeniero Edward Martin Sloan, 1600 Berri-CH 293, Montreal 24, Quebec, Canadá.

Estimado señor ingeniero Sloan: Recibí su atenta carta de fecha 30 de septiembre pasado, en la que tiene usted a bien informarme sobre la "Conferencia hemisférica para poner fin a la guerra de Vietnam", que se realizará en aquel país.

Asimismo, quedo enterado de los deseos del comité organizador de que el suscrito la auspicie, junto con otras personas y representantes populares, culturales y políticos del hemisferio, y que sea uno de los oradores en el evento de referencia.

Siento en realidad manifestarle que las obligaciones de trabajo que tengo en México en los próximos meses me evitarán la satisfacción de concurrir a la Conferencia que preparan. Sin embargo, si lo consideran conveniente en su oportunidad enviaría yo un mensaje a la Conferencia sobre el tema de la guerra de Vietnam y la necesidad de que ésta termine, que termine en la justicia para aquel pueblo que tanto se ha sacrificado y sigue luchando heroica y denodadamente por su independencia y su libertad y, en verdad, por la de todos los pueblos oprimidos por el imperialismo.

Hasta esta fecha no he tenido el gusto de recibir el material que usted me anuncia, con más detalles sobre la Conferencia y sus auspiciadores, el que espero de un momento a otro.

Quedo de usted su amigo que lo saluda cordialmente.

Lázaro Cárdenas

México, D. F., 2 de enero de 1969

Excelentísimo señor Ho Chi Min, Hanoi, RDVN.

Distinguido señor Presidente y fino amigo: Recibí su atenta felicitación de año nuevo que agradezco de manera muy especial.

Con permanente y acendrado interés me entero de las noticias respecto a la admirable lucha que en los frentes de batalla y de la diplomacia sostiene la República Democrática de Vietnam del Norte para obtener una justa victoria contra los agresores de un pueblo cuyo heroísmo para lograr una patria libre, soberana y unida merece el apoyo, el respeto y la admiración del mundo.

Quiero manifestarle que sentí haberme privado de la satisfacción de saludar al excelentísimo señor embajador de su país en Cuba, en abril pasado, debido a mi ausencia de la capital durante los breves días que estuvo en México.

Deseo hacer llegar a usted y, por su digno conducto, al pueblo de su noble país mis más fervientes y sinceros votos por el triunfo completo de la causa que defienden y por el bienestar personal de Su Excelencia.

Quedo de usted su amigo que lo saluda afectuosamente.

Lázaro Cárdenas

México, D. F., 6 de junio de 1969

Señor Ho Chi Min, presidente de la República Democrática de Vietnam, Hanoi, RDVN.

Distinguido señor Presidente y fino amigo: Con la presente me permito remitir a usted copia de mi carta enviada al presidente del Comité de Relación Internacional de la Conferencia de Estocolmo sobre Vietnam, así como el texto de las palabras que a su requerimiento tuve el honor de dirigir a la Conferencia de Acción Urgente que hubo de tener lugar a mediados del pasado mes de mayo en la ciudad de Estocolmo.

Hago a usted presentes mis mejores votos por el pleno y cercano triunfo de la República Democrática de Vietnam y los patriotas del sur en su lucha por la independencia nacional.

Quedo de usted su amigo que lo saluda muy afectuosamente.

Lázaro Cárdenas

México, D. F., 5 de mayo de 1969

Señor Bertil Svahnstrom, presidente del Comité de Relación Internacional de la Conferencia de Estocolmo sobre Vietnam, David Bagares gatan 22-24, 3tr. 111 38, Estocolmo, Suecia.

Estimado y fino amigo: Oportunamente recibí su atenta carta de fecha 14 de abril pasado en la que tiene usted a bien comunicarme que la Conferencia de Acción Urgente tendrá lugar en Estocolmo del 16 al 18 del presente mes de mayo, evento organizado por la Conferencia de Estocolmo sobre Vietnam.

Asimismo, he quedado enterado de que la representación vietnamita a la Conferencia será altamente calificada con la presencia de madame Binh y M. Xuan Thuy en la misma.

Por los materiales que tiene usted la gentileza de adjuntar veo que los principales objetivos de la reunión son justos ya que pugnan por la pronta instauración de la paz y la independencia en Vietnam del Sur y de la tranquilidad en la República Democrática de Vietnam, cuya heroica lucha de defensa nacional es digna de encomio.

En cuanto a su amable invitación para que el suscrito concurra a la Conferencia de Acción Urgente sobre Vietnam, siento manifestarle que debido a compromisos de trabajo anteriormente adquiridos, me veré privado de la satisfacción de acompañarlos. Sin embargo, con todo gusto envío con la presente mensaje de apoyo a sus esfuerzos y de solidaridad a la República Democrática de Vietnam y al Frente Nacional de Liberación de Vietnam del Sur.

Quedo de usted su amigo que lo saluda muy atentamente.

Lázaro Cárdenas

MENSAJE DE APOYO A LA CONFERENCIA DE ACCIÓN URGENTE SOBRE VIETNAM REALIZADA EN ESTOCOLMO, 16 AL 18 DE MAYO DE 1969

Deseo manifestar mis más sinceras felicitaciones a los organizadores de la Conferencia de Acción Urgente sobre Vietnam por este nuevo esfuerzo para que la guerra de agresión contra aquel pueblo termine, para que concluya en el respeto a su independencia, partiendo del retiro de las fuerzas extranjeras de su territorio y culminando en su autodeterminación más absoluta para regir sus propios destinos.

Es evidente que el imperialismo ha sido ya derrotado militar y políticamente en un territorio lejano y pequeño y por un pueblo, aunque precariamente armado, de un acendrado patriotismo. Si no hubiese otros elementos que identificaran a los vietnamitas del norte y del sur como hermanos, la tenacidad y el heroísmo con que han llevado a cabo la guerra de defensa y liberación, los amalgama en tal forma que presagia su próxima e inevitable fusión nacional y estatal.

La responsabilidad de la fuerza agresora es inconmensurable, tanto por el hecho en sí como por la crueldad de los medios y los métodos con que ha hecho la guerra, por el uso de criminales armas prohibidas por las leyes internacionales y, sobre todo, por la conciencia universal.

Sin embargo, con toda franqueza debemos reconocer que la responsabilidad de la prolongación de la guerra en Vietnam recae sobre todos los países, en especial sobre las grandes potencias amantes de la paz que no se han manifestado unidas en su ayuda solidaria en defensa de la República Democrática de Vietnam y de los patriotas del sur, ayuda que, unida, hubiera forjado incontrastable su propia defensa presente y futura.

Lo mismo en Laos que en Cambodia, en el Medio Oriente, en Biafra o en conflictos de otro orden que se presentan, puede surgir la chispa de una guerra mundial en la creencia imperialista de que así podrá detener o aminorar la acción destructora de sus propios conflictos internos, sin importarle el sacrificio de los pueblos de cualquier latitud o régimen vigente.

Vietnam es hoy lo que define al mundo del futuro inmediato: la lucha sin cuartel contra la guerra y la opresión imperialistas y la completa e irrestricta independencia nacional de los pueblos que buscan, en la justicia, su bienestar.

Lázaro Cárdenas

México, D. F., 30 de septiembre de 1969

Señor licenciado Gustavo Díaz Ordaz, presidente de la República, Palacio Nacional, México, D. F.

Estimado señor Presidente y fino amigo: Deseo manifestar a usted que me he estado enterando del desarrollo de la campaña emprendida por el gobierno norteamericano contra el tráfico de drogas en la frontera del norte.

Es plausible la actitud ponderada y a la vez firme que en defensa de la soberanía y la dignidad de los mexicanos ha tomado su gobierno, evitando que elementos de la policía norteamericana emprendieran actividades de investigación que sólo a las autoridades mexicanas corresponde realizar dentro del territorio, y al condenar el trato vejatorio de que han sido objeto compatriotas al cruzar la frontera.

Meditando en los alcances de esta campaña, encuentro que, en efecto, como expresó el C. secretario de Relaciones Exteriores, licenciado Antonio Carrillo Flores, en entrevista celebrada en Washington y publicada en el diario *Novedades* de ayer, "México no discute el derecho de los Estados Unidos para combatir el narcotráfico, pero en lo que hemos dudado es en la eficacia de esas medidas ya que, además, creemos que hay una desproporción grave entre los perjuicios que ha causado a las poblaciones mexicanas y a las norteamericanas, y los muy limitados resultados que puedan haber obtenido en la disminución del tráfico de enervantes".

Por las proporciones de los procedimientos desmedidos, la campaña norteamericana hace pensar en una intención distinta a la enunciada oficialmente, más aún cuando un vocero del Departamento del Tesoro de los Estados Unidos insiste en que su gobierno puede ayudar "técnicamente" a México a localizar y erradicar los sembradíos de plantas utilizadas para producir enervantes, por medio de aviones con dispositivos especiales "para percibir el aroma de las plantas en zonas montañosas". Y, simultáneamente declaran que la operación, emprendida en medio de tanta oposición y desconfianza, ha tenido verdadero éxito por la cantidad insignificante de enervantes que han decomisado.

La nerviosidad y la intemperancia de las autoridades del vecino país, en este caso, parecen provenir de las exigencias de su política continental, en la que inevitablemente estamos enmarcados, y que se rige por la fiscalía de la vida interna y externa de los países latinoamericanos en razón del predominio o la influencia económica que la potencia del norte quiere seguir manteniendo sobre ellos, a pesar de la manifiesta y creciente inconformidad de los pueblos y de algunos gobiernos.

La prueba de ese estado de ánimo son las intromisiones norteamericanas, ya sea para apoyar a los gobiernos de su agrado o para contribuir a derribarlos, por medio de dádivas y concesiones en el primer caso o de presiones políticas y económicas en el segundo, llegando a utilizar a las llamadas "boinas verdes", de su entrenamiento y comando, en los países más débiles que lo permiten.

Prácticas más sutiles y cuidadosas, siempre dentro de una misma estrategia continental, se realizan en los países cuyas instituciones son sólidas y la práctica de la democracia hace posible la vigencia de la unidad nacional ante cualquiera acechanza extranjera.

México es uno de ellos; y es un vigoroso eslabón del continente latino; un hermano que propugna objetivos comunes de beneficio recíproco entre los países latinoamericanos; un ejemplo de ideas y hechos reivindicatorios al calor de su Revolución y un país que mantiene, a veces en condiciones difíciles, una política internacional independiente.

Nunca, sin embargo, ha estado a salvo de ambiciones imperialistas. Cuando éstas se han manifestado en la violencia ha sabido combatirlas con violencia. En la paz las ha manejado con las armas de la razón y la justicia.

El régimen de la Revolución no es ni puede ser ajeno a las circunstancias históricas de los pueblos latinoamericanos. En una u otra forma habrá de compartirlas honrosamente.

Es dentro de este marco que la actitud de México ante los Estados Unidos ha sido y es firme, ya sea ante la intención extranjera de coadyuvar a defender nuestro territorio de un enemigo común o la de introducir elementos ajenos para investigar y perseguir delincuentes reales o supuestos; ya sea bajo el pretexto de establecer estaciones de observación e investigación científica en nuestro territorio o de que formemos parte de misiones militares conjuntas con otros países de América.

Por las consideraciones que anteceden y en previsión de nuevos problemas para México, habrá que considerar hechos visibles como son la multiplicación del vicio y de actividades ilícitas en ciertas poblaciones fronterizas que con tanta asiduidad frecuentan numerosos norteamericanos. Posiblemente mediante una acción mexicana más persistente se llegue a lograr desenraizar los centros de vicio y corrupción para fortalecer el espíritu cívico y el sentimiento nacional incorporando a esas poblaciones al esfuerzo del desarrollo económico interno, estimulando el conocimiento y la valoración de nuestra historia, haciéndolas más apegadas a las propias tradiciones y costumbres, al influjo de la educación y las manifestaciones culturales, que son reflejo del genio y la idiosincrasia del pueblo al que pertenecen.

Es, sin duda, inconveniente y riesgoso que en ciertos sectores de las poblaciones limítrofes, México ofrezca una fisonomía deformada por influencias extrañas y nocivas, completamente ajena a la del conjunto de la nacionalidad.

Las rendijas abiertas a la descomposición del medio en algunas ciudades fronterizas debilitan nuestras reservas morales en puntos geográficos delicados y, además, sirven para pretextar la necesidad de intercepciones improcedentes que propician indeseables infiltraciones.

Felicito a usted, señor Presidente, de que su gobierno esté dejando ejemplo inmediato y mediato de firmeza y dignidad en la conciencia de que una intromisión engendra nuevas y más peligrosas para la soberanía de México.

Lo saluda cordialmente su atento amigo.

Lázaro Cárdenas

México, D. F., 4 de noviembre de 1969

Capitán de fragata J. N. y licenciado Pedro Ocampo Calderón, secretario particular del subsecretario de Marina, José Mª Azueta Nº 9, México, D. F.

Estimado y fino amigo: Con su atenta carta de fecha 27 de marzo pasado, recibí el ejemplar de la obra titulada *El golfo de California*, así como informaciones de la prensa norteamericana ligadas al tema del libro escrito por el señor licenciado don Manuel Soberanes Muñoz, que tuvo usted la amabilidad de hacerme llegar.

El contenido de esta obra es del mayor interés y de suma actualidad, especialmente desde la firma del decreto en el que se delimitó el mar territorial mexicano en el interior del golfo de California. En efecto, sus tesis respecto a las aguas interiores son justas y bien fundamentadas desde el punto de vista del derecho interno e internacional, el que asiste a México en este caso afirmando su soberanía y su patrimonio sobre aguas excepcionalmente ricas en materia de pesca.

Las aguas del golfo de California han sido consideradas, en múltiples aspectos, de provecho para países cuya industria pesquera tiene amplio desarrollo; y también se ha visto en aquellas aguas y las tierras que ellas bañan una faja de importancia estratégica.

Por esta y otras consideraciones no menos importantes, es plausible que se haya conseguido la plena integración de las porciones marítimas y terrestres de nuestro territorio y que el golfo de California sirva para beneficio de los mexicanos.

Deseo felicitar por su amable conducto al señor licenciado Soberanes Muñoz por su loable esfuerzo clarificador de los derechos de México sobre el golfo de California, cuya soberanía territorial y su valor económico y estratégico, son reconocidos.

Mucho agradezco me haya hecho conocer este importante trabajo de indudable interés patriótico.

Quedo de usted como su amigo que lo saluda cordialmente.

Lázaro Cárdenas

TELEGRAMA

México, D. F., 8 de diciembre de 1969

Señor Bertrand Russell, Plas Penryn, Penrhnyndeudraeth (Merioneth), País de Gales, Gran Bretaña.

Me adhiero a su pedimento dirigido secretario general Naciones Unidas sentido crear comisión internacional juzgue crímenes guerra cometidos ejército invasor Vietnam. Evidencias genocidio y atrocidades que usted persistentemente ha denunciado adquieren resonancia universal por conocidos hechos brutales recientes que senador norteamericano McGovern públicamente consideró producto política su país. Asimismo fiscal norteamericano en Nuremberg abogado Taylor hace responsables a los Estados Unidos y señala deben enjuiciarse. Incansables esfuerzos usted favor soberanía pueblo vietnamita están fructificando ahora que opinión mundial y particularmente la norteamericana levantan protesta contra atrocidades y pide para heroico pueblo vietnamita paz a que tiene derecho sin intervenciones extranjeras. Lo saludo con gran afecto.

Lázaro Cárdenas del Río

México, D. F., 4 de julio de 1970

Excelentísimo señor Igor K. Kolosovsky, embajador de la URSS en México, Calzada de Tacubaya N° 204, México, D. F.

Distinguido señor embajador: Agradezco la gentil felicitación que con motivo de los 75 años que cumplí tuvo usted a bien expresarme en su atenta carta del 21 de mayo.
En su mencionada comunicación tiene usted la amabilidad de informarme que el Presidium del Soviet Supremo de la URSS ha decidido otorgarme la medalla conmemorativa del centenario del nacimiento del fundador de la Unión de Repúblicas Socialistas Soviéticas, eminente pensador y estadista, señor V. I. Lenin, distinción que mucho aprecio.
Es para mí un honor que tan significativa presea se me haya conferido en razón de mi modesta contribución a la lucha por la paz, la amistad y la mejor comprensión entre los pueblos, y deseo manifestar por su digno conducto al Presidium del Soviet Supremo de la URSS que reconocido la acepto con satisfacción.
Le ruego, señor embajador, disculpe usted mi tardanza en contestar su carta debido a mi reciente ausencia de esta capital.
Deseo a usted toda clase de parabienes y éxitos en su alta misión diplomática.
Quedo de usted su amigo que lo saluda cordialmente.

Lázaro Cárdenas del Río

AMÉRICA LATINA

(16 de octubre de 1942 al 9 de septiembre de 1970)

Villa Obregón, D. F., 16 de octubre de 1942

Señor licenciado Luis I. Rodríguez, embajador de México, Santiago de Chile.

Estimado licenciado y fino amigo: Me refiero a sus cartas fechadas el 1 del actual, así como a las valiosas informaciones y datos biográficos que se sirvió usted enviarme acerca del señor presidente de la República de Chile, don Juan Antonio Ríos, y de los señores colaboradores de su gobierno que iban a integrar su comitiva.

Es alentador, para el panorama político de América, saber que los hombres que dirigen una nación de tan vital importancia en el destino del continente, como lo es la República de Chile, son valores de auténtica significación capaces de continuar la sólida obra americanista que realizó el gran presidente Aguirre Cerda.

Refiriéndome a los festejos con que celebraron nuestro movimiento de independencia y que usted se sirvió relatarme, me imagino desde luego su satisfacción al encontrar una absoluta comunidad espiritual entre los dos pueblos, el chileno y el nuestro, y aunque todos los mexicanos ya sabemos esto, de todas maneras, comprobarlo, viviendo directamente la emoción de los distintos actos de que me habla, ha de haber constituido para usted una experiencia llena de estímulos.

Magnífica oportunidad para usted es conocer y tratar a los intelectuales y hombres de letras de Chile, que tan alta significación tienen en el movimiento de la cultura americana, y no menor, la de observar el desarrollo de un pueblo que se ha caracterizado siempre por su espíritu trabajador y por un hondo sentido de organización.

Me llena de satisfacción, asimismo, saber que el representante de nuestro país en la Conferencia de Previsión Social, señor licenciado García Téllez, nuestro común amigo, desarrolló un brillante papel, distinguiéndose por su dinamismo, acuciosidad y cultura. Corresponde a ustedes, voces de México, exaltar la fisonomía histórica de nuestro país, estrechando los lazos espirituales de mutua comprensión e inteligencia. Los felicito porque esta tarea está siendo realizada.

Mi señora y yo enviamos a usted y a su esposa un afectuoso saludo.
Lo abraza su atento amigo.

Lázaro Cárdenas

CABLEGRAMA

Pátzcuaro, Mich., 20 de octubre de 1945

Excelentísimo señor Juan José Arévalo, presidente constitucional de la República, Guatemala, C. A.

Excelentísimo señor Presidente y gran amigo: Sírvase aceptar mi más cordial felicitación en este día, aniversario de la Revolución de Guatemala, día de fiesta para los trabajadores de su país, para los trabajadores de América y de todo el mundo. La actitud viril del pueblo de Guatemala dispuesto al sacrificio sin más armas que la fuerza moral de sus propios ideales, enfrentándose al régimen dictatorial que logró derrocar, son un ejemplo y un aliento para todos los pueblos oprimidos que luchan por sus reivindicaciones sociales. La unidad de todos los sectores revolucionarios de Guatemala para consolidar sus conquistas sociales y apoyar el régimen emanado de la Revolución, presidido hoy por usted, es también un ejemplo del espíritu de responsabilidad del pueblo de Guatemala, que los revolucionarios de México admiramos con todo entusiasmo. Salúdolo afectuosamente.

General Lázaro Cárdenas

Villa Obregón, D. F., 22 de enero de 1948

Excelentísimo señor Rómulo Gallegos, presidente electo de la República de Venezuela, Caracas.

Estimado señor Presidente y fino amigo: Me complace particularmente dirigir a usted estas letras felicitándolo en oportunidad de su elección a la primera magistratura de la República de Venezuela.

Su merecido triunfo electoral regocija justificadamente a quienes anhelan, para nuestra América Latina sobre todo, el establecimiento de un orden político en cada república en que la democracia se cimente con firmeza en dos pilares: el civilismo y la cultura.

Usted, señor Presidente, es civil y culto. Como civil encarna una esperanza más para quienes han padecido, a todo lo largo de la América morena, la ignominia de las imposiciones pretorianas y que deciden es tiempo ya para el principio de una época en que los soldados se concretan a resguardar las instituciones emanadas del derecho, siempre sin menoscabo de sus derechos ciudadanos, pero también sin abuso de las armas puestas en sus manos solamente para garantía del pueblo. Como culto que es usted y porque su palabra ha recogido la del desheredado de su país y ya impresa ha llevado a otros ámbitos su mensaje, está usted destinado a ser centro de la atención para quienes conciben a la cultura en su finalidad más alta y más humana, la de elevar a los hombres encima de la obscuridad, del prejuicio y del mito y llevarlo al conocimiento, donde se armonizan las formas de la convivencia social.

Los atributos que en usted concurren prometen, para la República de Venezuela, una época de prosperidades, así como para los demás pueblos, un ejemplo de buen gobierno.

Le deseo todo éxito en la alta misión que sus conciudadanos le han encargado y, una vez más, me repito su servidor y amigo.

Lázaro Cárdenas

Uruapan, Mich., 23 de marzo de 1948

Señor licenciado Vicente Lombardo Toledano, presidente de la Confederación de Trabajadores de América Latina, México, D. F.

Estimado licenciado: Por su conducto agradezco a la Confederación de Trabajadores de América Latina la atenta invitación que se sirvió usted enviarme en su nota del día 17 del pasado, para su III Congreso General Ordinario. Siento sobremanera que atenciones a las que estoy dedicado en esta zona me impidan asistir a un acto del cual resultarán, seguramente, resoluciones importantes sobre los problemas que son vitales para el movimiento obrero latinoamericano, más en los momentos actuales de grave responsabilidad para todos los pueblos de nuestra América, y particularmente para la clase obrera y sus directores.

Las circunstancias internacionales, derivadas de vicios profundos existentes de antaño en la situación mundial, han evolucionado hasta amenazar a todos los países con una nueva guerra, cuando apenas ha concluido la anterior, y solamente una conciencia colectiva representada por las mejores fuerzas de la economía mundial, que son las del trabajo, de las cuales depende la vida de cada nación, pueden evitar un nuevo conflicto armado.

Por esto precisa hoy más, que las organizaciones obreras de cada país se mantengan unidas en una actitud de consciente vigilancia, que salvaguardando los derechos conquistados y manteniéndose en marcha hacia superiores condiciones de vida, armonicen sus esfuerzos, puesto que sus objetivos son iguales, oponiéndose firmemente contra el imperialismo y la guerra.

Al contestar la invitación que me brindó la Confederación de Trabajadores de América Latina, considero de mi deber no limitarme a patentizarles mi reconocimiento por su deferencia, sino reiterar en estas líneas la obligación que tienen los trabajadores de México y de los demás países de nuestro continente de unirse estrechamente, sin egoísmo y sólo inspirados en el mismo ideal de liberación y en su propia responsabilidad.

De usted, atentamente.

Lázaro Cárdenas

[*Nota manuscrita por el autor.*] Esta carta se la envié hoy 26 de marzo al licenciado L. Toledano después de haber leído en el *Excélsior*, en sus números del 22 y 24 del actual, las publicaciones que hace en contra del propio licenciado L. Toledano.

Las pasiones humanas y el desbordamiento de ambiciones inconfesadas ciegan a los hombres al grado de impedirles darse cuenta de que sus ataques carecen de fundamentos suficientes para condenar a un hombre al servicio de los trabajadores, que es el blanco de la reacción criolla y del imperialismo internacional.

Destruido sería entregar el campo de la Revolución a mistificadores que engañan al pueblo.

L. C.

Uruapan, Mich., marzo de 1948

Pátzcuaro, Mich., 14 de septiembre de 1948

Señor licenciado Vicente Lombardo Toledano, presidente de la Confederación de Trabajadores de América Latina, México, D. F.

Estimado licenciado y fino amigo: Tengo el agrado de referirme a su atenta carta con la que se sirvió enviarme el proyecto para la celebración de una Conferencia Continental Americana por la Paz y la Democracia, que ya me había usted anunciado.

Considero de gran trascendencia esta iniciativa emanada del Tercer Congreso General de la CTAL, que incluye la participación de ciudadanos progresistas de nuestro continente en un movimiento pacifista, que tiende a impedir que las desmedidas ambiciones de poderío sigan avivando las pasiones para arrastrar a los pueblos a una nueva y más desastrosa guerra.

Encuentro que el proyecto, en lo general, contiene todos los puntos básicos para la organización de la Conferencia y cuya convocatoria, como lo expresa el citado proyecto, será autorizada por personas representativas de los diversos sectores sociales de los países del continente americano.

Pendiente de saludarlo en mi próximo viaje a ésa, quedo de usted su atento amigo.

Lázaro Cárdenas

Villa Obregón, D. F., 26 de noviembre de 1948

Excelentísimo señor Arturo Briseño, secretario encargado de la embajada de la República de Venezuela, México, D. F.

Siento el deber de expresar, por su digno conducto, al patriota señor Rómulo Gallegos, jefe del Estado venezolano, así como al gran pueblo —cuna del insigne libertador Bolívar—, mis votos por su seguridad personal y porque la respetabilidad de las instituciones democráticas, que él decorosamente simboliza, como depositario de la voluntad popular y de la investidura de la legalidad, no sufran definitivamente la afrenta que, por la multiplicidad de casos, no sería sólo de los venezolanos sino de toda América, de exhibirnos al mundo como reincidentes de ambiciones personales, propias de ancestrales dictaduras criollas, que son factores de desintegración de nuestras nacionalidades.

El derrocamiento del Jefe del Estado, ungido en libres comicios, en armonía con los poderes constituidos, identificado con el progreso de su país y amenazado por la codicia de empresas que consideran nuestras riquezas naturales y humanas como filones de explotación, no puede sino motivar la protesta de todo hombre libre y, con mayor razón, de los que consideramos que la oficialidad debe poner su preparación, su disciplina y hasta su sacrificio al servicio de las instituciones y de la defensa de la patria. Mas cuando se invierten los altos valores morales y la noble misión del ejército, por un pretorianismo usurpador de la conciencia ciudadana, sustituyendo los comicios por la violencia y los poderes por los intereses de castas y de monopolios imperialistas, borramos la herencia de nuestros libertadores, se nos lanza a las luchas intestinas y se nos expulsa del concierto de las naciones civilizadas, que están comprometidas a garantizar la dignidad humana, a respetar los derechos fundamentales del hombre y del ciudadano para fincar en ellos la estabilidad de los regímenes democráticos, su tranquilidad y progreso, así como las bases permanentes de las relaciones cordiales y del mantenimiento de la paz internacional.

Impulsado por estas impresiones no he dudado en enviar, por el distinguido conducto de Su Excelencia, la adhesión de mi ciudadanía mexicana y de mi invariable amistad por el ilustre Presidente.

Lázaro Cárdenas

Morelia, Mich., 28 de marzo de 1949

Señor licenciado Miguel Alemán, presidente de la República, Los Pinos, D. F.

Estimado señor Presidente: Me permito comunicarle el mensaje del señor doctor Felipe Cosío del Pomar, ciudadano del Perú y otras personas, en el que se piden hacer a usted la súplica de apoyar la actitud de Colombia para salvar la vida de Haya de la Torre, súplica que no he tenido inconveniente en trasmitirle por tratarse de un elemento que ha prestado importantes servicios al movimiento político-social de América, y que ha demostrado en distintas ocasiones su amistad hacia México.

En tal virtud ruego a usted, de serle posible, su intervención en el presente caso.

Lo saludo con todo afecto y quedo su atento amigo y servidor.

Lázaro Cárdenas

Morelia, Mich., 6 de abril de 1949

Excelentísimo señor doctor Juan José Arévalo, presidente de la República de Guatemala, Guatemala.

Distinguido y apreciado amigo: En estos momentos de agresión armada a su gobierno por agentes de los grandes intereses opuestos al progreso, la unidad y la paz de su país, contesto su atenta del 20 de diciembre pasado, para enviarle, en mi condición de simple ciudadano mexicano, mi espontánea y desinteresada adhesión.

Como usted acertadamente anota, en su grata de referencia, preocupan los hechos que se están presentando en América, síntomas de una organización internacional adversa a los intereses populares, lo que obliga a una mayor vinculación de los destinos de nuestros pueblos.

Efectivamente, Latinoamérica atraviesa la etapa de aspiraciones por la independencia económica de los pueblos, complementaria de la que en el aspecto espiritual y político pugnaron por realizar nuestros próceres. Esta fase requiere de dirigentes capaces y dignos para impedir que los consorcios capitalistas que ambicionan la dominación hemisférica y mundial, sigan acaparando los recursos económicos, los medios de producción, de transporte y los mercados de consumo, a costa del agotamiento de nuestras riquezas naturales y humanas. No por conocidos deben olvidarse sus viciosos sistemas de concesiones y de privilegios que reprimen el desarrollo agrícola, comercial e industrial por los habitantes de los propios territorios. La experiencia ajena es útil porque enseña que cuando los trusts internacionales son obligados a respetar los legítimos derechos domésticos, recurren a la paralización de los centros de trabajo, al aislamiento y al bloqueo financiero y marítimo y, después de asumir una actitud de desacato a las leyes, de insubordinación a las autoridades y a las instituciones, emplean el cohecho, la traición y el golpe de Estado para asaltar el poder con dóciles instrumentos de sus explotaciones.

No correspondería a su amistad personal, si no le enviara mi ferviente simpatía. Que el régimen nacionalista que usted preside arraigue profundamente en la conciencia de todos los patriotas, a fin de acrecentar el bienestar y la unidad sociales, consolidar las instituciones democráticas y la inalienable soberanía de Guatemala.

Retorno efusivamente sus cariñosos saludos.

Lázaro Cárdenas

Acapulco, Gro., 29 de mayo de 1954

Excelentísimo señor Guillermo Toriello, ministro de Relaciones Exteriores, Guatemala.

La hostilidad dirigida en contra de Guatemala que se ha recrudecido en los últimos días con la provocación que se viene haciendo para lanzar a países hermanos a una lucha armada, me hace reiterar a usted mi personal amistad y mi simpatía al pueblo de Guatemala y a su gobierno en esta hora de dura prueba para su patria que ve amenazada su soberanía.

Es de esperar que la intriga que se está propalando bajo el pretexto de combatir el llamado comunismo internacional no llegue a prosperar y se impongan sí los principios de solidaridad continental y los sentimientos de leal patriotismo a que estamos obligados todos los ciudadanos de nuestra América en casos como el que se presenta hoy a la República de Guatemala. Atentamente.

Lázaro Cárdenas

Apatzingán, Mich., 21 de junio de 1954

Señor don Adolfo Ruiz Cortines, presidente constitucional de los Estados Unidos Mexicanos, México, D. F.

Estimado y respetable amigo: Si es un deber de todo ciudadano participar a sus mandatarios las impresiones sobre los más importantes problemas, con mayor razón lo es para quienes llegamos a experimentar la utilidad de conocer las voces amigas, que en forma leal y desinteresada expresen su opinión.

Acorde con la actitud patriótica que usted ha venido asumiendo en política internacional, la actual amenaza a las instituciones democráticas del pueblo de Guatemala, agudizada por la agresión a su programa de justicia social y sus repercusiones en la seguridad y el progreso de los países latinoamericanos, me impulsa a externarle mis votos porque su gobierno interponga sus buenos oficios para aproximar a los gobiernos vecinos de Norteamérica y Guatemala, a fin de que encuentren una solución pacífica en la controversia que ensombrece la buena amistad y la confraternidad americana, en estos difíciles momentos universales.

Los apuntes anexos amplían los motivos de la presente, que me sirve para refrendar a usted mi adhesión a las resoluciones que dicte su gobierno, sin duda emanadas de la celosa defensa de nuestras tradiciones y en la dignidad con que usted ejerce su alta investidura, de respetado Jefe de la nación.

De usted, atento amigo.

Lázaro Cárdenas

Villa Obregón, D. F., 9 de julio de 1954

Señor José Pagés Llergo, director de la revista *Siempre*, México, D. F.

Estimado y distinguido amigo: El señor licenciado Nemesio García Naranjo escribió un artículo que llama "La memoria de los elefantes", publicado en la importante revista *Siempre*, número 53 del 26 de junio pasado, en el que hace una serie de advertencias al mensaje que en fecha 29 de mayo dirigí a mi amigo el señor licenciado Guillermo Toriello, ex secretario de Relaciones en Guatemala.

El señor licenciado García Naranjo al referirse a mi mensaje, relata una serie de episodios de la historia de México que no vienen al caso que motivó su artículo y que por cierto la mayoría de estos episodios han tenido su desarrollo final, no por las causas que él señala, sino por otras muy diferentes.

El contenido de mi mensaje a Guatemala, que incluye íntegro en su artículo el señor licenciado García Naranjo, es una protesta personal por la agresión que se hace al derecho de soberanía consagrado por los países que han votado en favor de la no intervención.

Preconiza el señor licenciado: "así pues, aunque don Lázaro esté en su derecho para querer ser un líder continental, la aventura en que se ha metido va a ser la última de su existencia".

Estoy muy lejos de tener semejante pretensión; para tal categoría se necesitan otras estaturas que no se obtienen con el simple deseo del que aspira a ello. Y en cuanto a que sea la última aventura de mi existencia, es posible que así suceda; pero sobre semejante profecía lo cierto es que todos los humanos, incluyendo al propio señor licenciado, podemos estar viviendo en cada minuto la última aventura de nuestra vida.

Al final de su artículo denuncia: "ya el Departamento de Estado de Washington apuntó el nombre de Cárdenas y lo va a tener presente en lo sucesivo".

Agradezco al señor licenciado semejante advertencia, aunque considero que hace años debe estar anotado mi nombre en dicha dependencia, con los fines que supone el mismo señor licenciado García Naranjo.

De usted atentamente.

Lázaro Cárdenas

México, D. F., 6 de agosto de 1954

Señor Rómulo Gallegos, México, D. F.

Distinguido amigo: Muy merecido el homenaje que se tributó a usted la noche del día 2 del actual por sus numerosos amigos en el Centro Asturiano de esta capital, homenaje al que fui invitado y que acepté con gusto.

Figura eminente de las letras hispánicas, es usted asimismo ilustre ciudadano de la causa de la democracia y de la independencia de su patria. Sus conciudadanos le honraron eligiéndole para presidir el gobierno de su país. Intereses ajenos a la voluntad popular interrumpieron, por la violencia, el orden constitucional de Venezuela, obligando a usted a abandonar su territorio. Víctima de la fuerza, conservó usted incólume el decoro de su alta investidura.

Encontró refugio en México. Antes que usted, el gran Bolívar había disfrutado aquí de cordial hospitalidad. En diversas épocas otros venezolanos defensores también de la libertad del pueblo hermano, se han exilado entre nosotros.

Fiel a sus tradiciones, el México de la Revolución le acogió con beneplácito. Como escritor y estadista tiene usted títulos suficientes para honrar al país que le brinda albergue.

Durante los últimos años, nuestra bandera ha amparado en el extranjero a perseguidos de todas las ideas políticas y en nuestro territorio han encontrado protección mujeres y hombres de todos los credos.

Es fácil explicar esta conducta. Los mexicanos de nuestro tiempo hemos pagado un altísimo tributo en vidas humanas para alcanzar el triunfo del movimiento iniciado en 1910. Sabemos por experiencia propia el daño que causan las pasiones desbordadas en los conflictos sociales y políticos. La sed de venganza o el afán de castigo, engendran un bárbaro culto a la sangre y el hombre degenera en devorador de sus semejantes.

El derecho de asilo diplomático y el derecho de asilo territorial constituyen un valioso valladar a estos actos de lesa civilización. Con México, todos los países de la América Latina así lo reconocen, y a ellos corresponde vigilar su eficaz cumplimiento.

Quienes escuchen las voces de los que llaman a violar el derecho de asilo, encenderán hogueras de odios infecundos y causarán graves heridas a nuestros pueblos.

Salvar una vida amenazada es dignificar los valores humanos. Y en esta alta tarea debemos poner todos los ciudadanos de América nuestra más firme voluntad.

Al celebrarse el setenta aniversario de su vida ejemplar recordé con particular interés su conferencia sustentada en el Centro Universitario de Monterrey, que encierra un alto contenido moral y que es oportuno citar en esta hora en que las pasiones políticas se desbordan y la fuerza de las armas viene imponiéndose en varios países, en contra de la libertad y la justicia: "Dos tipos de hombre están campeando hoy por sus fueros en una etapa de una lucha histórica: obrero y patrón, denodadamente el uno, tercamente el otro, y de sus forcejeos están pendientes las vacilaciones del destino del mundo; pero he aquí que en varios países de nuestra América han venido surgiendo con usurpados atributos de tercero en discordia, los hombres de arma en mano, de cuyos autoritarios ejercicios nada pueden esperar ni la cultura ni la paz social. Una tras otra han venido cayendo bajo el atropello las experiencias democráticas en las que se ha puesto fe en la dignidad de los pueblos y esperanza en la cumplida realización de su destino. ¿Pero qué hace, mientras tanto, el intelectual que no es ni uno ni otro de aquellos dos antedichos contendedores, ni en pos de los terceros puede andar camino suyo, sin negarse a sí mismo, sin defraudarse, sin traicionarse? ¿No se había comprometido al decidirse a cultivar su inteligencia y templar finamente su espíritu, a ser la instancia a que se recurriese cuando estuvieren en juego y en peligro razón o justicia?"

Ciudadanos como usted, mi querido amigo, honran al país que los acoge.

Lo saludo muy cordialmente y le deseo todo bien.

Lázaro Cárdenas

Morelia, Mich., 9 de octubre de 1954

Señor senador y licenciado Luis I. Rodríguez, Julio Verne Nº 30, México 5, D. F.

Estimado licenciado y fino amigo: La prensa informa que se ha consignado a refugiados de Guatemala que sirvieron al gobierno del presidente Arbenz, no obstante las declaraciones que según la propia prensa hizo la Secretaría de Gobernación, en el sentido de que los detenidos cumplieron con la ley al penetrar al país.

Ante estos hechos, cabe hacer consideraciones de orden moral y jurídico en favor de ciudadanos guatemaltecos que formaron parte de un gobierno constituido legalmente, que vinieron a refugiarse a nuestro territorio amparados en el derecho de asilo.

Grave sería entregarlos al gobierno usurpador de Guatemala; su sangre salpicaría la trayectoria de México que siempre ha respetado el derecho de asilo consagrado internacionalmente. Confiamos en la cordura y serenidad de las autoridades.

Escribo a usted estas líneas rogándole su intervención *personal* en caso tan delicado.

Lo saludo afectuosamente y quedo de usted, su siempre atento amigo.

Lázaro Cárdenas

Uruapan, Mich., 22 de octubre de 1954

Señor licenciado Alberto Bremauntz, secretario general del Frente Socialista de Abogados de México, 5 de Febrero Nº 553, México 12, D. F.

Estimado licenciado y fino amigo: Con su muy atenta de 7 de septiembre tuve el agrado de recibir un tanto del estudio presentado por el Frente Socialista de Abogados de México, sobre la actitud del gobierno de Guatemala en relación con los asilados políticos, estudio importante que contiene orientaciones jurídicas sobre el derecho de asilo.

En realidad, el derecho de asilo es una conquista consagrada internacionalmente que todos los países de Latinoamérica están obligados a respetar, pero que olvida hoy el gobierno de Guatemala que ha tratado de faltar a las obligaciones contraídas por su país, en tanto otros gobiernos han sabido hacer honor a tan noble postulado que protege a ciudadanos de todo el mundo contra las persecuciones políticas de las dictaduras.

Agradezco a usted esta nueva atención y lo saludo, reiterándome su atento amigo.

Lázaro Cárdenas

México, D. F., 18 de noviembre de 1954

Señor licenciado Ramón Beteta, embajador de México, Roma, Italia.

Estimado licenciado y fino amigo: Con gusto contesto su muy atenta del 20 de octubre para retornarle con afecto los saludos que se sirvió enviarme.

Saludé a Nacho, quien me platicó de la labor de usted en Italia, de sus viajes, sus deportes y su salud. Deseo siga usted bien y regrese pronto a la patria.

Con su carta recibí la nota que detalla la situación interior de Italia y otros acontecimientos internacionales que hemos visto confirmados en la prensa nacional. La exposición contenida en su anexo relata con amplitud la solución que se dio al conflicto de Trieste y que Italia logró lo que más pudo obtener dentro de las circunstancias que la rodean.

De nuestra América, ya conoce usted el caso de Guatemala: no se respetó el derecho soberano de un país pequeño que trató de mejorar las condiciones de vida de su pueblo al legislar la distribución de la tierra y apoyar las demandas de prestaciones más humanas en los campos plataneros.

Grave error cometido por el gobierno del país vecino que apoyó el derrocamiento de un gobierno institucional que venía luchando contra la rebeldía del monopolio bananero, pretextando se apoyaba en Guatemala actividades "comunistas". ¿Consecuencias?, sembrar más la desconfianza en los pueblos de Latinoamérica ante el coloso del Norte, en vez de crear vínculos de verdadera amistad para establecer una leal y efectiva colaboración.

Regreso en estos días a Michoacán y visitaré el local que se está levantando en la zona de Apatzingán destinado a la Escuela Práctica de Agricultura para la que usted puso la primera piedra y que la Secretaría de Educación reanudó su construcción en el presente año. Espero esté usted en la inauguración en 1956 o 1957 que puede terminarse, al ritmo que lleva.

Con mi estimación de siempre, quedo su atento amigo.

Lázaro Cárdenas

México, D. F., 9 de agosto de 1956

Señor licenciado Ángel Carvajal, secretario de Gobernación, México, D. F.

Estimado licenciado y fino amigo: Participo a usted tuve ocasión de trasmitir personalmente al señor Presidente de la República la solicitud de los refugiados cubanos detenidos últimamente y que obtuvieron su libertad con la notificación de salir del país, y en cuya solicitud piden permanecer en México por virtud de serles difícil trasladarse a otro lugar sin peligro de sus vidas.

El Primer Magistrado tuvo a bien expresar que daría instrucciones para que permanezcan en el territorio nacional, absteniéndose de toda actividad política.

El mismo grupo informa que con ellos fueron aprehendidos Calixto García Martínez, de Cuba, y Ernesto Guevara de la Serna de Argentina, que se encuentran en la estación migratoria de Miguel Schultz núm. 136, de esta ciudad, y piden se les ponga en libertad y se les conceda el derecho de asilo.

Molesto a usted con esta solicitud, estimándole se resuelva si esto dos elementos pueden o no considerarse con la misma situación concedida al grupo que fue puesto en libertad.

Agradecido por sus atenciones me reitero de usted su atento amigo.

Lázaro Cárdenas

México, D. F., 7 de octubre de 1958

Excelentísimo señor contraalmirante Wolfgang Larrazábal, presidente de la Junta de Gobierno, Caracas, Venezuela.

Excelentísimo señor Presidente: El señor don Diego Córdoba, embajador de vuestro país en México, se sirvió trasmitirme, en nombre de Su Excelencia, el deseo de que aceptara la invitación que los distintos sectores de Venezuela me harían para visitar vuestra patria.

Mucho agradezco tan alta distinción, que reconozco como una manifestación más de la amistad y solidaridad que unen a nuestros países.

Al recibir su honrosa invitación tenía ya preparado un viaje a varios países de Europa, y por esta consideración me permití rogar a la H. delegación venezolana que saludé en la ciudad de Morelia el día 30 de septiembre pasado, que mi visita a Venezuela se fijara a mi regreso de este viaje, que emprendo a mediados de este mes para volver en enero.

Al reiterar a Su Excelencia mi agradecimiento personal, me es grato desear que su gobierno logre las realizaciones democráticas que se propone para bien de la República hermana de Venezuela.

Con mis votos por la ventura de Su Excelencia, me suscribo su amigo.

Lázaro Cárdenas

México, D. F., 16 de noviembre de 1958

Señor general José R. Gavaldón, Quinta "Santocristo", Av. Páez-El Paraíso, Caracas, Venezuela.

Estimado general y fino amigo: Fue para mí positivo gusto recibir su atenta carta de 22 de septiembre que me hizo llegar el excelentísimo señor embajador de Venezuela en nuestro país, doctor Alirio Ugarte Pelayo.

He tenido el agrado de tratar al propio señor embajador Ugarte Pelayo, que me ha dispensado atenciones que mucho le estimo.

Aprecio hondamente el contenido de su carta que me trae la manifestación de su amistad, que correspondo con afecto, y espero tener la satisfacción de estrechar su mano ya sea en Venezuela o al tener el gusto de ver a usted entre nosotros visitando México.

Efectivamente, como usted lo refiere, fui invitado para visitar su país, recibiendo con ello un gran honor que no olvidaré. Me propongo ir a Venezuela al concluir asuntos que me retienen por ahora y que me llevarán seguramente más de un año.

Me congratula saber que hombres de espíritu pacifista y democrático como usted, siguen colaborando en el Consejo Mundial de la Paz. Es un estímulo para los pueblos ver el empeño por hacer realidad el ideal de una paz permanente, basada en la amistad y en el respeto absoluto a la integridad y soberanía de cada país. Considero que mucho se ha adelantado en el propósito de fincar la convivencia pacífica entre todos los países. Los adelantos técnicos y científicos que se han logrado en el mundo han detenido la amenaza de una nueva guerra mundial y tendrán que aplicarse en beneficio del progreso y bienestar de la humanidad.

Hago votos, mi estimado general, por la prosperidad de Venezuela y por el bien personal de usted.

Su atento amigo.

Lázaro Cárdenas

México, D. F., 5 de enero de 1960

Señor capitán, doctor Miguel A. Duque de Estrada, jefe del Departamento de Asuntos Latinoamericanos, Habana, Cuba.

Estimado y fino amigo: Con su muy atenta carta del 8 de diciembre pasado recibí el primer número de la revista *Dala*, publicación quincenal del Departamento de Asuntos Latinoamericanos, que tiene usted a su cargo. Le doy las gracias por su envío y me es grato expresarle la opinión que se sirve pedirme.

La revista *Dala* tiene una gran misión que cumplir: informar al mundo de las realizaciones y de la doctrina económica, social y política, que inspiran a la Revolución Cubana. Establecer la verdad de lo que pasa en Cuba, es tarea por sí misma importante en esta hora. Establecerla, como lo hace la revista *Dala* implica, por un lado, forjar la opinión solidaria de los pueblos latinoamericanos y, por el otro, destruir toda esa campaña difamatoria y falsa que vienen haciendo ciertas agencias informativas, que sirven intereses no sólo ajenos sino adversos a la República de Cuba.

Después de leer las notas informativas, los dos importantes discursos de los ministros doctores Fidel Castro y Raúl Roa y el notable e histórico documento que constituye la "Nota de contestación del gobierno de Cuba al gobierno de los Estados Unidos de Norteamérica", contenidos en la revista *Dala*, confirman que la Revolución Cubana tiene un objetivo básico: mantener su independencia y su soberanía; proporcionar a su pueblo "pan, justicia y cultura" mediante la honestidad administrativa, la transformación del régimen de la tenencia de la tierra, el desarrollo industrial y la distribución justa del producto del trabajo.

Es claro que estos objetivos patrióticos cubanos, tienen que encontrar y han encontrado ya soluciones cubanas, que determinan la geografía, la población, la historia, pero en términos de generalidad, son los mismos objetivos que animan en sus luchas a todos los pueblos de Latinoamérica. De allí la profunda solidaridad que los hombres de distintos países del continente hemos expresado a la Revolución Cubana.

Esta solidaridad no está determinada por la comunidad de lenguaje, por cierta comunidad de raza, por la existencia de una historia común, solamente. Junto con todos estos factores está el muy importante de la lucha por el desarrollo económico de nuestros pueblos. Desarrollo que habrá de permitir elevar el nivel de vida de las grandes masas populares, difundir y cultivar la ciencia, la técnica y la cultura, desterrar el temor exaltando los derechos del ciudadano, establecer gobiernos democráticos y fortalecer nuestra independencia política y lograr nuestra independencia económica. Esta identidad de aspiraciones y de destino hace más fuertes nuestros lazos con la Revolución Cubana.

Podría pensarse, se ha dicho ya, que el nacionalismo de los pueblos iberoamericanos se estrecha en los marcos de sus respectivos estados. Y no es así. La historia nos enseñó, en nuestras luchas por la independencia, a pensar en la solidaridad y en una patria común. Por lo mismo, cuando más se caracteriza un movimiento revolucionario por sus notas particulares y cuando sus raíces se profundizan en lo que lo distingue de los demás, más se acentúa la necesidad de colaboración con sus vecinos o con países de idénticas condiciones económicas y políticas, para resolver sus problemas. De allí que a nuestros movimientos nacionalistas los distinga su gran sentido de universalidad.

Ahora bien, si queremos, como se viene proclamando a diario, que se afirmen nuestras características nacionales, que se resuelvan nuestros problemas, que se garantice nuestra libertad y nuestra independencia, debemos luchar por desterrar el coloniaje en nuestros pueblos y por sentar las bases para su desarrollo integral, mediante una genuina solidaridad de las naciones latinoamericanas.

Estamos seguros que la importante revista *Dala* pugnará por esta solidaridad.

Lo felicito por la edición de la revista y quedo su afectísimo amigo.

Lázaro Cárdenas

México, D. F., 28 de febrero de 1960

Señor doctor Jaime Benítez, rector de la Universidad de Puerto Rico, Río Piedras, Puerto Rico.

Distinguido amigo: En referencia a mi carta del 10 de octubre pasado que dirigí a usted, contestando la atenta invitación que se sirvió hacerme a nombre de la Universidad de Puerto Rico y de la American Assembly de la Universidad de Columbia para participar en la reunión que tratará el tema "Los Estados Unidos y la América Latina", que tendrá verificativo en los primeros días del próximo mes de marzo y que decliné agradeciendo tal deferencia, considero debo a usted una explicación de carácter personal en relación a los Estados Unidos y a los países de Latinoamérica y particularmente a Puerto Rico.

Siempre he sustentado la idea de independencia de este país, por la que ha luchado su población y que no ha dejado de hacerlo hasta nuestros días, desde su dependencia de España y después como posesión norteamericana.

Si razones ajenas al anhelo popular de Puerto Rico lo han mantenido subordinado al país de Norteamérica y éste ha implantado en su vida interna una administración de tipo democrático y aun tolerante para las actividades de independencia que están latentes en el seno del pueblo puertorriqueño, indudablemente que esta política de tolerancia viene ayudando a exhibir las "buenas intenciones" que manifiestan guiar a las autoridades norteamericanas, más cuando están proporcionando los medios para el desarrollo industrial de Puerto Rico, lo que seguramente hacen siguiendo su política tradicional.

La tendencia a incorporar Puerto Rico como estado de la Unión Americana es indudable. Fatalmente cuenta con sectores que prefieren la prosperidad y bienestar a su cabal soberanía. Pero Puerto Rico no ha dejado de estar ligado moralmente a la comunidad latinoamericana, por su situación geográfica, su derecho a ser libre, sus características de raza, de idioma y su lucha por obtener su soberanía.

Estimo que el pueblo norteamericano no se opone a la independencia de los países como Puerto Rico, ni exige anexión territorial para poder ayudar a su desarrollo. Los países con independencia, con trato amistoso y consideraciones por igual, son el mejor apoyo para la unidad de América, que es necesario lograr para que lleguen a elevarse las condiciones de vida de toda la población, así en los países poderosos como en los pequeños de este hemisferio. Y sobre todo para asegurar la paz.

¿Qué ganaría hoy Estados Unidos con incorporar un nuevo estado, de tierra y población latinoamericana?, ¿el desempleo de millones de gentes que se registra en varios estados de la Unión Americana, la concentración de grandes fortunas en pocas manos, la discriminación de contingentes humanos de color y el espíritu bélico que aún no se ha desterrado de las clases dirigentes, son acaso estímulo para la población de Puerto Rico, que quiere su independencia y soberanía? Seguramente que no.

Los pueblos de Latinoamérica están preocupados por esta política absorcionista y buscan una solución. De no lograr Puerto Rico su independencia, se sentaría un precedente lamentable, que lesionaría los intereses de soberanía de la propia comunidad latinoamericana. Se tienen aún esperanzas de que se produzcan razonamientos justos en las mentes de los hombres responsables de estas decisiones y que obrarán con serenidad en problemas de carácter internacional tan delicados como el de Puerto Rico.

Ruego a usted dispensar le distraiga con estas líneas, que juzgué necesario dirigirle correspondiendo a su gentil y cordial invitación.

De usted atento amigo.

Lázaro Cárdenas

México, D. F., 21 de marzo de 1960

Señor doctor Juan José Arévalo, ex presidente de Guatemala, Universidad Central de Venezuela, Caracas, Venezuela.

Distinguido amigo: Envío a usted mi saludo afectuoso y le deseo todo bien.

El día 12 del actual tuve el agrado de recibir la visita del excelentísimo señor licenciado Silvino Sorhegui, embajador de Cuba en Honduras, que me comunicó que con carácter personal tenía el encargo de los amigos de Puerto Rico de pedir mi firma a la excitativa de apoyo por la independencia y soberanía de dicho país; excitativa que también firmarían ex presidentes de Latinoamérica.

El señor Juan Antonio Corretjer, ciudadano puertorriqueño, me había puesto al tanto, con anterioridad, de este proyecto.

El documento presentado por el señor licenciado Sorhegui traía sólo la firma de usted y ello fue suficiente para firmarlo, devolviéndolo al propio señor licenciado Sorhegui para que lo hiciera llegar a su destino, con la sugerencia de mi parte de que se refuerce este documento con mayor número de firmas, entre ellas, la de nuestro apreciado amigo Rómulo Gallegos, ex presidente de Venezuela, de quien me habló el señor Corretjer estar de acuerdo en dar su apoyo moral a la causa de la independencia de Puerto Rico.

Al participar a usted lo anterior me da la grata ocasión de patentizarle, una vez más, mi honda satisfacción por su actitud y labor rectilíneas en defensa de la libertad de los países sojuzgados.

De usted, su atento amigo.

Lázaro Cárdenas

TELEGRAMA

Apatzingán, Mich., 26 de julio de 1960

Al excelentísimo señor doctor José Antonio Portuondo, embajador de Cuba, México, D. F.

En este día glorioso para Cuba, aniversario del "26 de Julio", en que un puñado de valientes ofrendó su vida en bien de los intereses del pueblo y que culminó con el triunfo de su causa y con la organización de un gobierno que realiza los postulados que lo llevaron a la lucha, me uno al homenaje que se tributa hoy al acontecimiento de tan memorable fecha y deseo que Cuba y su régimen tengan de parte de todos los países la comprensión y solidaridad que merece un pueblo que se empeña por elevar sus condiciones de vida y que pide se le respete de acuerdo con las normas que establece el derecho internacional para todas las naciones.

Lázaro Cárdenas

México, D. F., 31 de agosto de 1960

Excelentísimo señor embajador de Venezuela doctor Alirio Ugarte Pelayo, Ciudad.

Distinguido amigo: Agradezco a usted el envío de su dilecta conferencia con motivo de la reorganización de la Sociedad Bolivariana en México. Comparto su acertado juicio sobre la vigencia del pensamiento y acción del gran venezolano y prócer continental, como rutas de orientación y fórmulas salvadoras de la gran crisis que en la hora presente agita al mundo, y de la cual ningún continente, ni nuestros propios países, pueden permanecer ajenos.

Bolívar, libertador de Colombia, conductor de Perú, padre de Bolivia y heroico paladín de la independencia y de la unidad de las antiguas colonias españolas, desde el Congreso Hispanoamericano de Panamá, planteó el logro de la solidaridad, defensa y prosperidad de las repúblicas hispanoamericanas, en una asamblea de plenipotenciarios representativos que con autoridad continental procediera a la celebración de tratados por los cuales se respetase la soberanía popular de las nuevas repúblicas, se las defendiese de peligros comunes y se solucionasen conciliatoriamente sus diferencias.

Con razón autorizados biógrafos han opinado que "cuando después de cien siglos, la posteridad busque el origen de nuestro derecho público... registrará con respeto los protocolos del Istmo... en ellos encontrarán el plan de las primeras alianzas, que trazara la marcha de nuestras relaciones con el universo..."

La continuidad histórica de nuestras luchas de insurgencia contra la dominación extranjera, que surgidas de la soberanía nacional culminaron en regímenes republicanos, plantea la gran tarea de llevar a la realidad económica, cultural y social, los principios teóricos de libertad, igualdad, justicia, orden y bienestar, que proclaman sus sistemas representativos, pues entre tanto existan mayorías oprimidas por la miseria, la ignorancia, las enfermedades y la inseguridad, estarán debilitadas las bases de la democracia política institucional, ya que la verdadera libertad no puede descansar sobre la desigualdad y la inestabilidad sociales.

En la etapa actual de expansión de la vida individual y colectiva, en la que las nuevas conquistas de la ciencia y de la técnica deben ser un patrimonio universal, es ineludible la solidaridad e interdependencia de los destinos comunes, de manera que los derechos fundamentales de las personas y de los pueblos, así como los factores de injusticia o de inseguridad, dejan de acosar a sólo determinados individuos o regiones, para convertirse en amenazas a la tranquilidad y al progreso generales.

Decía Bolívar en su perdurable mensaje al Congreso de Angostura, en 1819, que: "la esclavitud es hija de las tinieblas... el ejercicio de la justicia es el ejercicio de la libertad y... el sistema de gobierno más perfecto es aquel que produce mayor suma de *felicidad* posible, mayor suma de *seguridad social* y mayor suma de *estabilidad política*".

Si en el siglo de Bolívar la amenaza de la Santa Alianza justificaba los apremios del Libertador por la unidad hispanoamericana, hoy no es menos urgente la solidaridad de nuestros pueblos, que desnutridos, analfabetos, enfermizos y explotados, son pasto propicio de las ambiciones de hegemonía de los consorcios internacionales y de las grandes potencias económicas y militares que acaparan los recursos naturales, constriñen y descapitalizan los mercados domésticos, impiden nuestra industrialización y mandan en el mercado internacional, imponiendo los precios de nuestros productos de exportación y el de sus manufacturas de importación, a la vez que controlan la publicidad, fuerzan tratados mercantiles y de armamentos, prohíjan dictaduras, combaten las reformas progresistas y agreden la soberanía e independencia nacionales.

Aún no se recuperan las posiciones comerciales exteriores que afectó la segunda guerra mundial, por los obstáculos que los imperialistas oponen a la reestructuración de la economía de libertad, de seguridad y de paz, tan indispensables para el abandono de los viejos sistemas de coloniaje.

Ante estos apremios de la realidad, ¿cuál es la elevación que requieren los clásicos principios de libertad individual, de soberanía nacional, de unidad continental, frente a la efectiva operancia de las tendencias aislacionistas e imperialistas?

El problema que usted plantea de la reestructuración de la Carta de la Organización de los Estados Americanos, implicaría su encauzamiento hacia la corrección de las graves deficiencias nacionales, que mantienen divididos a los países hispanoamericanos o indolatinos en mayorías productoras y explotadas y en oligarquías dominantes, criollas y extranjeras, manejadas por consorcios económicos y financieros internacionales, que al amparo de las fórmulas democráticas, sustentan gobiernos tiránicos y plutocráticos.

Estas realidades sumadas a las experiencias de nuestras grandes gestas populares, llevan a pensar que la nueva estructuración de una organización internacional, debería basarse en la planificación económica, cultural y social de las diversas entidades con estructura agrícola, artesanado regional e industrialización retrasada, mediante la coordinación de los organismos productores de cada país para proveer a su conservación y prosperidad; realizar el rescate y aprovechamiento racional de sus recursos naturales y humanos; la liquidación de los latifundios y la organización de su industria y sus finanzas para la elevación de los bajos niveles de vida del pueblo, y para defender su integridad territorial y su independencia política.

La vigencia de nuestra democracia formal, o sea de las libertades cívicas, es imprescindible, así como de la igualdad real de oportunidades para el disfrute de los nuevos derechos colectivos, es decir, de la coexistencia de la libertad y la democracia, dentro de la justicia social.

Sin el equitativo reparto de la riqueza, en relación con la calidad del trabajo productivo y la satisfacción de las necesidades vitales, no habrá verdadera democracia.

Sin que desaparezcan los nuevos fueros y privilegios de las minorías al servicio de las grandes potencias, los postulados de las cartas de la Organización de los Estados Americanos y de las Naciones Unidas, sobre la libertad e igualdad de los estados soberanos, serán cortinas de humo, tras las cuales la codicia de los mercaderes mundiales y de los productores de armamentos seguirán obteniendo astronómicas ganancias en la explotación y división de los pueblos, destinados al sacrificio en la nueva conflagración universal.

La reestructuración de la OEA, no precisa la revisión de sus magníficos postulados, sino la solidaridad básica de los pueblos semicoloniales del continente para la realización de las grandes reformas económicas, culturales y sociales, que requieren la capacitación de las masas miserables y oprimidas, la reivindicación de sus riquezas, la elevación de sus ínfimos niveles de subsistencia, para incorporar a su patrimonio vital, los derechos universales de trabajo, educación, salud y seguridad.

Sólo en el cumplimiento coordinado y jerarquizado de programas que se propongan desarrollar amplios márgenes de bienestar popular podrán sustentarse los mercados domésticos, la interdependencia continental; la recíproca industrialización, la democracia orgánica y la convivencia de las veinte naciones iberoamericanas, que con sus doscientos millones de habitantes, en un territorio de veinte millones de kilómetros cuadrados, pueden constituir, con el gran pueblo de Washington, Lincoln y Roosevelt, el continente de la libertad, de la justicia, de la democracia y de la paz humanas.

Le ruego disculpar, mi distinguido amigo, comunique a usted las anteriores reflexiones, con el propósito de que ellas contribuyan a que las generaciones presentes y futuras sean dignas de heredar la mística libertaria y el heroico ejemplo de nuestro inmortal Bolívar, que con nuestros grandes próceres siguen presidiendo los altos destinos de nuestras patrias fraternas.

Lo abraza su amigo.

Lázaro Cárdenas

TELEGRAMA

México, D. F., 31 de agosto de 1960

Señor licenciado Isidro Fabela, San Juan núm. 11, Cuernavaca, Mor.

Lo felicito calurosamente por la justa y magnífica defensa que hace usted del gobierno revolucionario de Cuba al dar respuesta al señor embajador Hill, en su artículo publicado por el diario

Excélsior de esta fecha. La voz de usted, mexicano prominente, libre de partidarismo y con autoridad moral, reconocida internacionalmente, enaltece a nuestra patria al reafirmar sus sentimientos defendiendo a una nación pequeña que se ve agredida por la incomprensión de unos y la presión de un país poderoso. Muy juiciosa su sugestión para que se busque un entendimiento amistoso que resuelva las divergencias suscitadas entre los dos países.
Lo abraza su atento amigo.

Lázaro Cárdenas

México, D. F., 4 de septiembre de 1960

Excelentísimo señor don Rómulo Betancourt, presidente de la República, Caracas, Venezuela.

Estimado señor Presidente y fino amigo: Nuestro común y querido amigo don Rómulo Gallegos, ex presidente de Venezuela, me hizo entrega de su muy atenta carta del día 3 de agosto próximo pasado, que contiene su saludo, que le agradezco y correspondo con afecto.

Deseo ante todo se encuentre usted ya restablecido de las heridas que sufrió en el atentado del pasado 24 de junio.

He tenido ocasión de platicar con mi querido amigo don Rómulo y hemos coincidido en apreciaciones sobre los problemas que se plantean hoy día en nuestro hemisferio y que sólo una actitud de comprensión y ayuda efectiva de todos los países hacia las naciones hermanas que lo necesiten, como es hoy el caso de Cuba, que lucha aislada y denodadamente por elevar sus condiciones de vida, puede contribuir a que sea realidad la unión espiritual de nuestros pueblos; unión indispensable en esta hora de grave crisis que mueve al mundo y a la que ningún continente, ni nuestros propios países, pueden permanecer ajenos.

He rogado a don Rómulo expresarle mis votos porque tenga usted plena satisfacción en su responsabilidad como gobernante del pueblo venezolano, por el que los mexicanos guardamos honda simpatía.

Muy afectuosamente, su atento amigo.

Lázaro Cárdenas

[*Nota manuscrita por el autor.*] Fue ésta la última carta dirigida al presidente Betancourt, carta que no contestó. No debe haberle agradado se le hablara de Cuba. Su actitud posterior en contra del gobierno revolucionario de Cuba, lo ha demostrado. (1963.)

México, D. F., 11 de noviembre de 1960

Señor don Rómulo Gallegos, Avenida Ávila núm. 31, Altamira, Caracas, Venezuela.

Distinguido y gran amigo: Teníamos esperanza de que en tu último viaje a Norteamérica, en donde se te tributó justo homenaje por tus merecimientos humanistas, nos darías el gusto de verte en México, pero no fue así y lo sentimos.

Por la amistad que me dispensas y la confianza que te guardo, quiero referirte que la prensa ha hablado de una posible ruptura de relaciones, por parte del gobierno de Venezuela, con el gobierno de Cuba. De ser verídico esto, lo lamentaríamos los amigos de Venezuela y de Cuba, por tratarse de dos gobiernos progresistas y de pueblos hermanos, que necesitan, como todos los de América Latina, estrechar más su amistad para la mejor solución de los problemas que nos son comunes.

Durante tu última estancia en México platicamos del contenido de la carta del C. presidente Rómulo Betancourt, fechada el 3 de agosto próximo pasado, que me hizo llegar por tu estimable conducto, y nos referimos también al caso de Cuba, que a los dos nos ha preocupado.

Con tu delicadeza innata expusiste que convenía al gobierno de Cuba evitar las frases hirientes para el gobierno norteamericano.

Reconocimos que el gobierno de Cuba estaba siendo agredido intensamente de palabra, por la prensa, y lo más grave, por incursiones sobre su territorio de aviones que partían de Norteamérica y que llegaron a causar destrozos materiales y víctimas humanas. Ante tales agresiones, Cuba, que sólo dispone del apoyo de la mayoría de su pequeña nación y de la fuerza moral de su causa, ha usado de su voz, ciertamente con toda crudeza, pero ello es muy excusable.

A toda esta intensa campaña de provocación en contra del gobierno revolucionario de Cuba, se agrega el membrete de comunista, que le ponen sus enemigos, sin que haya pruebas reales de que está implantando esta doctrina. Ha puesto sí en vigor sus reformas sociales, como la agraria, que afectó las tierras de empresas extranjeras; empresas que posteriormente fueron desplazadas de sus industrias, cuando se manifestaron públicamente enemigas del nuevo régimen. Y también ha tenido que llevar sus productos a países que le abrieron mercados, al cerrárselos América; estableciendo relaciones comerciales con países fuera del control de los consorcios norteamericanos y de cuya hegemonía se han liberado.

Pero aun en el caso de que sus tendencias fueran comunistas, si el pueblo de Cuba, en ejercicio de su soberanía, se define por tal doctrina, está en su derecho hacerlo, y no se justifica que cualquier otro país, de distinta ideología, pretenda por ello emprender una agresión, violando el principio de no intervención.

La campaña de los llamados anticomunistas, que atacan las ideas de reivindicación que emergen del seno de los pueblos, viene ocasionando que la doctrina comunista tenga más adeptos en las clases populares; y, tratar de evitarlo con represiones violentas, sin dar solución a los problemas económicos de los grandes núcleos que existen sin empleo y sin amparo, es lanzarlos a la desesperación, abriéndoles el camino de la lucha armada para que busquen por este medio su transformación social.

Éste fue el caso de Cuba, que lucha hoy en medio de poderosas presiones, a las que viene haciendo frente con el respaldo popular de su pueblo.

Al manifestarte lo anterior, lo hago reconociendo tu sensibilidad y comprensión de los problemas latentes en nuestra América, entendido que cualquiera que sea tu pensamiento, mi amistad hacia ti está sellada definitivamente por tu sinceridad de amigo y tus virtudes cívicas, que se han hecho patentes en mil ocasiones.

Te abraza y quiere tu siempre atento amigo.

Lázaro Cárdenas

Caracas, 7 de diciembre de 1960

Señor general Lázaro Cárdenas, Andes 605, México 10, D. F.

Querido y gran amigo: Trastornos de salud, por una parte y además la espectativa de los peligrosos acontecimientos que en estos días han venido ocurriendo aquí, no me han permitido corresponder con la debida prisa a la muy grata y muy interesante carta tuya de 11 del pasado mes.

Comprendo tu preocupación de hombre amante de la paz y de la armonía entre nuestros pueblos, ante la posibilidad de que se produjera una ruptura de relaciones entre el gobierno de mi país y el de Cuba; pero puedo decirte, desde luego, que el presidente Betancourt no está inclinado a tal procedimiento y me consta que ha rechazado categóricamente ciertas presiones en tal sentido.

Es cierto, cual lo expresas en tu mencionada carta, que los pueblos americanos de nuestro espíritu y nuestra lengua "necesitan estrechar más su amistad para la mejor solución de los problemas que nos son comunes"; pero también lo es que para los plenos efectos de la concordia, tanto entre pueblos como entre hombres, se requiere reciprocidad evidente en los tratamientos mutuos. Y esto, querido amigo, no ocurre, ostensiblemente por lo menos, en lo relativo al gobierno de Cuba. Se han pronunciado allá palabras desagradables, por no calificarlas de ofensivas para el de Venezuela y por añadidura se han producido circunstancias que hacen sospechar posición inamistosa. Yo no estoy en el secreto de Estado de todo lo ocurrido, por mi apartamiento voluntario de la actividad política; pero no carezco por completo de elementos de juicio para mi apreciación.

Ya demostré en mi ejercicio literario cómo no me es ajena la suerte del pueblo de Cuba y estoy sinceramente interesado en que todo ocurra y se desenvuelva allí para el mejor provecho de esa gente hermana; pero mi posición fundamental ante los acontecimientos que me rodeen me obliga a desear que ellos se desenvuelvan dentro de los campos de mis predilecciones y yo estaré siempre dispuesto a incurrir hasta en las formas de la tontería en mi vehemente deseo de que la concordia reine en el mundo, tanto más cuanto es mayor todos los días el peligro de que estemos en las vísperas de tremenda catástrofe.

Desafiar gigantes siempre encontrará resonancia clamorosa en los temperamentos apasionados, sobre todo cuando se comparte posición de inferioridad y eso es lo que está ocurriendo aquí a causa de lo que acontece en Cuba; pero quienes hemos traspuesto la edad de los contagios frenéticos —de alguna dolencia ha de librarnos la carga de los años— somos inclinados a las maneras de la prudencia. Por lo cual y no por exceso de delicadeza personal censuré las arrogancias de estilo de Fidel Castro. Y más aún quienes están obligados a conducir pueblos —y tú sabes de eso— por donde sean menores los riesgos y más efectivos y duraderos los provechos deben componer su misión de porvenir con sabiduría de presente. Y eso es lo que se está procurando aquí.

Venezuela atraviesa tiempo difícil, angustioso por momento; pero si lo temerario puede ser deslumbrante, lo sensato es lo aconsejable. Aquí estamos tratando de liquidar la mala herencia de la dictadura, no obstante lo cual la gravedad de nuestros problemas no nos impide contemplar lo que está ocurriendo en Cuba con ánimo comprensivo y disposición fraternal y a ti te consta como el presidente Betancourt acudió a la gran autoridad de tu nombre en nuestra América para prestarle a Cuba buen servicio en los caminos del entendimiento. Y estoy seguro de que a Venezuela nunca se la encontrará en los del entrometimiento en realidad ajeno para ayudar agresiones.

Tu posición cuenta desde luego, no sólo con todo mi respeto, sino con mi profunda simpatía espiritual, modo de contemplarte desde lejos cuando no te conocía personalmente y convicción justificada después, cuando al tratarte en la intimidad con que me has obsequiado, tuve la buena fortuna de encontrar en tu calidad humana asiento de confianza indefraudable; en cuanto a la mía —mi posición ideológica en política hispanoamericana— por lo que somos y lo que podemos hacer, aún me mantiene con esperanzas en la democracia pura. Auténtica, desde luego, cabal respeto de los fueros del individuo como sujeto de derechos irrenunciables dentro del genuino orden legal; pero sin anticipaciones temerarias, desdeñosas de las consideraciones prácticas de oportunidad y posibilidad.

Y así se explica que yo observe con inquietud, con angustia, lo que está ocurriendo en Cuba y lo que aquí parece que quisiera ocurrir por imitarla. Y en esta posición me ayuda el verte a ti prestándole preciosos servicios a la democracia mexicana.

Te agradezco mucho la interesante carta tuya a que vengo refiriéndome, pues siempre los llamamientos a concordia me encontrarán dispuesto a prestar servicios, y deseándote todo bien, te abraza afectuosamente tu invariable amigo.

Rómulo Gallegos

TELEGRAMA

México, D. F., 18 de abril de 1961

Presidencia, Organización Naciones Unidas, Nueva York.

Como ciudadano mexicano y en representación sectores nuestro continente asistieron Conferencia Latinoamericana por Soberanía Nacional, Emancipación Económica y Paz, protestamos enérgicamente por ataques está sufriendo por aire y mar pueblo de Cuba, y hacemos un llamado a todos los gobiernos y pueblos de Latinoamérica y al propio pueblo y gobierno de Norteamérica, así como a los de otros continentes amantes paz, para que impidan agresión sufre país hermano Cuba, que está pugnando por crear una patria libre del colonialismo imperialista; imperialismo que se ha descarado tan cínicamente para que se realice agresión, que indudablemente causará muchas víctimas pero que todos los pueblos exigirán cuentas a los responsables de este gran crimen en que se agrede a un pequeño país con los poderosos recursos del imperialismo.

Lázaro Cárdenas

Praga, 5 de abril de 1961

Señor general Lázaro Cárdenas, Andes 605, México, D. F.

Muy estimado y querido general: He leído con gran interés las resoluciones de la Conferencia Latinoamericana, en las que se han sentado las bases para una acción conjunta de nuestros pueblos por su independencia integral y la defensa de Cuba —condiciones indispensables para la paz.

Hoy sólo le escribo unas líneas, preocupada por las amenazas de agresión armada contra nuestra hermana República de Cuba. Las informaciones de prensa no pueden ser más alarmantes. Si la situación real es la que reflejan —la que es difícil medir a tanta distancia— me pregunto si no habrá llegado el momento de hacer un supremo esfuerzo para ayudar a conjurar el alevoso ataque que prepara el imperialismo norteamericano.

Creo que la voz de usted podría repercutir de manera muy eficaz si se dirigiera a los mandatarios de los países democráticos latinoamericanos y a los pueblos todos de América, pues los primeros tienen la obligación inaplazable de interponer sus buenos oficios para que el conflicto entre los EU y Cuba se resuelva por medio de negociaciones pacíficas sobre la base del respeto mutuo, y los segundos deben apretar sus filas en defensa de la Revolución Cubana.

Quizá mi inquietud sea exagerada, pues no estoy en el teatro de los acontecimientos, pero vistas las cosas desde aquí me parece perentorio conjugar todas nuestras fuerzas para hacer menos doloroso y difícil nuestro inevitable y plausible camino hacia la liberación de nuestros pueblos.

Lo saludo con todo afecto y hoy, como ayer, me pongo a sus órdenes en la lucha que nos es común. Su amiga de siempre,

Elena Vázquez Gómez

TELEGRAMA

México, D. F., 18 de abril de 1961

Elena Vázquez Gómez, Hotel Yalta, Apartamento 702, Praga, Checoslovaquia.

Recibí mensaje. Se confirma contenido tu carta cinco abril. Pueblos latinoamericanos han protestado enérgicamente por agresión imperialista sufre Cuba que pone en peligro paz mundial. Tenemos fe Cuba revolucionaria vencerá.

Lázaro Cárdenas

México, D. F., 19 de abril de 1961

C. Secretario de Comunicaciones y Transportes, Ciudad.

Me dirijo a usted con toda atención para rogarle que, de no haber inconveniente, se autorice salga de México a La Habana el avión bimotor Beechcraft, matrícula XA-NAY, manejado por el piloto Miguel Anaya, para trasladarme en él con cuatro personas más.

Se ha pedido a la Compañía Mexicana de Aviación y a personas que tienen aviones particulares hacer el vuelo a Cuba y han dado diferentes razones negativas. Es por esto que recurro a esa Secretaría con la solicitud que antecede.

Atentamente.

Lázaro Cárdenas

CABLE URGENTE

México, D. F., 20 de abril de 1961

Excelentísimo señor Presidente República, Habana, Cuba.

Familiares del señor Eufemio Fernández me piden gestione con

gobierno de Cuba, se le conmute pena por prisión. Lo hago y uno mi súplica pidiendo a usted muy atentamente su intervención ante autoridades lo juzgan para que se le conceda como un acto más de generosidad de su gobierno, cuya generosidad está cimentada en la noble causa que defiende el pueblo cubano y que tenemos fe tendrá cabal victoria sobre sus enemigos que han pretendido interrumpir el programa de emancipación económica que está empeñado en realizar.
Atentamente

Lázaro Cárdenas

México, D. F., 26 de abril de 1961

Señor general don Lázaro Cárdenas, Andes 605, México, D. F.

Muy distinguido y fino amigo: Tú sabes de sobra la amistad y el afecto respetuoso que tan dignamente has merecido de muchos que nos sentimos orgullosos de figurar en la lista de tus amigos.

Sabes también que —puesto que cada cabeza es un mundo—, no es posible que todos tus amigos compartamos la totalidad de tus gestos, o la totalidad de tus expresiones, o que veamos los peligros en que México puede verse envuelto, con los mismos ojos.

Por mi parte sí sé decirte que lo que más me preocupa, cuando te veo envuelto en actividades de tipo internacional, es el peligro que contemplo de que puedas dejar de ser para México, para los mexicanos todos, por encima de las banderías que dividen fatalmente al mundo en estos momentos, el ejemplo y el aliento que como gran mexicano constituyes.

Porque sé que eres, por encima de todo, un gran mexicano y porque en estos momentos siento el reflejo de la irritación, de la merecida irritación que te dominó cuando se te acusó de ser traidor a una patria a la que sirves desde la juventud.

Hace años me vi en ese mismo caso. No quiero, naturalmente, comparar mi modesta personalidad con tu figura, de recios perfiles; quiero señalar una coincidencia: como tú, y en condiciones más dramáticas, porque se hizo desde la tribuna de la Cámara de Diputados, alguna vez fui llamado traidor a mi patria. Tuve el mismo gesto que tú: me puse a disposición del Procurador General de la República.

Comprendo pues, mejor quizá que muchos otros, el dolor, porque no es ira, ni menos despecho, que a pesar de la reciedumbre de tu carácter guardas en lo más íntimo de ti mismo y te dirijo estas líneas para desearte que pase pronto la penosa situación en que te encuentras y para reiterarte la cordialidad de mi amistad personal.

Te saluda con todo afecto tu amigo y seguro servidor.

Marte R. Gómez

México, D. F., 11 de mayo de 1961

Señor ingeniero Marte R. Gómez, Paseo de la Reforma núm. 540, México, D. F.

Distinguido y fino amigo: Con agrado contesto tu carta del 26 de abril para agradecerte esta nueva manifestación de amistad que recibo de ti, al comunicarme tu preocupación de que me ves "envuelto en actividades de tipo internacional" y que contemplas el peligro de que pueda dejar de merecer las consideraciones que se me han dispensado en nuestro país.

Debo decirte, Marte, para tu tranquilidad, que mis actos, por el hecho de que estén relacionados con la defensa de la soberanía de Cuba, no entrañan peligro alguno para México.

Considero que en el cerebro de algunos mexicanos, numerosos si se quiere, existe una equivocada apreciación sobre la posición moral y política de México frente al gobierno de una nación poderosa, acostumbrada a que se acepte su intervención en los asuntos internos de otros países. Posiblemente influya en ello el temor a su brutalidad; brutalidad que afortunadamente ya no le es dable cometer impunemente, como lo ha venido haciendo con los países débiles y menos lo podría hacer hoy con México.

¿No aceptar la intriga de "comunismo" y de "base militar soviética", con la que falsamente pretende el gobierno norteamericano justificar su nuevo crimen, repitiendo en Cuba su intervención como lo hizo recientemente en Guatemala; haber estado presente ante una multitud de jóvenes que se presentaron en la Plaza de la Constitución a protestar contra la invasión a Cuba; decir a esa juventud que se organice para la mejor defensa de los intereses nacionales, y que Cuba no necesita contingente humano de otros países sino respaldo moral, es lo que tú señalas que no es posible que todos mis amigos compartan la totalidad de mis gestos o la totalidad de mis expresiones, "o que veamos los peligros en que México puede verse envuelto, con los mismos ojos"?

De todas maneras te agradezco tus preocupaciones, que a mi vez deseo las destierres para que estés tranquilo. Sabes bien que el que actúa en el proceso político-social del país debe estar preparado para no marearse ante los halagos ni deprimirse por las consecuencias que puedan ocasionarle su propia actuación.

También estimo, Marte, que elementos como tú, que han llegado a la cúspide de la serenidad, pueden analizar y hasta opinar que no es conveniente se deforme la verdad, que incuba pasiones que llegan hasta la violencia, como ha ocurrido en el pasado, y cuyos hechos trágicos, registrados en nuestro país hemos presenciado tú y yo.

Te reitero mi estimación y te deseo todo bien.

Lázaro Cárdenas

México, D. F., 13 de mayo de 1961

Excelentísimo señor doctor Osvaldo Dorticós, presidente de la República, La Habana, Cuba.

Señor Presidente y distinguido amigo: Me permito hacer de su conocimiento que he recibido carta en que se me pide interceder ante el gobierno revolucionario de Cuba, para que no le sea aplicada la última pena al señor Manuel Pugi Mivar, que se encuentra detenido por el delito de conspiración; súplica que ruego a usted, de no haber inconveniente, se haga llegar ante el tribunal que lo está juzgando.

Una vez más agradezco a usted todas sus deferencias y le reitero mis votos por el bienestar y progreso del pueblo de Cuba.

De usted atento amigo.

Lázaro Cárdenas

México, D. F., 13 de junio de 1961

Señora profesora Olga Poblete, Clasificador G-16, Santiago de Chile.

Estimada y distinguida amiga: Me complace conocer por su carta del 6 de mayo, la impresión que causó el cable del 18 de abril que dirigí condenando la invasión de Cuba, auspiciada por el imperialismo norteamericano. También me congratula conocer la importante intervención de nuestro amigo senador Salvador Allende, presidente del Frente de Acción Popular, miembro del Consejo Mundial por la Paz, al citar íntegro el texto del cable en su intervención en el Senado de la República en apoyo de Cuba, y sólo deseo y espero que este tipo de actitudes pudiera repetirse en nuestros países, a efecto de lograr un movimiento unificado para defender la soberanía nacional, la emancipación económica y la paz.

Sus noticias respecto al Movimiento Chileno de Solidaridad con Cuba son alentadoras y respecto a las nuestras de México seguramente está usted enterada de que también hubo dos manifestaciones en la ciudad de México muy importantes, de fervoroso y entusiasta apoyo a la Revolución Cubana.

Los trabajos de organización para constituir el comité que funcionará provisionalmente hasta que se integre el comité nacional permanente, para divulgar y sostener los postulados de la Conferencia Latinoamericana han seguido su marcha normal y en pocos días quedará constituido el comité provisional, integrado por representantes de las delegaciones de los estados del país que tomaron parte en la propia Conferencia. Se están ya redactando las bases de la organización del trabajo, que próximamente se darán a conocer a las delegaciones del país y se enviará a usted un tanto de las bases de referencia.

Si no ha tenido usted mayores noticias de los miembros que formaron parte de la comisión mexicana que auspició la Conferencia, se debe a que los amigos han estado dedicados a asuntos diversos, pero al quedar constituido el comité que antes se cita, se reanudarán formal y permanentemente los trabajos organizativos y de promoción.

Me informan que el folleto que se editó con los documentos de la Conferencia fue enviado a todas las personas que constituyen la lista que dejó usted a Sarita Goldenberg, y el que no haya usted recibido más ejemplares, sólo comprueba que algo anormal ocurrió para evitar su circulación. Me dicen ya le hacen a usted nuevo envío.

Debo explicar a usted que no le había escrito antes debido a mis frecuentes viajes en asuntos inaplazables, como el último que realicé en mayo por el Sureste de México, visitando los ejidos de la zona henequenera y de otras zonas, y que dio lugar a que el vecino Ydígoras lanzara por medio de la prensa sus invectivas de invasión. Y es que parece lo tiene inquieto y amiedado el haber participado, según la prensa, en la fracasada invasión a Cuba. Además se dice que existe fuerte oposición a su gobierno en el seno de su propio país.

Agradezco de veras su atención y con los mejores deseos por su bienestar personal y de su familia, le patentizo nuestro cariñoso saludo.

Lázaro Cárdenas

Llera, Tamps., 24 de mayo de 1961

Señor general don Lázaro Cárdenas, Andes núm. 605, México 10, D. F.

Muy distinguido y fino amigo: Permíteme que principie estas líneas por agradecer las tuyas del 11 del mes en curso, cuyo tono me hace sentir que conseguí el objeto principal que perseguí al escribirte con fecha 26 de abril próximo pasado. El doble objeto, mejor dicho, puesto que yo quería en realidad dos cosas como tú penetraste muy bien, con tu fina sensibilidad y con la delicadeza de tus sentimientos. Porque eso de que seas duro e inconmovible como si estuvieras cortado con granito —con perdón tuyo—, sólo lo creen quienes no han tenido oportunidad de verte de cerca.

Pero me estoy alejando del tema que me había trazado. Lo que quería decirte, antes que nada, es que al recibir tu carta, lo primero que pensé fue decirle a mi mujer que se comunicara con tu esposa para pedirles, a los dos, que se vinieran a pasar unos días con nosotros a esta huerta donde de sobra sabes que serán siempre bien recibidos.

Desgraciadamente ustedes andaban fuera de México; el recado que les dejamos les puede llegar a destiempo; se impone pues que dicte estas líneas que aspirarán a recoger tus observaciones y explicar mejor nuestras preocupaciones; si permites que por primera vez pluralice y me asigne el papel —el difícil y delicado papel— de interpretar lo que con palabras que están llenas de implicaciones y de ansiedad, interrogan o apuntan gentes de cuya amistad para ti no puede caberme ninguna duda.

Desde este último punto de vista, puede que hasta me felicite del viaje tuyo que puede hacer imposible, de momento, tu visita a "Glera". Frente a ti, al notar desagrado en tu rostro, al verte levantar la mano para contradecirme, o explicar tu postura en la forma sentenciosa y categórica que te es habitual, lo más probable es que yo me hubiera callado. Es lo que hacen todos tus amigos en signo de respeto para ti. Pero eso no quiere decir, créemelo, por favor, que no quisieran verte navegando por aguas más tranquilas y en condiciones de seguir siendo espejo y símbolo de nuestra ciudadanía; fuerza potencial al servicio de nuestra Revolución y de los gobiernos que la representan.

No quiero dar a entender, por cierto, que tú debas ser hombre dispuesto a dirigir un coro de aduladores o que tengas invariablemente las manos en alto para aplaudir todos los actos de nuestro gobierno.

Desde que ocupaste la Primera Magistratura y actuaste a manera de ejecutoriar que en México, país de régimen presidencial —donde no puede todavía funcionar, como se dice en Inglaterra, la leal oposición a su Majestad, el Rey, o la Reina—, no debe haber ningún poder que se le imponga o que ejerza presión sobre el hombre que por ministerio de la ley lleva atravesada la banda tricolor sobre el pecho; tú sabes de sobra que el Presidente de la República, que desempeña un puesto esencialmente político, no puede violar la regla conforme a la cual la política es la ciencia de lo posible.

Dentro de tus posibilidades, tirando de ellas a todo lo que podían dar sin romperse, tú hiciste caminar a México un buen trecho por la senda de la Revolución. Pero tú mismo, después del acto —peligroso y glorioso— de la expropiación petrolera comprendiste la necesidad de moderar algunos de tus ímpetus.

Y la opinión pública te hizo sentir también que tu sucesor no podía ser un hombre que iniciase una nueva etapa de radicalismo —Múgica—, sino otro que sin entregarse a la contrarrevolución —y en la ciudad de México Almazán todavía levantó ámpula con esa bandera— se aplicara más bien a consolidar lo ya logrado y a establecer un clima de unidad nacional que hiciera menos tensa la oposición de las facciones que tradicionalmente se han disputado el control político de México.

Algo sé yo de eso, puesto que, dentro del gobierno del general Manuel Ávila Camacho, a mí me correspondió el honroso pero nada cómodo papel de representar las ideas de extrema izquierda del régimen, oponiéndome a que se modificaran el Código Agrario, la Ley de Irrigación y aun el mismo artículo 27 —el amparo en materia agraria—, como al fin se hizo en 1947 y tuvimos que aceptar todos, porque la barca de nuestra Revolución navegaba conducida por un golpe de barra que la inclinaba a la derecha, aunque ya con signos —que nosotros observamos con esperanza— de que no tardaría en requerirse, reclamado una vez más por la opinión pública, el golpe de barra a la izquierda que pondría nuestra nave en el derrotero de la auténtica Revolución Mexicana.

Pero estoy extraviando por segunda vez mi ruta yo mismo y perdiendo el hilo de lo que me proponía decirte. Mi tesis es la de que tú, con toda la autoridad material que reivindicaste, con toda la fuerza moral que acumulaste y con toda la buena fe y la generosidad de que estás pletórico, no lograste hacer a favor de las clases humildes de México, porque como antes dije ya, la política es la ciencia de lo posible, todo lo que hubieras querido. Disgustado de ti mismo, nadie te podía exigir que estuvieras satisfecho de la forma como han abordado todos y cada uno de los problemas que nuestra patria confronta, cualquiera de tus sucesores, desde Manuel Ávila Camacho hasta Adolfo López Mateos.

Pero el actual Presidente de la República —con quien por cierto no he hablado, y sólo por cinco o diez minutos, sino una sola vez—, sí creo que se sienta esperanzado de que tú, que estuviste donde él está y apreciaste lo difícil que es obrar a la medida del propio deseo, te sitúes mentalmente a su lado y, por simples actos de abstención, a través de lo que no hagas, de lo que no declares y de las gentes a quienes no frecuentes, demuestres que constituyes, con tus amigos, un haz de voluntades al servicio de la Revolución Mexicana, en la que militas desde tu juventud y de la cual eres paradigma.

No hablo de la Revolución Mexicana, por cierto, como un movimiento que careciera de ideales, de doctrina y de proyecciones, sino todo lo contrario. Sus enemigos son los que se empeñan en sostener la tesis de que fue sólo una explotación de irritación popular, que hizo empuñar las armas a gentes que encontraron intolerable el viejo régimen, pero que no sabían con qué ni con quiénes substituirlo.

Hubo naturalmente gentes que entraron a la Revolución movidas por el entusiasmo contagioso de los que gritaban ¡Viva Madero! o ¡Viva Carranza! o ¡Viva Zapata! Las hubo también que se preocupaban de su bienestar personal y descuidaron el de las masas desheredadas por cuya suerte habían ofrecido luchar.

Pero hubo otros que pensaron, que escribieron artículos de periódicos y libros, que burilaron grabados y caricaturas o que pintaron muros en que estaba claramente contenida la doctrina de la Revolución Mexicana, cuya gloria es precisamente la de ser la primera revolución del siglo XX, es decir, la primera que sostuvo e impuso —a pesar de que los mexicanos sólo éramos un puñado de hombres que avecindábamos con un gran coloso—, las ideas de reforma agraria, de redención obrera y de reconquista de recursos naturales, que después se han ido consolidando en el resto del mundo.

Soldado humilde de nuestra Revolución, soldado al que los suyos le han acordado, inclusive —desde diciembre de 1946—, su licencia ilimitada, me subleva la sola idea de que quieran subordinarla o encuadrarla o vaciarla en los moldes de cualquiera otra revolución.

Ningún sacrificio es estéril y los sacrificios que hizo México de 1910 a 1920 pudieron ser observados por otros pueblos de la tierra para sacar de ellos esperanza y ejemplo.

Conviene recordar, por cierto, que nunca tuvimos la jactancia de asignarnos una misión mesiánica invitando a los demás a que nos tomaran como ejemplo. Hicimos lo que creímos que nos convenía y no retrocedimos ante ninguna presión extranjera, ni siquiera ante la lluvia torrencial de críticas con que las gentes respetables del resto del mundo nos trataron de hacer sentir que éramos un pequeño país atrevido, que se ponía al margen de los códigos y normas que por entonces regían la convivencia internacional. No tratamos de arrastrar a otros pueblos por nuestro camino, o quisimos exportar nuestros problemas y nuestra doctrina. Lo que hicimos lo hicimos como mexicanos pensando en el bien de México.

Todo esto viene a cuento porque, en fechas recientes, se ha hecho sentir en México una presión más y más perceptible para hacernos aceptar que nuestra Revolución sólo fue una revolucioncita —revolución burguesa la llaman quienes son hábiles para ponerle etiquetas a todo—; que aun esa misma revolucioncita la estamos dejando apagar, que no nos atrevemos a ser nosotros mismos por el miedo de disgustar a nuestro poderoso vecino del norte.

Espero que me catalogues en el grupo de los mexicanos que no estamos dispuestos a renunciar a ninguno de los privilegios de nuestra independencia nacional, ni a transigir, para no disgustar a un poderoso cualquiera —porque en este mundo los poderosos de la tierra son dos y ya volveré sobre ellos—, con nada que considere perjudicial para nosotros. Lo anterior lo digo con la confianza de que al norte del Bravo no me contradecirían. Esto, por la simple razón de que no me consideran su amigo, y para permitirme cruzar la frontera —aun con el pasaporte diplomático que le debo a la cortesía de mi gobierno—, mi embajador, el licenciado Antonio Carrillo Flores me ha recomendado que lo haga saber con diez días de anticipación.

Sin embargo, estoy consciente de que la fatalidad geográfica nos ha puesto al sur de uno de los dos gigantes que se disputan en estos momentos la hegemonía del mundo y no creo que nuestros gobiernos —como el tuyo mismo hizo— puedan obrar de otro modo que no sea el de mantener relaciones de mutua cordialidad y respeto.

El general Obregón solía explicar, con su muy personal y sugestiva manera, las normas en que debían inspirarse nuestras relaciones con los Estados Unidos de Norteamérica:

—Si tú tienes frente a ti un gigante —decía—, y no estás seguro de poderle pegar un hondazo, como David hizo con Goliat, lo peor que puede ocurrírsete es ponerte a darle patraditas en las espinillas, porque de un solo manotazo te aplastará.

A nuestros jefes de Estado, de tiempo atrás, les incumbe la delicada tarea de proteger nuestra soberanía, preservando los que son elementos esenciales de nuestra idiosincrasia nacional, sin darle patadas en las espinillas al gigante que nos podría aplastar de un manotazo y sin ofrecerle tampoco una amistad muy estrecha que él quisiera correspondernos con un abrazo muy efusivo, ahogándonos o rompiéndonos las costillas con él.

Llegado a este punto de mi desarrollo —que ojalá no te esté ya haciendo bostezar—, mejor que salir a buscar ejemplos en los tratados de historia, o precedentes en los textos de derecho internacional público, evoco la moraleja contenida en dos fábulas de La Fontaine.

Menciono primero la de la yegua, la cabra y el cerdo. Los tres animales hicieron sociedad con el león y capturaron a un ciervo. El león tomó para sí lo que es tradicional llamar la parte del león, es decir, una cuarta parte por llamarse león; otra, ejerciendo el derecho del más fuerte; la tercera, por ser más valiente que sus otros socios y la última, con la advertencia de que al atrevido que quisiera disputársela lo haría pedazos.

Menciono después la del jardinero al que incomodaba una liebre que comía algunas de las hojas de sus lechugas. Le pidió auxilio a un noble señor para que lo librara de la liebre, y el señor se presentó, en efecto, para darle protección al vasallo, pero llevó consigo una comitiva numerosa y puso tal trastorno con las pisadas de los caballos en las platabandas de la hortaliza, que consumó en una hora más destrozos de los que la liebre hubiera podido hacerle en 100 años.

No se por qué, pero siento como si nuestros compatriotas vivieran continuamente bajo la zozobra de que no nos veamos nunca necesitados ni de hacer sociedad con el león, ni de pedirle a ningún señor que nos ayude a destruir la liebre que se coma las hojas de nuestras lechugas. Y creo que el buen juicio de nuestros compatriotas juzga igualmente peligrosos al gigante que está cerca y al que está lejos. Con tanta mayor razón cuanto que la connotación de los adverbios de lugar, cerca y lejos, ya no quiere decir casi nada en estos tiempos de vuelos extraplanetarios.

Porque debo decirte también —y en esto creo pensar como muchos compatriotas nuestros— que en materia de gigantes, o de poderosos, no hacemos distingos, ni creemos que a ellos les interesa más que lo propio, ni menos que tengan escrúpulos para servirse de los demás para lo que les interese, a reserva de tirarlos como limón exprimido, en cuanto les saquen el jugo que tengan.

¿Qué razones o qué antecedentes tomo en cuenta? Con respecto al gigante que tenemos cerca, sobrarían ejemplos. Bastaría recordar, sin lesión aparente para nuestra integridad territorial, lo que hacen para sacarnos, a bajo precio, materias primas de origen mineral y productos agrícolas a cambio de manufacturas que nos entregan cada día más caras.

Pero sería ilusorio pensar que la otra gran potencia no aplica una política de imperio, ni toma cada vez que puede, como en la fábula, la parte del león.

A la España republicana, por ejemplo, la embarcó y, cuando se le echó en los brazos, la dejó a que luchara sola y a que sufriera el largo calvario por el que todavía camina. En las grandes conferencias internacionales, cuando su concurso para liquidar a Hitler le daba autoridad, no gastó su pólvora en defender la causa de la República Española. Protegió su propia esfera de influencia y dejó tranquilo a Franco.

A Finlandia le quitó bases estratégicas y le hizo pagar crecidas indemnizaciones de guerra.

A Polonia la obligó a cederle una frontera estratégica, que la dejó en posesión de buena parte de los territorios que los zares se habían repartido con Alemania y Austria Hungría.

A Checoslovaquia y a Alemania las tiene divididas y ocupadas.

Los amigos de la URSS dicen que lo hace obligada por el acoso con que la amenazan las llamadas democracias. Así quiero aceptarlo, pero eso no le quita nada al hecho brutal: la URSS no es un soldado del ideal a cuyo amparo puedan acogerse los pueblos débiles que luchen por la paz y por una vida de derecho que respete la soberanía y el principio de autodeterminación de los demás. Es, pura y simplemente, uno de los grandes, uno de los dos grandes que se disputan el dominio del mundo.

Debo agregar todavía que, puesto que un buen régimen de convivencia internacional no está todavía establecido, que habiendo todavía colonias que no han consolidado su autonomía y estados satélites que están obligados a consentir que se les proteja, lo mejor que puede ocurrirnos a los pueblos débiles es que la situación de equilibrio de potencias se prolongue.

Y lo peor, creo, que incurramos en el candor de creer que los fuertes piensen en nosotros para ayudarnos desinteresadamente, en lugar de pensar, como a su egoísmo conviene, en servirse de nosotros para apuntalar sus intereses, a reserva de sacrificarnos, como se sacrifica siempre a los modestos peones en el tablero de ajedrez de su gigantesco juego de dominación mundial.

Aquí es, precisamente, donde me asalta la sospecha de que Castro, para apuntalar la causa de la Revolución Cubana, puede estar cometiendo un error que le resulte funesto, echándose en brazos de uno de los gigantes para desafiar al otro, que está mucho más cerca.

Somos ciudadanos de un país introvertido y, hasta por esta característica etnológica que se manifiesta de manera ostensible en nuestros rasgos psicológicos, estamos poco inclinados a dejarnos seducir por las gentes que hablan mucho.

Recuerdo a este propósito que, la primera vez que el general Fulgencio Batista vino a México, en uno de los banquetes lo invitaron a que hiciera uso de la palabra. Él se levantó con ese aire de desparpajo que tan bien saben adoptar los cubanos y principió así:

—Caballeros, es muy peligroso invitar a un cubano para que hable... porque generalmente acepta...

Ése es, creo yo observándolo desde lejos, el peligro que corren los cubanos día con día: invitan a su dirigente Castro a que les hable... y él acepta... y se pasa siete y ocho horas diarias frente al micrófono.

De momento no me cabe duda que a los cubanos les gusta. Que les convenga ya es otra historia. Un conocido refrán reza, que el que mucho habla mucho yerra. Para mi gusto, cuenta siempre más el jefe de Estado que piensa tres días seguidos antes de tomar una decisión importante, que habrá de explicar después con una declaración cuya lectura le tome diez minutos —como tú cuando la expropiación petrolera—, que el que se pasa los días hablando y delegando en otros —porque no puede ser de otro modo— la responsabilidad de organizar la administración del país.

Me gusta también el tipo de jefe de Estado que quiere para sí todas las ventajas de la moral y del derecho, y que no insulta a los fuertes ni se expone a que éstos quieran cobrarse violencia con violencia.

Para aplicar nuestra reforma agraria nosotros tuvimos que expropiar algodonales, henequenales y platanares. En represalia, los compradores tradicionales de esos productos se retiraron de México —como la United Fruit— o redujeron drásticamente sus compras en México.

Supimos que pagábamos el precio de nuestra libertad y no pusimos el grito en el cielo para quejarnos de quienes, con los medios de que disponían, trataban de hacernos retroceder.

Quizá te acuerdes todavía del mensaje que un dirigente agrarista de Matamoros me encargó que te trasmitiera en los días de la expropiación petrolera:

—Dígale al Presidente de la República que se faje bien los pantalones y se apriete el cinturón. No va a necesitar apretárselo tanto para que los pantalones no se le caigan, como para aguantar las hambres que pueden depararnos. Afortunadamente nosotros estamos acostumbrados a casi no comer... con la esperanza de que nuestros hijos coman mejor llenamos...

Cuando yo vi que Castro se sulfuraba porque en respuesta de las medidas de nacionalización que decretaba —y conste que esto es hoy mucho más fácil que en 1917 y 1938—, los capitalistas lesionados trataban de presionarlo con medidas de boicot económico, créeme que comencé a formarme una opinión menos buena de él. Me pareció que como el conocido aprendiz de brujo, estaba moviendo las llaves y palancas que más tarde no sabría controlar.

Todo eso, por lo demás, al único que le interesa es al pueblo cubano. No me cabe duda de que, hasta este momento, Castro es popular en Cuba y cuenta con la simpatía de sus compatriotas. Que él sepa orientar sus actos a manera de consolidar la Revolución de Cuba y hacer la felicidad de sus compatriotas, es sólo cuestión de él; que sus compatriotas, al no ver resultados positivos de los sacrificios que están consintiendo, se desilusionen de Castro y lo abandonen —como vimos tantas veces en México a la Revolución devorando a sus criaturas—, será también cuestión de ellos, de los cubanos.

Nuestras simpatías han estado y seguirán estando con ellos, con los cubanos, nuestro anhelo más ferviente será el de que saquen de los sacrificios heroicos que se están imponiendo, frutos aún más maduros, si cabe, a los que los mexicanos cosechamos de nuestra propia Revolución; nuestro deseo más sincero es también en el sentido de que los dirigentes cubanos no extravíen el sendero, ni cometan equivocaciones que perjudiquen su causa.

Si hubieran buscado el apoyo moral de Latinoamérica nuestro deber de solidaridad continental nos habría comprometido a brindárselo. En otros casos lo hemos hecho y debo reconocer, por cierto, que no siempre con éxito, puesto que no logramos, por ejemplo, salvar la vida y la causa de Sandino.

Fueron ellos, Castro y los suyos, los que en ejercicio de derechos que sólo de ellos, escogieron, en vez del filo de cuchillo por el que caminó hiriéndose los pies, la Revolución Mexicana —sin echarse en brazos de ninguno de los grandes que entonces se disputaban el control del mundo— arrojarse en brazos de uno de los grandes; nuestra simpatía para Cuba, que sigue inalterable, a partir de ese momento no puede dejar de tomar en cuenta la eventualidad de que cualquier actitud nuestra nos arroje al campo de los enemigos del gigante que tenemos más cerca de nosotros.

Por cuanto a mí, la elección que nos conviene es la más difícil: ni con uno ni con otro; sino con un grupo de pequeños países que no tengan armas atómicas con qué aniquilar al mundo, sino normas de derecho y un código moral que desacredite para siempre las guerras de conquista, el colonialismo, las discriminaciones raciales.

He charlado contigo —o dictado pensando en ti— toda la mañana. Tengo plena confianza de que, conociendo mi buena fe y mi afecto personal para ti, habrás penetrado hasta el fondo de mis preocupaciones con respecto a ti. En resumen, te deseo como siempre pensando como hombre de nuestro tiempo, pero actuando ante todo como ciudadano ejemplar de México, ayudando a que el mensaje de nuestra Revolución sea legible y aprovechado por todos.

No creas, por cierto, que lo que puede preocuparme con respecto a ti sea verte volcado en simpatía a favor del pueblo cubano y deseando con todas las fibras de tu corazón que los cubanos obtengan de su Revolución los frutos de libertades y de bienestar que los empujaron a la lucha. Lo que me preocupa es pensar que los actuales dirigentes cubanos no se han contentado con mantener en alto sus ideales tratando de abroquelarse, como lo hicimos durante nuestra Revolución, con la fuerza moral de nuestra causa, limpia ella de toda influencia extraña y sin que en ningún momento se nos viniera a la cabeza la idea de entrar a formar parte de un consorcio internacional cualquiera.

Cuando la expropiación petrolera, por ejemplo, tú te viste obligado a romper nuestras relaciones diplomáticas con Inglaterra, pero no por eso te echaste en brazos de los países que eran entonces enemigos de Inglaterra, es decir, de Alemania y de Italia. Mientras que sólo se trate de la soberanía del pueblo cubano, de su derecho para darse la forma de gobierno —o de sufrir inclusive el desgobierno— que soberanamente sea de su agrado, nadie en México vacilará para estar con el pueblo cubano. Si las autoridades cubanas, en cambio, deciden convertirse en satélites de uno de los dos grupos de grandes y correr la suerte de cualquiera de ellos, a partir de ese momento nuestro gobierno estará en el deber de averiguar si esa nueva forma de asociación —que ya no de solidaridad continental latinoamericana—, nos conviene y aceptarla o rechazarla.

Éste sería el momento en que por mi parte yo volvería resueltamente al tema de las *Fábulas* de La Fontaine y aconsejaría, teniendo ya la experiencia de lo que son los grandes, que no buscáramos ni asociarnos con el león que querría los cuatro cuarterones del ciervo que matáramos, ni ponernos bajo la protección del noble caballero que convertiría nuestro jardín en un triste basurero.

Te saluda con todo afecto, con invariable afecto, tu amigo y seguro servidor.

Marte R. Gómez

México, D. F., 19 de junio de 1961

Señor ingeniero Marte R. Gómez, Presente.

Distinguido y fino amigo: Me complace dar respuesta a tu carta del 24 de mayo. La he leído con interés especial, debido a que su contenido expresa no sólo tus personales preocupaciones, sino porque te has echado a cuestas "el difícil y delicado papel de interpretar lo que con palabras que están llenas de implicaciones y de ansiedad, interrogan o apuntan gentes de cuya amistad para ti no puede caberme ninguna duda".

Intentaré, lo más brevemente posible, dar respuesta a tus interrogaciones y explicar por qué causas mis amigos no han podido, a últimas fechas, verme "navegando por aguas más tranquilas", como lo desean.

En primer término, deseo afirmar que no he olvidado jamás que México es un país de régimen presidencialista; y que, además, siempre estuve y estoy consciente del rango constitucional y político del jefe del Ejecutivo. Ni ayer consentí, ni hoy podría justificar las intromisiones ilegales en la jurisdicción del Presidente de la República.

Nunca he compartido, sin embargo, la opinión que expresas de que "no debe haber ningún poder que se le imponga o que ejerza presión sobre el hombre que por ministerio de ley lleva atravesada la banda tricolor sobre el pecho". Reconozco que las presiones sobre el jefe del país han existido en el pasado reciente y existen en nuestros días también. Y no se trata, solamente, de las que llevan a cabo partidos y organismos políticos propiamente dichos, sino instituciones que influyen en la opinión pública y que, por lo tanto, realizan actividades que mucho tienen que ver con la vida política de la nación: organismos industriales, comerciales, eclesiásticos, periodísticos, campesinos, obreros, bancarios; todos han hecho y hacen política. Opinar sobre los problemas nacionales e internacionales de México es, en sí, actuar políticamente.

Lo que a mi juicio ha ocurrido, es que los instrumentos de esta saludable acción no están en manos de todos los que se preocupan por las cuestiones vitales del país. Mientras algunos grupos y personas tienen los recursos materiales bastantes para difundir, sistemática aunque impersonalmente, sus opiniones, otros hay que sólo mediante su acción personal pueden dar a conocer al gobierno y al pueblo su pensamiento. Y considero que no sería provechosa para el país la existencia de un virtual monopolio de la opinión pública por parte de quienes, si necesario es, pueden diariamente reiterar su pensamiento político.

Difícilmente podría considerar ilegítimo que aquellos que no estamos en esas condiciones opinemos y actuemos, dentro de la ley, de acuerdo con nuestras convicciones. Que muchas veces esas opiniones sean deformadas y esos actos mal interpretados obedece, sin duda, al mismo mecanismo a que antes hago mención.

Comparto tu opinión sobre la Revolución Mexicana, movimiento pletórico de ideales, de doctrina y de proyecciones. Precisamente por ello, recibió el dardo envenenado de los intereses creados, nacionales y extranjeros, y fue así que se le deformó ante la opinión pública internacional. Ésa fue la causa por la que, en buena parte, se aisló al pueblo mexicano de los otros pueblos del mundo: para evitar su solidaridad.

Las calumnias que contra nuestra lucha revolucionaria se esparcieron por todas partes son la mejor prueba —si ella fuera necesaria— del contenido redentor del movimiento iniciado en 1910. Lo que se dijo de Madero, de Carranza, de Villa y de Zapata, no conviene olvidarlo hoy. Las acusaciones que el ministro de Estado Kellog formuló contra el gobierno del general Calles, calificándolo de comunista y de amenaza a la sociedad mundial de su tiempo, son de la historia reciente. Y el intento de agresión militar norteamericana, con motivo de la legislación petrolera revolucionaria, es de sobra conocido para insistir en sus detalles.

No menciono las diatribas en contra de México con motivo de la expropiación petrolera, por considerarlo innecesario.

Lo anterior demuestra que toda revolución verdadera, no importan el tiempo ni la geografía, tiene que enfrentarse a quienes pretenden conservar los privilegios y evitar el progreso y la redención de los pueblos.

Afirmas, con plena razón, que encontrándonos situados frente a "uno de los dos gigantes del mundo actual" nuestros gobiernos tienen que mantener con él relaciones de mutua cordialidad. Nunca he sido partidario de exacerbar odios por agravios pasados; ni los cometidos en 1846-1847 ni los sufridos en el presente siglo. Sin olvidar estas dolorosas lecciones de la historia, juzgo que los mexicanos debemos esforzarnos por mantener y acrecentar las relaciones con el vecino del norte, siempre, por supuesto, sobre la base del interés recíproco y del más absoluto respeto a nuestras leyes, nuestras instituciones y, sobre todo, nuestra soberanía. Ningún mexicano patriota puede aceptar que el país vecino pretenda imponernos hegemonías ideológicas, políticas o económicas.

Nuestro país ha proclamado y practicado la política internacional de amistad con todos los pueblos de la tierra, independientemente de sus sistemas de gobierno. Pretender sujetar a nuestra voluntad lo que otros hacen, abriría de par en par las puertas de México para que se nos ordenara lo que deberíamos hacer a fin de complacer voluntades ajenas. O lo que es lo mismo, los principios de no intervención y de autodeterminación de los pueblos se volverían letra muerta.

Mencionas en tu carta el caso de la República Española. Quiero darte, con toda franqueza, mi opinión sobre lo que considero ocurrió a su heroico pueblo. Creo, firmemente, que nadie lo "embarcó" en su lucha. Se levantó, espontáneamente, para dar fin a la monarquía feudalista, exigiendo pan y libertad. Su ilustre presidente don Manuel Azaña fue, a mi entender, el último representativo del auténtico liberalismo europeo. Pero los ultramontanos de la Península no querían salir de la Edad Media. Alarmados porque en el suyo se estaba haciendo lo que otros países de la Tierra habían realizado más de cien años atrás en materia de autonomía civil frente al poder eclesiástico y, sobre todo, alarmados por las disposiciones legislativas de la República tendientes a proteger a los trabajadores, así como aquellas que preconizaban una moderada reforma agraria, los retardatarios españoles pidieron ayuda al extranjero para combatir la voluntad mayoritaria de su pueblo. Mussolini acudió dizque a "salvar a España del comunismo". La intervención fascista hizo triunfar a la sublevación de los militares desleales. Las grandes potencias occidentales se "lavaron las manos" creando el ineficaz Comité que por ironía se llamó de "No Intervención".

Ante la ingerencia extranjera en los asuntos de España —reconocida oficialmente en la asamblea constituyente de la Organización de las Naciones Unidas en San Francisco, California—, México fue y sigue siendo fiel a su tradicional conducta. Condenó, de palabra y de obra, la intervención.

La indiferencia y, más aún, la hostilidad de las llamadas grandes democracias obligó a los españoles republicanos a pedir ayuda a la Unión Soviética. Bien se sabe que esta demanda no se formuló en los primeros momentos de la agresión fascista. Nadie ignora, tampoco, la escasa importancia numérica y política del Partido Comunista de España a la hora de la sublevación pretoriana de Sanjurjo y de Franco. ¡Y sin embargo los intereses creados del mundo entero simularon que en España se libraba una batalla decisiva contra el comunismo soviético!

Qué clase de ayuda impartió la URSS a la República Española y cómo la llevó a cabo, es tema muy difícil de dilucidar en forma objetiva, en esta nuestra época de "guerra fría". En todo caso, sólo los republicanos españoles podrán emitir al respecto un juicio adecuado, cuando se hayan calmado las pasiones y las condiciones sean propicias para ello. Lo importante, para los mexicanos, es saber que cumplimos y seguimos cumpliendo con nuestro deber ante el pueblo español y que se ha hecho honor a nuestros principios.

Me hablas largamente de Cuba. Y expresas tu temor de que ella cometa "un error echándose en brazos de uno de los gigantes para desafiar al otro, que está mucho más cerca".

Estimo que Cuba aspira a fincar su cabal independencia política y económica. Basta recordar el principio de la lucha actual de los cubanos para llegar a la verdad, que pretende hoy sepultar bajo montañas de falsa propaganda, el país agresor.

No seré yo quien formule juicios sobre el temperamento y la manera de ser de los cubanos, como lo haces tú. Cada pueblo tiene su peculiar forma de manifestarse, por razones de raza, de geografía, de tradición. Quizá ellos nos consideran taciturnos, introvertidos, como lo expresas en tu propia carta. Esta cuestión, a mi entender, es secundaria.

¿Recuerdas la euforia general que se produjo el 1º de enero de 1959? Se pensaba entonces que la Revolución Cubana quedaría circunscrita al marco de los cambios políticos habituales en nuestros países. ¿No piensas acaso en el ambiente que prevaleció en México cuando el jefe de la Revolución don Francisco I. Madero firmó los convenios de Ciudad Juárez en 1911? ¿Quiénes no estuvieron de acuerdo en que el general Díaz debía dejar el poder?

Pero cuando al amparo de las promesas del Plan de San Luis, el caudillo del agrarismo Emiliano Zapata enarboló la bandera de la restitución de las tierras; cuando el primer gobierno de la Revolución autorizó la formación y funcionamiento de los sindicatos; cuando se aumentó el impuesto de exportación de nuestro petróleo; cuando el pueblo tuvo su propia prensa; cuando, en fin, se advirtieron síntomas de hondas preocupaciones populares, se retiraron de la Revolución Mexicana muchas de las simpatías que habían saludado su advenimiento. Se dejó de hablar de lo que todos llamaban "la más limpia elección presidencial de toda la historia de México", para deturpar al gobierno del presidente Madero.

Y pronto apareció la figura de Mr. Henry Lane Wilson, interviniendo indebidamente en la política de México. Vino la contrarrevolución, que fue barrida por el pueblo a costa de grandes pérdidas humanas y materiales. Y comenzó a perfilarse más claramente el sentido social de la Revolución.

Recordarás la reacción que produjo en Roma y en algunos círculos de Washington nuestra Constitución de 1917.

Y seguramente no has olvidado también que muchos países del continente americano nos negaron su reconocimiento diplomático por ser el México revolucionario, según ellos, la encarnación misma de la anarquía y de la negación de los "principios establecidos".

En nuestro país hubo no sólo deserciones de elementos que participaron en la Revolución, por desacuerdos o por ambiciones. Se dividieron los revolucionarios y fue cruenta, larga y costosa la lucha de las facciones.

Cuando el general Obregón dio impulso a la entrega de la tierra a los campesinos, arreció la campaña y la presión contra México. Y en 1926, cuando se aprobó la ley del petróleo, estuvimos, como ya lo cité, a punto de ser invadidos militarmente.

Era la época en que actuaban en el país partidos políticos de recia raigambre popular y hondo sentido revolucionario. El Partido Socialista del Sureste, representado por el ilustre sacrificado Felipe Carrillo Puerto; el Partido Socialista Fronterizo de ustedes los tamaulipecos y otros más. ¿Acaso porque se empleaba la palabra "socialista" estos organismos eran menos mexicanos? Cierto que nosotros no inventamos el término ni el ideal social que encarna. Nunca las ideas políticas han sido creación exclusiva de ningún hombre ni de una sola sociedad humana. Se formaba parte de aquellos partidos socialistas pensando en México, inspirándose en México, pugnando por la justicia social para los mexicanos. Nada de extraño a nuestro pueblo había ni en su lucha ni en sus actos, a pesar de lo que afirmaban en contrario muchos de sus deturpadores, nacionales y extranjeros.

Convendrás en que hay algunas semejanzas interesantes entre lo que pasó en México y lo que ha estado aconteciendo en Cuba. Cuando el hoy primer ministro Fidel Castro entró a La Habana en 1959, la Revolución fue saludada por todos jubilosamente. Los jóvenes que la habían iniciado en la Sierra Maestra en 1956, no eran miembros de ningún partido político. Constituían el "Movimiento 26 de Julio". Puede decirse que aprendieron, de los campesinos, la verdad sobre el problema del campo cubano. Por ello llegaron los revolucionarios a la capital de su país oliendo a tierra, a caña de azúcar. De la sierra trajeron sus ideas —imprecisas al principio— sobre la necesidad de implantar la reforma agraria. Y por supuesto, no iban a inventarlo todo. Algo se había hecho ya en otros países, entre ellos, el nuestro.

E iniciaron su obra, con el consiguiente disgusto de los afectados, que por cierto no eran en su mayoría ciudadanos de Cuba. Comenzó la etapa de las reformas sociales y se iniciaron también, como en México, las deserciones, por discrepancias o por ambiciones. Muchos conocimos, por vez primera, el verdadero perfil de la hermana República, la dramática condición en que vivían sus mayorías, tan ajenas al esplendor que encontraban los turistas extranjeros en su bella capital.

En su afán de ir adelante, la Revolución Cubana encontró, como era lógico suponerlo, serios y grandes obstáculos. Entre otros, el que comenzó a crear la propaganda enemiga. Fue entonces cuando se le calificó de "comunista", de estar al servicio de intereses extraños. Fue también en esa época cuando nuestro país lanzó la voz de alerta. No sólo en Washington el Presidente de México definió la actitud de su gobierno; aquí en la capital de la República afirmó el 19 de octubre de 1959, que ante la prensa del mundo había fijado la posición mexicana: "No marbetes de comunismo a los pueblos que están buscando sus propias reivindicaciones internas." Y meses después, cuando tuvo como huésped al presidente Dorticós, le expresó la simpatía del pueblo mexicano por el esfuerzo de los cubanos tendiente a encontrar más anchos caminos de justicia social en su patria.

Recordarás que el primer ministro Fidel Castro visitó los Estados Unidos en busca de comprensión para la Revolución Cubana. La encontró únicamente en algunos sectores que no son decisivos en la gobernación de ese poderoso país. Sin deprimirse, intentó obtener la solidaridad de los países hermanos de la América Latina y no la consiguió. Al contrario, en muchos advirtió no sólo indiferencia, sino hostilidad.

¿Qué hacer? ¿Rendirse, traicionando las esperanzas de sus campesinos, de su pueblo? ¿Arriar la bandera de la Revolución? ¿Un país obligadamente monoproductor podía, con eficacia, hacer frente al bloqueo económico que le decretaron los monopolios extranjeros? Cuba se vio obligada a promover lo que ya otros países habían hecho en casos semejantes: buscar la ayuda donde estuviesen dispuestos a dársela. ¿No intentó, por cierto tardía e ineficazmente, hacer lo propio Mossadegh, el expropiador del petróleo iranio? ¿Y Nasser el de Egipto, Nehru de la India, Sukarno de Indonesia? ¿No se han visto obligados en ocasiones a seguir idéntica conducta? ¿A quién se le ocurriría hoy llamar a esos países "satélites de un poder extranjero", sólo porque sus líderes no permitieron la asfixia económica de sus pueblos?

Si los países de América hubiesen acudido en apoyo de la Revolución Cubana; si la solidaridad latinoamericana se hubiese puesto de manifiesto, para evitar el colapso económico de nuestra hermana del Caribe, quizá no habría necesitado otros apoyos. Pero negar a Cuba la ayuda que angustiosamente requería y exigirle que no la buscara en otras latitudes es no sólo absurdo, sino monstruoso. ¡No se puede, legítimamente, pedir a un pueblo que acepte morirse de hambre, en homenaje a una solidaridad que no se practica con él!

¿Se ha olvidado acaso lo que tuvimos obligación de hacer con nuestro petróleo cuando los monopolios de las grandes democracias occidentales nos decretaron un boicot? Para evitar el colapso de nuestra economía hubimos de venderlo a los países del Eje. ¿Falta de solidaridad antifascista de un país que, como México, ocupó desde siempre un sitio de honor en la lucha contra ese sistema político? De ningún modo. Apremio vital, y nada más.

Volviendo al caso de Cuba, nadie puede desconocer que el boicot pudo haberla llevado a la bancarrota, de no haber contado con una cooperación económica y técnica, que lejos de ser un obstáculo para su movimiento de emancipación, le ha permitido fortalecer su independencia política y económica. Hace apenas unos días estuvo representándola su ministro de Relaciones en una reunión de los países "no comprometidos" o neutrales. ¿Habrá alguien que se atreva a sostener que Yugoslavia, la India, Marruecos, Etiopía, Arabia Saudita, Irak, la República Árabe Unida, Ceilán, Indonesia, Ghana, etc., son lo que la propaganda antisoviética califica de "satélites de Moscú"?

Deseo consideres que mi actitud frente a Cuba está inspirada en los más altos intereses de México.

Pedir respeto a la autodeterminación de ese pueblo hermano y exigir la no intervención en sus asuntos domésticos, es mantener las tesis más entrañables y correctas de política internacional. Y significa, además, conservar incólume la autoridad moral de México para demandar siempre un trato igual para nuestro país.

Y cabe citar parte importante del memorable y doctrinario discurso que pronunció el señor Carranza, en Matamoros, el 29 de noviembre de 1915: "Ya es tiempo que la América Latina sepa que nosotros hemos ganado con la lucha interior el restablecimiento de la justicia y del derecho, y que ello sirva de ejemplo para que los pueblos defiendan sus soberanías, sus instituciones y la libertad de sus ciudadanos. La lucha nuestra será comienzo de una lucha universal que dé paso a una era de justicia, en que se establezca el principio del respeto que los pueblos grandes deben tener por los pueblos débiles."

Nuestro tiempo es de tormenta. En todo el mundo se advierten signos que presagian cambios fundamentales. Los antiguos pueblos que hasta ayer fueron colonias, no sólo quieren su libertad política, sino su transformación social. Y hay que tener presente las palabras que el jefe de nuestro país dijo al Presidente del Perú en su reciente visita a México: "Es mucho lo que el estadista de nuestro tiempo debe estudiar, conocer a fondo y prever atinadamente, para preparar el advenimiento de un orden social que, no lo dudo, será distinto al que en el mundo alienta, y cuya metamorfosis está presenciando nuestra generación. Un orden interno que habrá de fundarse en una nueva demarcación, exacta y precisa, entre el territorio inviolable de los derechos de la persona humana y el ámbito, cada vez más amplio, en donde debe buscarse la satisfacción de la necesidad social, y un orden internacional en que el imperio de la fuerza pueda ser finalmente sustituido no sólo por los dictados del derecho y la justicia, sino también por las nobles consideraciones de la solidaridad humana."

Estas líneas no han podido ser breves. De otro modo me hubiera sido imposible contestar, página por página, tu interesante y extensa carta. Espero confiadamente que su lectura sirva para que tú y los amigos, cuyas preocupaciones crees interpretar, comprendan que he permanecido invariable en mi posición de revolucionario mexicano. Que es el mundo el que está cambiando.

Y ante la campaña que has sentido tú mismo, y que hasta cierto punto te ha impresionado contrariamente a la realidad, según veo en tu carta que contesto hoy, puedo decirte que en todo tiempo tendré la serenidad necesaria frente a las intrigas y ataques de propios y extraños. Y siempre, y sobre todo, al servicio de nuestras instituciones y de los intereses de México.

Lázaro Cárdenas

México, D. F., 18 de julio de 1961

Señor licenciado Domingos Vellasco, miembro del Consejo Mundial de la Paz, Brasilia, Brasil.

Mi distinguido y excelente amigo: Deseo que esta carta encuentre a usted y su familia disfrutando de salud.

Por los amigos de México y la señora profesora Poblete, de Chile, estará usted informado de que se han seguido aquí los trabajos de organización del comité nacional que se acordó se integraría en cada uno de los países de Latinoamérica, para celebrar en su oportunidad la reunión que designará el comité latinoamericano, que promueva un mayor acercamiento y amistad entre nuestros pueblos y que intensifique la promoción de los postulados de la declaratoria aprobada en la Conferencia celebrada en esta ciudad, en el mes de marzo pasado.

La información que logremos recibir de los trabajos que se realicen en Brasil, así como en los demás países latinoamericanos, para la organización de los comités nacionales, nos interesa, y le agradeceré se nos comunique todo aquello que usted estime conveniente.

El conocimiento personal que tuvimos de usted al tratarlo, su sensibilidad, patriotismo y su interés en que se resuelvan los problemas de su patria, en bien del propio pueblo brasileño, como es también preocupación de los mexicanos y de todos los pueblos de nuestra América Latina, que tienen problemas semejantes y que se pusieron de manifiesto durante la celebración de la Conferencia, han servido de estímulo para dirigir a usted estas líneas, seguro de que las sabrá apreciar y considerar.

Recordará usted, mi distinguido amigo, que le hablé de la simpatía y esperanza que se tiene en el desarrollo integral del Brasil, por su situación geográfica, su extenso territorio, sus riquezas naturales y por contar con un pueblo con sensibilidad política y apto para emprender y lograr una empresa que le permita ser factor importante y decisivo en la solución de los problemas que son comunes a todos los países de Latinoamérica.

Nuestros países, que cuentan con recursos naturales muy valiosos, que explotados por los nacionales pueden dar mayor bienestar a nuestros respectivos pueblos, han encontrado hasta hoy una limitada cooperación de los gobiernos de Estados Unidos de Norteamérica, que con su reconocida ambición mantienen cerrados los ojos ante la penuria de nuestros países, que han dado a las empresas extranjeras sus recursos naturales y mano de obra barata, en tanto que en Latinoamérica sólo contados países han podido obtener un mediano incremento, gracias a su propio esfuerzo.

Si Brasil llega a planear el desarrollo integral por regiones, en su vasto territorio, invitando a los sin trabajo de los países de Latinoamérica, haría una gran obra, y el gobierno y la patria brasileña se colocarían moral y políticamente muy en alto. Y así nuestros países, unidos por un interés común, pronto elevarían las condiciones generales de sus pueblos. De otra manera, seguiremos expuestos a una mayor desunión y a las disensiones internas que en gran parte son provocadas por los países altamente industrializados, que siguen empeñados en continuar absorbiendo los recursos de nuestros pueblos.

Y consideramos que es nuestro deber trabajar por una auténtica unidad, para que bajo un verdadero vínculo de amistad entre los pueblos de Latinoamérica, logremos ayudarnos mutuamente en la solución de nuestros propios problemas.

Esto no quiere decir que pretendamos aislarnos de nuestros vecinos del norte, pero a los dirigentes de este país, que todo lo quieren para sí, hay que oponer a su discriminatoria política procedimientos morales, de justicia social.

Para lograrlo habrá que recorrer un largo camino lleno de obstáculos, pero hay que emprenderlo si queremos aportar lo que esté al alcance de cada país, de cada ciudadano, para que llegue a fincarse la prosperidad y la paz en todos los pueblos.

Es bien conocida la simpatía que ha ganado el gobierno del señor presidente Quadros por su espíritu progresista y su actitud para que se respete la soberanía y autodeterminación del pueblo cubano. Ojalá se aproveche esta feliz circunstancia y que, junto con los gobiernos de este hemisferio que sean afines en propósitos, se estimule el conocimiento y la amistad entre nuestros pueblos, para que llegue a constituir Latinoamérica una unidad con la fuerza moral suficiente, que esté al servicio de la paz de todo el mundo, y que no siga pretendiendo el país del norte tener hegemonía política y económica en todo el hemisferio, que tanto daño ha causado a nuestros países.

Estas reflexiones las pongo a la sabia y serena consideración de usted, mi estimado licenciado Vellasco, que sello con un cordial abrazo.

Lázaro Cárdenas

CABLEGRAMA

México, D. F., 13 de diciembre de 1961

Ingeniero Alberto Casella y licenciado Domingos Vellasco, miembros Presidencia Colectiva Consejo Mundial Paz, Buenos Aires, Argentina. Río de Janeiro, Brasil.

Ante amenaza se cierne sobre soberanía y autodeterminación pueblo hermano de Cuba por fuerzas poderosas de varios países de América, que pretenden oponerse a su emancipación económica, y estando próxima a verificarse una conferencia cancilleres anunciada para próximo mes enero, me permito someter consideración ustedes conveniencia todos miembros Presidencia Colectiva Consejo Mundial Paz suscribamos llamado a reflexión y cordura gobiernos han manifestado su enemistad al gobierno de Cuba, estimando que con agresión a soberanía de un país en esta hora de inquietudes sociales, puede traer dicha agresión mayores problemas seno nuestros países y una amenaza más para paz mundial.

Numerosos ciudadanos países latinoamericanos pensamos que con una acción conjunta gobiernos y pueblos de América, obrando sin pasiones ni complejo superioridad, proponiendo arreglo amistoso de los dos gobiernos que originalmente entraron en conflicto, se puede encontrar camino permita resolverlo pacíficamente y no incurrir en error querer resolver problema sacrificando a un país débil por impacto fuerzas poderosas se vienen confabulando contra soberanía y libre determinación de una de nuestras naciones latinoamericanas, que la ciudadanía de todos los países estamos obligados a defender.

Cordialmente.

Lázaro Cárdenas, miembro Presidencia Colectiva
Consejo Mundial Paz

México, D. F., 14 de diciembre de 1961

Señor Fidel Castro Ruz, primer ministro del Gobierno Revolucionario, La Habana, Cuba.

Mi admirado amigo: Por conducto de nuestro común amigo Ramón Calcines Gordillo, asesor legal del Instituto Cubano de Amistad con los Pueblos, recibí su estimable carta que contiene su saludo personal y la invitación que el gobierno revolucionario de su país me hace para visitar Cuba en ocasión del tercer aniversario de la Revolución Cubana; invitación que estimo en alto grado y que me privo en esta vez de concurrir a tan significativo acto por asuntos que me precisa atender por ahora, pero, con gusto iré tan luego me sea posible.

He tenido oportunidad de platicar ampliamente con nuestro amigo Calcines Gordillo, que me ha hecho relación de los importantes logros que ha realizado el gobierno revolucionario en bien del pueblo, por cuyas realizaciones los amigos mexicanos mucho nos congratulamos.

Debo manifestarle que seguimos manteniendo franco optimismo en que el gobierno y pueblo revolucionarios de su país consolidarán sus conquistas sociales, que brindarán mejores medios de vida a su propio pueblo, a pesar de las amenazas de agresión que viene sufriendo por parte de los consorcios imperialistas y sobre cuyos consorcios se habrá de triunfar definitivamente.

Lo abrazo con mi mayor estimación.

Lázaro Cárdenas

TELEGRAMA

México, D. F., 8 de enero de 1962

Doctora Magdalena Sueiro y César Aldaz Frecero, Comité Nacional Coordinador Apoyo Revolución Cubana, calle doctor Divimioso Terra, 1508, Montevideo, Uruguay.

Agradézcoles distinción invitarme actos solidaridad Cuba. Imposibilidad asistir por asuntos me precisa atender ésta, patentízoles congratulaciones por digna postura ese Comité, que con su fuerza moral presta decidido apoyo hermana República, ante nuevos propósitos agresión a su soberanía. Pueblos latinoamericanos no pueden ser indiferentes frente a semejante actitud, como no lo fueron cuando se invadió territorio cubano, en que se violaron normas y disposiciones Carta Naciones Unidas, Carta OEA, Protocolo No Intervención y Derechos y Deberes Estados en Casos Luchas Civiles.

Atentamente.

Lázaro Cárdenas

TELEGRAMA

México, D. F., 3 de febrero de 1962

Doctor Osvaldo Dorticós, Presidente República,
Habana, Cuba.

Me permito comunicar usted se me pide interceder ante usted suplicándole se conmute pena estudiante Miguel García Armengol. Le agradeceré consideración pueda prestarse esta solicitud.

Afectuosamente.

Lázaro Cárdenas

México, D. F., 18 de abril de 1962

Señor licenciado Domingos Vellasco, Río de Janeiro, Brasil.

Estimado y gran amigo: Deseo manifestar a usted mi pena por no haber podido saludar al señor Presidente del Brasil durante su estancia en México, debido a mi ausencia de esta capital por diversos trabajos que tuve que atender en los estados de Guerrero y Michoacán, precisamente en los días de la visita del señor Goulart. Asimismo lamento sinceramente la indisposición que sufrió aquí y espero haya recuperado cabalmente su salud.

Comprendemos la significación del viaje del señor presidente Goulart a México, y según mi entender, pudo apreciar la simpatía del pueblo mexicano hacia el mandatario demócrata que propugna una mayor justicia social en su patria y promueve una política internacional de cordial fraternidad hacia los países hermanos, de dignidad y altura en el trato con las grandes potencias y de respeto absoluto a los principios básicos para la coexistencia pacífica entre todas las repúblicas americanas: la no intervención y la autodeterminación de los pueblos.

Leí con mucho interés el discurso que pronunció el señor presidente Goulart en la comida que le fue ofrecida por el señor presidente López Mateos el mismo día de su llegada. Como mexicano quedé gratamente impresionado por el conocimiento y la interpretación que el Primer Magistrado visitante hace de nuestro movimiento revolucionario y sus metas fundamentales: reforma agraria, emancipación económica, justicia social y paz entre las naciones. Mucho nos complacen las citas que hizo de hechos políticos y económicos de nuestra nación, que han significado para México la recuperación de algunas de sus principales fuentes de riqueza, haciendo respetar plenamente su soberanía y su independencia, varias veces amenazada por intereses extranjeros.

Quiero reiterarle lo que expresé a usted en mi carta del 18 de julio del año anterior, sobre el importante papel que, a mi juicio, le toca jugar al Brasil en la actualidad sudamericana y sus grandes perspectivas, y el estímulo que ello constituirá para los pueblos de América Latina que hoy luchan por su avance político y social y su independencia económica.

La amenaza de una nueva invasión mercenaria sobre Cuba, a que se refirió usted en su carta del 27 de diciembre ppdo., debemos considerar que sigue en pie: el imperialismo norteamericano no ha de renunciar fácilmente a sus absurdas pretensiones de ir contra la integridad territorial y la independencia de Cuba, donde el pueblo está construyendo, con innúmeros sacrificios y en medio del injusto bloqueo económico que se le ha impuesto, su porvenir independiente. En este caso concreto la actitud no intervencionista y propulsora de la convivencia pacífica entre los distintos regímenes americanos que sustenta Brasil, hace honor a sus gobernantes y a su pueblo. En la práctica esa misma actitud contribuye a conjurar el peligro de un ataque armado contra Cuba, cuyas repercusiones, en caso de efectuarse, recaerían gravemente sobre todos y cada uno de los países latinoamericanos; repercusiones que serían también graves para el propio país norteamericano.

¿Asistirá usted al congreso convocado por el Consejo Mundial de la Paz, que se reunirá en Moscú el próximo mes de julio? Le ruego informármelo, mi estimado amigo.

Todos los de esta su casa deseamos para usted y su señora esposa todo género de bienestar.

De usted cordialmente.

Lázaro Cárdenas

México, D. F., 24 de mayo de 1962

Señor Gustavo Jiménez Cohen, Comité Ejecutivo Nacional del Movimiento Popular Gaitanista, Carrera 10 núm. 7-10, Bogotá, Colombia.

Estimados amigos: Oportunamente recibimos su atenta carta de fecha 1 del actual, relacionada con la constitución del Frente Unido de Acción Revolucionaria, integrado por distintos grupos progresistas y antiimperialistas de Colombia. Asimismo, hemos leído los materiales que se adjuntan y los que señalan las tareas y los objetivos de la nueva organización, incluyendo el programa y los estatutos respectivos.

Por los principios que se sustentan hemos podido apreciar que se trata, fundamentalmente, de un esfuerzo que tiende a obtener la liberación nacional y el mejoramiento de las condiciones de vida del pueblo colombiano.

Los países de América Latina —amén de las peculiaridades de cada uno de ellos— tienen rasgos comunes en diversos órdenes y, hoy, éstos se acentúan por la similitud de sus problemas, de sus necesidades y aspiraciones. No es una casualidad que en Colombia, como en los demás países que sufren la influencia y la explotación del imperialismo, surjan organizaciones que propugnan los mismos objetivos, pues la causa de sus problemas es la misma.

En México se celebró el año pasado la Conferencia Latinoamericana por la Soberanía Nacional, la Emancipación Económica y la Paz, en la que fueron estudiados los problemas de nuestro continente y las soluciones más adecuadas para afrontar aquéllos. Adjunto encontrarán un folleto que contiene los documentos básicos de la Conferencia. Cumpliendo un acuerdo de la propia reunión latinoamericana, surgió en México el Movimiento de Liberación Nacional, cuyos principios y bases programáticas registran bastante similaridad con los que ustedes propugnan, como podrán apreciar por el Programa y el Llamamiento que se adjunta.

Sólo deseamos destacar tres cuestiones esenciales que a nuestro juicio, rigen en la hora presente para todos y cada uno de los movimientos populares ya constituidos o que se perfilan en nuestra América: la realización de la reforma agraria, —condición imprescindible para que nuestros pueblos puedan lograr su liberación de la pobreza y de todos los males que ella engendra—, la recuperación de los recursos naturales en manos extranjeras, lo que, junto con la reforma agraria crea las bases para una sólida y sana industrialización nacional, y el imperio de la paz en el mundo.

Agradecemos su información sobre el Frente Unido de Acción Revolucionaria, nuevo esfuerzo en la lucha común de liberación latinoamericana que está dando ya sus frutos, con sus propios medios y métodos, en Cuba, a la que tenemos la obligación de defender, tanto por una cuestión de principios, como por el hecho real de que defendiendo su derecho a la soberanía, a la inviolabilidad de su territorio y a la autodeterminación de su pueblo defendemos prácticamente el nuestro.

Deseando la unión de todas las fuerzas populares de Colombia, en su justa lucha por la liberación nacional y la paz, quedo de ustedes su atento amigo.

Lázaro Cárdenas

Territorio Libre de Cuba
Sierra Maestra, 17 de marzo de 1958

Señor general de división Lázaro Cárdenas, Andes 605, México, D. F.

Admirado general: Aprovecho la visita de un reportero de la prensa de su país, para enviarle a usted que es el primero de los mexicanos, un fraternal saludo.

No ignora usted la tragedia que vive nuestra patria, padeciendo hace seis años la más brutal tiranía que ha conocido.

Solos los cubanos, sin la ayuda de nadie hemos ido librando nuestra lucha. Cuántas veces, en medio de la áspera contienda, he pensado con tristeza en lo olvidados y ajenos que vivimos los pueblos de América. ¡Con cuán poca ayuda hubiésemos podido poner fin hace tiempo a esta lucha que tantas vidas valiosas cuesta a nuestro pueblo! Poseedores los grupos opresores de los más modernos medios de destrucción y muerte que les facilita con irrisorios pretextos, la nación que se dice defensora de la democracia, los pueblos, abandonados a su suerte, tienen que pagar un precio cada vez más alto por su libertad. Y es tal, sin embargo, su voluntad de sacrificio y de lucha, que solos y desarmados están venciendo todos los consorcios.

Consideramos que la lucha en Cuba está en su etapa final y que el combate decisivo se librará con las mayores posibilidades de éxito. Mas, si los efectos de la rígida censura y el terror desatado previsoramente por Batista, ahogasen el movimiento de huelga y acción armada que está al producirse, nos replegaremos de nuevo hacia las montañas a continuar la lucha indefinidamente. Entonces, acudiremos a todos los rincones de América en busca de ayuda para nuestra causa, esperando que el sacrificio y la tenacidad demostrada por nuestro pueblo, puedan mover el interés de hombres como usted que tanto ascendiente tienen sobre el suyo, por su historia y su valor.

Eternamente le agradeceremos la nobilísima atención que nos dispensó cuando fuimos perseguidos en México, gracias a la cual hoy estamos cumpliendo nuestro deber con Cuba. Por eso, entre los pocos hombres, en cuyas puertas puede tocar con esperanzas este pueblo que se inmola por su libertad a unas millas de México, está usted.

Con esa justificada fe en el gran revolucionario que tantas simpatías cuenta en nuestra patria y en toda la América, se despide de usted, su sincero admirador.

Fidel Castro

México, D. F., 24 de septiembre de 1962

Al señor doctor Fidel Castro, primer ministro del Gobierno,
La Habana, Cuba.

Distinguido y gran amigo: Tengo presente la carta que me escribió usted desde la Sierra Maestra, fechada el 17 de marzo de 1958, en la que expresaba los ideales que los llevaron a la lucha armada, llenos de fe en la causa de la liberación del pueblo cubano, y mientras combatían aislados en la montaña con los escasos elementos materiales de que entonces disponían.

Logrado su triunfo, he seguido con profundo interés la trayectoria del movimiento emancipador de su país, atento al esfuerzo del pueblo y el gobierno cubanos para aprovechar sus recursos naturales en beneficio de la nación, para establecer normas de convivencia humana socialmente justas y ejercer el derecho de manejar sus asuntos internos y externos con independencia, de acuerdo con sus legítimos intereses.

El pueblo cubano, en su heroica batalla por la libertad, inspirada por uno de los ilustres precursores de las luchas antiimperialistas en América, José Martí, ha logrado liquidar todo vestigio de dependencia extranjera, y esta conquista, en su más hondo sentido, prevalecerá sobre la acción insidiosa que dentro y fuera del país se fragua contra la independencia de Cuba.

Nuevamente se levantan voces que agitan la atmósfera internacional en relación con la situación cubana. Funcionarios públicos norteamericanos de la más alta jerarquía y representación han hecho declaraciones atribuyendo al gobierno cubano una peligrosidad capaz de alterar la paz en América, pretextando la adquisición que hace de armas de la Unión Soviética, en su legítimo derecho de asegurar la defensa del país.

La pretendida amenaza a la seguridad de los Estados Unidos y la supuesta intención de invadir territorios en Latinoamérica, son los falaces argumentos que esgrime la potencia del norte y sus obsecuentes servidores contra Cuba, con el fin de crear desconfianza y animadversión hacia su régimen en nuestro continente, en el mundo y muy especialmente en la opinión pública norteamericana.

Espero que los funcionarios responsables del gobierno de los Estados Unidos mediten lo que implicaría alentar una nueva acción violenta contra Cuba, ya que tanto las autoridades civiles como las militares saben que una agresión directa, con elementos bélicos y material humano norteamericanos o bajo el mando y la bandera de aquel país, pondría en peligro inmediato la paz mundial. La potencia del norte expondría al pueblo de los Estados Unidos a sufrir consecuencias de proporciones incalculables, recayendo sobre ella una grave responsabilidad ante el mundo entero.

Si las expresiones vertidas por funcionarios y legisladores de los Estados Unidos llevan la intención de estimular a la contrarrevolución que, subrepticiamente y desde dentro, trata de minar las bases del gobierno cubano, y dar renovado impulso a los que conspiran y preparan, desde fuera y con ayuda norteamericana, nuevas aventuras, se debe saber que otra invasión mercenaria levantaría una vigorosa acción solidaria de los pueblos latinoamericanos hacia la Revolución Cubana, lo que acortaría la vida del imperialismo en nuestro continente.

La verdad es que los círculos del gobierno norteamericano, estimulados por los monopolios que antiguamente explotaban a su conveniencia los recursos económicos y la energía humana de la isla, desean amedrentar a los países americanos que despiertan ante los mismos agobios que sufría Cuba antes de la Revolución y que hoy se hallan dispuestos a proseguir, sin ofuscarse con paliativos engañosos, una acción liberadora en lo económico y lo social, ante perentorias exigencias nacionales y ante las precarias condiciones de existencia que llevan las grandes mayorías populares, las que reclaman vivir con decoro, libertad e independencia. En esto reside la "peligrosidad" de Cuba. Su ejemplo es una amenaza para los monopolios norteamericanos en América Latina.

En México también, en el curso violento de la revolución armada y en la etapa de la construcción pacífica, se tuvo el acoso constante de fuerzas contrarrevolucionarias que, desde dentro, se dedicaron a minar el movimiento emancipador y, protegidos primero tras poderosos intereses creados en el país, se escudaron después ligándose a intereses ajenos a la nación y, aún hoy, continúan empleando las más diversas formas de acción y los métodos más sutiles para atentar contra los logros de la Revolución Mexicana.

En el terreno internacional, los mismos intereses que hoy se levantan contra Cuba, quisieron también frustrar por medio del aislamiento y el bloqueo la reivindicación nacional de nuestro petróleo. Ustedes, por fortuna, han encontrado la mano amiga para romperlo y aliviar su situación de aislamiento. En cambio México se vio obligado a vender su petróleo a países nazifascistas para defender su soberanía, la que hubo de poner a salvo ante toda otra consideración.

La conferencia informal de cancilleres de América que el secretario de Estado Norteamericano convoca fuera de toda norma establecida resulta, a mi juicio, improcedente, más aún cuando la intención implícita es enjuiciar a un país ausente del sistema interamericano por acuerdo expreso de la OEA, que lo incapacita para establecer un diálogo constructivo con el conjunto de los países que forman parte de aquel organismo.

Además, la opinión pública conoce los reiterados pronunciamientos del gobierno revolucionario de Cuba, favorables a revisar y discutir los problemas existentes con el gobierno de los Estados Unidos; la forma más razonable para dilucidar las discrepancias entre dos países.

No habiéndome sido posible hasta hoy volver a su país para saludarlo personalmente, le expreso en estas líneas mis felicitaciones por las conquistas sociales logradas por la Revolución Cubana y por el denodado espíritu con que pueblo y gobierno unidos defienden su independencia y su libertad; causa a la que se han entregado por entero, con la lealtad y patriotismo que lo hicieron los héroes de vuestra patria, que lucharon también contra el imperialismo.

Le deseo todo bien y me reitero su amigo.

Lázaro Cárdenas

TELEGRAMA

Iguala, Gro., 25 de octubre de 1962

Doctor Fidel Castro, primer ministro Gobierno Revolucionario, Habana, Cuba.

Bloqueo decretado por gobierno norteamericano viene a sumarse actos injustificados ha venido realizando dicho país contra

Cuba. Cohesión y resistencia pueblo cubano representa alto y patriótico ejemplo ante pueblos mundo. Confiamos en que la justicia y derecho soberano de su país triunfarán frente esta nueva agresión que emprende Estados Unidos fuera todas normas legales establecidas internacionalmente.
Atentamente salúdolo.

Lázaro Cárdenas

TELEGRAMA

Ciudad Altamirano, Gro., 28 de octubre de 1962

Doctor Fidel Castro Ruz, primer ministro Gobierno Revolucionario, Habana, Cuba.

Le hago patente mi saludo en este aniversario sensible pérdida Camilo Cienfuegos, uno de sus principales exponentes, que luchó por ideales socialistas Revolución Cubana. Confiamos en que su sacrificio y el de otros tantos luchadores que han ofrendado su vida por ver a su país respetado en sus derechos soberanos y por conquista independencia económica será un estímulo para su victoria ante nueva acometida fuerzas imperialistas que se oponen a la liberación integral países sojuzgados.

Lázaro Cárdenas

Ciudad Altamirano, Gro., 4 de noviembre de 1962

Señorita Elena Vázquez Gómez, México, D. F.

Leí tu comunicado del 30 de octubre. Efectivamente, el caso internacional de Cuba, por la forma en que la prensa hizo sus publicaciones, ocasionó desorientación entre algunos elementos antiimperialistas, pero las nuevas publicaciones y los hechos realizados, lo han aclarado ya. No van por hoy a la guerra, ni Estados Unidos ni la Unión Soviética; asegurándose que Estados Unidos no organizará una nueva invasión a Cuba, ni dará apoyo a países latinoamericanos para que se lancen en su contra.

Ya con haberse detenido el aparato de amenaza que preparó Estados Unidos para la invasión, Cuba se anota una nueva victoria.

Por su parte el gobierno norteamericano, con su concentración de elementos para el bloqueo y aparato de fuerza agresiva, pretextando que Cuba amenazaba la seguridad de todo el hemisferio occidental, estimuló sí sus intereses políticos, pero con un alto descenso moral de su régimen.

Según la prensa, la Unión Soviética declaró que no establecerá bases atómicas en territorio cubano y sí advirtió que seguirá ayudando a Cuba para su desarrollo integral. Este punto aclaratorio asegura a Cuba revolucionaria la posibilidad de seguir desarrollándose y consolidando su economía, con la mecanización y nueva técnica en la producción agrícola, con las instalaciones industriales que ha logrado de los países socialistas y el empeño que los dirigentes están poniendo en la capacitación técnica y científica de su nación.

Quedan sí nuestros países con un campo propicio para la guerra fría, que seguramente día a día intensificará el imperialismo con la colaboración de voceros nacionales, para proteger sus intereses en la explotación de los recursos naturales de nuestra América.

Y es posible que con la intensa campaña que desarrolla Estados Unidos a través del radio, la prensa y las misiones norteamericanas que de distinto orden nos vienen visitando, puedan influir en la mayoría de los países del continente para que se llegue hasta la ruptura de relaciones. Ello será un error más, que motivará mayores simpatías a Cuba victimada por sus propios hermanos, que no han entendido que los países de cada continente no pueden vivir aislados de los demás, sujetos al círculo imperialista que los ha dominado. Sin embargo, Cuba está prevenida contra todo desaire, fuese de donde sea. Y en cuanto a la política exterior de México, pienso que no se llegará a la ruptura, a pesar de las presiones que pudiera haber del exterior y las de nuestros connacionales conservadores, que quisieran ver caer al gobierno revolucionario de Cuba.

Me parece bien tu idea, concordante con el licenciado Aguilar, sobre la conveniencia de que se refleje con más amplitud la opinión de América Latina en la defensa de la independencia y soberanía de Cuba y de todos los países, a través del Movimiento de Liberación Nacional. Sólo quiero expresarte que el llamamiento que citan, calzarlo con mi firma no sumaría el contingente que se cree y que sí puede ser mayor al hacerse excluyéndome de ello. Además estimo que la frecuente intervención de un ex presidente mexicano no es muy útil a nuestro hermano país. Sin embargo, no he dejado de hacerlo cada vez que lo hemos considerado necesario y oportuno.

Pienso que la paz, frente a la actitud belicosa del imperialismo, habrá de lograrse imponiéndola por la fuerza de los razonamientos, que los haga entender que la paz habrá de costarles sacrificios, que hasta hoy sólo se los han impuesto a los países dominados política y económicamente, entretanto el imperialismo provocador juega a la guerra, y cuando ve el peligro sobre su propio territorio suspende sus amenazas de invasión a Cuba y deja comprometidos a los gobiernos que, unos de buena fe y otros por interés de mantener sus oligarquías, se suman a los propósitos de agresión.

Espero regresar en una semana más y entonces examinar todos estos asuntos y tener la plática con los directivos del Movimiento de Liberación Nacional, a la que fui invitado antes de salir a esta región.

Cordialmente mis saludos.

Lázaro Cárdenas

México. D. F., 21 de noviembre de 1962

Señor licenciado Vicente Lombardo Toledano,
Ciudad.

Estimado licenciado y fino amigo: Al llegar de mi reciente viaje me enteré de su atenta carta del 9 actual, en la que se sirve expresar la necesidad de que se constituya un organismo continental que unifique la acción de las distintas agrupaciones y personas en defensa de la soberanía y la independencia de Cuba.

En el mes de octubre pasado se constituyó la Comisión Organizadora del Congreso Continental de Solidaridad con Cuba, en Río de Janeiro, precisamente con el objeto de unir los esfuerzos de los pueblos del continente en favor de aquellos objetivos. A invitación de la propia Comisión Organizadora me uní a la convocatoria respectiva, que se dio a conocer en el citado mes de octubre.

Como usted dice en su carta, considero acertado todo intento de unir voluntades en América Latina, tanto de agrupaciones diversas como de individualidades, para la creación de un organismo continental que promueva, coordinadamente, la solidaridad con el pueblo y el gobierno cubanos ante las amenazas que los acechan. Por ello mismo he respondido al llamado que hacen los organismos y personas distinguidas del Brasil.

Espero que en el Congreso Continental de Solidaridad con Cuba se sentarán las bases para la creación de un organismo permanente que se aboque a la tarea de ejercer su acción solidaria e informar acuciosamente a la opinión pública continental sobre los hechos que se desenvuelven alrededor del asunto cubano e influir sobre los organismos internacionales a efecto de que Cuba pueda encauzar su vida interna y externa normalmente, de acuerdo con sus propios designios.

Me complace que las ideas expresadas en su carta sobre la unidad de acción continental en defensa de la Revolución Cubana coincidan en lo general con los trabajos iniciados en el Brasil, los que espero ver fortalecidos con el concurso de todos los partidarios de la emancipación de nuestros pueblos de las presiones, las amenazas y las agresiones de distinto tipo que el imperialismo norteamericano practica constantemente contra nuestros países y que hoy se acentúan sobre la hermana República de Cuba.

Confío en el éxito del Congreso Continental de Solidaridad con Cuba que, según la convocatoria, se efectuará durante los días 18 y 19 del mes de enero próximo en Río de Janeiro y me parece que todo esfuerzo mexicano debe concentrarse en la preparación y la divulgación de ese evento unitario de apoyo continental permanente a la Revolución Cubana.

Agradezco su carta que contesto y aprovecho esta oportunidad para saludarlo, como siempre, muy cordialmente.

Lázaro Cárdenas

México, D. F., 22 de noviembre de 1962

Señor general Luis Gonzaga de Oliveira Leite, calle San José 50, sala 502, Río de Janeiro,
Brasil.

Estimado señor general y amigo: Al llegar de uno de mis viajes por el interior de la República encontré su atenta invitación para apoyar, junto con otras personas y agrupaciones del continente americano, la convocatoria al Congreso Continental de Solidaridad con Cuba que se proyecta realizar los días 18 y 19 de enero de 1963 y cuya Comisión Organizadora usted preside. Asimismo, recibí anexo el texto de la convocatoria firmada por dirigentes de organizaciones y personas distinguidas de Brasil. Ayer dirigí a usted cable solidarizándome con la convocatoria.

Considero necesaria y oportuna la realización del Congreso Continental de Solidaridad con Cuba ya que, aun cuando los momentos de crisis en que la isla se vio amenazada por una invasión extranjera haciendo peligrar la paz mundial, han pasado, las acechanzas contra la hermana República no han desaparecido. En estas condiciones, los pueblos latinoamericanos tienen el deber de seguir pugnando por eliminar los latentes peligros de intervención extranjera en la isla y defender el derecho que asiste a Cuba de vivir en paz, en plena autonomía interna, con el camino limpio de obstáculos para que pueda restablecer normales relaciones de intercambio de todo género con los demás países del mundo y, especialmente, con los de América Latina, los que debieran considerar que la existencia de distintos regímenes en este continente es un hecho irreversible y con toda probabilidad reiterativo en sus esencias en ésta y otras partes del mundo.

Espero que el Congreso haga suyas —o sea de los pueblos ahí representados— las justas demandas del gobierno cubano y que son básicas para garantizar la solución definitiva del problema creado por el gobierno norteamericano:

Cese del bloqueo y la presión económicos ejercidos por el gobierno norteamericano; cese de todas las actividades subrepticias dirigidas y organizadas desde el exterior contra la estabilidad del gobierno cubano; cese de los ataques y de las violaciones contra el territorio cubano y respeto a su espacio aéreo y naval y, finalmente, el desmantelamiento primero, y la devolución, después, del territorio cubano de Guantánamo, lo que puede realizarse a través de negociaciones pacíficas.

Asimismo, me parece que los pueblos latinoamericanos deben luchar por el restablecimiento de las relaciones diplomáticas, comerciales y culturales de todos los países de nuestro continente con Cuba, con su gobierno, legítimo representante de su noble y valiente pueblo que surge de la misma raíz que los nuestros.

Finalmente, considero que uno de los objetivos más importantes del Congreso Continental de Solidaridad con Cuba es el dejar establecido un organismo permanente con la representación de las agrupaciones específicamente constituidas para defender la soberanía y la independencia de Cuba, así como de las organizaciones permanentes de distinto tipo prestas a seguir luchando por los mismos propósitos y reuniendo a las personas que se han distinguido por su insobornable defensa de los principios de autodeterminación y no intervención que hoy tan denodada y virilmente defienden el gobierno y el pueblo cubanos.

Deseo a usted y a los que lo acompañan en el loable esfuerzo de organizar el Congreso Continental, los mejores éxitos en su tarea y aprovecho esta oportunidad para saludarlo muy cordialmente.

Lázaro Cárdenas

México, D. F., 10 de diciembre de 1962

Señor doctor Alejandro Gómez,
Cangallo 1561, piso 4,
Buenos Aires, Argentina.

Mi distinguido y gran amigo: Al regreso de uno de mis viajes al interior del país encontré su atenta carta del 23 de octubre pasado, por la que he tenido la pena de saber de la sensible pérdida de su señor padre, por lo que le hago patente mis más sentidas condolencias.

He seguido con interés la situación de su país y considero que a pesar de las complejidades que presenta y que las perspectivas, desde aquí, no se perciben con claridad, se hace evidente que el pueblo argentino encontrará su camino de acuerdo con sus intereses nacionales.

Las complicaciones que se registran en gran parte de los países latinoamericanos y que se originan en la acción del imperialismo norteamericano sobre el continente, parecen agudizarse en su país al mismo tiempo, sin embargo, nuestros pueblos cobran cada día mayor conciencia de las causas de su malestar y de las formas para vencerlas, y en ello no será una excepción el pueblo argentino, que tiene una larga tradición democrática.

Sobre la invitación que me permití hacerle y que hoy le reitero, debo decirle que en cuanto a la oportunidad de dictar algunas conferencias sobre temas argentinos de actualidad, creo que no habría dificultad para que usted desarrolle esta útil e interesante actividad docente, por lo que espero pueda usted venir, avisándome la fecha de su viaje, que me dará ocasión de recibir y alojar a un gran amigo como es usted.

Agradecido por sus amables saludos a mis familiares, que retornamos con afecto para usted y los suyos, me reitero como siempre su amigo que lo estima.

Lázaro Cárdenas

México, D. F., 4 de enero de 1963

Excelentísimo señor contralmirante Wolfgang Larrazábal, embajador de Venezuela en Chile, Santiago de Chile.

Distinguido amigo: Nuestro común y estimado amigo Diego Córdoba me trasmitió el saludo que tuvo usted la gentileza de enviarme y que le correspondo en estas líneas con todo afecto.

Dada la amistad que me ha brindado usted, me permito manifestarle que por varios conductos he sabido que en las elecciones que se avecinan en la hermana República de Venezuela distintos sectores de la opinión pública han pensado en la candidatura de usted para la Primera Magistratura del país.

Considerando el elevado espíritu democrático del pueblo venezolano, fielmente interpretado por usted durante su gestión como Presidente de la Junta de Gobierno de aquella nación, al caer la dictadura militar entronizada en el poder, es de esperar que aquél propicie la candidatura de un elemento representativo de las altas virtudes ciudadanas de los venezolanos y que comparta, como usted, los ideales bolivarianos resumidos con ejemplar claridad por el libertador cuando dijo que "el sistema de gobierno más perfecto es aquel que produce mayor suma de felicidad posible, mayor suma de seguridad social y mayor suma de estabilidad política".

Para América lo anterior tiene el mayor interés porque en estos años venideros cobrará excepcional importancia la justa aplicación de la solidaridad latinoamericana, dentro del respeto a la soberanía y a la independencia de las naciones, como la mejor forma de autodefensa de nuestros países hermanos ante las acechanzas de las ambiciones económicas de las potencias que orientan su política en la explotación exhaustiva de nuestros pueblos; política, esta última, que se basa en engañosas promesas de ayuda, en el empleo de las oligarquías criollas para expoliar y reprimir a los pueblos que ansían su mejoramiento social, y que propicia y estimula la división de los países hermanos, cuyas raíces históricas e idiomáticas y las costumbres y la idiosincrasia de sus pueblos se identifican, con la particularidad de que la similitud de sus problemas los une en la imprescindible necesidad histórica de encontrar cauces comunes para su libre y fecundo desenvolvimiento.

Espero sinceramente que los arraigados sentimientos de libertad y progreso que animan al pueblo venezolano se manifiesten en la selección de un elemento que responda a las necesidades materiales y espirituales de aquél y a las exigencias latinoamericanas de emancipación económica, de respeto a la autodeterminación de los pueblos y de afirmación de la soberanía y de la independencia nacional de las repúblicas hermanas.

Sin otro particular, reitero a usted mis sinceros votos por su ventura personal y por señalados éxitos en sus labores.

Su atento amigo.

Lázaro Cárdenas

Jiquilpan de Juárez, Mich., 1 de marzo de 1963

Al señor Fernando Benítez,
México, D. F.

Estimado y fino amigo: Agradezco mucho el envío de su libro *Ki: el drama de un pueblo y de una planta*, que refleja su acentuado interés en la vida del sureste de México y, muy especialmente, del pueblo de Yucatán.

Permítame felicitarlo por el acucioso e inteligente tratamiento que hace usted del problema de los campesinos yucatecos, con acopio de datos sobre la situación de la península enjuiciando una verdad de conjunto de parte de nuestro pueblo con apremios indudables de justicia y de apoyo.

Un intelectual que emplea su pluma al servicio de las causas de su pueblo, merece la mayor consideración, más aún cuando también se ocupa de los problemas que afectan a los demás pueblos del mundo.

Sé por sus numerosos trabajos y el contacto personal que

hemos tenido que Cuba sigue siendo una preocupación para usted. Hoy, las circunstancias obligan a otorgarle mayor atención ya que la solución de la crisis de octubre sólo significó una tregua. El desembozo con que los funcionarios norteamericanos amenazan la vida de la Revolución Cubana, según las más recientes informaciones de prensa, debe mantenernos alerta.

La Conferencia Continental de Solidaridad con Cuba que se realizará a fines de marzo en Río de Janeiro brindará la oportunidad de reunir los esfuerzos de los pueblos latinoamericanos en defensa de la integridad territorial, la soberanía y la independencia de Cuba.

Lo saluda cordialmente su amigo.

Lázaro Cárdenas

Jiquilpan de Juárez, Mich., 1 de marzo de 1963

Al señor Carlos Fuentes, Cerrada de Frontera núm. 14, Villa Obregón, México, D. F.

Estimado y fino amigo: Gracias por el envío de su novela más reciente *La muerte de Artemio Cruz*, la que he leído con el mismo interés que las anteriores, encontrando en ésta también una profunda interpretación de los sentimientos y de la actitud ante la vida de los seres que se desenvuelven en los distintos medios que usted describe en sus novelas con tanta fidelidad.

Además de sus reconocidas cualidades como escritor, me parece que la fuerza de sus novelas reside en la intención revolucionaria que proyectan unida a la fina sensibilidad del intelectual estrechamente ligado a la vida de su pueblo y a la inquietud del joven escritor que busca una nueva y vigorosa técnica literaria.

He visto publicado en número reciente del *Monthly Review* su magnífico artículo sobre las razones de América Latina para repudiar el imperialismo norteamericano y que fue publicado en México hace cerca de un año. Cuba sigue debatiéndose contra sus enemigos y necesita urgentemente de las más variadas formas de solidaridad. No ha pasado desapercibido para usted la insistencia con que los más altos funcionarios de la administración norteamericana continúan amenazando públicamente con la intervención directa o indirecta, ignorando todos los principios y las normas que rigen la vida internacional, para agredir a Cuba, o sea tratar de eliminar las luchas de liberación nacional en toda América Latina, principiando por la Revolución Cubana.

Esperamos con interés creciente sus nuevas obras literarias que hacen honor a México, aquí y en el extranjero.

Me repito su amigo que lo saluda muy cordialmente.

Lázaro Cárdenas

Jiquilpan de Juárez, Mich., 1 de marzo de 1963

Al señor Francisco López Cámara, Atlixco núm. 159-7, México, D. F.

Estimado y fino amigo: Su libro *¿Qué es el liberalismo?* llegó oportunamente a mis manos, por lo que le quedo agradecido.

El examen que hace usted del tema es claro y conciso y ayudará a los lectores a penetrar en las raíces del liberalismo y en la función que éste tuvo y tiene en la sociedad moderna todavía. Por ello mismo es de especial interés delinear sus causas, su trayectoria y sus efectos en un estudio que, como el suyo, clarifica el papel que jugó en el pasado y su inoperancia en una época como la nuestra.

Me complace que los jóvenes intelectuales ligados, como usted, a la lucha social de México se dediquen a divulgar las doctrinas que han imperado en las distintas etapas del desarrollo de la sociedad para esclarecer los nuevos rumbos que ésta toma.

He visto con agrado su colaboración periodística en que trata de distintos problemas de carácter nacional e internacional y debo manifestarle que su preocupación por Cuba, frecuentemente reflejada en sus artículos, es también la de muchos mexicanos, hoy acentuada por las amenazas crecientes a su independencia y su libertad. Las expresiones de altos funcionarios norteamericanos, según informaciones de prensa, contra Cuba y la estabilidad de su gobierno nos obliga a redoblar nuestros esfuerzos para ampliar y fortalecer la solidaridad con la República hermana, más aún en vísperas del Congreso Continental de Solidaridad con Cuba que a fines de marzo se realizará en Río de Janeiro.

Aprovecho esta oportunidad para repetirme su amigo que lo saluda con todo afecto.

Lázaro Cárdenas

Jiquilpan de Juárez, Mich., 1 de marzo de 1963

Al señor doctor Enrique González Pedrero, Torres Adalid núm. 1258-4, México 13, D. F.

Muy estimado y fino amigo: En su oportunidad recibí su libro titulado *El gran viraje,* ensayo político de señalado interés teórico e interpretativo, en el que dedica usted parte importante a uno de los fenómenos sociales que más han sacudido la conciencia de los pueblos latinoamericanos y que merece la solidaridad de todos los pueblos del mundo: la Revolución Cubana.

Es alentador que los jóvenes intelectuales que se dedican a distintas disciplinas antepongan su interés por los problemas colectivos a su propio interés personal y que, a través de la divulgación de su pensamiento, sirvan a las mejores causas de su pueblo y de la humanidad. Su libro es una muestra de ello.

Sé que su cátedra y su acción política lo obligan a estar más cerca de las cuestiones sociales de nuestra época y, por ello, íntimamente ligado al problema cubano, que es también nuestro. Seguramente ha percibido usted las nuevas amenazas que se ciernen sobre la Revolución Cubana y la urgente necesidad de nuestra solidaridad activa. Las noticias recientes de prensa nos muestran la decidida intención del gobierno de los Estados Unidos de minar sin descanso la estabilidad del gobierno cubano.

Es de esperar una respuesta latinoamericana a las agresiones incalificables del imperialismo norteamericano en el Congreso Continental de Solidaridad con Cuba que a fines de marzo se realizará en Río de Janeiro.

Gracias, nuevamente, por su libro y quiero repetirme su amigo que lo saluda muy afectuosamente.

Lázaro Cárdenas

TELEGRAMA

México, D. F., 20 de marzo de 1963

General Luis Gonzaga, calle San José 50, sala 502, Río de Janeiro, Brasil.

Su atento dieciséis actual. Obligaciones ineludibles imposibilitan mi asistencia Congreso Solidaridad Cuba. Deseo todo éxito sus trabajos destinados fortalecer y ampliar solidaridad organizada pueblos latinoamericanos en favor respeto soberanía independencia Cuba en base no intervención autodeterminación y paz que todos países americanos están comprometidos sostener como principios fundamentales Cartas Organización Naciones Unidas y Organización Estados Americanos. Saludos cordiales.

Lázaro Cárdenas

México, D. F., 30 de marzo de 1963

Excelentísimo señor doctor Osvaldo Dorticós, presidente de la República, La Habana, Cuba.

Estimado señor Presidente y fino amigo: Me dispensará usted distraiga su atención para hacer de su conocimiento que familiares del señor Manuel del Valle Caral me han pedido interceda cerca del gobierno cubano por la pena de muerte que ha recaído sobre él y que fue dictada, según informan, el 28 de febrero pasado.

Ruego a usted, de ser posible, su generosa intervención por razones puramente humanitarias para que se conmute la pena máxima impuesta al citado señor Del Valle.

Con mis saludos afectuosos, quedo su atento amigo.

Lázaro Cárdenas

México, D. F., 30 de abril de 1963

Señor Luis Carlos Prestes, Rua Dr. Nicolau Souza Queiroz 153, Villa Mariana, São Paulo, Brasil.

Estimado amigo: Oportunamente recibí su atenta carta del 2 actual, fechada en La Habana, la que me llegó a través de una amiga mutua, Teresa Proenza.

Por obligaciones de trabajo ineludible me vi imposibilitado de concurrir al Congreso Continental de Solidaridad con Cuba, como hubieran sido mis deseos.

Estará usted enterado de nuestra adhesión al Congreso antes mencionado y de la solidaridad que en todo momento estamos dispuestos a manifestar hacia el pueblo y el gobierno cubanos.

A pesar de las dificultades que, según informaciones de prensa, ha encontrado la celebración de este Congreso de parte de los enemigos de la Revolución Cubana, esperamos que el mismo se haya desarrollado con todo éxito y que las resoluciones tomadas sirvan para fortalecer y ampliar la ayuda y la solidaridad de los pueblos de América en favor de la justa lucha de nuestro país hermano por el respeto a su integridad territorial, su total independencia y su derecho a vivir en paz y armonía con el resto de los países americanos y del mundo, lo que eventualmente tendrá que imponerse por la legitimidad de estas exigencias cubanas y por la solidaridad de todos los pueblos del mundo.

Agradeciendo los conceptos de su carta que contesto, quedo de usted su amigo que lo saluda cordialmente.

Lázaro Cárdenas

México, D. F., 22 de octubre de 1963

Al señor doctor Alejandro Gómez, Cangallo 1561, piso 4, Buenos Aires, Argentina.

Estimado doctor y fino amigo: Como supondrá usted, hemos permanecido atentos por medio de las informaciones periodísticas, de la acción desplegada por el gobierno argentino relativa a la anulación de los contratos de las compañías petroleras extranjeras que de tiempo atrás han operado en su país.

Conociendo el empeño que usted ha puesto, porque lleguen a reivindicarse los recursos naturales de su patria, que además de constituir un acto inherente a la soberanía nacional, lo es también de independencia económica que beneficiará grandemente a la nación, le ruego informarnos de este acontecimiento, ya que de confirmarse plenamente, servirá de estímulo para los países que anhelan recuperar y aprovechar con autonomía sus propios recursos.

Ha sido siempre nuestra convicción que países como los nuestros, hermanos y con similares o parecidos problemas por resolver, tienen que sustentar su progreso en la aplicación de una reforma agraria concebida con independencia y socialmente justa, así como en la reivindicación de las industrias básicas que generan energía, en las que puede descansar una industrialización verdaderamente nacional.

En México, ha sido la continuada aplicación de la Reforma Agraria, la nacionalización de la industria eléctrica y la expropiación petrolera las que han sentado las bases para el desarrollo económico del país.

Con el cambio acelerado de un mundo que busca nuevas estructuras económicas y sociales para organizarse, todo paso progresivo y revolucionario que abra mejores perspectivas nacionales y populares de desarrollo contribuirá para que en América Latina y el mundo se promueva el advenimiento de una sociedad más justa para los pueblos.

Considero, mi estimado doctor y amigo, que el paso dado por el gobierno argentino es altamente satisfactorio, cualesquiera que sean las formas que se empleen en la América Latina para la recuperación nacional de sus recursos naturales. Lo es también el caso del petróleo de Perú y que hemos visto anunciado en la prensa. Es evidente que existe un movimiento irreversible de los países en este sentido, o sea el de sustanciar la independencia económica como condición inseparable del ejercicio de la soberanía política. Es por ello que vemos con satisfacción pronunciada los actos que se realizan en nuestro continente, para seguir toda vía de emancipación integral.

Con mi estimación afectuosa lo saludo y quedo de usted su amigo.

Lázaro Cárdenas

México, D. F., 10 de diciembre de 1963

Señor Germán Arciniegas, director de *Cuadernos*, 18 Avenue de L'Opera, París (1er.)

Distinguido amigo: Recibí su atenta carta de fecha 31 de mayo pasado y he leído con detenimiento su contenido tomando nota de la tendencia que sustenta la revista del Congreso por la libertad de la cultura que usted dirige.

En cuanto a las inquietudes que se hacen sentir en América Latina, considero que ellas son de carácter social y que no atentan contra nuestras tradiciones libertarias, sino por el contrario las estimulan ya que se producen en la búsqueda de prácticas verdaderamente democráticas, sólo concebibles con el advenimiento de la justicia social y en el respeto a la soberanía y a la independencia económica de las naciones.

Para contribuir al fortalecimiento de la democracia en el mundo, es necesario ahuyentar los prejuicios que todavía rigen internacionalmente cuando algunos países adoptan sistemas políticos y sociales ajenos a las formas tradicionales de la democracia y que, sin embargo, en los hechos la practican con mayor amplitud al dar a sus pueblos oportunidad de disfrutar de una justa distribución de los bienes materiales que producen y de un amplio acceso a los centros de educación y de alta cultura.

A nuestro juicio no existen los estilos importados para propugnar la solución de los problemas sociales y políticos, en la misma forma que la miseria y el hambre no se exportan ni tampoco las dictaduras o las revoluciones. Los problemas existen y los pueblos, al cobrar plena conciencia de sus causas, los van resolviendo con distintos métodos y de acuerdo con las peculiaridades y los intereses de sus respectivos países.

Efectivamente, como usted dice en su carta, el momento exige que los problemas se encaren con la mayor franqueza en el marco del legítimo interés universal por lograr mejores condiciones de vida para el ser humano, cualquiera que sea la latitud en que viva y las condiciones sociales y el régimen político que imperen en el país que resida.

Sobre esta necesidad es unánime el consenso de los pueblos y a éstos corresponde, en último análisis, la dirección y las normas que escojan para resolver sus problemas políticos, económicos y sociales y para defenderse de los bloques económicos que afectan su desarrollo independiente.

La unidad regional, o sea la latinoamericana, tendrá que realizarse en este espíritu y fuera de la órbita económica del imperialismo del que han sido víctimas los países de nuestro continente.

En cuanto a la democracia representativa, para las capas populares dejará de ser una formalidad cuando la democracia se realice en el terreno económico y social para su beneficio y aquéllas puedan hacerse representar en los órganos políticos de gobierno con la fuerza que su condición de clases productoras lo requiera, en cuya eventualidad los derechos humanos, siempre vejados cuando las clases privilegiadas tienen el poder, serán ampliamente garantizados.

Agradezco su deferencia y quedo de usted muy afectuosamente su amigo.

Lázaro Cárdenas

México, D. F., 20 de enero de 1964

Excelentísimo señor doctor Roberto Chiari, presidente de la República de Panamá, Panamá, Panamá.

Excelentísimo señor Presidente: Tengo el honor de dirigirme a Vuestra Excelencia con motivo de la situación creada por la injustificable agresión de que fueron objeto el territorio y los ciudadanos de la República de Panamá por parte de las tropas norteamericanas apostadas en la Zona del Canal, perturbando la paz y violando la soberanía de la nación panameña, hecho en sí altamente reprobable, atentatorio contra las más elementales normas del derecho de gentes y completamente inadmisible en cuanto ha dejado un saldo de víctimas inocentes, cubriendo de pesar y de luto a numerosos hogares y a todo el país.

Se hace más grave el hecho al existir un convenio que las autoridades civiles y militares de los Estados Unidos están obligadas a respetar y a hacer respetar y cuya inobservancia produjo la delicada situación por que atraviesa Panamá.

La experiencia que vive nuevamente el pueblo panameño ha sacudido profundamente la conciencia latinoamericana y, por mi parte, deseo hacer presente a Vuestra Excelencia mi firme solidaridad con el pueblo y el gobierno de Panamá ante la digna y patriótica actitud que, unidos, sostienen para salvaguardar el honor y reafirmar la soberanía de la nación.

En el curso de su historia, como Vuestra Excelencia lo sabe, entre sus grandes y dolorosas vicisitudes mi país también ha visto mellada su soberanía. Existe un antecedente respecto a la parte del territorio mexicano cuyas características tienen cierta semejanza con las de Panamá. Durante largos años, sobre la faja del Istmo de Tehuantepec pesó una situación jurídica violatoria de nuestros derechos soberanos, la que hubimos de corregir en el año de 1937 con la derogación del artículo VIII del Tratado de Límites celebrado entre México y los Estados Unidos en 1853, que permitía el tránsito libre de personas y mercancías de los Estados Unidos, sin ningún gravamen o inspección y por tiempo indefinido, abriendo además las puertas aun para el tránsito de tropas norteamericanas, condiciones altamente lesivas para la soberanía y la seguridad de la nación. La reivindicación nacional se realizó con la firma de un nuevo tratado restituyendo los derechos exclusivos de la nación sobre aquella parte del territorio mexicano y, justo es decirlo, el arreglo de esta cuestión encontró el más amplio reconocimiento de nuestros derechos de parte del entonces presidente de los Estados Unidos, el insigne Franklin Delano Roosevelt.

Citamos el hecho anterior sólo para hacer hincapié en nuestra convicción de que las posibilidades de realizar un nuevo tratado o de revisar el que actualmente rige entre su país y los Estados Unidos para salvaguardar los derechos soberanos de Panamá sobre la Zona del Canal y establecer las normas de operación atendiendo el interés nacional panameño, en cuya misión está empeñado su gobierno, no sólo es factible sino eventualmente inevitable. A nuestro juicio, como sucedió en el caso del Canal de Suez, esa posibilidad está en estrecha relación con la capacidad ya probada del noble pueblo panameño de persistir unido en sus propósitos.

No hay país, por poderoso que sea, capaz de retrotraer la historia a épocas ya superadas. En la justicia que le asiste y en la firmeza solidaria de los pueblos latinoamericanos y los del mundo, la República hermana de Panamá encontrará su fuerza.

Permítame señor Presidente, enviar por su conducto mis sinceras felicitaciones al noble pueblo panameño por su elevado espíritu patriótico y protesto a usted mis deseos más sinceros de que su gobierno resuelva con ventura para su país la delicada situación por la que atraviesa.

Con las expresiones de mi alta consideración quedo de usted cordialmente.

Lázaro Cárdenas

Panamá, 30 de enero de 1964

General Lázaro Cárdenas, Andes 605, México, D. F.

Estimado general: Aviso recibo de su atenta comunicación del 20 del presente mes, cuyos términos obligan al reconocimiento del pueblo y del gobierno de Panamá.

El ejemplo expuesto por usted es uno que nos mueve a solicitar tesoneramente la negociación de un convenio justo, equitativo, que elimine las causas que producen las desavenencias de los dos países, al extremo de llevarlos a hechos tan dolorosos como los que acaban de ocurrir. De ahí nuestra actitud, no irreconciliable o de incomprensión, sino firme y clara en que sólo a base de un sincero pronunciamiento de los Estados Unidos, las relaciones de ambos países pueden volver a la normalidad, y existirá una convivencia mejor entendida entre ambas comunidades.

Le reitero el testimonio de mi reconocimiento, y quedo de usted cordialmente.

Roberto F. Chiari

Jiquilpan de Juárez, Mich., 15 de junio de 1964

Señor doctor Salvador Allende, senador de la República de Chile, Santiago, Chile.

Estimado y distinguido amigo: Valiéndome de los testimonios de cordial amistad que de tiempo atrás he recibido de su parte, dirijo a usted estas líneas para manifestarle mi profundo interés por el elevado espíritu democrático con que el pueblo chileno está debatiendo los problemas que lo afectan, lo que es producto de su madurez cívica.

Esta premisa hace esperar el advenimiento de una etapa en que el desarrollo económico independiente de Chile se conjugue con el logro de la justicia social, dentro del marco de estabilidad política y social que las instituciones de su noble país garantizan y que siempre han merecido el respeto ciudadano.

Especial aliento despierta la posibilidad de que elementos de probadas convicciones socialistas, puedan abrir nuevos caminos para la transformación de la sociedad chilena en un sentido avanzado y nacionalista de acuerdo, naturalmente, con las peculiaridades y las características que sus antecedentes históricos le impriman, y al ritmo y con la intensidad que su propia experiencia le señalen.

Están presentes en mi ánimo la comprensión y la simpatía que usted siempre ha mostrado por los actos de independencia económica que México sentó, inspirados en los principios de la Revolución Mexicana; entre ellos, la nacionalización de la industria eléctrica y la expropiación petrolera, hechos que han contribuido, junto a los logros de la Reforma Agraria, a acelerar el desarrollo económico de la nación, abriendo el camino, moral y constitucionalmente válido para recuperar los recursos naturales y las industrias fundamentales del país para su explotación y aprovechamiento nacionales, y establecer las bases de un sano avance hacia metas de progreso autónomo y de bienestar social.

Los senderos que conducen a la independencia económica, la segunda y definitiva independencia de los países latinoamericanos, son difíciles y los escollos por vencer, grandes. Intereses de claro o encubierto carácter imperialista acechan constantemente para frustrar todo esfuerzo liberador. Desafortunadamente, con frecuencia aquéllos logran entrelazarse con intereses de sectores nacionales de débil contextura moral o que, engañados por una estabilidad económica que los monopolios extranjeros ofrecen con su ayuda interesada y humillantes dádivas pretendidamente altruistas, se dejan vencer por el espejismo de una falsa prosperidad que nunca llega o que, ficticia y circunstancial, sólo deja una secuela de depauperación nacional y popular.

La historia nos enseña, además, que en América Latina los

regímenes conservadores, comúnmente bajo la influencia imperialista, lejos de resolver los apremiantes problemas económicos y sociales que los aquejan, sólo los agudizan. Y por ello, su existencia se desenvuelve en un clima de inseguridad social y de inestabilidad política. También hemos aprendido que la democracia y la paz interna serán una realidad perdurable cuando las grandes mayorías del pueblo que producen la riqueza sean las principales beneficiarias del desarrollo y el progreso nacionales.

Ante el incierto porvenir de una América agitada y convulsa por el influjo de las fuerzas retardatarias y oscurantistas que de norte a sur pretenden mantener y aun acrecentar sus privilegios, es una esperanza y un estímulo que en la hermana República de Chile, los grandes sectores populares proclamen la democracia socialista, la independencia económica y la paz mundial como las esencias mismas de sus anhelos patrióticos.

Espero sinceramente que las victorias democráticas y antiimperialistas de las fuerzas populares de Chile respondan a las exigencias latinoamericanas de emancipación económica, autodeterminación de los pueblos, de respeto a la soberanía y a la independencia de las repúblicas hermanas.

Sin otro particular, lo saluda muy cordialmente su atento amigo.

Lázaro Cárdenas

TELEGRAMA

Uruapan, Mich., 18 de julio de 1964

Señor Enrique Ramírez y Ramírez, director del periódico *El Día*, Insurgentes Sur núm. 123, México, D. F.

Hoy he dirigido al C. Presidente de la República, siguiente mensaje: "Permítome patentizarle mis más sinceras felicitaciones al reiterar gobierno que usted dignamente preside línea sigue nuestro país en el caso República hermana de Cuba, sosteniendo una vez más, ante el mundo, los principios de no intervención y el respeto que debe guardarse a la soberanía y libre autodeterminación de los pueblos, postulados esenciales para mantener la paz y amistad entre las naciones. Muy atentamente." Saludos afectuosos.

Lázaro Cárdenas

México, D. F., 1 de agosto de 1964

Excelentísimo señor licenciado Vicente Sánchez Gavito, embajador de México, Secretaría de Relaciones Exteriores, México, D. F.

Distinguido y fino amigo: Deseo expresarle mi sincera felicitación, amén de la que oportunamente manifesté al señor Presidente de la República y al señor secretario de Relaciones Exteriores, por su actuación como jefe de la delegación de México ante la IX Reunión de Consulta de los Ministros de Relaciones Exteriores de las Repúblicas Americanas, efectuada recientemente en Washington.

La justa interpretación de la política internacional de México que bajo la orientación del señor Presidente de la República fue aplicada en la mencionada Reunión, ha merecido el apoyo unánime del pueblo de México, lo que constituye un merecido reconocimiento de que su intervención en aquélla se apegó fielmente a los principios tradicionales que México ha sostenido hace más de cien años en favor del derecho que asiste a las naciones, pequeñas y grandes, de hacer respetar su soberanía y su autodeterminación, tanto en lo que concierne al manejo de sus asuntos internos como de sus relaciones internacionales.

El análisis y la sustentación de las ideas de México respecto a la inaplicabilidad del Tratado de Río de Janeiro al debatido caso de la hermana República de Cuba —ella sí continuamente amenazada y aun agredida—, así como la votación de nuestro país en contra de las sanciones aprobadas por una mayoría mecánica de votos, constituyeron dos hechos que honran al país. Asimismo, lo honran a usted por la consistencia, la firmeza y el espíritu de justicia que caracterizaron su discurso ante la Reunión de Consulta.

La moral internacional y el derecho fueron consecuentemente defendidos por México, por su digno conducto, lo que acrece el prestigio de nuestra patria y deja abierto el camino para que eventualmente se modifique una situación anómala en el continente, pues no puede calificarse de otra manera cuando la soberanía de todos los países latinoamericanos es minada y desconocido el principio que aboga por el arreglo pacífico de las controversias, y se aprueban sanciones que ponen en peligro la paz de América y aun amenazan la tranquilidad mundial.

Lo saludo muy cordialmente y quedo su atento amigo.

Lázaro Cárdenas

México, D. F., 1 de agosto de 1964

Excelentísimo señor José Gorostiza, secretario de Relaciones Exteriores, México, D. F.

Estimado y distinguido amigo: Me permito dirigirle estas líneas para extender a usted la felicitación que oportunamente dirigí al señor Presidente de la República, por sus declaraciones hechas con antelación a la IX Reunión de Consulta de los Ministros de Relaciones Exteriores de las Repúblicas Americanas que se efectuó en Washington a fines del mes de julio, definiendo la política del gobierno de México en relación con el asunto a debate y, asimismo, por la actuación de la delegación mexicana en la reunión. Es sumamente satisfactorio para los mexicanos haber presenciado la forma en que México sostuvo los principios esenciales de su política internacional: la defensa de la soberanía y de la autodeterminación de los pueblos y, en este caso preciso, la propia soberanía.

La fundamentación política y jurídica que el jefe de la delegación mexicana hizo en la citada Reunión al demostrar la inoperancia del Tratado de Río de Janeiro para establecer sanciones a todas luces contrarias al espíritu y la letra de este instrumento internacional, revela la violación en que se ha incurrido al permitir la intromisión en los asuntos internos y externos de los estados, amenazando la paz del continente y aun del mundo.

El derecho de las naciones de dirigir con independencia sus relaciones diplomáticas es inherente a su soberanía y en este caso México ha mantenido este derecho invulnerable haciendo honor a sus tradiciones ejemplares que, en América Latina, tienen también arraigado historial en todo el curso de su vida y de su lucha por la independencia.

Ante los hechos consumados es de esperar confiadamente en que México persista en su limpia posición y que la fuerza moral que la respalda obtendrá, en un futuro no distante, el legítimo triunfo que todo acto de justicia a la postre conlleva.

Permítame, estimado señor Gorostiza, hacer hincapié en la utilidad que, a mi juicio, tuvieron sus declaraciones informando al pueblo con clara y ponderada visión lo que podría ocurrir en la Reunión de Consulta, y cuál habría de ser la guía insustituible de la posición mexicana, ya que ello contribuyó grandemente a la comprensión y, ulteriormente, al respaldo unánime del pueblo a la actitud del gobierno en un asunto que nos atañe tanto como a Cuba y a los demás países latinoamericanos.

Con mis saludos más cordiales quedo su atento amigo.

Lázaro Cárdenas

México, D. F., 3 de agosto de 1964

Señor Francisco Martínez de la Vega, Rébsamen núm. 556, México 12, D. F.

Distinguido y fino amigo: Con verdadero interés leí tu reportaje, inteligente y patrióticamente comentado, sobre la Reunión de Cancilleres de la Organización de los Estados Americanos recientemente efectuada en Washington, y que apareció en el último número de la revista *Siempre* bajo el título de "La dignidad del mundo americano".

La forma en que se desarrollaron las actividades diplomáticas en los entretelones en la mencionada Reunión y la resistencia tenaz de México y de los otros tres países a modificar su decisión de votar en contra de las sanciones impuestas a la hermana República de Cuba por una mayoría mecánica, dejan entrever con claridad las poderosas presiones ejercidas para que adoptaran un criterio ajeno al que llevaban.

Los resultados de la Reunión de Consulta deben preocupar hondamente, pues además de constituir una flagrante violación jurídica a lo estatuido en el Tratado de Río de Janeiro, sientan un grave precedente al falsear el espíritu y la letra del mismo, introduciendo en ello un arma intervencionista que en el futuro podrá esgrimirse impunemente contra todo acto que hiera intereses imperialistas —aunque sólo concierna a la vida interna o al derecho externo de los países latinoamericanos—, bajo el simple pretexto de que se trata de una agresión o de una "subversión" que amenaza la paz y la seguridad de América.

La interesada interpretación y el ilegítimo uso que se ha hecho en Washington del articulado del Tratado de Río de Janeiro para condenar y sancionar a una República hermana en ausencia y sin posibilidad de defenderse —lo que ya en sí lastima el más elemental sentimiento de justicia y provoca la justa indignación popular en el continente—, obviamente opera en contra de la moral y la legalidad internacionales y abre el camino al restablecimiento de la ley del más fuerte.

La mayor demostración de ello la ha dado el secretario del Departamento de Estado de los Estados Unidos al decir, en recientes declaraciones publicadas en la prensa, que el objetivo esencial de la reciente Reunión de la OEA fue incluir en la calificación de *agresión* a "la subversión" y que si bien aquella Reunión no había fijado fecha límite para aplicar la resolución sobre el rompimiento de relaciones diplomáticas y comerciales con Cuba "ciertos países miembros afectados por ella la harán efectiva rápidamente", advirtiendo con arrogancia "nosotros quisimos dejar a cada gobierno la oportunidad de tomar su propia decisión sin mencionar el factor tiempo".

Lo que más preocupa, sin embargo, es la suerte de los pueblos latinoamericanos ante la amenaza de que el manejo de sus propios asuntos internos y el de las relaciones exteriores de sus países sean susceptibles de intervención o de modelación extranjera, destruyendo las bases mismas del respeto que mutuamente se deben las naciones independientes y en el que se asienta el derecho internacional.

La solidez en que descansa nuestra tradición en materia internacional y la actitud de México en la Reunión de Consulta, respondiendo fielmente a ella, garantizan al pueblo mexicano que, en el uso irrestricto de su soberanía, el gobierno de nuestro país continuará dirigiendo sus relaciones internacionales de acuerdo con los principios consagrados en la Constitución Política que nos rige, haciendo honor a la larga historia de las luchas por mantener la independencia de nuestra patria.

Para terminar deseo manifestarte que, a mi entender, las resoluciones de la Reunión de Cancilleres tampoco obstruirán el curso que han tomado el gobierno y el pueblo de Cuba en el libre ejercicio de su soberanía y de su autodeterminación, ya que las amplias puertas de la solidaridad internacional permanecerán abiertas y las ligas diplomáticas y comerciales, cada día más extensas, que Cuba sostiene con los más diversos países del mundo le auguran un porvenir seguro y el mantenimiento de sus relaciones exteriores basadas en las normas de respeto mutuo, provecho recíproco y trato amistoso que distinguen la vida entre estados respetuosos del derecho.

Con mi saludos muy cordiales, quedo tu atento amigo.

Lázaro Cárdenas

Pátzcuaro, Mich., 25 de agosto de 1964

Señorita Elena Vázquez Gómez,
México, D. F.

Elena: Te envío estas líneas entre tanto regreso a esa ciudad, a fin del presente mes.

Por las consideraciones que contienen las notas que me entregaste, analizando el caso de Cuba frente a sus amigos y enemigos, estimo que el gobierno de Estados Unidos no cejará en su propósito imperialista de oponerse a la liberación del pueblo cubano y seguirá poniendo en juego su política agresiva, unas veces francamente abierta y otras pretendiendo ocultar su intervención directa. Y creo que no le preocupa en lo más mínimo que en la Reunión de Cancilleres celebrada en Washington no haya habido unanimidad a su intención de sancionar a Cuba por las acusaciones que le lanzó el gobierno de Venezuela, a pesar de que no llegaron a comprobarlo las comisiones investigadoras, según sostuvo en la misma reunión de Washington la representación del gobierno de México. Que no hayan votado varios gobiernos de América Latina en favor de las sanciones no le importó, sigue manteniendo la guerra fría sobre la isla, tratando de derrocar al gobierno con sus nuevos planes de agresión. Sabe que no le conviene ir con otra aventura armada como la que organizó con cubanos contrarios a la Revolución y con mercenarios de varios países, aventura que le fue adversa en Playa Girón; y menos se atreverá si existe, como es de suponerse, un compromiso internacional que lo obliga a abstenerse de una nueva invasión. Pero con la ayuda de los gobiernos que votaron en favor de las sanciones va a intensificar sus trabajos de infiltración contrarrevolucionaria en las filas de la Revolución Cubana, usando todos los medios de que dispone.

Es interesante poner atención a las opiniones del ex embajador norteamericano en nuestro país, al declarar que la actitud mexicana en la Reunión de Cancilleres, que mantuvo su tradicional política internacional en defensa de los principios de soberanía de las naciones, no afectará las relaciones entre su país y México. Y es que pretenden impresionar a la opinión pública con su "democracia política" ante la conducta de México y demás países que se opusieron a las sanciones. Seguirán su juego político queriendo llegar por otros caminos al fin que vienen persiguiendo, o sea doblegar a Cuba.

El gobierno norteamericano, en su errónea actitud imperialista, está empeñado en aislar totalmente a Cuba de la comunidad latinoamericana. Ya ha logrado que Chile y Bolivia se sumen al servilismo de los demás gobiernos que votaron por las sanciones en la Reunión de Washington, pero tal servilismo, propio de individuos descastados, traidores a su sangre y a su patria, no contaminará a los pueblos hermanos de Cuba que guardan una larga tradición por su independencia del dominio extranjero.

Por su parte, Cuba mantendrá su heroica resistencia, sin haber tenido en su favor una voz oficial en nuestra América que haya protestado en contra de Estados Unidos, por su invasión armada a territorio cubano y la agresión económica que ejerce impunemente. Sin embargo, considero que aun aislada Cuba de toda relación diplomática y comercial de Latinoamérica, tendrá el mercado abierto en otros países de Europa, aparte del auxilio que no podrán negarle los países socialistas que le han abierto mercado a su producción y a las adquisiciones que le sean necesarias. Tendrá sí que vivir alerta ante la permanente amenaza que pesa sobre su territorio y su causa.

Por las apreciaciones aquí anotadas y tus personales observaciones que con mayor amplitud y en diversos aspectos detallas

en las notas que al principio cito, tendremos oportunidad de hablar al encontrarme en ésa.
Te saludo muy cordialmente.

Lázaro Cárdenas

México, D. F., 13 de septiembre de 1964

Al señor Diego Córdoba,
Hamburgo 266, México, D. F.

Distinguido y gran amigo: Agradecido por el envío de tu libro titulado *Trece libertadores y veintiún próceres de la cultura*, que he leído con interés, deseo felicitarte por la admirable síntesis que en él se hace del pensamiento y la acción de los libertadores latinoamericanos.

Ágiles e inspiradas son las páginas biográficas en que relatas los hechos sobresalientes de los libertadores, empezando por las que dedicas a los próceres mexicanos, señores Miguel Hidalgo y Costilla y José María Morelos, creadores de la independencia de México y precursores en América de la igualdad humana —con la abolición de la esclavitud— y el último, de la Reforma Agraria.

En América del Sur, la austera y tenaz lucha de don Francisco Miranda por la libertad de su patria, concebida con profundidad y llevada a cabo en la práctica aun a costa de su propio sacrificio; el espíritu heroico de Simón Bolívar, el generalísimo cuyas concepciones y acción independentista cubren gran parte de aquel territorio; su cálida comprensión de los hombres y de los pueblos que respondían a su paso al anhelo libertario, su indiscutible talento político y su clara visión de los peligros que acecharían a la América Latina, aun después de obtenida su independencia, todo ello resalta en tu libro al describir con maestría la clarividencia que emanaba de las ideas del estadista y el visionario.

Entre los pensamientos reproducidos al final de los capítulos sobre la actuación de estos dos grandes venezolanos, se encuentra el de Miranda, cuando con claro y firme acento nacional dice "ni un minuto consentiría que una fuerza extranjera ejercitase ni tomara el tono de conquistador de mi país"; y de Bolívar, la conocida frase "los Estados Unidos parecen destinados por la providencia para plagar la América de miserias a nombre de la libertad". Ellos definen sus altos destinos y hoy, dentro de una realidad distinta y aún más compleja, aquellos pensamientos siguen repercutiendo y su esencia continuará abriendo el camino de la segunda independencia de América Latina, la independencia económica.

La gesta epopéyica del general José de San Martín al cruzar los Andes después de haber dado libertad a su patria; el difícil recorrido por Chile y el Perú; las cualidades de estratega, sobriedad y la rectitud personal del libertador argentino, lo señalan como uno de los grandes héroes que en el momento de la adversidad supo retirarse para dejar libre de escollos políticos la consolidación de la independencia.

Al leer las páginas que dedicas al general Antonio José de Sucre, rememoré la biografía que hace algunos años publicaste bajo el título la *Vida del mariscal Sucre* en la que relatas, con amplios conocimientos y justa valoración, los hechos de una existencia de extraordinario mérito, como es la del joven militar, pundonoroso y sencillo, de firme serenidad en las batallas y madura ponderación como estadista, capaz de desarrollar las actividades más diversas y difíciles con invariable lealtad a sus superiores jerárquicos, especialmente hacia Bolívar, manteniendo siempre la dignidad, dentro de una enaltecedora humildad y de un espíritu de benevolencia con sus enemigos.

El valor y la capacidad de resistencia del patriota federalista, José Gervasio Artigas, la amplitud de miras y el desinterés de Francisco Morazán, el continuo peregrinar de Hostos, gran educador positivista y promotor de la independencia de Puerto Rico y la postura del presidente Roosevelt ante los graves problemas que supo afrontar en la guerra y en la paz y los que, relacionados con América Latina, pudo sortear con altura, merecen en tu libro una interpretación clara y certera.

José Martí, a cuyos altos valores literarios te refieres, recogiendo su pureza, nos hace rememorar siempre al escritor que, en sus destierros y peregrinaciones, produjo las mejores páginas políticas de su obra, adelantándose a su tiempo y señalando la voracidad del imperialismo durante su estancia en los Estados Unidos, y a la vez instando a los pueblos latinoamericanos a sacudirse de él.

La vida de Martí es, sin duda, ejemplar. Al intelectual se une el político consciente de que para conseguir un ideal realizable, en su caso y en su tiempo la independencia de su patria, necesita colocarse a la vanguardia del movimiento libertador, si necesario con las armas en la mano. Fue un sembrador y un vidente y la historia lo confirma. La semilla de sus ideas ha fructificado en Cuba cuyo pueblo ha venido luchando por sacudirse toda explotación extranjera.

Los mexicanos sabemos cuán entrañablemente quería a México, al que se sentía ligado, según su expresión, como hijo adoptivo de estas tierras que lo acogieron con mano franca y sincera.

Estimo tus apreciaciones sobre los patricios mexicanos y, en especial, el capítulo que dedicas al Benemérito de las Américas, don Benito Juárez. Tus expresiones de admiración y reconocimiento del significado universal de la obra del señor Juárez son un justo homenaje a quien supo organizar la República y consolidar sus instituciones en una etapa sumamente aciaga de la historia de México y, asimismo, resistir con inquebrantable voluntad la invasión del país por una gran potencia extranjera.

La exposición de las virtudes literarias y de la actitud de los "próceres de la cultura" ante las vicisitudes de su tiempo, enriquecen tu importante obra, ofreciendo así un panorama latinoamericano, enraizado en sus voces más distinguidas.

La oración fúnebre y el discurso insertos en tu libro y que pronunciaste en honor de Andrés Eloy Blanco llevan el acento del genuino afecto y la admiración que sentiste, y compartimos, por el eminente poeta y patriota venezolano que dedicó lo mejor de su intelecto a la poesía y al imperio de la justicia, de la emancipación y del progreso social que él anhelaba para su pueblo y sus hermanos de América. La calidad moral e intelectual de este insigne escritor, así como su probada comprensión y su acendrado cariño por México lo hacen acreedor a perennes sentimientos de gratitud.

Antiimperialista por antonomasia, Vicente Sáenz es otro paladín de América Latina que los mexicanos recordamos con gran estimación, tanto por su infatigable trabajo como escritor como por su vieja raigambre en México y, sobre todo, por su continua labor literaria dedicada a la liberación de los pueblos latinoamericanos y a la exaltación de grandes figuras independentistas, la que refleja sus invariables y arraigadas convicciones antiimperialistas.

El capítulo sobre el mensaje y la muerte de Gabriela Mistral, la gran escritora chilena que llegó a las más altas cumbres de la producción poética contemporánea, renueva la admiración que siempre tuvimos por la mujer que, desde una humilde escuela rural de su patria, supo descubrir y seguir sólidamente su vocación de artista con apego, a la vez, a su origen social y nacional, vocación que la llevó al reconocimiento universal de su talento para prestigio de las letras latinoamericanas.

Agradezco los juicios y la interpretación sobre la obra de los mexicanos que se distinguieron en el campo de las letras y de la diplomacia en este siglo, entre los que se encuentra el ilustre licenciado Isidro Fabela, colaborador y dilecto amigo recientemente desaparecido, quien prestó ayuda importante a configurar la política internacional de la Revolución Mexicana y del régimen emanado de ella, sosteniendo aquí y en el extranjero, con talento, patriotismo y tenacidad, los principios de no intervención y autodeterminación de los pueblos.

La singular afinidad de los libertadores y de los hombres de pensamiento que aparecen en tu libro, estriba en su hondo sentimiento nacional y su vocación latinoamericanista que se nutren en la fraternal e histórica lucha destinada, con la de otros pueblos, a combatir al imperialismo y al sistema que lo engendró.

Este libro tuyo muestra cuán identificado te sientes con México, con su pueblo y sus problemas y la inquietud latinoamericanista que priva en tu valiosa obra, con lo cual contribuyes a ampliar las ligas fraternales entre México y Venezuela.

Con la estimación y afecto que me mereces, quedo tu siempre atento amigo.

Lázaro Cárdenas

México, D. F., 7 de octubre de 1964

Señor doctor Salvador Allende,
Santiago, Chile.

Estimado y distinguido amigo: Hemos tenido oportunidad de enterarnos de todas las circunstancias que mediaron para que los numerosos partidarios de su candidatura fueran defraudados en sus deseos y en sus esperanzas de llevarlo a la Primera Magistratura, y ver cumplidos los objetivos del programa revolucionario que sustentó el FRAP, durante la reciente campaña presidencial de Chile.

A pesar de esta experiencia, de sus vicisitudes y contratiempos, seguramente, las fuerzas que unitariamente lucharon en la liza electoral permanecerán vigilantes, sosteniendo los ideales de progreso, justicia social e independencia que inspiran la acción revolucionaria de las agrupaciones y partidos que forman el organismo independiente que ha venido luchando en favor de los intereses nacionales y populares de Chile.

Conozco la serenidad y la elevación de su pensamiento al enjuiciar los resultados de la elección presidencial chilena, lo que constituye una garantía para que los futuros esfuerzos de los elementos y los organismos con los que mantiene usted contacto, orienten su acción con el realismo y la altura necesarios, para reanudar con mayor vigor aún el trabajo cívico y político que abra perspectivas cada día más amplias para conquistar el bienestar de los chilenos.

Con un abrazo afectuoso lo saluda muy cordialmente su amigo.

Lázaro Cárdenas

Santiago, 13 de noviembre de 1964

Señor general don Lázaro Cárdenas, Andes núm. 605, México 10, D. F., México.

Distinguido general y amigo: Involuntariamente he dejado correr el tiempo, sin tener oportunidad de escribirle y agradecer sus palabras y preocupación por el movimiento popular chileno.

Fuimos derrotados en la batalla electoral por circunstancias adversas a nosotros, manifestadas incluso en una conjura internacional sin precedentes en las luchas cívicas chilenas. Internamente, se creó una coacción moral que sembró infundado terror en vastos sectores, especialmente en el electorado femenino. Nunca como ahora se vio tal derroche de recursos materiales y financieros, utilizados para contener nuestro avance a la conquista del poder.

Pasada la campaña, realizamos una concentración en la última semana de octubre. Allí hice un análisis de lo que fue la campaña en sí misma, y las perspectivas futuras del movimiento popular, advirtiéndose en nuestras gentes un sano espíritu de autocrítica y de afianzamiento de la unidad. En ese acto, di a conocer su carta. Fue acogida con extraordinario entusiasmo, sobre todo por el valioso estímulo que significa para nosotros su solidaridad y su fe en nuestro movimiento.

Le reitero mi reconocimiento por su comunicación, que reafirma una vez más su profundo sentido y preocupación americanista.

Reciba usted los mejores testimonios de mi invariable amistad y aprecio.

Cordialmente amigo.

Salvador Allende G.

México, D. F., 9 de diciembre de 1964

Señor general José R. Gabaldón,
Caracas, Venezuela.

Distinguido y estimado amigo: Al llegar de un viaje por el interior recibí su atenta carta de fecha 1 de noviembre pasado que leí con gran interés, corroborando una vez más, su continua preocupación por los problemas que atañen a la América Latina, especialmente aquellos que se desprenden de la influencia imperialista que padecen nuestros países.

Me entero de sus deseos de promover útiles contactos entre latinoamericanos que abrigan las mismas preocupaciones y, como usted sabe, el origen y los objetivos perseguidos por la Conferencia Latinoamericana por la Soberanía Nacional, la Emancipación Económica y la Paz fueron los de establecer o fortalecer organismos en todos y cada uno de nuestros países que encauzaran la lucha por la liberación nacional de los pueblos de América Latina.

Este esfuerzo culminó, en México, con la constitución del Movimiento de Liberación Nacional.

En cuanto a su idea de que se reúna un grupo de personas latinoamericanas para examinar los problemas que nos interesan en común, debo comunicarle que hace tiempo solicité del Consejo Mundial de la Paz dejar la responsabilidad de pertenecer a la Presidencia Colectiva de la organización, pues me parece que en todo cuerpo colegiado es necesaria la renovación periódica de personas y, aunque sigo perteneciendo al CMP considero corresponde requerir la iniciativa de los organismos existentes en Latinoamérica para propiciar un nuevo encuentro de carácter continental que reuniera a las ilustres personas que usted indica y a otras más para abordar la situación que es común en América Latina en cuanto a sus intereses y buscar las formas de lucha para resolverla en función de los anhelos populares de independencia, emancipación económica y paz mundial, reunión a la que prestaremos nuestra más decidida participación.

Ya hago del conocimiento del Comité Ejecutivo del Movimiento de Liberación Nacional su importante iniciativa.

Leo con sumo interés los artículos escritos por usted y lo felicito por su inquebrantable espíritu de lucha en favor de las mejores causas de la humanidad y, en particular, de los pueblos latinoamericanos.

Lo saludo con todo afecto y quedo su atento amigo.

Lázaro Cárdenas

México, D. F., 21 de diciembre de 1964

Señor licenciado Gustavo Díaz Ordaz, presidente constitucional de la República, Palacio Nacional.

Señor Presidente: Permítame dé a conocer a usted mi personal pensamiento relacionado con la situación mundial y con especial interés sobre América Latina, en momentos en que México se distingue prestigiosamente por su estabilidad política y sus buenas relaciones diplomáticas y comerciales con los países de este y otros continentes y que puede ser factor para que vuelvan a reanudarse las relaciones diplomáticas entre países de nuestro propio continente hoy en conflicto.

Ante la situación internacional incierta, en que las tensiones políticas, las contradicciones y las desigualdades económicas y los conflictos armados cobran proporciones amenazantes para la paz del mundo, ya hoy tan quebrantada, es motivo de natural y de hondas preocupaciones el porvenir de México y de América Latina, donde se reflejan con agudeza y en múltiples aspectos los efectos de la guerra fría en razón de su peso universal y de la potencialidad de los recursos humanos y naturales que encierran sus extensos territorios.

Paralelamente a la creciente importancia que en el mundo cobra América Latina, la vida política y social de diversos países del continente se hace cada día menos estable, como derivación de la prevalencia de economías estancadas y subsidiarias que frenan las reformas sociales y ahogan la posibilidad de un desenvolvimiento independiente.

En efecto, numerosos países latinoamericanos presentan hoy ese cuadro, sólo diferenciable en cuanto a la naturaleza de sus riquezas, su grado de desarrollo y las peculiaridades que los distinguen. Depauperados, los pueblos parecen haber perdido la confianza en la capacidad de sus regímenes para mejorarlos, conscientes a la vez, por experiencia, de que la ayuda y las dádivas extranjeras no resuelven a la larga sus problemas, sino los agudizan.

Las clases pudientes de esos países, que son las que gobiernan, han sido indiferentes ante la apremiante necesidad de modificar la estructura feudal, anacrónica, que aún las sostiene endeblemente en el poder; y la ayuda exterior, que por propia conveniencia los Estados Unidos les proporciona por distintas vías, representa escaso o transitorio alivio al canalizarse a través de oligarquías inertes, acentuándose así el círculo vicioso en que se desenvuelve esa ayuda.

Para los Estados Unidos el allanar las dificultades que encuentran las inversiones directas norteamericanas en los países del sur; conservar en su provecho estos mercados y mantener la virtual unilateralidad del comercio latinoamericano; imponer barreras arancelarias discriminatorias; continuar con la práctica de pagar precios bajos por las materias primas que importan y cobrar precios altos por sus productos manufacturados de exportación, en detrimento de nuestras economías que resienten un progresivo deterioro por la salida considerable de divisas por este y otros conceptos; así como detener la corriente ascendente de tratos e intercambios que propician países europeos y asiáticos con los latinoamericanos, son los objetivos fundamentales de su política económica y financiera hacia sus vecinos. Ampliamente ilustrativa a este respecto es su aseveración, aplicable a toda América Latina, y registrada en la revista *Life en Español* del 7 de diciembre cuando usted dice:

"Para que nuestras relaciones con los Estados Unidos contribuyan realmente al desarrollo, se requiere que la política comercial y la ayuda financiera de ese país sean congruentes, es decir, que la primera no reduzca, ni menos nulifique, los efectos de la segunda; además se necesita clasificar el concepto real de ayuda financiera, para que los países que la otorgan no sobrestimen la magnitud de ella al incluir como ayuda financiera propiamente dicha los créditos a proveedores, o sean los créditos 'atados'."

Los designios de los Estados Unidos, sin embargo, encuentran serios escollos en la propia América Latina y en el mundo entero por razones políticas y económicas profundas, lo que ofrece un margen considerable para propugnar un trato verdaderamente equitativo y mutuamente respetuoso entre países amigos e independientes, condición de que ha carecido casi siempre el poderoso vecino del norte en su política con los países del sur de sus fronteras y que es necesario restablecer, como bien lo define usted en su mensaje del 1 de diciembre con las siguientes palabras:

"México se perfila, en el panorama de nuestro tiempo, como una nación que afirma cada vez con mayor vigor su independencia. Es, sin embargo, una independencia consciente de que ningún país, pobre o rico, grande o pequeño, débil o poderoso, puede vivir aislado. Esta convicción, unida al espíritu cordial y abierto del mexicano, nos lleva a ofrecer y a desear la amistad con todos los pueblos de la tierra, entendiendo por amistad ese sentimiento que, comenzando por respetar en su integridad y en su dignidad al amigo, se empeña en comprenderlo, para servirlo mejor."

Por otro lado, la presencia de los países europeos y asiáticos en América Latina a través de la promoción de relaciones más estrechas y ofreciendo créditos, financiamientos, inversiones y comercio de mutuo provecho, en abierta competencia internacional; la diversidad de políticas que siguen las grandes potencias occidentales en áreas de conflictos potenciales, latentes o armados; la existencia del mundo socialista, dispuesto a realizar intercambios cada día más cuantiosos con todos los países del mundo; y finalmente, la pujanza con que se levantan los países decididos a dejar atrás todas las formas de colonialismo; todo ello, envuelve la acción internacional norteamericana en una red de complejidades difíciles de manejar con espíritu de supremacía.

Interesa referirse a todos estos hechos, que usted bien conoce, porque son algunos de tantos elementos que ilustran la disimilitud de intereses mundiales que permiten a los países latinoamericanos salir de la unilateralidad de sus vínculos económicos, ejerciendo su independencia en todos los órdenes de sus relaciones internacionales.

Por razones obvias, las repercusiones de la diversidad de esos intereses se hacen más patentes en África y en Asia, antiguas fuentes de riqueza y de poder de las grandes naciones occidentales. Y hoy, en el conjunto del panorama mundial esos dos continentes representan, junto con América Latina, un nuevo e importante factor capaz de vencer el obstáculo fundamental que confrontan para vivir y desarrollarse plena y libremente: el imperialismo económico. Lograrlo, significaría superar la etapa en que bloques de países puedan determinar el destino de la humanidad, que usted acertadamente apunta como realidad tangible en la actualidad, en la contestación a la pregunta que le hiciera la revista *Life en Español*.

El porvenir del mundo entero preocupa en sí mismo, pero el ámbito natural en que México puede empeñar los mejores esfuerzos para aminorar las tensiones afirmando los principios de paz, independencia y soberanía, es América, sin exclusión posible de ningún país hermano.

En este orden de cosas, el caso de Cuba es el que más afecta a este continente y, principalmente a México, tanto por la vecindad de los países en pugna, como por la naturaleza misma del problema, de sus implicaciones y sus proyecciones continentales.

Por ello volviendo los ojos a la América y siendo ya insoslayable que en el presente se dilucida como una de las cuestiones vitales la supervivencia o la desaparición definitiva del colonialismo en sus múltiples formas, implícitamente la República de Cuba se encuentra dentro de este marco. Y a este respecto, cabe hacer nuevamente referencia a su mensaje mencionado cuando usted sabiamente afirma:

"La no intervención y el derecho de autodeterminación son principios que sostenemos invariablemente desde hace más de un siglo. Nacimos bajo el signo del anticolonialismo y en el pasado sufrimos invasiones, agresiones e intervenciones. Está, pues, en la esencia misma de nuestra nacionalidad, condenar cualquier hegemonía de un país sobre otro, sin importar de dónde proceda ni la forma o modalidad que asuma. La razón y el derecho nos dicen que entre los hombres, como entre los pueblos, no hay conflicto que no pueda ser resuelto por medios pacíficos. Sentimos tener especial responsabilidad para luchar por este principio en las relaciones interamericanas."

Cuba, por causas que no viene al caso analizar, parece querer atenuar la tensión existente y aun promover contactos con las autoridades norteamericanas. Los Estados Unidos, por su parte, quizá se vean precisados a dar prioridad a problemas de mayor importancia internacional que los afectan, así como a los que afloren dentro de su territorio.

Siendo una responsabilidad de América, principalmente, la solución de este conflicto peligroso para la paz y la soberanía de las naciones americanas, México parecería el eslabón indicado por la confianza que su administración inspira y por la indiscutible experiencia política de usted, para iniciar gestiones tendientes a estimular los contactos adecuados a efecto de que, dentro de las normas de respeto mutuo que se deben las naciones, las partes en conflicto lleguen a la mesa de las negociaciones, empeño que, de acuerdo con noticias recientes sobre la disposición de la República de Chile a examinar de nuevo la situación de Cuba, posiblemente los buenos oficios mexicanos encontrarían de su parte simpatía y apoyo produciendo una reacción favorable a un entendimiento cubano-norteamericano en otros países.

Dentro de una situación en perpetuo cambio, tanto en dimensiones mundiales como regionales, es indudable que en el firme mantenimiento de los grandes principios que orientan la política tradicional de México en materia internacional, el país halla su más sólido baluarte y su merecida autoridad moral ante el mundo.

Dispense señor Presidente lo distraiga con el contenido de esta carta que escribo al Primer Magistrado de la nación, que ha hecho conocer pública y categóricamente las normas que guiarán a su gobierno y que se le reconoce en lo personal su sensibilidad en bien de la paz y amistad entre todos los países.

Con esta ocasión me es grato reiterarme de usted su atento amigo.

Lázaro Cárdenas

[*Nota manuscrita por el autor.*] Conceptos similares en la nota dirigida al C. presidente Ruiz Cortines en 1954 sobre el caso de Guatemala a los que se incluyen en la carta del 21 de diciembre de 1964 al C. presidente licenciado Gustavo Díaz Ordaz referente a buscar una avenencia que modifique la actitud norteamericana que sigue contra Cuba.

Mis cartas a los presidentes sólo buscan se respete el derecho de soberanía de los países. Y lo que hace hoy EU contra Cuba y lo que hizo ayer contra Guatemala es una amenaza para México y todos los países latinoamericanos que no se doblegan a sus pretensiones lesivas a la independencia de nuestra América.

C. de México, 24 de enero de 1965.

México, D. F., 4 de enero de 1965

Excelentísimo señor licenciado Joaquín Hernández Armas, embajador de la República de Cuba, México, D. F.

Distinguido y fino amigo: Deseo hacer a usted presentes mis parabienes en ocasión del sexto aniversario de la Revolución triunfante en la República de Cuba, cuyas metas fundamentales han cristalizado con la liberación nacional y la construcción socialista que el gobierno y el pueblo cubanos están empeñados en consolidar.

El mantenimiento de la independencia política y económica, los frutos del esfuerzo productivo y la equitativa distribución de la riqueza que el pueblo produce con sus propios esfuerzos y para su beneficio, aseguran el progreso ininterrumpido de su país, especialmente cuando estas tareas se emprenden como lo hacen los hermanos cubanos, con el mismo ánimo de vencer que emplearon en la heroica resistencia ante el enemigo, conscientes de que la victoria definitiva en la producción es tan importante como la lograda en los campos de batalla.

Los obstáculos que el pueblo y el gobierno cubanos han sido capaces de vencer en el pasado con singular denuedo y los que vayan surgiendo en su camino serán finalmente superados en la firme unidad de las filas revolucionarias: garantía insustituible para hacer culminar los objetivos de la Revolución socialista en Cuba.

Doy a usted las más cumplidas gracias por su gentil invitación para concurrir a la recepción que ofrece hoy con motivo de tan fausto acontecimiento, sintiendo sinceramente la imposibilidad de asistir por obligaciones ineludibles contraídas con anticipación, por lo que ruego a usted y a su distinguida esposa nos disculpen.

Le agradeceré cumplidamente exprese a su gobierno mis mejores votos por el progreso de la nación y el bienestar de su pueblo, manifestándoles mi convicción de que en la unidad patriótica y revolucionaria de los cubanos y en la solidaridad de todos los pueblos hacia la autodeterminación y la no intervención en sus asuntos internos y externos, Cuba encontrará la fuerza para hacer respetar la invulnerabilidad de sus derechos soberanos.

Quedo de usted, señor embajador, su atento amigo que lo saluda muy cordialmente.

Lázaro Cárdenas

México, D. F., 29 de enero de 1965

Señor doctor Fidel Castro, primer ministro del gobierno de la República de Cuba, La Habana, Cuba.

Distinguido y gran amigo: Enterado por la prensa de la detención del cabecilla rebelde, señor Eloy Gutiérrez Menoyo y de otros tres contrarrevolucionarios, realizada por las fuerzas armadas del gobierno revolucionario en las cercanías de Baracoa, he considerado pertinente remitir a usted esta carta con la señorita Elena Vázquez Gómez, colaboradora de confianza y antigua amiga, en la que hago algunas consideraciones respecto a la secuela que puede desprenderse de este asunto.

Persuadido de que los elementos que por distintos medios combaten la Revolución Cubana con sus actividades subversivas se hacen acreedores a las más severas penas y comprendiendo la justificación legal que tiene todo gobierno para imponer hasta la máxima pena a los que intentan minar la estabilidad del Estado, he meditado, sin embargo, las altas conveniencias políticas que se desprenderían para Cuba el eximir a los prisioneros de referencia de la pena capital, las que deseo expresar a usted con la libertad que brinda la mutua y sincera amistad que profesamos.

La gallardía, el valor y la firmeza que han desplegado el pueblo y el gobierno cubanos para vencer con éxito toda tentativa de destruir el régimen de la Revolución, manteniéndose incólumes ante las agresiones, las amenazas y las provocaciones del poderoso enemigo externo, demuestran la solidez de la nueva sociedad socialista que se organiza y progresa, liberada de la explotación y de la sujeción extranjeras.

Esta realidad permite al gobierno revolucionario manejar situaciones como la que se presenta en el caso del señor Gutiérrez Menoyo y sus acompañantes con plena confianza en la estabilidad del régimen. Y minimizar la importancia de esas acciones contrarrevolucionarias, justipreciando públicamente lo frustráneo de las infiltraciones, fortalecería la convicción en propios y extraños de que la potencialidad y la capacidad defensivas de Cuba están destinadas a enemigos de consideración, si se atrevieran a hollar el suelo patrio o si llegaran a constituir una seria amenaza para el gobierno.

En razón de lo anterior, las autoridades cubanas podrían poner en libertad o conmutar la pena capital imponiendo a los detenidos la compurgación de su delito en la prisión. Lo primero tendría efectos altamente positivos, porque destruiría todo viso de peligrosidad a la aventura que nos ocupa, al devolverlos al lugar de origen de las provocaciones, exhibiendo la inoperancia y la impotencia de sus deleznables esfuerzos, desarmándolos moralmente, así como a sus cómplices nacionales y extranjeros, lo que otorgaría al régimen una fuerza moral incontrastable ante sus enemigos.

En cambio, de otra manera se crearía la falsa, pero nociva impresión de que el gobierno revolucionario abriga hondas preocupaciones respecto a la envergadura de las fuerzas enemigas dentro y fuera de su territorio y produciría la sensación de que aquél tiene que tomar medidas extremas para asegurar su estabilidad.

Por su parte, el imperialismo norteamericano renovaría su interés en señalar como prueba de debilidad e inseguridad un acto extremo del gobierno cubano y manejaría internacionalmente la imposición de la pena máxima, redoblando con nuevos bríos sus esfuerzos para aislar a Cuba del llamado mundo occidental.

Convencido de que los actos de magnanimidad y humanidad operan en la presente etapa de la Revolución Cubana en su beneficio y en contra del imperialismo norteamericano y que, además, ellos le harían un gran servicio a la causa social de mi país por la que hemos luchado numerosos revolucionarios, me he permitido hacer las anteriores reflexiones con la seguridad de que usted y los valiosos elementos que lo acompañan al frente del gobierno de su noble país, sabrán apreciar el espíritu y el propósito solidario y fraterno que inspiran estas líneas.

Deseándole todo bien, quedo su amigo que lo saluda muy afectuosamente.

Lázaro Cárdenas

Santiago, 21 de marzo de 1965

Mi estimado general y amigo don Lázaro Cárdenas: Tengo el agrado de saludarlo con cordial afecto por intermedio del diputado brasileño João Dórea, dilecto amigo de João Goulart quien me ha traído un mensaje verbal del Presidente.

Agradeceré a usted conversar con el diputado Dórea y darnos su esclarecida opinión sobre los tópicos que a nombre del presidente Goulart y mío le serán planteados.

Los pueblos de Latinoamérica ven como siempre en usted, general Cárdenas, la voluntad rectora puesta al servicio de nuestra lucha por la emancipación económica y política de nuestro continente. Por eso impetramos su comprensión y ayuda.

Ruego a usted, ilustre amigo, saludar a los suyos de parte de los míos y reciba usted el invariable aprecio de su amigo y seguro servidor.

Salvador Allende

México, D. F., 6 de abril de 1965

Señor doctor Salvador Allende, senador de la República de Chile, Santiago, Chile.

Muy estimado y fino amigo: Por conducto del señor diputado João Dórea, dilecto amigo del ilustre señor doctor João Goulart, recibí su atenta carta de fecha 21 de marzo pasado y me es grato comunicarle que tuve la oportunidad de escuchar su amplia exposición respecto a la situación que impera en América del Sur y la necesidad de realizar un esfuerzo conjunto para orientar y alentar la acción de los pueblos latinoamericanos en su lucha antiimperialista.

Compartimos, como usted bien sabe, las ideas del señor diputado Dórea y tuve la ocasión de informarle de la similitud de los objetivos de la Primera Conferencia Latinoamericana por la Soberanía Nacional, la Emancipación Económica y la Paz con los que propugnan distinguidos brasileños, así como de mi disposición de sumarme a todo esfuerzo que se realice en América tendiente a obtener la independencia cabal de los países latinoamericanos.

Es muy alentador que personas tan caracterizadas del sur del hemisferio tengan el propósito de dedicar buena parte de su acción a fortalecer la unidad y crear un organismo continental de lucha antiimperialista y estaré pendiente del curso de sus trabajos deseándoles todo éxito en sus actividades y mi más sincera solidaridad en los propósitos que los animan.

Quedo de usted su atento amigo que lo saluda muy cordialmente.

Lázaro Cárdenas

México, D. F., 6 de abril de 1965

Señor diputado Leonel Brizzola, Montevideo, Uruguay.

Distinguido amigo: El señor diputado João Dórea, en su reciente viaje a México, tuvo la gentileza de exponerme la situación que impera en Brasil, y, en general, en el resto del continente, así como la determinación de un grupo de distinguidos brasileños para iniciar la importante tarea de unificar voluntades para crear un organismo latinoamericano de lucha antiimperialista.

Es sumamente alentadora esta disposición de emprender actividades que impliquen un estímulo para los pueblos que propugnan la emancipación económica nacional y el progreso social.

Los países de América Latina se caracterizan por conocidas y múltiples afinidades. Sin embargo, también por la distancia geográfica que los separa y la carencia de medios propios de comunicación, así como por el empeño del imperialismo por mantener aislados a los pueblos y, a la vez, de dispersar y dividir a las fuerzas democráticas y antiimperialistas en el ámbito interno de cada nación, lo que ha sido una rémora para presentar un frente continental común de lucha por la cabal independencia económica y política de los países latinoamericanos.

En efecto, una de las causas de la debilidad de América Latina ante el imperialismo, quizá la mayor, es la desunión en que enfrentamos nuestro destino común y parecería que las condiciones son propicias para superarla en el respeto a los diversos idearios y a las distintas formas de lucha para alcanzar la meta principal de los países latinoamericanos: la liberación nacional.

Sería altamente deseable que los elementos antiimperialistas y las fuerzas que representan pudiesen hacer un esfuerzo unitario sobre bases de acción común con aquel objeto concreto. Y, permítame manifestarle que con su contribución en la tarea que incipientemente se realiza por parte de distinguidos brasileños al lado de los cuales usted ha militado en la política de su país, sería por sí misma invaluable, tanto por su ejemplaridad como acto de unidad como por su significado aporte a la cohesión de las fuerzas antiimperialistas de América Latina.

Aprovecho esta oportunidad para hacer patente mi estimación por su inquebrantable postura democrática y antiimperialista, así como por la preocupación que siempre ha mostrado por los problemas de las clases desheredadas de su noble país.
Quedo su atento amigo que lo saluda cordialmente.

Lázaro Cárdenas

México, D. F., 6 de abril de 1965

Excelentísimo señor doctor João Goulart, Montevideo, Uruguay.

Distinguido amigo: Tuve el gusto de recibir su atenta carta de fecha 10 de marzo pasado por el valioso conducto del señor diputado Joao Dórea, miembro del Partido Cristiano Demócrata, quien tuvo a bien hacer una amplia e interesante exposición de las legítimas preocupaciones de ustedes, que privan entre vastos sectores de América Latina y que compartimos, respecto a las dificultades que afrontan las naciones y los pueblos del continente latino para lograr su desarrollo democrático e independiente y un avance social que implique la mejoría sensible de las condiciones de vida de su población depauperada.

En efecto, los obstáculos que encuentran los países latinoamericanos para cumplir con su destino histórico, provienen principalmente del grado de dependencia en que se desenvuelve su economía, lo que limita su independencia política e incide en el estado de abandono, de pobreza, ignorancia e insalubridad en que se debaten las masas populares.

Es muy satisfactorio que un grupo de personas representativas del sur se apresten a emprender una acción unitaria y antiimperialista para luchar por la independencia integral de América Latina, loable esfuerzo al que me uno firme y decididamente.

En cuanto a la creación de un organismo continental para dar vida a las actividades correspondientes y a guisa de información, cabe referirse a los objetivos enunciados en la Primera Conferencia Latinoamericana por la Soberanía Nacional, la Emancipación Económica y la Paz celebrada en México en 1961, los que sin duda concuerdan con los que inspiran a usted y a otros distinguidos latinoamericanos y que son, en síntesis, los siguientes:

Desarrollo nacional independiente. Recuperación de los recursos naturales en manos extranjeras para su aprovechamiento y explotación nacional; reforma agraria profunda; nacionalización de las industrias básicas y de las riquezas del subsuelo; protección y estímulo a la industria y al comercio nacionales; pago justo por las materias primas exportables y precios equitativos para las manufacturas de importación; financiamientos, créditos, inversiones y ayuda técnica extranjeros recíprocamente provechosos, sin menoscabo de la soberanía y la independencia económica nacional; intercambio comercial y cultural con todos los países del mundo.

Política internacional. Autodeterminación y no intervención; igualdad jurídica de los estados; condena de toda forma de colonialismo y de discriminación racial; solidaridad en la lucha por la liberación nacional de los pueblos latinoamericanos y apoyo a los pueblos afroasiáticos que persiguen el mismo fin; intensificación de las relaciones de intercambio entre los países de América Latina; respeto a la soberanía, la independencia y la integridad territorial de Cuba y libertad para Puerto Rico; denuncia de los tratados internacionales lesivos para la soberanía nacional; supresión de las bases militares extranjeras; paz mundial, prohibición de todas las pruebas de armas nucleares y destrucción de las existentes; desarme general y completo, coexistencia pacifica basada en el respeto a la independencia de los pueblos.

Debo manifestar a usted que se incluye la reforma agraria en el capítulo sobre desarrollo nacional independiente por las condiciones que imperan en numerosos países respecto a la tenencia de la tierra. Y, también, porque como usted bien lo sabe, una reforma agraria tan profunda y extensa como lo requieran las necesidades de las masas campesinas (la inmensa mayoría de la población latinoamericana) y que haga posible modernizar los métodos de producción rural, señala el único camino para lograr un sólido desarrollo de la industria y de las demás actividades productivas. Consecuentemente es, asimismo, la base para lograr la elevación ininterrumpida del nivel de vida de la clase obrera y de las demás capas intermedias de la sociedad que, conjuntamente con las masas rurales, reclaman alimentación y vestido adecuados y baratos, vivienda decorosa, atención a la salud pública, alfabetización y escuela con igual apremio que el respeto a las libertades individuales, a las garantías sociales, a los derechos de asociación, reunión y libre expresión del pensamiento; en síntesis, lo que constituye la vigencia real de la democracia política y social y de una auténtica independencia nacional.

La constitución de un organismo que represente a fuerzas aún más amplias que las reunidas en la Primera Conferencia Latinoamericana a que he hecho mención, es conveniente y necesario para contrarrestar y eventualmente desterrar las múltiples y complejas formas de explotación imperialista en América, de intervención y agresión política y económica, de subversión y sabotaje abierto o encubierto, de deformación de la cultura, las tradiciones y las costumbres nacionales. Y la idea fundamental de realizar congresos anuales para examinar problemas y delinear orientaciones para liberar a la América Latina del imperialismo, es altamente aconsejable y sin duda alentará los esfuerzos que en diversos frentes y con distintos métodos se realizan a lo largo del continente para rescatar o defender la independencia nacional.

Para un proyecto de tal envergadura parecería deseable que todo elemento o fuerza organizada dispuestos a proporcionar su concurso definido y claramente antiimperialista, fueran incorporados en esta cruzada de tanta significación, respetando las diferencias inevitables en cuanto a ideario y métodos de lucha en cada región o país, para concurrir unidos en la responsabilidad de labrar el porvenir de los pueblos de América Latina, continente por múltiples razones fraterno, en la libertad y la independencia nacionales.

El llamamiento inicial de un grupo de personas caracterizadas por su posición antiimperialista puede lograr una repercusión de indudable importancia y sólo desearía sugerir, como lo hice saber al señor diputado Dórea, que si posible el mismo fuese suscrito por un número suficiente de personas representativas originarias de diversas regiones latinoamericanas.

Permaneceré pendiente del curso de los nobles esfuerzos de usted y de quienes lo acompañan en la primordial y alta misión de alentar la lucha unitaria de los pueblos latinoamericanos por la independencia, el progreso nacional y el bienestar social de nuestra América.

Con mis saludos cordiales quedo de usted su atento amigo.

Lázaro Cárdenas

México, D. F., 7 de mayo de 1965

Señor licenciado Gustavo Díaz Ordaz, presidente constitucional de la República,
Palacio Nacional, México, D. F.

Estimado señor Presidente: Deseo felicitarlo sinceramente por los conceptos vertidos por usted ayer, sobre la posición del gobierno de la República ante la violación del territorio y de la soberanía de la República Dominicana, perpetrada por las fuerzas navales de los Estados Unidos y, también, por el voto de México contra la resolución intervencionista tomada en la X Reunión de Consulta de la Organización de los Estados Americanos que aprueba el envío de una fuerza militar multinacional, desvirtuando totalmente sus normas y sus funciones.

Las claras y precisas expresiones de usted en el sentido de que "el pueblo y el gobierno de México están unidos en la convicción de que a los dominicanos, y sólo a los dominicanos, corresponde decidir acerca de su forma de gobierno y en general sobre su futuro, sin interferencia alguna, directa o indirecta, abierta u oculta, que provenga del exterior" constituyen una nítida interpretación de los principios que inspiran la política internacional de México y que tuvieron su máxima expresión histórica en la fuerza inalterable que empleó el Benemérito de las Américas, don Benito Juárez, al resistir y vencer al invasor extranjero y reinstituir los derechos soberanos de la patria.

A la preocupación hemisférica por los hechos acaecidos en la República Dominicana y que implícitamente afectan a todos los países latinoamericanos, se añade la de presenciar la afluencia ininterrumpida de tropas norteamericanas, dando pábulo a pensar en la intención de su permanencia en territorio dominicano y en la posibilidad de la extensión de su influencia o su acción sobre otros territorios del Caribe.

Por ello, tanto en sostén de la política tradicional de no intervención y autodeterminación que México defiende como por las oscuras perspectivas que ofrecen las numerosas fuerzas de ocupación que concurren en territorio dominicano, la posición mexicana y la de otras repúblicas hermanas que piden su retiro, está destinada a contribuir a normalizar una situación que actualmente ahoga la libertad y la autodeterminación de un pueblo y que amenaza a otros países del continente produciendo justificada intranquilidad entre los pueblos latinoamericanos.

Indudablemente que el pueblo mexicano seguirá ofreciendo unánime solidaridad al gobierno de la República que usted dignamente preside en su empeño de anteponer el derecho a la fuerza en las relaciones interamericanas y, por mi parte, me hago copartícipe de la adhesión y el apoyo populares a la política internacional de su gobierno.

Quedo de usted, señor Presidente, su atento amigo y servidor que lo saluda muy cordialmente.

Lázaro Cárdenas

México, D. F., 14 de mayo de 1965

Señor profesor John D. Bernal, presidente del Consejo Mundial de la Paz, 94 Charlotte Street, Londres W. 1, Gran Bretaña.

Distinguido y fino amigo: Me permito acusar recibo de la declaración hecha por usted sobre la situación de la República Dominicana, publicada en Londres el 4 del actual.

Esta oportuna intervención de usted, en su calidad de Presidente delegado del Consejo Mundial de la Paz, encierra conceptos que comparten los pueblos latinoamericanos, especialmente en lo que se refiere a la necesidad inmediata de que las tropas norteamericanas salgan del territorio-dominicano que, con su ocupación, han violado las leyes morales y legales por las que deben regirse los estados soberanos.

México repudia esta nueva y flagrante invasión armada de los Estados Unidos y los más diversos sectores del pueblo han manifestado su franco y decidido apoyo a la reiteración de los principios de no intervención y autodeterminación hecha por el gobierno mexicano al requerir ante la OEA la salida de las tropas norteamericanas y al votar contra la intervención de una fuerza militar multinacional en la República Dominicana.

Organismos de obreros y campesinos, partidos políticos de todas las tendencias, instituciones privadas, intelectuales y estudiantes han hecho público su rechazo a la invasión y a los actos bélicos de las tropas norteamericanas en Santo Domingo; así como su más sólida adhesión a la política internacional del Presidente de México.

Todos los pueblos latinoamericanos, sin excepción, han protestado por la violación de la integridad territorial y la soberanía perpetrada por los Estados Unidos en la República Dominicana y, asimismo, nos percatamos de las declaraciones de algunos estadistas de Europa, Asia y África y de las manifestaciones y actos de los organismos populares del mundo entero en ese mismo sentido.

La solidaridad de los pueblos y, en lugar destacado, de los amantes de la paz y la independencia nacional es, como usted dice, urgente en apoyo de la exigencia de los patriotas dominicanos de que las fuerzas militares extranjeras salgan de su país para que aquéllos puedan resolver sus problemas internos en plena libertad y en el más estricto apego a su soberanía.

Los esfuerzos del Consejo Mundial de la Paz para reforzar la solidaridad de los pueblos contra las agresiones del imperialismo y por la liberación nacional de los pueblos, serán justamente apreciados por los partidarios de la paz.

Quedo su atento amigo que lo saluda cordialmente.

Lázaro Cárdenas

CARTA NOCTURNA

México, D. F., 20 de mayo de 1965

Senador Salvador Allende, Santiago, Chile.

Su atento mensaje. Vista realidad criminal intervención extranjera en territorio República Dominicana procede seguir movilizando opinión pueblos latinoamericanos y todos países rechazando atropello y reclamando inmediata salida fuerzas extranjeras que están hollando territorio ajeno y sirviendo de apoyo contra pueblo dominicano que lucha heroicamente por defender su soberanía y restablecer régimen constitucional. Salúdolo atentamente.

Lázaro Cárdenas

TELEGRAMA

Santo Domingo, República Dominicana, 29 de mayo de 1965

General Lázaro Cárdenas, México, D. F.

Pueblo dominicano en lucha por su libertad denuncia ocupación militar Estados Unidos este pequeño país, parcialización favor de enemigos de la constitución democrática y presión abierta para imponernos un gobierno negador de los derechos humanos que impida el triunfo de la verdadera democracia, por la que han brindado sus vidas miles de dominicanos. Urge su apoyo efectivo, en razón de su prestigio internacional, para detener tan grosera violación a la no intervención y autodeterminación de los pueblos. Con toda consideración.

Doctor Jottin Cury, ministro de Relaciones Exteriores del gobierno constitucional de la República Dominicana

CARTA NOCTURNA

México, D. F., 5 de junio de 1965

Doctor Jottin Cury ministro de Relaciones Exteriores del gobierno constitucional de la República Dominicana, Santo Domingo, República Dominicana.

En respuesta su atento cable flagrantes actos intervención su país permítome manifestarle y por su distinguido conducto al noble pueblo hermano que ilegal violación soberanía integridad territorial República Dominicana perpetrada por fuerzas militares y elementos civiles extranjeros con incalificable objeto intervenir sus asuntos internos, es hecho altamente condenable por conciencia libre América. El respeto al régimen constitucional, a derechos humanos y a libre dilucidación diferencias internas por propios dominicanos, imponen a todos pueblos deber firme solidaridad a justa demanda pronto retiro total tropas norteamericanas y de otros países continente como condición primordial e irrenunciable para ejercicio derechos autodeterminación no intervención en que fundaméntanse principios soberanía nacional consagrados cartas ONU y OEA arrogantemente ignorados por intervencionistas cuya presencia en Santo Domingo amenaza libertad independencia demás países latinoamericanos. Atentamente.

Lázaro Cárdenas

México, D. F., 11 de junio de 1965

Comité del Pueblo Chino por la Defensa de la Paz Mundial, 9, Tai Chi Chang, Pekín, China.

Estimados amigos: Recibí su atenta comunicación de fecha 20 de mayo pasado adjuntando la declaración del presidente Mao Tse-tung en apoyo del pueblo dominicano en su lucha contra la invasión norteamericana, el discurso del señor Peng Chen y el mensaje del acto público realizado en Pekín el 12 de mayo pasado con el mismo motivo, materiales cuyo envío agradezco.

La intervención militar extranjera en la República Dominicana, primero por parte de las tropas norteamericanas y después por efectivos de otros países del continente, así como las maniobras diplomáticas de los Estados Unidos inmiscuyéndose en los asuntos internos de aquel país hermano, constituyen una seria violación a los más elementales principios del derecho internacional, la autodeterminación de los pueblos y la no intervención, y representan una seria amenaza para la libertad y la independencia de los países latinoamericanos y de otros continentes.

Por lo tanto, la importante solidaridad desplegada por el pueblo chino y la que se manifiesta en todas partes del mundo, incluyendo la que prestan significados sectores democráticos de los Estados Unidos, reviste una gran fuerza moral en apoyo de los pueblos sojuzgados.

La realidad de los últimos años ha demostrado que la presión política y la agresión militar empleadas por el imperialismo norteamericano en varias partes del mundo para sojuzgar a los pueblos, sólo pueden ser rechazadas con éxito por la acción unida de los propios pueblos con el empleo de todos los medios de resistencia que estén a su alcance, y así defender o reconquistar la soberanía y la independencia nacionales y restablecer la paz.

De ustedes atento amigo.

Lázaro Cárdenas

Pátzcuaro, Mich., 27 de septiembre de 1965

Señor general José R. Gabaldón, Caracas, Venezuela.

Distinguido amigo: **Agradezco sinceramente el envío de sus in-**

teresantes artículos, de aliento patriótico y latinoamericanista, inspirados en los más altos ideales de redención social y emancipación nacional.

En uno de sus últimos escritos titulados "Digamos la verdad" hace usted una clara síntesis de la conducta imperialista en América Latina desde los tiempos del gran libertador Bolívar hasta la fecha. En ella se resume la larga y dolorosa experiencia de nuestros pueblos para realizar su destino con libertad y verdadera autonomía.

Efectivamente, desde los albores de su independencia política los países latinoamericanos han sufrido la incomprensión y las amenazas y la intervención armada de poderes imperiales y todavía hoy, bajo la égida del imperialismo norteamericano, soportan la pesada carga de la dependencia económica y, en la mayoría de los países, la política y aun la militar, la que condiciona la vida de los pueblos a un nuevo coloniaje.

Este hecho ha rendido amargos frutos para nuestros pueblos: miseria e ignorancia, atraso económico y social, la permanencia de regímenes autocráticos que mantienen en sus países estructuras feudales en el campo y propician, con la entrega virtual de sus recursos naturales a la explotación de los monopolios internacionales, un auge artificial, engañoso, en las ciudades donde proliferan empresas industriales, negociaciones comerciales e instituciones financieras de capital extranjero y de las que sólo sacan provecho sustancial aquellos monopolios y las oligarquías nacionales.

Estas oligarquías jamás han tenido ni tendrán conciencia nacional ni sentido alguno de patriotismo, careciendo además de todo escrúpulo para maltratar y reprimir a los pueblos cuando éstos reclaman mejores condiciones de vida o salen en defensa de la independencia y la soberanía de su patria escarnecida y depauperada.

A nombre de la democracia y de la no intervención extracontinental, el imperialismo norteamericano elabora doctrinas e incurre en hechos violatorios al pleno ejercicio de la soberanía de las naciones latinoamericanas, impidiéndoles su derecho a regir sus destinos nacionales y sus relaciones externas con la libertad que exige todo país que anhela ser política y económicamente independiente.

Existe en el continente latino una creciente conciencia de estas realidades y hoy, mi querido amigo, ésta se ha manifestado excepcionalmente alerta ante el grave peligro que emana de la declaración de la Cámara de Representantes de los Estados Unidos, aprobada por una amplia mayoría de votos, sobre su sentir y su interpretación respecto a pretendidas facultades que otorga el Tratado Interamericano de Asistencia Recíproca, considerando legal el derecho de intervención militar individual o multinacional contra un país o países que supuesta o realmente guíen su vida por la senda del socialismo o el comunismo o que escojan otras formas de gobierno que a los legisladores norteamericanos se antoje consecuencia de la subversión.

Éste es un hecho sin precedentes en la larga historia de las intromisiones norteamericanas en la vida interna de nuestros países y reviste caracteres especialmente serios por provenir de un cuerpo cuyos componentes se supone representan el sentir del pueblo que los ha elegido para legislar y porque la actitud que mayoritariamente han tomado parece inspirada en la misma que auspicia acuerdos castrenses de carácter ofensivo que, según noticias recientes de prensa, se preparan en el sur del continente latinoamericano con evidente estímulo del Pentágono, el que aparentemente se ha constituido en el factor determinante de la política internacional norteamericana.

En América sólo tenemos una defensa efectiva ante este y otros hechos de intervención directa, como en Cuba y la República Dominicana: *la unión nacionalista latinoamericana en defensa de la soberanía de nuestros países en contra de la intervención extranjera.* Unidad latinoamericana concebida y estructurada de acuerdo con nuestros intereses y nuestra idiosincrasia, con objetivos propios de honda raigambre nacional en comunión plural latinoamericana por la identidad excepcional que nos une, tanto en los antecedentes históricos como en el desarrollo económico y social de nuestros países, en la unidad geográfica como en la afinidad de nuestras raíces idiomáticas y aun otras coincidencias y similaridades que hacen de la presencia de América Latina en el mundo un conjunto de hermanos países cuyo destino está indisolublemente ligado en el esfuerzo inaplazable de defender la soberanía nacional contra todo intento o acto de intervención extranjera.

"La intervención —como expresó el ilustre tratadista del Brasil, Lafayette Rodríguez Pereira— es una sustitución de la soberanía de la nación que la sufre por la del interventor o una verdadera usurpación de atribuciones. Cualquiera que sea el motivo, la razón o el interés invocado, es siempre y en todas las circunstancias, un atentado contra principios ya claros y positivos de Derecho, universalmente aceptados."

Por eso, en comunidad de pueblos hermanos, que tanto han luchado por su independencia, su soberanía y su autodeterminación, estamos obligados a oponernos a ese proyecto audaz de la Cámara de Representantes de Washington, porque si en el pasado hemos rechazado la Doctrina Monroe, que sólo y exclusivamente fue ventajosa para la política imperialista de los Estados Unidos en América, en el mundo actual, de crecientes reformas sociales, políticas y económicas, aceptar el mencionado proyecto, sería negar nuestros derechos de pueblos libres o jugar su destino, frente a intereses contrarios a nuestro devenir histórico de carácter nacionalista y humano, bajo la presión de la nación más fuerte contra la nación más débil.

El imperialismo norteamericano ha tenido indudable éxito en mantener dispersos y desunidos a nuestros pueblos y en crear y estimular barreras entre los sectores nacionalistas de nuestros países, por ello el llamado que usted hace a la unidad es tan valedero. Y ha llegado el momento, ante la amenaza intervencionista que se cierne sobre toda América Latina, en que todas las fuerzas y los elementos patrióticos, sin distinción, unan sus esfuerzos en la batalla de emancipación más importante de nuestro siglo.

El deber supremo de reivindicar plenamente la soberanía nacional y el derecho a la libertad obliga a los latinoamericanos a unir propósitos y esfuerzos para organizarse nacional y continentalmente para iniciar una nueva cruzada por la independencia integral de los países que, como dijera Martí, componen la gran patria latinoamericana.

Al meditar en esta cuestión vital para nuestra América, pienso en el valor que encierran sus palabras al perder un hijo en la heroica lucha armada de liberación que llevan a cabo los jóvenes venezolanos, en su hondo patriotismo al expresar en el dolor de una pérdida tan grande, el sublime orgullo de la ofrenda que un hijo hace de su vida por la libertad de su patria. Esta disposición al sacrificio es símbolo de la conciencia de nuestra América, que ninguna fuerza o poder apagará.

Felicito a usted por sus justos y trascendentales pronunciamientos y quedo su amigo que lo saluda muy cordialmente.

Lázaro Cárdenas

Macuto, 18 de octubre de 1965

Señor general **Lázaro Cárdenas**, ex presidente de la República, México.

Mi ilustre y generoso amigo: He recibido su carta del mes pasado, documento de valor inapreciable no sólo por venir de tan ilustre personalidad, sino por la acumulación de doctrina política latinoamericanista que contiene. ¡Qué bueno fuera, en momentos tan interesantes como los que estamos viviendo, poder darla a la luz pública! Yo lo haría, en bien de nuestra sufrida América, si usted me autorizara. La voz suya con tanta autoridad por su clara historia, debe ser oída: autoríceme. No tengo para qué hablarle de mi agradecimiento, que es leal y profundo como debe ser siempre el amor a nuestra América desgraciada durante siglo y medio por el creciente imperialismo anglosajón, hoy dirigido desde el Pentágono por un grupo de generales de criterio absurdo por militarista a ultranza: las guerras de Corea ayer, y hoy de Vietnam, así nos lo prueban. ¿Y el atentado de Santo Domingo, junto con la desvergonzada amenaza a nuestro continente, cómo juzgarla? ¡Yo diría que un colmo escandaloso que lo rebasa el Parlamento yanqui con servil aprobación! Afortunadamente que la casi totalidad de nuestros parlamentos latinoamericanos, han protestado contra tamaño atentado. Menos mal, y ojalá sea el principio de la justa reacción.

La situación de nuestra América es grave, de toda gravedad. ¿No acaba el jefe del ejército argentino de proponer una alianza al brasilero, para de acuerdo con Estados Unidos hacer una campaña anticomunista, que vale decir pro franco imperialismo? Más que absurda, es criminal tal proposición. Yo, con justa indignación, le escribí la carta que le adjunto, que ojalá fuera reproducida en la prensa mexicana, que tan leída es en el mundo. Yo hago, mi querido y honorable amigo, todo lo que puedo; pero con grandes dificultades, porque la prensa grande de Venezuela está controlada por el imperialismo yanqui, y no me da cabida. Afortunadamente un viejo diario provinciano, *El Impulso*, de Barquisimeto, me ha abierto sus honorables puertas, y doy los gritos que vengo dando. En él publicaría su hermosa carta si me lo permitiera. Ojalá, su voz debe oírse. Ella es un clarín que nuestra América conoce por sus notas de patriotismo, desde muchos años atrás. ¿No debe México a ellas su engrandecimiento? Negarlo, sería el colmo de la estulticia. Y es por eso que yo, latinoamericano consecuente con nuestras históricas tradiciones lo he mirado siempre como a un maestro. Excuse el elogio, que sólo es fruto de mi leal devoción, no de mentirosas búsquedas políticas.

Soy su amigo admirador.

José R. Gabaldón, miembro del Consejo Mundial de la Paz

Jiquilpan de Juárez, Mich., 2 de octubre de 1965

Señor don Juan Bosch, Santo Domingo, República Dominicana.

Estimado y distinguido señor Bosch: Me es grato saludar a usted en ocasión de su regreso a su país y manifestarle el interés que despertaron sus conceptos vertidos ante el noble pueblo dominicano al regresar a su patria.

Como expresó usted, el hecho de la intervención extranjera en la República Dominicana es una lección para los demás países latinoamericanos y un ejemplo la actitud valerosa, de resistencia, observada por las grandes mayorías populares al repudiar la ocupación militar y la ingerencia extraña en los asuntos internos de su país, actos inadmisibles, violatorios de los más elementales principios de convivencia internacional y totalmente contrarios a lo estipulado en las cartas de las Naciones Unidas y de la Organización de los Estados Americanos sobre el derecho inalienable de las naciones a su soberanía.

La presentación ante la Corte Internacional de Justicia de La Haya de aquellos punibles hechos, que usted sugiere en búsqueda de reparaciones adecuadas, constituiría una justa exigencia de estricto respeto a la soberanía y la independencia de la República Dominicana y, además, sería una denuncia ante el mundo de los graves daños morales y materiales infligidos por las tropas extranjeras al pueblo de su país.

La situación creada por la intervención extranjera en Santo Domingo es un antecedente de peligrosos augurios para toda América Latina. Su triste corolario, antagónico al verdadero sentir del pueblo norteamericano, es la declaración aprobada recientemente por la Cámara de Representantes de los Estados Unidos, haciendo en ella una extraña e inadmisible interpretación del Tratado Interamericano de Asistencia Recíproca de Río de Janeiro al otorgar carácter legal a la intervención armada contra un país o países que supuesta o realmente encaminen su vida por senderos distintos a los que convenga a los intereses imperialistas y que, a juicio de éstos, aquéllos puedan ser calificados, con razón o sin ella, de inspiración comunista.

Justicia, como usted dice, sólo justicia en el trato necesitan los países de nuestra América para desarrollarse y labrar su vida con dignidad, libertad e independencia.

En su resistencia al invasor, los dominicanos encuentran la firme solidaridad continental para que salga del país hasta el último soldado extranjero, pues al igual que en la República Dominicana, la conciencia nacional de los pueblos se hace cada día más honda en toda América Latina. La inviolabilidad del territorio, la libre determinación de la vida interna y externa de las naciones, el logro de la emancipación económica para hacer invulnerable la autonomía política deben dejar de ser enunciados teóricos. Más aún, son ya metas en que coinciden las fuerzas populares y los elementos nacionalistas de nuestros países, conscientes de que es la patria misma la que reclama la unidad de sus hijos para la subsistencia o la reconquista de la soberanía nacional.

Es mi convicción que los dominicanos, firmemente unidos, podrán librarse de los invasores extranjeros, y dilucidar solos, como es su derecho, sus asuntos internos.

Quedo su amigo que lo saluda atentamente.

Lázaro Cárdenas

México, D. F., 5 de octubre de 1965

Al señor Janio Quadros, ex presidente del Brasil, París, Francia.

Distinguido y estimado amigo: En vista de los acontecimientos recientes que afectan profundamente a los pueblos de América Latina y cuya gravedad no escapa a su fina sensibilidad y reconocido patriotismo, me permito dirigir a usted estas líneas que encierran algunas consideraciones e ideas que pudieran interesarle.

Ante la intervención armada, las intromisiones políticas y la preponderancia económica del imperialismo norteamericano en los países de nuestra América, suprimiendo o mediatizando su independencia, considero que la gravedad que encierra semejante conducta obliga a los pueblos latinoamericanos a emprender una gran cruzada nacionalista y unitaria en sus esfuerzos para defender la soberanía y la integridad territorial de sus países.

La historia de las relaciones interamericanas es la historia de las presiones norteamericanas para imponer su hegemonía al sur del continente, ya sea por medios "amistosos" o blandiendo el ya clásico garrote, alentando los golpes militares o de Estado que convengan a sus intereses o repitiendo sus tristemente célebres invasiones armadas contra todo intento latinoamericano de sacudirse el poder imperialista.

Ejemplos recientes demuestran la invariabilidad de esa política altamente repudiable. Ahora pretende investirse de un manto de legalidad en el supuesto derecho de los Estados Unidos de intervenir militarmente en cualquier país del hemisferio cuya situación interna merezca su desaprobación.

Iberoamérica entera ha levantado su protesta ante el trato imperial que el país del norte imparte a los países del sur, consciente de que los verdaderos móviles, tanto en la acción en los organismos internacionales que proclaman, casi sin eco, los derechos inalienables de los estados, como en las relaciones de comercio y desarrollo económico que auspician con los demás países de América, responden exclusiva e inocultablemente a la imposición de una política de mercaderes prepotentes y agresivos, dispuestas siempre sus bayonetas contra el ejercicio de la autodeterminación, derecho que asiste a cada nación latinoamericana y que tiene su mejor acepción en la facultad irrestricta de recuperar el pleno dominio de sus recursos naturales, hoy enajenados, y el de organizar con independencia su aprovechamiento y su usufructo.

Al intensificar su explotación económica en América Latina, el imperialismo norteamericano crea nuevos métodos para mediatizar a los elementos inconsistentes, frágiles, ligados al poder público o a intereses privados susceptibles de caer bajo la influencia de un miraje de progreso y desarrollo que en verdad nos ata y empobrece en la dependencia. Asimismo, emplea sutiles formas de atracción que a veces logran doblegar a mentes lúcidas de la intelectualidad latinoamericana.

Simultáneamente, por fortuna, se amplía el número y se fortalece la conciencia de los elementos y de las fuerzas nacionalistas que comprenden con mayor claridad cada día que la disyuntiva de nuestro tiempo en América Latina es o la tolerancia ante la intervención y la dependencia del extranjero o la reconquista de la libertad en el pleno respeto a la soberanía de las naciones.

La conveniencia de enfrentar esta situación se presenta en circunstancias mundiales favorables a la lucha de los pueblos por su independencia.

Distante, en mayor o menor grado, de sus antiguos aliados europeos y aislado de los pueblos de Asia, África y América Latina, el imperialismo norteamericano experimenta un debilitamiento moral y político sin paralelo en la historia moderna. El aventurerismo bélico de que ha dado muestra en Cuba, en la República Dominicana, en Vietnam, Laos, el Congo y otros países afroasiáticos; la extensa red de bases militares en territorios extranjeros que dispersan sus fuerzas armadas en todas las latitudes; los problemas internos que pesan sobre la administración pública norteamericana y, sobre todo, el multitudinario repudio de los pueblos a sus intervenciones neocolonialistas, colocan al imperialismo norteamericano en una situación sumamente precaria. Sólo sus desplantes publicitarios y sus amenazas de destrucción nuclear logran todavía intimidar a quienes olvidan que de cumplirse éstas producirían su autodestrucción, suicidio vedado por la propia naturaleza de sus ambiciones.

En efecto, a las contradicciones entre los países europeos y los Estados Unidos y las siempre presentes con otras poderosas naciones del orbe, hay que añadir la resistencia civil o armada que cunde en África, Asia y América Latina entre las dos terceras partes de la población mundial.

La antigua debilidad de estos pueblos se ha tornado en su fuerza en la lucha contra todo coloniaje, y han encendido una hoguera que se extiende ante las más audaces aventuras militares de sus opresores para apagarla. En la propagación inevitable de este incendio libertario, el imperialismo encuentra su más peligroso adversario, el más decidido y poderoso, el más abocado a inclinar la balanza de la historia en favor de la soberanía y la verdadera independencia de los pueblos.

En este amplio marco antiimperialista están emplazados los países de América Latina y las perspectivas históricas de nuestro destino común varían en el tiempo, en las condiciones y las circunstancias nacionales que permitan hacer fructificar ideales que son fuente de la misma inspiración.

Si es obvio el paralelismo de los problemas fundamentales que compartimos es, además, connatural el estrecho parentesco que une a nuestras repúblicas latinas. Hijas de una sola historia indivisible, herederas de tradiciones similares y parecida idiosincrasia, ligadas por la geografía y las raíces idiomáticas, propiamente sin fronteras espirituales, la unidad sustancial de nuestra América nos impele a marchar juntos con fervoroso patriotismo y clara conciencia latinoamericanista.

En estos sentimientos de hondo arraigo surgirán las fuerzas que proclamen la segunda independencia de Iberoamérica. Es, pues, perentorio trazar la ruta de la libertad, en la que pueden y deben transitar todos los nacionalistas dispuestos a luchar contra cualquier forma de intervencionismo extranjero, hacer respetar el solio patrio y el manejo autónomo de la vida interna y externa de sus países.

Llamar a los latinoamericanos de las más diversas tendencias filosóficas y espirituales, sin desperdiciar una sola voluntad individual y colectiva capaz de oponerse a la sujeción extranjera por cualquier medio que escoja su conciencia, es abrir amplias las puertas de la unidad en que hallaremos la victoria.

Sin pretender una imposible supresión de las naturales divergencias de todo orden que separan a los distintos sectores sociales, es de esperar que al llamado supremo de la patria en defensa de la soberanía contra la intervención, concurrirán las fuerzas nacionalistas de cada país.

Escribo a usted estas líneas en la confianza de que tendrán acogida en su ánimo, seguro de que apreciará en todo su valor la necesidad imprescindible de dar aliento a la idea de promover y organizar la unión nacionalista latinoamericana convocando a los elementos que, por disímiles que sean, se hayan significado por su resistencia al imperialismo, aun a costa del poder, de su tranquilidad y de su vida misma, pues me parece que es una tarea urgente que requiere su preferente, impostergable consideración.

La situación de los pueblos de América Latina y las circunstancias mundiales hacen propicias, por maduras, las condiciones para realizar una cruzada de esta naturaleza. Y en verdad sólo ese camino nos queda ante la irreversible política de fuerza y violencia que el imperialismo norteamericano ha venido siguiendo.

Deseo sus opiniones sobre esta situación que confrontamos y que considero de primordial importancia para el porvenir de los pueblos de América, incluyendo al norteamericano, cuya suerte está íntimamente ligada a la de nuestros propios pueblos hermanos, en la inteligencia de que serán muy valiosas y apreciadas las opiniones y sugestiones que tuviera usted a bien hacer sobre el particular.

Quedo su amigo que lo saluda muy cordialmente.

Lázaro Cárdenas

México, D. F., 12 de noviembre de 1965

Señor general José R. Gabaldón, Quinta Santocristo, Avenida la Vega, El Paraíso, Caracas, Venezuela.

Distinguido y estimado amigo: Recibí su atenta carta de fecha 18 de octubre pasado, así como recortes de sus últimos artículos y de la carta abierta dirigida por usted al ministro de la Defensa de la República Argentina.

Felicítolo una vez más por la justeza de sus conceptos y la gallardía de su postura antiimperialista, haciendo honor a la voz independiente de Venezuela y de América Latina al denunciar los peligros que se ciernen sobre nuestros países en virtud del empeño de los Estados Unidos de organizar, al amparo de la OEA, un ejército continental intervencionista bajo su mando y de estimular a fuerzas armadas de otros países para que, con el manido pretexto de la lucha contra el comunismo, se lancen a aventuras militares fratricidas que sólo beneficiarían al imperialismo norteamericano.

Agradezco sinceramente sus apreciaciones sobre mi carta anterior y en cuanto a sus deseos de publicarla le manifiesto que no tengo inconveniente alguno para ello.

Reitero a usted mi estimación y lo saludo muy cordialmente.

Lázaro Cárdenas

México, D. F., 21 de enero de 1966

Señor licenciado Ezequiel Padilla Couttolenc,
México, D. F.

Estimado y fino amigo: He leído con interés su tesis profesional preparada bajo el título *El plan Horowitz y el financiamiento del desarrollo de América Latina*, hecha con una encomiable preocupación por los problemas que confronta Latinoamérica en materia de desarrollo al examinar las formas empleadas para su financiamiento, especialmente el que proviene de instituciones extranjeras.

Los conceptos que usted vierte en su introducción revelan la explicable inquietud general, que usted comparte, respecto al creciente desnivel económico y financiero entre los países ricos y los pobres en cuanto a la progresiva acumulación de la riqueza de los primeros y la depauperación de los segundos. Y, consecuentemente, la desigualdad en la distribución del ingreso en ellos, ahondando las contradicciones nacionales y sociales que produce esta situación atribuible, principalmente, a la acción de los consorcios internacionales.

Es particularmente útil su examen respecto a los métodos de financiamiento de las instituciones internacionales con fines de desarrollo latinoamericano; a los movimientos de capital público y privado; la relación de ambos en su política de inversiones; los efectos que producen los préstamos y créditos otorgados a corto y largo plazo y los perjuicios económicos y políticos ocasionados por la unilateralidad del comercio internacional de los países latinoamericanos; las ventajas que comparativamente representan las inversiones públicas con respecto a las inversiones directas; la política largamente aplicada, de reservar a nuestros países el papel de productores y exportadores de materias primas; la persistente competencia desleal que en la industria y el comercio realizan los monopolios internacionales en los países que hacen esfuerzos por industrializarse y desarrollar su comercio con independencia; la depauperación que sufren por la repartición de las utilidades de las empresas extranjeras que se establecen en ellos y la naturaleza y la verdadera nacionalidad de los bancos internacionales creados para fines de ayuda para el desarrollo de los países latinoamericanos.

Sin duda el plan Horowitz reviste atractivo para los países en proceso de desarrollo y carentes de suficiente capital para promoverlo con sus propios recursos, ya que está concebido a manera de aligerar las cargas excesivas que hoy soportan con financiamientos onerosos y de nocivos resultados para su independencia política y económica y que, además, está demostrado que, tarde o temprano, en vez de enriquecer, depauperan.

¿No considera usted que a la falta de un poder financiero propio y suficiente debe corresponder una clara conciencia de la potencialidad de los recursos naturales susceptibles de transformación que poseemos y que constituyen la riqueza básica en que habría de apoyarse el desarrollo verdaderamente sano y progresivo de las economías de nuestros países y el que sólo puede preverse en la unidad de propósitos latinoamericanos para establecer un plan de largo alcance para complementar sus economías y presentar un frente común para el desenvolvimiento y la defensa del comercio exterior?

El fenómeno que usted apunta al principio y al final de su tesis en cuanto al "despertar de los países pobres, antaño ignorantes, a las lacerantes realidades de la distribución de la riqueza mundial, dando lugar a movimientos nacionalistas incontenibles que luchan por la independencia política y económica", se compagina con la necesidad de abordar el problema del desarrollo de los países débiles en forma nueva que, sin prescindir de financiamientos necesarios, de aplicación adecuada y en las condiciones más justas posibles, sea capaz de fincarse fundamentalmente en los propios esfuerzos nacionales, sin ligas de dependencia de los monopolios extranjeros cuyos métodos de explotación son anacrónicos y decadentes a pesar de los alardes de fuerza y poder que se empeñan en demostrar cuando los hechos hablan precisamente en contrario.

Felicito a usted por el mérito de su tesis que está inspirada en la defensa de las economías nacionales, y es de esperar que su

generación podrá contribuir a acelerar los caminos del progreso independiente de México.
Quedo de usted su amigo que lo saluda cordialmente.
Lázaro Cárdenas

TELEGRAMA

México, D. F., 22 de enero de 1966

Señor licenciado Gustavo Díaz Ordaz, presidente constitucional de la República, Palacio Nacional, México, D. F.

Felicito a usted por el éxito logrado en su viaje a las hermanas repúblicas centroamericanas así como por sus enunciados en el curso de su gira precisando con altura la posición de México en materia internacional: la disposición amistosa de México hacia los pueblos centroamericanos en el respeto absoluto a la soberanía, su carencia de ambiciones territoriales o ventajas políticas y económicas, el establecimiento de relaciones de fructífero y de mutuo interés, la autonomía de los pueblos para escoger el régimen que prefieran, el sostenimiento de la política de no intervención que nos es congénita, la independencia económica como base del mantenimiento de la independencia política, la conveniencia de que nuestros países dejen de ser fundamentalmente productores y exportadores de materias primas, la definición de la democracia basada en la satisfacción de las necesidades materiales y culturales de los pueblos, el respeto a la libertad de los demás en la indeclinable voluntad de defender la propia, el mantenimiento de la paz en la independencia de los pueblos como principio invulnerable. Con estas premisas ha definido usted con toda claridad las normas internacionales que los gobiernos de la Revolución han recogido de las mejores tradiciones de nuestra historia y que constituyen objetivos irrenunciables del pueblo de México. Lo saludo con mi alta estimación.
Lázaro Cárdenas

México, D. F., 10 de octubre de 1966

Al señor don Diego Córdoba, Caracas, Venezuela.

Querido y fino amigo: Recibí tu carta del 18 de agosto que hasta hoy contesto debido a los viajes que sabes hago constantemente a la zona del Balsas; te suplico disculpes la tardanza en contestarte.

Comprendo la inquietud que pueden despertar las noticias que a través de las agencias internacionales se trasmiten sobre México, pero puedo asegurarte que el clima político y social no se presta para que algunas inquietudes que afloran ocasionalmente, degeneren en acciones que pudiesen poner en peligro la estabilidad del gobierno ya que éste, en la medida de sus posibilidades, está afrontando los problemas que afectan a las clases más pobres que, si bien su situación está muy lejos de ser satisfactoria, especialmente la de ese mundo indígena a que te refieres, existe ahí, sin embargo, una disposición al trabajo y al mejoramiento de su existencia que conmueve hondamente, pues a pesar de las precarias condiciones en que viven, se palpa su deseo ingente de que se imparta instrucción a los niños y adolescentes, y a los adultos ayuda y asesoramiento para salir, por medio de sus propios esfuerzos productivos, de la situación de pobreza en que se encuentran.

Respecto a la situación de América Latina considero que, a pesar de los empeños independentistas de algunos gobernantes y de los pueblos del continente, la presión norteamericana para contar con la cooperación política y económica de la mayoría de nuestros países, es muy fuerte, y pasará algún tiempo antes de ver fructificar los esfuerzos de los distintos sectores populares por lograr la segunda independencia de América Latina. Como tú sabes, ésta es de carácter económico y sólo con la persistente resolución de llevar a cabo una política nacionalista en lo económico, aprovechando la situación internacional que en cierto grado favorecería una tendencia semejante en Iberoamérica, sería posible que los pueblos latinoamericanos y los patriotas en el poder o fuera de él, pudiesen abrir amplios cauces a la lucha por la independencia, sin que para ello sea necesario el empleo indiscriminado de las formas de lucha violenta, la que quizá se justifique en algunos casos, pero desde luego de ninguna manera en México.

Comprendo tu dedicación a las letras y tu empeño en conservarte como un ciudadano íntegro de Venezuela, de México, América y el mundo, que contribuye con su trabajo intelectual a una mejor comprensión de los héroes latinoamericanos y de las gestas heroicas de los pueblos para que, con la difusión de su ejemplo, se nutran las juventudes que han de actuar para impulsar el movimiento de redención nacional y social en nuestra América.

He escrito a mi ahijado Diego a su nueva residencia en Chihuahua, informándole he estado en comunicación contigo.

No he visto a Salvador Pineda para el caso de tu interesante libro. Sé que ha estado fuera y ya he recomendado me informen de su regreso a esta ciudad.

Esperamos verte con Matilde en diciembre, como me anuncias. Los extrañamos y nos congratula su propósito de venir a México. Dime la fecha aproximada en que se proponen hacer su viaje.

Amalia, Cuauhtémoc, Celeste y yo, les enviamos cariñosos saludos esperando abrazarlos muy pronto en México.

Lázaro Cárdenas

México, D. F., 23 de febrero de 1967

Señor licenciado Gustavo Díaz Ordaz, presidente constitucional de la República Mexicana,
México, D. F.

Estimado señor Presidente y fino amigo: Por medio de la presente me permito felicitar sinceramente al gobierno que dignamente preside y a usted en lo personal, por la actitud que México sostuvo en la reciente Reunión Interamericana de Cancilleres oponiéndose a la instauración de la fuerza interamericana de paz u otra organización militar semejante en nuestro continente lo que, como acertadamente dijera el representante mexicano, violaría la soberanía de las naciones.

Asimismo, por la voluntad manifiesta de su gobierno de que el proyectado mercado común latinoamericano sea organizado y administrado por los países que lo constituyan, sin que los financiamientos de diversa procedencia vulneren o limiten la independencia económica que con tanto trabajo y sacrificios los pueblos latinoamericanos y los gobiernos nacionalistas están propugnando alcanzar.

Es muy loable que usted, quien ostenta la máxima representación del gobierno de la República, se haya empeñado con tanto denuedo, el que repercutió en el continente, porque la agenda de la Reunión de Jefes de Estado de América sea precisa en cuanto a los asuntos de beneficio común, económico y social a tratar y concretos y practicables los resultados de la Reunión, pues de otra manera, como usted clara y justamente ha manifestado, ésta defraudaría a los pueblos.

Quedo de usted su atento amigo que lo saluda cordialmente.

Lázaro Cárdenas

México, D. F., 28 de marzo de 1967

Señor Diego Córdoba, edificio Villa Madrid, Depto. 64, Avenida Páez, El Pinar, Caracas, Venezuela.

Estimado y distinguido amigo: Recibí tu atenta carta de fecha 26 de febrero pasado y debo decirte que, efectivamente el estimable periodista y escritor mexicano, licenciado Fedro Guillén, me entregó oportunamente tu última carta de diciembre en la que me anunciabas la publicación de tu artículo "Mensaje desde Venezuela a Lázaro Cárdenas", en la revista *Siempre*, escrito que te agradezco por los conceptos que encierra y la reiterada manifestación de amistad hacia México y mi persona.

He demorado en contestarte porque esperaba fructificaran las gestiones hechas ante la Dirección de Difusión Cultural de la Universidad Nacional Autónoma de México para reeditar tu libro sobre Miranda, valiosa aportación al conocimiento del prócer venezolano, de dimensiones continentales, y de su notable contribución a la independencia de América Latina.

Por razones diversas, la Dirección de Difusión Cultural de la UNAM aún no ha abordado la cuestión de sus presupuestos, quedando pendiente dar a la edición de tu libro una solución menos tardada.

En cuanto a los problemas inmediatos de América Latina y los referentes a su integración económica, sé de tus preocupaciones y deseo manifestarte que es alentador que en la Conferencia Extraordinaria de los países americanos y en la Reunión de Cancilleres celebradas en Buenos Aires, se haya logrado conjurar el peligro de constituir la proyectada fuerza interamericana de paz que desde 1948 en Río de Janeiro y en 1953, aun antes de la Conferencia de Caracas en que se hicieron más claros los objetivos de los sectores belicistas del continente que están propiciando conjugar la ayuda latinoamericana en las aventuras militares del imperialismo, cuando a éste así le convenga.

Como sabrás, desde un principio México se opuso a tal intento y sus representantes en Buenos Aires, junto con los de otros países, sostuvieron la tesis de que la existencia de una fuerza militar continental mellaría la soberanía de nuestros países. Es de desear que la firmeza demostrada por el C. Presidente de la República Mexicana, licenciado Gustavo Díaz Ordaz, en este sentido, sea compartida por el mayor número posible de mandatarios hispanoamericanos.

La creación del mercado común latinoamericano, prevista en el plazo de una década, puede ser útil siempre que se evite la preponderancia financiera de los Estados Unidos en este intento, pues de otra manera el proyectado mercado común giraría alrededor de la órbita del imperialismo, y poco o nada serviría a la integración económica independiente de los países de América Latina, despojándola de su utilidad para nuestros pueblos y de sus amplias proyecciones internacionales.

He estado viajando fuera de la capital con la frecuencia que tú conoces. Ello y la espera de noticias que comunicarte sobre tu libro han retrasado esta respuesta, pero sabes la estimación y el cariño que en esta tu casa sentimos por ustedes y la satisfacción que siempre me produce recibir tus cartas.

A mi vez te ruego saludes a Matilde con los mejores sentimientos de Amalia, Cuauhtémoc y los míos y tú recibe mi viejo e invariable afecto.

Lázaro Cárdenas

México, D. F., 29 de marzo de 1968

Señor Enrique Camacho, director de la Juventud Obrera Católica, Lima, Perú.

Estimado señor Camacho: Por medio de la prensa nos hemos enterado del manifiesto que cincuenta honorables sacerdotes peruanos lanzaron en días pasados con el propósito de examinar la situación económica y social por la que atraviesa aquel pueblo hermano, a la luz de la *Encíclica Populorum Progressio* que hace un año emitiera el papa Paulo VI.

No teniendo la forma de hacer llegar directamente esta carta a los sacerdotes, y sabiendo por la información de referencia de su firma que como dirigente de la Juventud Obrera Católica aparece en el citado manifiesto, me permito por su honorable conducto dirigirme a ellos para felicitarlos por sus importantes conceptos.

La situación de las capas populares a que hacen referencia en el documento, se extiende, además del Perú, a la gran mayoría de la población latinoamericana abatida por la miseria, la ignorancia y la insalubridad, cuyas precarias condiciones son injustificables en un mundo capaz ya de producir riquezas suficientes para proporcionar una existencia decorosa y en continuo ascenso material y cultural a los pueblos que aún carecen de lo más elemental.

Las cifras que proporcionan en el manifiesto respecto a la distribución de la renta nacional y de la tierra, denotan la prevalecencia en el Perú, como en casi toda América Latina, de oligarquías latifundistas ciegas a las consecuencias que padecerán al rehusar que se efectúen las ingentes transformaciones estructurales que los pueblos piden y que tendrán que realizarse pacífica o violentamente, no tan sólo porque es de justicia sino por la propia dinámica de la historia. El mal de origen es la injusta distribución de la tierra y de su usufructo; todas las demás deformaciones económicas son su consecuencia.

Es de alta significación que cincuenta sacerdotes católicos de Perú expongan públicamente principios de justicia social y que, sin eufemismos, señalen que son los pobres los que sostienen el presupuesto. Se podría añadir que mantienen a los ricos y sus grandes dispendios, los que cometen sin percibir la miseria y el natural descontento que producen entre las masas.

Respecto a la influencia que sobre el Perú ejerce el capital extranjero, y el grave paso del patrimonio nacional a manos de grandes consorcios imperialistas, lesionando el interés y la dignidad nacionales, es fenómeno desventurado y casi unánime en Latinoamérica.

En mi opinión, éste es el problema fundamental de nuestra América, tan unido además a la enajenación de la tierra y de los bienes que produce por parte de minúsculas oligarquías dependientes del poder económico del imperialismo.

Mientras la tierra y su usufructo no sean de quienes la hacen producir, los pueblos latinoamericanos estarán prestos a promover rebeldías y revoluciones internas, las que serán inevitables, sin que puedan limitarse indefinidamente a luchas pacíficas.

El ejemplo que los cincuenta sacerdotes peruanos proporcionan a la América Latina con su viril actitud, recuerda el que en México nos legaron los padres de la patria, los sacerdotes Miguel Hidalgo y Costilla y José María Morelos al abolir, el primero, la esclavitud y liberar la tierra para el que la trabajase y, al disponer, el segundo, que los grandes latifundios se fraccionaran para que los trabajadores del campo pudieran cultivarlos con libertad en beneficio suyo y del pueblo.

Se levantan ya conciencias múltiples que denuncian intolerables desigualdades con el espíritu que distinguió al cristianismo primitivo, que concebía al mundo como una comunidad solidaria y sin egoísmos que degeneraran en la injusticia. En la medida que actitudes como la de los sacerdotes de Perú proliferen fuera o dentro de las instituciones religiosas de cualquier credo, se irán venciendo prontamente las ataduras que oprimen y las artimañas que desunen a los pueblos y éstos encontrarán la ruta común hacia su emancipación.

Agradezco de antemano la atención que se sirva prestar al ruego de hacer llegar esta carta a los sacerdotes cuyos pronunciamientos motivan las consideraciones anteriores.

Quedo de usted muy atentamente.

Lázaro Cárdenas, ex presidente de México

México, D. F., 15 de mayo de 1968

Excelentísimo señor doctor Oswaldo Dorticós, presidente de la República, La Habana, Cuba.

Distinguido señor Presidente y estimado amigo: La presente tiene el objeto de manifestarle que un grupo de exiliados cubanos residentes en la población norteamericana de Miami, me ha solicitado gestione ante el gobierno revolucionario que usted tan dignamente preside, que las personas que aparecen en la lista adjunta sean indultadas.

Considerando que la fuerza moral y la solidez incontestables del régimen socialista de la República de Cuba se sustentan en el amplio y vigoroso apoyo del pueblo y en el respeto universal de que disfruta y merece, he decidido pedir a Su Excelencia y al gobierno cubano que en un acto de magnanimidad se atienda, de ser posible, la petición de los interesados. Estimo que la Revolución acrecentará con ello su autoridad y prestigio.

Dejo en sus manos, excelentísimo amigo, este asunto que recojo con el convencimiento de siempre de que toda revolución se enaltece con tales procedimientos.

Conozco los logros de la Revolución Cubana y sinceramente deseo que cada día sean mayores para la felicidad del gran pueblo hermano.

Deseando a usted y a los demás honorables miembros del gobierno cubano toda clase de parabienes, quedo su atento amigo que lo saluda muy cordialmente.

Lázaro Cárdenas

Cd. Altamirano, Gro., 19 de agosto de 1968

Señor doctor Gustavo Machado, Caracas, Venezuela.

Distinguido y fino amigo: Recibí por conducto de nuestro mutuo y dilecto amigo, Diego Córdoba, el libro que contiene sus alegatos respecto al consejo de guerra que se formó contra un grupo de venezolanos, entre los cuales usted se contaba, y que los privó por largo tiempo de la libertad.

Ante todo deseo felicitar a usted por la readquisición de su libertad y, por su digno conducto, a su hermano y otros compañeros de lucha que durante largos y aciagos años han combatido cívicamente contra las dictaduras y el imperialismo.

Agradezco a usted el envío del libro de referencia que constituye un documento que puntualiza y clarifica las causas de la represión ejercida contra los parlamentarios venezolanos y refleja una situación lesiva para las prácticas democráticas.

Quedo de usted su amigo que lo saluda cordialmente.

Lázaro Cárdenas

México, D. F., 16 de septiembre de 1968

Señor Diego Córdoba, Presente.

Mi estimado y gran amigo: Al regresar a Caracas, te ruego saludes con afecto a nuestro mutuo y dilecto amigo, Rómulo Gallegos, eminente escritor latinoamericanista y demócrata gobernante de Venezuela en difíciles años de transición.

Deseo que me hagas el favor de ser conducto para hacer presentes mis invariables sentimientos de amistad y de aprecio especialísimo por su valiosa aportación a la literatura universal, descubriendo a los ojos del mundo y de nuestra América la vida, la idiosincrasia y los diarios problemas del pueblo venezolano en su real esencia a través de sus grandes novelas.

Asimismo, quiero que le reiteres mi comprensión de los ideales que él representó para la ciudadanía venezolana y de las dificultades confrontadas para realizarlos plenamente.

Cuánto hubiéramos querido, sus amigos, que durante su gestión administrativa hubiese fructificado el ejercicio de la democracia con sentido eminentemente social en la patria de Bolívar; que la ruta independentista en lo económico se hubiese emprendido con éxito para la recuperación y el aprovechamiento integral de los cuantiosos recursos naturales de Venezuela en beneficio de su pueblo. Se sabe que las circunstancias vedaron la realización de estos propósitos durante el breve lapso de su gobierno debido a la fuerza que el imperialismo posee sobre los bienes más preciados de su noble país y por la imposibilidad de conjugar, en tan corto plazo, la acción unificada de los sectores populares de matices democráticos y progresistas que hubiesen sido la base de apoyo irreductible de un pueblo cuyo porvenir está tan íntimamente ligado a la independencia del poder económico de los monopolios internacionales.

Su cariño entrañable por el pueblo de México lo hace acreedor a lo mejor de nuestro afecto y recuerdo siempre con señalado beneplácito sus múltiples manifestaciones de amistad personal que ampliamente correspondo.

Agradecido de antemano por tu amabilidad, para hacer patente lo anterior a nuestro querido amigo Rómulo Gallegos, aprovecho esta ocasión para desear a ti y a Mati un buen viaje, esperando que en diciembre nos den el gusto de verlos nuevamente aquí en su casa, en donde saben se les quiere.

Tu siempre atento amigo.

Lázaro Cárdenas

TELEGRAMA

Jiquilpan de Juárez, Mich., 22 de febrero de 1969

Señor Diego Córdoba, Edif. Villa Madrid, Depto. 64, Av. Páez, El Pinar, Caracas, Venezuela.

Acabo de tener noticia gravedad nuestro ilustre amigo Rómulo Gallegos, distinguido ciudadano conocido como ejemplo de civismo, humanista y amante de la paz. Considero la pena que debe privar en ti y todo el pueblo Venezuela. Los acompañamos en tan sensible caso. Afectuosamente.

Lázaro Cárdenas

Uruapan, Mich., 2 de marzo de 1969

Excelentísimo señor presidente del Perú, general de división Juan Velasco Alvarado, Lima, Perú.

Excelentísimo señor Presidente: Por el digno conducto del señor doctor Alfonso Benavides Correa, tuve el honor y la satisfacción de conocer algunos de los discursos emitidos por Su Excelencia relacionados con la orientación y los objetivos de su gobierno, destacando el trascendental problema petrolero de los yacimientos de La Brea y Pariñas, alocuciones cuyo contenido considero de señalada importancia ya que sostienen la tesis de soberanía y autodeterminación ante las presiones extranjeras, lo que es fundamental en la ruta de la emancipación de nuestra América.

La resolución de su gobierno, decretando la expropiación de La Brea y Pariñas en razón de la resistencia de un monopolio extranjero a acatar las disposiciones legales del Perú, es un hecho que, como usted dice, "ha señalado el principio de una gesta de libertad económica que permitirá al Perú y también a otros pueblos de América Latina, sacudirse la oprobiosa y sofocante esclavitud económica".

Es una realidad comprobada que en la medida que los pueblos reivindican y explotan para su provecho los recursos naturales, el progreso es sólido y sano para asegurar un desarrollo integral.

Es obvio que el Perú está bajo serias amenazas y fuertes presiones, pero apoyado por el conjunto de su pueblo y mereciendo, como lo están demostrando, la simpatía y la solidaridad de otros pueblos, su gobierno podrá sin duda resistirlas y salir airoso de esta prueba en que con tanta firmeza está defendiendo sus derechos soberanos.

Agradezco a usted muy sinceramente las palabras que tuvo la amabilidad de dedicarme y correspondo con el hondo deseo de que Su Excelencia pueda con éxito consolidar la respetable y justa acción de ese país hermano, de tan antiguas y valederas tradiciones de libertad y autonomía, para que culmine con éxito su gesta emancipadora.

Quedo de usted su atento amigo que lo saluda cordialmente.

Lázaro Cárdenas

Uruapan, Mich., 2 de marzo de 1969

Señor doctor Alejandro Gómez, Cangallo N° 1561, piso 4, Buenos Aires, Argentina.

Distinguido y fino amigo: Con positivo gusto recibí su carta del 5 de febrero pasado, la que Amalia y yo le agradecemos.

He leído la interesante síntesis que hace usted respecto a las condiciones que imperan en Argentina en algunos aspectos importantes de su vida económica, siendo un fenómeno actual la creciente penetración del imperialismo norteamericano en las actividades más diversas de la producción en nuestros países.

Sin embargo, el poder político y económico de los Estados Unidos será debilitado por su propia situación interna y los complejos problemas que tienen que manejar internacionalmente, alrededor de los cuales encuentran creciente oposición, tanto a sus actos imperialistas como al mantenimiento de la guerra a todas luces injusta contra Vietnam.

Los pueblos latinoamericanos, por su parte, aun los que en la actualidad parecen indiferentes ante los graves problemas que les conciernen, despertarán en un momento dado, cuando la opresión de las oligarquías y de los intereses imperialistas se agudicen y aquéllos comprendan que sólo por medio de la resistencia organizada alrededor de programas claros y concretos de liberación nacional y reivindicativos de la soberanía y la justicia populares, podrán sacudirse de ambos males.

Le hacemos atenta invitación para que venga usted y su familia a México en la fecha que lo desee. Nos será muy grato verlos entre nosotros y atenderlos durante su estancia en el país.

Quedo su amigo que lo saluda muy cordialmente.

Lázaro Cárdenas

México, D. F., 13 de marzo de 1969

Señor Leónidas Barletta, Diagonal Norte 943 (subsuelo), Buenos Aires, Argentina.

Estimado y fino amigo: Recibí su atenta carta de fecha 14 de febrero. Agradezco sus saludos y los que nuestros mutuos amigos envían por su amable conducto. Correspondo ampliamente sus sentimientos de amistad.

Pendiente de las noticias que llegan del Perú considero, como ustedes, que el pueblo y el gobierno de ese país merecen aliento y solidaridad en su determinación de reivindicar sus recursos naturales y en su derecho de reclamar respeto para las disposiciones legales del régimen interno.

La defensa que las autoridades peruanas han venido haciendo de sus leyes sobre el petróleo ante una poderosa compañía extranjera que pretende conculcarlas, ha levantado la simpatía de los pueblos, particularmente de aquellos que experimentan la explotación y los abusos siempre desmedidos de los monopolios internacionales.

La exigencia, por parte del Perú, de que la empresa extranjera cumpla con obligaciones contractuales y liquide adeudos al fisco, sobre todo cuando está de por medio la protección de los recursos del suelo y del subsuelo, son derechos y deberes ineludibles de todo Estado soberano.

La controversia petrolera del Perú es un asunto de interés iberoamericano, especialmente cuando se ciernen sobre un país hermano prepotentes amenazas de un poder extraño de ejercer represalias económicas en defensa de intereses privados extranjeros al ser éstos afectados por medidas de la nación donde operan; política imperial a todas luces anacrónica, ilegal y atentatoria.

En efecto, tanto la Carta de la Organización de Estados Americanos como la Declaración de no intervención de la Organización de las Naciones Unidas son explícitas en el sentido de que "ningún Estado podrá aplicar o estimular medidas coercitivas de carácter económico y político, contra otro Estado, para forzar su voluntad soberana o para lograr de él ventajas de cualquier índole".

Ignorar reiteradamente la justicia en las relaciones internacionales, ayer en Cuba y la República Dominicana, hoy en el Perú o en cualquier otro país que se disponga a defender sus propios recursos naturales, sería jugar peligrosamente con las legítimas e inevitables metas de independencia económica que los pueblos latinoamericanos se han trazado, conscientes de que sólo en ellas podrán ejercer libremente su soberanía.

Quedo de usted cordialmente su amigo.

Lázaro Cárdenas

TELEGRAMA

México, D. F., 8 de abril de 1969

Señor Ricardo Montilla,
Quinta "San Rafael", calle Suapure, Colinas de Bellomonte,
Caracas, Venezuela.

Siento sobremanera el deceso de nuestro grande e ilustre amigo, el señor Rómulo Gallegos, escritor y humanista eminente que honró a su país e Iberoamérica en las letras y el espíritu democrático que siempre alentó como ciudadano ejemplar y gobernante. Afectuosamente.

Lázaro Cárdenas

México, D. F., 27 de junio de 1969

Excelentísimo señor general Juan Velasco Alvarado, presidente de la República de Perú, Lima, Perú.

Distinguido señor Presidente: Deseo hacer presentes a usted y al gobierno de la República de Perú, mis más sinceras y cordiales felicitaciones por la promulgación de la Ley de Reforma Agraria, así como por la prestancia con que las autoridades correspondientes han iniciado la obra de reivindicación de la tierra y de los campesinos y los auténticos agricultores y ganaderos peruanos.

Las noticias que han llegado hasta hoy sobre la legislación agraria peruana, tan trascendental para la integración de la nacionalidad, la consolidación de la economía y el mejoramiento social, son sin duda motivo de satisfacción y emulación señaladas para los pueblos de nuestra América.

La síntesis de la Ley de Reforma Agraria peruana publicada en la prensa de México ofrece, en su conjunto, perspectivas del mayor interés para ese gran país hermano de amplia composición y fuerte raigambre indígenas.

Las estipulaciones relativas al respeto debido a la organización ejidal y al estímulo cooperativo que se otorgará a las colectividades comunales; la atención preferente a la aplicación de la reforma agraria en las tierras algodoneras constituyendo en cada antigua hacienda una sola unidad económica, sin permitir su fragmentación, son medidas que aseguran el éxito de la reforma, especialmente si las unidades referidas cuentan con la refacción y la ayuda técnica necesarias para garantizar óptimas condiciones de cultivo y producción colectivos de materia prima tan importante para la exportación y el consumo interno; el hecho de que las sociedades anónimas y en comandita no puedan adquirir predios rústicos y la disolución de las ya constituidas; la limitación de las áreas que puedan poseer los particulares; la extensión territorial suficiente que se asignará a las comunidades campesinas e indígenas y la prohibición concomitante de transferir su dominio directo; que los arrendatarios que pagan con trabajo el cultivo de la tierra sean convertidos en propietarios de las parcelas que ocupen; y las sanciones previstas en la ley para quienes se apresten a violarla constituyen, junto con otras disposiciones, estímulos considerables para quienes ancestralmente han hecho fructificar la tierra sin la compensación debida ni perspectivas del mejoramiento que en justicia corresponde a los que, en este caso en el Perú y, en general en casi toda Iberoamérica, han sido factores determinantes del avance que nuestros países penosamente han alcanzado.

En nuestro continente latino, como antaño en los países hoy plenamente industrializados, la reforma agraria es condición indispensable de progreso y la posesión y el usufructo de sus recursos naturales premisas necesarias para la plena independencia nacional.

Es de esperar, señor Presidente, que usted y su gobierno tengan el mayor éxito en el desarrollo de tan significativas reformas para el porvenir del Perú y la justa y satisfactoria compensación de ver culminar sus encomiables y patrióticos esfuerzos.

Quedo de usted su atento amigo que lo saluda muy cordialmente.

Lázaro Cárdenas

PRESIDENCIA DE LA REPÚBLICA DEL PERÚ

Lima, 18 de julio de 1969

Al señor general don Lázaro Cárdenas, México, D. F.

Muy apreciado y distinguido amigo: Con verdadero sentimiento de amistad he recibido vuestra atenta comunicación de 27 del mes próximo pasado. Las frases que ella encierra, no sólo provienen de un hombre que devolvió al noble pueblo azteca una razón más para sentirse orgulloso, sino que, además, encierra sabios consejos de quien ha sido considerado siempre, y lo es por derecho, portaestandarte de las justas aspiraciones de nuestros países latinoamericanos.

Confieso, mi general, que si bien nuestra voluntad es indesmayable en el logro de los objetivos nacionales que se ha trazado el gobierno revolucionario, no es menos cierto que me han acechado los mismos temores que estoy seguro tuvo también otra alma simple, como la vuestra, al preguntarse qué resultado tendrían las maquinaciones de esas fuerzas e inmensos intereses que habríamos de enfrentar; filisteos que habíanse enseñoreado en nuestro suelo patrio, irrespetando leyes y mancillando el honor nacional.

La fuerza armada de mi país, como la de México, es de extracción popular, por lo que sus componentes no sólo están plenamente identificados con las aspiraciones de nuestro pueblo, sino que, además, por razones de servicio, conocen la realidad peruana. Ello ha permitido la identificación y unión existentes entre quienes hoy día tenemos el poder supremo y aquellos que siempre fueron víctimas de promesas incumplidas y amenazas claudicantes.

La Ley de Reforma Agraria dictada en el Perú, conlleva esfuerzos e inteligencias de muchos peruanos, así como la apreciación de experiencias habidas en otros países. Pretendemos con ella llevar una verdadera justicia social reintegrando así al seno del verdadero ejercicio ciudadano, a miles de compatriotas para quienes la jornada de trabajo sólo tenía como recompensa el mendrugo del poderoso.

Hoy el Perú desea una transformación pacífica de sus estructuras, sin odios ni rencores, pero sí con la gallardía y altivez de una raza que otrora, como la azteca, fuera cuna de civilización y ejemplo de bienestar y justicia humana.

La tenencia de la tierra se hará en forma equitativa y confiamos, basados en las razones que usted gentilmente señala, que la producción irá en aumento, pues ese ochenta por ciento de nuestro potencial humano constituido por el trabajador del agro, será quien recoja el fruto que da el trabajo honrado.

La noble actitud de México, que desde un principio nos ha alentado y sabido enfrentar a quienes lanzan infundios contra las aspiraciones de mi pueblo, me llevan a expresarle, una vez más, el reconocimiento del Perú, ya que en estas circunstancias es cuando afloran los verdaderos sentimientos de leal amistad.

Reciba usted, en lo particular, mi general y amigo, el testimonio de mi especial estima, seguro que en vuestra persona, el Perú rinde su cálido homenaje y afecto a la hermana nación mexicana.

Le abraza cordialmente..

General de división, EP Juan Velasco Alvarado,
Presidente de la República

México, D. F., 1 de julio de 1969

Señor doctor Ezequiel Ramírez Novoa, secretario general del Comité de Abogados para la Defensa del Petróleo, Camaná 631 Of. 311, Lima, Perú.

Distinguido y fino amigo: Recibí su atenta carta de fecha 12 de junio en la que tiene usted a bien comunicarme que el Comité de Abogados para la Defensa del Petróleo en el Perú acordó nombrarme Presidente Honorario de ese organismo, resolución que me honra altamente y que mucho agradezco.

En cuanto a la amable invitación que el Comité de Abogados que usted dignamente preside me hace para visitar el Perú, debo decirles que me veré impedido de salir por el momento, debido a compromisos inaplazables de trabajo, pero en su oportunidad daré a conocer a ustedes la ocasión de mi visita a ese país hermano cuyo pueblo y su gobierno están tan legítimamente empeñados en salvaguardar la soberanía de la nación.

Informaciones de prensa nos ofrecen la noticia de un hecho altamente significativo para el porvenir del Perú: la legislación que en materia agraria proclamó y está por aplicar el gobierno de su país.

La Reforma Agraria, tal como lo preconiza el señor presidente, general Juan Velasco Alvarado "marcará el comienzo de la verdadera liberación del campesinado" al salvaguardar "el principio normativo de que la tierra debe ser para quien la trabaja y no para quien obtenga de ella rentas, sin labrarla".

En nuestra experiencia mexicana pudimos comprobar, en la

fase inicial de la Reforma Agraria, la necesidad de que los sectores intelectuales que forjaron y dieron vida a las leyes agrarias se abocaran a la tarea de propagarlas entre los campesinos y de organizarlos para obtener los mejores frutos posibles en la implantación de la Reforma Agraria y, a la vez, para establecer un lazo de unión entre los elementos urbanos y los campesinos, o sea, entre los intelectuales revolucionarios y los obreros con las masas rurales que son las capas que forman la base de apoyo de un régimen decidido a realizar transformaciones sociales profundas y, asimismo, a resistir las presiones internas y externas que intentasen desviarlas o frustrarlas.

Los promisorios esfuerzos que el gobierno del Perú ha realizado para reivindicar para la nación importantes recursos petroleros y llevar a cabo la Reforma Agraria pueden, a mi juicio, sentar firmemente las bases de su progreso social y su independencia económica.

Ruego a usted agradecer en mi nombre a los distinguidos miembros del Comité de Abogados para la Defensa del Petróleo en el Perú el honor que me han conferido.

Quedo de usted su amigo que lo saluda cordialmente.

Lázaro Cárdenas

México, D. F., 17 de octubre de 1969

Excelentísimo señor general Juan Velasco Alvarado, presidente de la República de Perú, Lima, Perú.

Distinguido señor Presidente: Recibí con beneplácito y por el digno conducto del señor embajador Aníbal Ponce Sobrevilla, su atenta carta de fecha 23 de julio pasado junto con el discurso que, con motivo de la promulgación de la Ley de Reforma Agraria, pronunció usted el 24 de junio del presente año.

He escuchado con vivo interés su trascendental alocución relativa a un hecho histórico de gran relevancia.

La Reforma Agraria, como usted bien dice, merece la más alta prioridad en el Perú y, en verdad, en toda nuestra América.

En México fue y es la transformación del sistema de tenencia de la tierra, la que imprime profundo sentido social y otorga justificación histórica a la Revolución Mexicana. La Reforma Agraria es aún hoy, con la recuperación de los recursos naturales, reivindicación básica para orientar la economía mexicana hacia su desarrollo general y para promover el progreso social en un ambiente de estabilidad.

Mas, remitiéndome al texto de su discurso, en efecto la necesidad de modificar radicalmente las estructuras agrarias de los países latinoamericanos ha sido aceptada en reuniones y organismos interamericanos, pero como usted señala, en ese ámbito "nada realmente profundo se hizo jamás para implantar una reforma que, de veras, atacara la raíz del problema y que, de veras, diera la tierra a quien la trabaja". Y no podía ser de otro modo, pues una verdadera reforma agraria surge siempre del medio social en que se producen y hacen crisis los problemas de la tierra y éstos se resuelven, como usted apunta, de acuerdo con las condiciones propias de cada país.

Las características de la Reforma Agraria enunciada en su discurso e implantada por su gobierno, que tiende a cancelar el sistema latifundista y protege y estimula la pequeña y mediana propiedad; que contempla el mantenimiento de la unidad de producción del antiguo complejo agropecuario o agroindustrial, bajo un distinto y justiciero régimen de propiedad; y abre para los que trabajan el acceso a los beneficios y utilidades del sistema cooperativo que se está creando; que se ocupará de garantizar altos niveles de rendimiento por medio de la ayuda técnica y el crédito que el Estado proporcionará a los campesinos; y, en definitiva, el impulso decidido que el cambio en el sistema de tenencia y usufructo de la tierra dará al mercado interno, son todos pronunciamientos de tal naturaleza que auguran un desarrollo acelerado de la economía peruana en beneficio general del pueblo.

En efecto, el avance general sin duda derivará de la promoción de la Reforma Agraria, pues la jurisprudencia respectiva, "es también una ley de impulso a la industria peruana, cuyo futuro depende decisivamente de un cada vez mayor mercado interno de alto consumo diversificado y, también, del apoyo constructivo del Estado, consciente del inevitable destino industrial" del Perú.

La liberación de las fuerzas productivas al influjo de las nuevas disposiciones agrarias no responde a "una ley de despojo, sino una ley de justicia, y si por cierto habrá quienes se sientan afectados en sus intereses, éstos, por respetables que sean, no pueden prevalecer ante los intereses y las necesidades de millones de peruanos, quienes al fin van a tener un pedazo de tierra para ellos y sus hijos en el suelo que los vio nacer".

La mención que usted hace de las comunidades campesinas, creadas bajo las normas del ayllú antiguo, "símbolo de un milenario ideal de justicia que nunca fue totalmente abatido, verán reconocida su fuerza y su vigor para ser otra vez dinámicos elementos de progreso como fueron antaño en la antigüedad y grandiosa civilización", revela una fina y amplia comprensión de las sabias tradiciones indígenas en materia de organización de la producción agrícola y de las posibilidades modernas de explotación y usufructo comunitarios de la tierra bajo nuevas formas cooperativas.

La parte de su discurso que dedica a los detractores de la Reforma Agraria, localizándolos entre "los grupos privilegiados que hicieron del monopolio económico y del poder político la verdadera razón de su existencia" parece indicar que los adversarios están ya presentes y actuantes en el Perú.

Estos factores negativos se harán sentir una y otra vez. La lucha para establecer un régimen de justicia en la tenencia de la tierra será, como lo ha sido en México y otras partes, larga y dura, porque a la incomprensión y a la resistencia de los poderosos se añade la complejidad de un problema que lo mismo atañe a la redención social y al progreso económico que a la integración nacional y la soberanía popular, pues en la posesión, el trabajo y el aprovechamiento nativos de la tierra reside el mejor y mayor patrimonio de un pueblo y una nación.

Felicito a usted muy sinceramente por los conceptos vertidos en su discurso que comento, así como por la firme trayectoria nacionalista y de avance socioeconómico que su gobierno se ha impuesto para resolver los ingentes problemas del noble y hermano pueblo del Perú.

Quedo de usted su atento amigo que mucho agradece su atención y que lo saluda muy cordialmente.

Lázaro Cárdenas

México, D. F., 9 de septiembre de 1970

Señor doctor Salvador Allende, Partido Socialista de Chile, Santiago de Chile.

Distinguido y estimado amigo: Con todo interés seguimos el curso de la campaña presidencial de la hermana República de Chile y hemos recibido con especial beneplácito las noticias sobre el triunfo electoral que obtuvo usted en las urnas el 4 de septiembre actual.

Asimismo, por la prensa local y la que hemos recibido de su país, me mantuve informado del programa democrático y nacionalista que los distintos partidos y grupos políticos que forman la Unidad Popular, propugnaron durante su campaña.

Tomando en consideración las libertades y el respeto que tradicionalmente éstas merecen de todos los sectores chilenos, así como en las condiciones específicas de América Latina, es excepcionalmente significativa la victoria electoral obtenida por su candidatura al abrir nuevas perspectivas para Chile y para revitalizar, como lo ha anunciado usted a través de la prensa, las relaciones con todos los países hermanos y, en general, los del mundo entero.

Sin duda, habrá quienes desearían frustrar su legítimo triunfo. Hoy como ayer, tal como le manifesté hace seis años: "Intereses declarados o de encubierto carácter imperialista acechan constantemente para frustrar todo esfuerzo liberador. Desafortunadamente, con frecuencia aquéllos logran entrelazarse con intereses de sectores nacionales de débil contextura moral o que, engañados por una estabilidad económica que los monopolios extranjeros ofrecen con su ayuda interesada y humillantes dádivas, pretendidamente altruistas, se dejan convencer por el espejismo de una falsa prosperidad que nunca llega, o que, ficticia y circunstancial, sólo deja una secuela de depauperización nacional y popular.

"La historia nos enseña, además, que en América Latina los regímenes conservadores, comúnmente bajo la influencia imperialista, lejos de resolver los apremiantes problemas económicos y sociales que los aquejan, sólo los agudizan. Y por ello, su existencia se desenvuelve en un clima de inseguridad social y de inestabilidad política. También hemos aprendido que la democracia y la paz interna serán una realidad perdurable cuando las grandes mayorías del pueblo que producen las riquezas, sean las principales beneficiarias del desarrollo y el progreso nacionales."

Basándose en esto último, es de esperar que sus numerosos partidarios y los partidos políticos de tradición democrática valoren los hechos y su capacidad de instaurar el gobierno democrático, popular y nacionalista que usted ha enunciado se establecería bajo su mandato y el que tendería a elevar el nivel de vida de los desheredados, a recuperar los recursos naturales en beneficio del país y establecer, en el respeto a la autodeterminación y la soberanía nacionales, relaciones de amistad con todos los pueblos del mundo.

Felicito a usted muy sinceramente por los resultados de esta jornada electoral, tan importante para Chile y América Latina, y le deseo el mayor bienestar personal junto con sus familiares y amigos.

Quedo de usted su amigo que lo saluda muy afectuosamente.
Lázaro Cárdenas del Río

LA PAZ MUNDIAL Y LA LIBERACIÓN NACIONAL

(*8 de octubre de 1948 al 4 de marzo de 1970*)

México, D. F., 8 de octubre de 1948

Señor general Fulgencio Batista, Park Avenue N° 1040, Nueva York, N. Y.

Mi querido y distinguido amigo: He tenido el agrado de recibir su atenta carta del 17 de agosto anterior, en la que me da usted su muy autorizada opinión sobre la invitación que se sirvió hacerme un grupo de distinguidos cubanos para que sea yo quien convoque a una conferencia de personas representativas de nuestra América, que luche por el mantenimiento del régimen democrático en todos los países del hemisferio occidental y en favor de la paz internacional.

Estimo la honrosa apreciación con que usted también tiene a bien distinguirme y le ruego tome en cuenta el contenido de la carta que envío hoy a los amigos de Cuba por el estimable conducto del doctor y senador Marinello, y de la cual le adjunto copia.

Deseo logre usted hacer su viaje en el verano próximo, como me lo anuncia en su carta de julio, y espero tener ocasión de abrazarlo en nuestra tierra mexicana, en donde tiene usted amigos que lo quieren.

Lázaro Cárdenas

México, D. F., 8 de octubre de 1948

Señores Emilio Roig de Leuchsering, senador Juan Marinello, Fernando Ortiz, Manuel Bisbé, Lázaro Peña, Carlos Márquez Sterling, Angel A. Biraudy, Enrique Ovares, doctor Alfredo Anttonete y Javier Lezcano, La Habana, Cuba.

Distinguidos amigos: Mi respetable amigo, el doctor Juan Marinello, senador por Camagüey en esa República hermana y con quien he conversado recientemente, me trasmitió la felicitación de ustedes con motivo de la carta que dirigí al señor Henry A. Wallace y que expresa mi sentir frente a los problemas del mundo.

Mucho les agradezco su valiosa comprensión y el aliento que me brindan al informarme que, inspirados por mis conceptos y los que contiene la respuesta del honorable señor Wallace, han decidido promover un congreso de personalidades representativas de nuestro continente, para precisar la forma en que se debe luchar por el mantenimiento del régimen democrático en todos los países del hemisferio occidental y en favor de la paz internacional.

Aplaudo tan elevados propósitos, que garantizan los recios prestigios intelectuales de ustedes y la gallarda ejecutoria de las agrupaciones que dirigen, y les patentizo mi reconocimiento por el prestigio con que me suponen investido para asumir la responsabilidad de convocar y presidir esta Conferencia tan trascendental para todos los pueblos de América.

Repaso mis antecedentes ciudadanos que pudieran justificar el servir de guía a tan noble causa, y sólo me explico su distinción, como un homenaje al pueblo mexicano y por haberme consagrado íntegramente a mi patria, sin influencias ni compromisos con ningún poder extranjero.

Pero considero que una relevante conferencia como la que se proyecta, debe tener sus raíces en cada país fraterno para que espontáneamente sean sus pueblos los que la realicen a través de sus altos representantes. Éstos se encargarían de prepararla con el respaldo de la opinión continental, más fácil de lograrla por mediación de un grupo de figuras eminentes, que por el esfuerzo de una sola persona.

Así pudo efectuarse el Congreso Mundial de Intelectuales en favor de la Paz, reunido en Polonia, en la ciudad de Wroclaw, hace apenas dos meses, y así podrá llevarse a cabo la Conferencia Continental Americana, que persigue finalidades semejantes, y que fue acordada por el Tercer Congreso General de la Confederación de Trabajadores de la América Latina, en marzo del presente año.

Y al referirme a su honrosa invitación, que aprecio en todo su valer, me es grato hacer del conocimiento de ustedes que estoy a sus órdenes para colaborar en la celebración de esta importante Conferencia, en los términos que dejo anotados.

Con mis reconocimientos muy sinceros y mis saludos cordiales quedo de ustedes, atento amigo y servidor.

Lázaro Cárdenas

Villa Obregón, D. F., 12 de abril de 1949

Señor Frédéric Joliot-Curie, presidente del Comité de Preparación de la Conferencia Mundial por la Paz, 2, Rue de L'Elysee, París, Francia.

Inspirado en mi firme convencimiento de que ningún pueblo del mundo quiere la guerra y, menos aún, si cabe, el pueblo de mi patria, tuve oportunidad de hacer patente mi adhesión al Comité de Preparación de esa gran Asamblea.

Por encontrarme imposibilitado para asistir personalmente a las sesiones del Congreso, lleva mi representación el señor licenciado don Narciso Bassols, portador ante ustedes de este mensaje de simpatía y solidaridad con los altos anhelos que persiguen.

La causa de la paz se apoya en los ideales permanentes de liberación y justicia del género humano, ansioso de oportunidades para desenvolverse pacíficamente, y por ello hago votos por el pleno éxito de su labor.

Lázaro Cárdenas

CABLE

México, D. F., 24 de junio de 1952

Joliot-Curie, Palais S.I.A. Janska 100, Praga, Checoslovaquia.

Su mensaje. Solidarízome declaración firmada miembros Consejo Mundial pro Paz protestando por persecución aplicada Movimiento Popular por la Paz en Francia. Salúdolo.

Lázaro Cárdenas

TELEGRAMA

Uruapan, Mich., 6 de noviembre de 1956

Paixmonde, Mollwald Platz 5, Viena, Austria.

Su atento mensaje. Paso lista presente en sesión extraordinaria ocho actual Consejo Mundial Paz protestando por actitud Inglaterra y Francia que en vez llevar conflicto ante Organización Naciones Unidas emplean violencia contra Egipto que hizo uso su derecho soberano al cancelar concesión Canal Suez.

Lázaro Cárdenas

Viena, 14 de diciembre de 1958

Al Comité Ejecutivo del Consejo Mundial de la Paz, Helsinki, Finlandia.

Envío mi saludo al Comité Ejecutivo del Consejo Mundial de la

Paz que se reúne en esa ciudad para tomar resoluciones destinadas a intensificar la campaña en favor de la supresión de los experimentos atómicos y termonucleares.

Refrendamos en esta ocasión el llamado que hiciera nuestro ilustre desaparecido presidente Frédéric Joliot-Curie denunciando los peligros que dichas pruebas significan para la salud de millones de habitantes, presentes y futuros, tanto en las regiones próximas como en las remotas de los sitios en que se verifican los experimentos.

Nos hacemos solidarios de las voces autorizadas de mujeres y hombres de todos los credos y nacionalidades que se han escuchado en las diversas reuniones de los partidarios de la paz reclamando la suspensión de los experimentos nucleares, así como la reducción y control de los armamentos en general. Pero juzgamos indispensable insistir en que la paz, para ser permanente y orgánica, requiere no sólo la terminación de la inquietud provocada por la amenaza de una nueva guerra, sino la liberación de las pesadas cargas económicas que pesan sobre los pueblos con motivo de la carrera armamentista, destinando esos cuantiosos recursos al fortalecimiento de las economías nacionales y de la cooperación internacional.

Debe escucharse el clamor de los pueblos de todos los confines, sobre todo de los de escaso desarrollo material y de misérrimas condiciones de vida, pidiendo que los fabulosos recursos gastados en equipo e instrumentos bélicos se destinen a liquidar la dramática pobreza de millones de seres humanos cuya situación constituye una afrenta para la civilización.

Muy atentamente.

Lázaro Cárdenas

TELEGRAMA

México, D. F., 7 de mayo de 1959

Ingenieros Jorge Tamayo y Manuel Mesa, Paixmonde, Estocolmo, Suecia.

Ocasión décimo aniversario constitución Consejo Mundial de la Paz enviamos nuestro saludo a delegados celebran reunión ciudad Estocolmo y solidaridad al empeño que pueblos todos continentes están desarrollando para que se llegue a arreglos pacíficos sobre causas mantienen guerra fría, que ha originado tan graves daños a los pueblos. Hace falta haya paz entre todas las naciones para que puedan desarrollarse. Una paz definitiva que liquide abusos perturbadores que nos han impuesto diez años de guerra fría y ensanche para siempre horizontes amistad internacional. Nuestro homenaje a la memoria ilustre desaparecido doctor Frédéric Joliot-Curie, fundador y presidente Consejo Mundial Paz, que trabajó intensamente por la amistad entre todos los países y que aportó sus conocimientos científicos en bien de la humanidad.

Lázaro Cárdenas

TELEGRAMA

México, D. F., 1 de septiembre de 1959

Fernand Vigne, director Comité Directivo Paxinstitute, Viena, Austria.

Hoy vigésimo aniversario de la segunda guerra mundial, desencadenada por las fuerzas imperialistas, los partidarios de la paz de nuestro país reiteramos nuestro anhelo por la amistad de todos los pueblos.

Los esfuerzos y sacrificios personales y colectivos para que haya un entendimiento amistoso entre todos los países, no han sido en vano. Se observa ya en el ambiente internacional un franco optimismo, favorable al porvenir de los pueblos. Se tiene fe en que en las conferencias que se anuncian de altos dirigentes de Estado, habrá de prevalecer un espíritu de leal amistad, para que la convivencia entre los pueblos sea realidad. Debemos todos contribuir, sin reservas, a crear y fortalecer un mayor ambiente de confianza recíproca y permanente en el seno de las naciones, que elimine la guerra fría y asegure la paz mundial, para que los pueblos puedan desarrollarse y elevar sus condiciones de vida.

Afectuosamente.

Lázaro Cárdenas

CONSEJO MUNDIAL DE LA PAZ. COMITÉ PRESIDENCIAL

Londres, 31 de julio de 1959

General Lázaro Cárdenas, Andes núm. 605, México, D. F.

Estimado amigo: Escribo a usted a nombre de todos mis colegas de la dirección del Consejo Mundial de la Paz, quienes estamos sumamente agradecidos por el inmenso servicio que usted ha aportado a la causa de la paz y por su constante y valioso apoyo al gran movimiento mundial al cual servimos todos con devoción.

Ya sabrá usted de los cambios importantes que se han llevado a cabo en la estructura del movimiento decididos en la sesión del décimo aniversario del Consejo en mayo pasado, particularmente el de ampliar y fortalecer la dirección del movimiento mediante la formación de una Presidencia con representantes de todas las regiones del mundo.

Es el más ardiente deseo de todos nosotros que usted sea uno de los miembros de la Presidencia del Consejo Mundial de la Paz. Es inestimable el beneficio que su apoyo ha significado en el pasado. Y en el futuro, bajo las nuevas condiciones y con los nuevos métodos de dirección, su ayuda será todavía más importante. Reuniones del Comité de los Presidentes no se celebrarán con frecuencia y usted podrá comisionar a un miembro responsable del Consejo para representar a usted cuando le sea imposible asistir personalmente.

Además de su participación en las reuniones de los miembros de la Presidencia, apreciaré infinitamente el valor y la significación de sus consejos y sugestiones acerca de los problemas que puedan surgir, ya sea por correo u otros medios de contacto. Le ruego encarecidamente acepte nuestro unánime deseo de que sea usted uno de los integrantes de la Presidencia.

Le suplico aceptar mis más calurosos y buenos deseos, tanto los míos personales como de todos mis colegas.

J. D. Bernal, presidente

México, D. F., 7 de octubre de 1959

Señor John D. Bernal, presidente-delegado de la Presidencia Colectiva del Consejo Mundial de la Paz, 21 Torrington Square, Londres, W.C.I.

Distinguido amigo: He recibido su muy atenta carta del 31 de julio próximo pasado, que hasta hoy contesto en virtud de haberme encontrado fuera de esta ciudad.

La proposición que se sirve usted trasmitirme a nombre del Consejo Mundial de la Paz, de formar parte del Comité Presidencial del propio Consejo, la considero una gran distinción, que mucho agradezco.

Hemos discutido esta proposición con miembros del Comité Nacional de la Paz de nuestro país, y por las razones que han expuesto y considerando de nuestro deber no omitir esfuerzo en favor de la noble causa de la paz, acepto esta honrosa designación.

Patentizo a usted las seguridades de mi amistad y le deseo todo bien.

Lázaro Cárdenas

TELEGRAMA

Morelia, Mich., 1 de abril de 1960

Pax Institute, Mollwaldplatz 5, Viena, Austria.

Partidarios paz países Latinoamérica lamentamos acontecimientos Sudáfrica hicieron víctimas numerosos ciudadanos por su protesta ante discriminación racista. Pedimos que Consejo Mundial Paz proponga que en próximas reuniones jefes estados, anunciadas para mayo próximo, se incluya en conferencias liberación pueblos sojuzgados por el colonialismo, considerando que en tanto existan pueblos oprimidos y humillados en sus más esenciales derechos humanos, no podrá asegurarse la paz mundial.

Lázaro Cárdenas

México, D. F., 10 de diciembre de 1960

Consejo Mundial de la Paz, Viena, Austria.

(At'n. señor profesor Víctor Chijikvadse)

Muy estimados amigos: Tuvimos el agrado de recibir la visita de los señores ingeniero Alberto T. Casella y del licenciado y diputado Domingos Vellasco, miembros de la Presidencia Colectiva. Asimismo nos visitaron la señora profesora Olga Poblete, miembro del Secretariado por América Latina, y el señor Abelardo Adán, colaborador del Secretariado del Consejo Mundial de la Paz.

Sostuvimos conversaciones que permitieron precisar ideas sobre los objetivos del proyecto de celebrar la Conferencia Latinoamericana, la sede y la fecha. Se resolvió aceptar la invitación del grupo mexicano para que se verifique en la ciudad de México, en la primera quincena de marzo próximo.

Después de amplios cambios de impresiones, se redactó el llamamiento que, suscrito por los tres miembros de la Presidencia Colectiva, irá acompañado también de las firmas de personalidades y organizaciones latinoamericanas, invitando a la Conferencia; cuyo llamado se dará a la publicidad a más tardar el día 10 de enero próximo.

Se acordó con el ingeniero Casella y licenciado Vellasco, el punto de vista expresado anteriormente, en el sentido de que los delegados cubrirán sus gastos de transporte y de estancia, por cuenta de los organismos que representen.

El grupo de mexicanos se hará cargo de todos los trabajos de organización en esta ciudad y de los gastos correspondientes, quedando claramente establecido que el comité organizador estará formado por los tres miembros de la Presidencia Colectiva o por sus representantes, asumiendo la responsabilidad de su organización. Se contará con el auxilio de la señora profesora Olga Poblete, cuando ella esté en condiciones de trasladarse a la ciudad de México, y se convino también que la señora Poblete, en Chile, concentre todas las adhesiones que se recojan al llamamiento a la Conferencia, quien las distribuirá entre los diversos grupos nacionales y señalará la fecha en que tengan que publicarse, con el propósito de que esto sea simultáneo en todos los países de Latinoamérica.

Consideramos muy conveniente estar en frecuente comunicación, para conocer oportunamente aquello que fuera necesario sobre la Conferencia y pedimos a ustedes las sugestiones que estimen convenientes para su mejor realización.

No creemos que haya dificultades en la obtención de visas para los latinoamericanos, ni tampoco para quienes vengan como delegados fraternales de otros continentes, pero sería muy conveniente que hagan sus gestiones y se trasladen a la ciudad de México con la debida anticipación, para impedir que por falta de conexión o por cualquiera otra circunstancia, no lleguen oportunamente.

Al participarles lo anterior, los saludamos cordialmente.

Lázaro Cárdenas

TELEGRAMA

México, D. F., 13 de abril de 1961

Nikita Jruschev, primer ministro URSS, Moscú, Rusia.

Felicitamos hombres ciencia, mayor Yuri Alexseyvitch Gagarin y pueblo soviético por triunfo alcanzado al registrar primer cosmonauta espacio que regresó después cumplir misión. Consideramos fundadamente que esta conquista de la ciencia, la más grande que registra la historia de la humanidad, es una nueva fuente para el progreso y una garantía más para la paz mundial. Atentamente.

Lázaro Cárdenas

México, D. F., 24 de marzo de 1961

Señor general Heriberto Jara, Veracruz, Ver.

Distinguido y gran amigo: Recibí su muy atenta carta del 18 actual.

He tenido oportunidad de encontrarme con su hijita Velia, que me platicó pasará unos días con usted en Veracruz, habiéndole rogado hacerle patente nuestros saludos cariñosos.

Regresamos el día 30 de la visita por Querétaro, Guanajuato, Jalisco y Michoacán, con los delegados latinoamericanos y amigos fraternales de China y otros países, quedando todos complacidos de la cordialidad y espíritu hospitalario de los pueblos de la región.

Salgo nuevamente mañana hacia Michoacán y a mi regreso, después del 5 de abril, tendré ocasión de saludarlo, ya sea que esté usted aquí o que yo haga viaje para visitarlo en Veracruz.

La reunión del día 3, en el despacho de la calle de Tabasco, tendrá por finalidad conocer si ya se despachó lo pendiente de la celebración de la Conferencia, como contestación de adhesiones, acuse de recibo de ponencias que hayan llegado después de la fecha que se fijó, envío de impresos que incluyen las conclusiones, declaratoria, etc.

Y para el jueves 6 de abril, a las 17 horas, nos reuniremos con la Comisión Mexicana y representantes de otros grupos que no formaron parte de la Comisión de Auspicio de la Conferencia, pero que sí se solidarizaron al conocer la convocatoria y trabajaron durante la Conferencia. Todos esperan saber cómo y quiénes harán los preparativos para la organización del comité nacional permanente, que se encargará de promover la realización de los puntos contenidos en la declaratoria aprobada durante la Conferencia. Este comité nacional tendrá que integrarse de abajo hacia arriba, es decir, que cuente con el respaldo popular. Para ello podrá seguirse el camino iniciándose con reuniones municipales, distritales y estatales, para llegar a la asamblea nacional, en la que se nombrará el comité permanente, y éste tendrá que dirigirse a los comités nacionales de los países de América Latina, para una nueva reunión en un país de Sudamérica, para la integración del Comité Latinoamericano, que promoverá ante los gobiernos de cada país y ante los organismos internacionales, el desenvolvimiento del contenido de la declaratoria aprobada en la Conferencia el día 8 de marzo.

Para el día 6 sí esperamos pueda usted concurrir y si le parece podemos vernos por la mañana de ese día a las 11 horas.

En la recepción que dio ayer la delegación china en el salón del Ambassadeurs, situado en el Paseo de la Reforma, se entregó al jefe de la delegación señor Chou Erh-fu el presente de plata con la dedicatoria que redactó usted y que fue leída ante los asistentes. Allí estuvo presente el espíritu de usted.

En realidad no le enviamos la invitación para asistir a ella porque sabíamos estaba usted un tanto indispuesto por un resfrío, (*pero dispuesto a venir estando enfermo*) y consideramos

que un viaje así, de la costa a la altura, podría perjudicarlo y no hay que olvidar que aún nos queda mucho por hacer.
Lo abraza su amigo.

Lázaro Cárdenas

CONFERENCIA LATINOAMERICANA POR LA SOBERANÍA NACIONAL, LA EMANCIPACIÓN ECONÓMICA Y LA PAZ

México, D. F., 14 de abril de 1961

C. licenciado Gustavo Díaz Ordaz, secretario de Gobernación, Ciudad.

Distraigo su atención haciendo referencia al oficio de usted número 835, fechado el 25 del mes pasado, en que se sirve citar el contenido de la comunicación dirigida al C. Presidente de la República, el día 10 del mes de marzo, por la Presidencia de la Conferencia Latinoamericana, en la que se le solicitó intercediera en favor de la libertad del pintor David Alfaro Siqueiros. Ruego a usted tenga a bien decirnos si dicha comunicación fue entregada al Primer Magistrado, en virtud de que en el citado y atento oficio de usted no se hace mención alguna de haber llegado a su destino.

Recordará usted que al visitarlo en el despacho de esa Secretaría le rogué quisiera usted hacer llegar al C. Presidente las comunicaciones que se le enviarían durante la Conferencia, y fue así que se envió a usted primero la invitación a los actos de la Conferencia y el día 10 la comunicación antes citada.

Y atendiendo a que debemos participar a los interesados el resultado de su solicitud, estimaré a usted tenga la bondad de proporcionarnos la información que se pide.

Quedo de usted, con mi atenta consideración.

Lázaro Cárdenas

México, D. F., 12 de junio de 1961

Señor Alfredo Varela, Lasalle 2605, San Isidro, Argentina.

Estimado y querido amigo: Muy grato me fue recibir su muy atenta carta del 28 de mayo, que contesto agradeciéndole en primer término los informes que me trasmite sobre las actividades que los delegados argentinos a la Conferencia Latinoamericana han realizado a su regreso de la propia Conferencia, y me complace conocer que se mantiene especial interés por la situación cubana y los acuerdos latinoamericanos.

De manera especial me ha interesado saber que la Comisión Argentina de Auspicio ha decidido realizar un Congreso Nacional por la Soberanía Nacional, la Emancipación Económica y la Paz, durante el próximo mes de octubre, y comparto con usted la opinión de que esa conferencia será un acontecimiento que sin duda logrará unir a las fuerzas democráticas, solidarias con Cuba, decididas a conquistar la independencia económica no sólo de Argentina sino de todos los países latinoamericanos. Cuanto se haga en forma decidida y oportuna para solidarizarse en la actualidad con Cuba, tendrá especial importancia en estos momentos en que, a pesar de que la Revolución Cubana logró una heroica victoria sobre quienes intentaron invadir el país, está latente la amenaza de agresión contra la Revolución Cubana en diferentes formas.

Lamento las molestias que para su familia y tranquilidad personal representan los actos atentatorios que usted ha sufrido y deseo no se repitan.

Hoy recibí su libro *Cuba con toda la barba*, que desde luego leeré, y aunque no tengo autoridad para hacer la crítica de su obra, le ofrezco comentarlo, con la simpatía que merece todo lo que usted hace, siempre vinculado a la defensa de los más auténticos intereses de nuestros pueblos.

Al tener ocasión le ruego hacer patente a nuestro estimado amigo señor ingeniero Casella, al señor doctor Alejandro Gómez y a cada uno de los amigos argentinos, nuestros más afectuosos saludos.

Me complace comprobar que mi país conquistó sus simpatías y que comparten sus dos hijos. Para usted y ellos nuestros deseos por su bienestar de parte de todos los de esta su casa.

Su amigo.

Lázaro Cárdenas

México, D. F., 14 de junio de 1961

Señora profesora Olga Poblete, Clasificador G-16, Santiago de Chile.

Estimada y distinguida amiga: Hago relación a su carta del 28 de mayo.

Oportunamente fui informado por los miembros de la delegación mexicana que asistió a la reunión de Nueva Delhi, del interés que suscitó la idea de promover un encuentro afroasiático-latinoamericano.

Considero, como usted lo manifiesta, de gran importancia que llegue a realizarse este encuentro, en el que deberán plantearse propósitos similares a los de nuestra Conferencia Latinoamericana, que despertaron tan calurosa acogida.

Para ello estimo también, como usted, que habrá que pedir cooperación para el trabajo preliminar de este evento, a todos los que fueron presidentes de las delegaciones de los países latinoamericanos a la Conferencia de México y además a otras instituciones y personas cuyo prestigio y relevancia significaron un apoyo para la reunión.

Pero ante la indiscutible conveniencia de lograr el encuentro afroasiático-latinoamericano, someto a la consideración de usted, como lo hago a la de nuestro estimado amigo Víctor Chijikvadse, de quien recibí carta pronunciándose en favor del propio encuentro, que para formalizarlo precisa tener ya organizado el comité latinoamericano que debe integrarse como resultado de la Conferencia por la Soberanía Nacional, la Emancipación Económica y la Paz celebrada en México; comité que se integrará en una nueva conferencia a la que asistan delegaciones de los comités nacionales de cada país que van a sustituir a los comités de auspicio de la conferencia celebrada en marzo y que se formaron con carácter provisional.

Y será de mayor fuerza moral que encabece la invitación el Comité Latinoamericano y no personas aisladas, sin la representación de un organismo internacional.

Naturalmente para la realización de este encuentro tendrá que contarse con la cooperación del Consejo Mundial de la Paz, en el orden de solidaridad, ayuda técnica y contactos con sus numerosas relaciones.

Desearía conocer de usted información de lo que ha podido adelantarse en la organización de los comités nacionales en los países que están en condiciones de hacerlo. Que en cuanto a México los trabajos no han cesado, según platico a usted en la carta que le envío con fecha de ayer.

Con mis saludos cariñosos, que le ruego hacer extensivos a nuestra grata amiga Olga Urtubia, quedo de usted su siempre atento amigo.

Lázaro Cárdenas

México, D. F., 14 de junio de 1961

Señor profesor Víctor Chijikvadse, Instituto Internacional de la Paz, Möllwaldplatz 5, Viena, Austria.

Estimado y fino amigo: He leído con detenimiento su atenta carta del día 26 de mayo, en la que se pronuncia usted por el proyecto de una conferencia de representantes de América Latina, África y Asia, que fue propuesta en una reunión especial celebrada en Nueva Delhi; idea que según lo manifiesta usted y por informes de la propia delegación mexicana, encontró una franca simpatía para su realización.

Reconozco, como usted mismo, que la convocatoria a una conferencia de representantes de las fuerzas pacifistas de los tres continentes, que proyecte la constitución de un organismo de solidaridad, exige un profundo estudio para obtener la intervención de personas de alta solvencia y que sean conocidas mundialmente.

Quiero darle mis puntos sobre tan trascendental cuestión y agradecerle la estimación que hace usted de mi persona, al considerar que un llamado de mi parte podría tener la aceptación de elementos eminentes de los tres continentes. A este respecto, francamente y con la confianza que usted me merece, debo decirle que estimo es indispensable para una reunión semejante que la invitación sea suscrita por la organización del comité latinoamericano que se acordó se integraría como resultado de la Conferencia Latinoamericana por la Soberanía Nacional, la Emancipación Económica y la Paz, celebrada en la ciudad de México en el mes de marzo pasado, y por el mayor número de personas de otros países, como las que usted señala, y a las que se les escribiría oportunamente invitándolas y pidiéndoles su opinión.

México está trabajando para la integración de su comité nacional y se considera que en el curso del año quedará formado. Esperamos que en los demás países de Latinoamérica también lo organicen, y una vez logrado esto ponerse de acuerdo para la citada conferencia, que pudiera celebrarse con sede en uno de los países de Sudamérica.

De estas reflexiones le ruego su opinión, y entretanto quedo, como siempre, de usted cordialmente.

Lázaro Cárdenas

P.D. Agradecemos los saludos que se sirvió enviarnos, así como la invitación para visitar mi señora y yo la Unión Soviética, que esperamos poder hacer una vez que hayamos despachado asuntos que por ahora nos retienen en México.

México, D. F., 22 de junio de 1961

Señor John D. Bernal, presidente del Consejo Mundial de la Paz, Londres, Inglaterra.

Muy estimado profesor Bernal: Contesto su muy atenta carta del 1 de junio, de la cual tomé nota con positivo interés. Como usted lo señala, es conveniente que el Secretariado del Consejo

Mundial de la Paz tenga un mayor número de personas de las que en la actualidad lo componen, por razón del intenso trabajo que precisa desarrollar.

No me es fácil, como usted amablemente me lo pide, sugerir personas para tan importante puesto, pero me permito enumerar algunas que considero idóneas para formar parte del Secretariado, esperando así contribuir a la selección que seguramente ustedes harán de quien a su juicio merezca las mejores calificaciones, entre las que a continuación incluyo y de otras personas de las que ustedes tengan conocimiento puedan responder a una misión de tal naturaleza:

De Argentina, señor Alfredo Varela, a quien ustedes conocen ampliamente y tiene sobrada experiencia en el trabajo en favor de la paz.

De Brasil, doctor Valerio Konder, elemento que reúne condiciones favorables por su preparación y capacidad de trabajo.

De Cuba, doctora Martha Frayde, con suficiente preparación, entusiasta y dinámica en favor de la paz.

De Chile, profesora Olga Poblete, ampliamente conocida por ustedes y que a su experiencia une el tacto para establecer las relaciones indispensables en el movimiento pro paz.

De Guatemala, escritor Luis Cardoza y Aragón, que reside en México, siempre vinculado al movimiento pro paz y que ha sido representante diplomático, en otras épocas, en la Unión Soviética y París.

De México, doctor Eli de Gortari, que se ha distinguido en el movimiento nacional en favor de la paz y que ha tenido oportunidad de establecer contactos en reuniones internacionales realizadas últimamente.

Con beneplácito informo a usted que se está reorganizando el Comité Nacional de la Paz, ampliando su personal, que ha de sustituir al Comité Mexicano Impulsor de la Paz y la Solidaridad entre los Pueblos, que fue integrado provisionalmente hace dos años, precisamente el día de la lamentable muerte de nuestro estimado amigo señor licenciado Narciso Bassols.

Este nuevo Comité, en colaboración con el Consejo Mundial, tendrá que desarrollar mayor actividad en cuanto signifique superar su labor en bien de la paz y amistad entre todos los pueblos.

En relación a las tareas planteadas por la Conferencia Latinoamericana por la Soberanía Nacional, la Emancipación Económica y la Paz, celebrada en esta ciudad durante el mes de marzo pasado, se está trabajando con gran interés para constituir el organismo nacional. Y esperamos que organización semejante se logre a la mayor brevedad en los demás países de Latinoamérica, para llegar en su oportunidad a una nueva conferencia en la que sea designado el comité latinoamericano, que promueva con mayor fuerza moral los postulados contenidos en la declaratoria aprobada en la citada Conferencia de marzo.

Al corresponder a su amable deferencia, me es grato desearle bienestar y reiterarme de usted muy cordialmente.

Lázaro Cárdenas

México, D. F., 25 de agosto de 1961

Señor Valerio Konder, Rúa São José 50, Sala 502, Río de Janeiro, Brasil.

Distinguido y fino amigo: Dispensará usted que hasta hoy conteste su muy atenta e interesante carta del 20 de mayo, debido a mis frecuentes viajes fuera de la ciudad de México, y que hoy hago con agrado para referirme a su importante contenido.

Los delegados mexicanos informaron de la Conferencia de Nueva Delhi y de la favorable acogida que tuvo el proyecto de una reunión de representantes de los países de Asia, África y América Latina, y que nos confirma usted en su carta detalladamente.

En carta de nuestro común amigo el profesor Víctor Chijikvadse expresa también la importancia que se le concede a esta reunión. El profesor Chijikvadse sugiere que la invitación a la reunión tricontinental fuera dirigida por los que firmamos la convocatoria a la Conferencia Latinoamericana por la Soberanía Nacional, la Emancipación Económica y la Paz. Le he manifestado la conveniencia de que esta invitación parta de los comités nacionales que están formándose en cada uno de nuestros países, según se acordó en la Conferencia de marzo celebrada en México, y al efecto he escrito a nuestra estimable amiga profesora Olga Poblete, que debe tener mayor información de los comités organizados ya en Latinoamérica, a fin de sugerirles hacer la invitación, y a la vez dirigirnos en lo personal a ciudadanos que se considere puedan aceptar hacer labor ante organismos y amigos, para esta reunión tricontinental.

Por nuestra parte, los miembros de la Presidencia Colectiva del Consejo Mundial de la Paz apoyaremos la reunión en la forma que nos sea posible.

Sobre estos puntos le ruego su opinión, así como si la consulta ante el gobierno de su país para una reunión de la Presidencia Colectiva, de que me habla usted en su carta, tuvo alguna resolución.

Le ruego, al tener usted ocasión, se sirva saludar a nuestro común amigo el señor licenciado Vellasco, a quien he escrito en dos ocasiones.

Con mi estimación personal y un saludo afectuoso para usted y los amigos, le envío un cordial abrazo.

Lázaro Cárdenas

México, D. F., 25 de agosto de 1961

Señora profesora Olga Poblete, Av. Brown Sur 61, Santiago, Chile.

Mi distinguida amiga: Debido a mis frecuentes viajes, espero sabrá dispensar que hasta hoy escriba a usted, lo que hago con la invariable estimación que le guardo y la satisfacción de haber tenido oportunidad de tratarla y conocer su convicción y lealtad a los principios doctrinarios de la soberanía y liberación económica de nuestros países, y la amistad y la paz entre todos los pueblos.

Entiendo estará usted enterada de los trabajos que se han venido realizando en México. El señor licenciado Alonso Aguilar ha comunicado se ha estado enviando a usted la información impresa de las tareas realizadas. El comité nacional provisional se organizó ya y empezó a funcionar después de su reunión verificada durante los días 4 y 5 del actual.

He escrito a nuestros amigos los señores ingeniero Casella y licenciado Vellasco y no he tenido cartas de ellos, sin duda por sus ocupaciones de momento o por las trabas del correo, que tienen que multiplicarse a medida que la preocupación de los enemigos del progreso sea mayor.

Espero tendrá usted mayores datos de la organización de los comités nacionales que se hayan logrado formar en diferentes países de nuestro continente y le agradeceré las noticias que tenga sobre ello.

Como vio usted, la gira por Sudamérica del señor Stevenson no obtuvo los resultados favorables en todo lo que sus representados esperaban, según información de la misma prensa norteamericana; pero hay que admitir que debe haber logrado parte importante en lo que motivó su gira, ya que el dólar seguirá mandando en la mayoría de las esferas oficiales de Latinoamérica en tanto no sean auténticos patriotas los que asuman la representación en sus países.

Es intensa la campaña que vienen realizando los enemigos del progreso y de la paz a través de diferentes organismos, entre ellos el que cita usted: "luchadores de la paz", que en realidad son guerreristas que combaten la unidad de los pueblos.

En la Conferencia de Nueva Delhi se trató, como usted sabe, del proyecto de una reunión de delegados de países de Asia, África y América Latina, para hacer planteamientos similares a los de la Conferencia Latinoamericana y fue acogido con interés por la mayor parte de las personas con las que se habló. Posteriormente a la información que rindió la delegación mexicana que asistió a la reunión de Nueva Delhi, recibí carta de nuestros amigos profesor Víctor Chijikvadse, de Viena, y Valerio Konder, de Brasil, convencidos de la importancia del proyecto de una reunión tricontinental.

El profesor Chijikvadse propuso en su carta se estudiara la conveniencia de hacer la invitación por los miembros que participamos en la convocatoria de la Conferencia Latinoamericana. Le manifesté es preferible participen en esta invitación los comités nacionales que se acordó se integrarían en países que tengan condiciones políticas propicias para ello y que tendría mayor acogida si parte la invitación de organismos y no de personas.

Pero considerando que los problemas internacionales se mueven hoy a extraordinario ritmo, conviene no esperar hasta que estén formados los comités que habrán de surgir de las convenciones nacionales, y es preferible proponer que la invitación parta, desde luego, de los comités provisionales que a la fecha se hayan formado y a la vez dirigirnos en lo personal a nuestros amigos de varios países.

Sobre estos puntos espero sus valiosas opiniones.

Para usted y para nuestra amiga profesora Olga Urtubia, cariñosos saludos.

Su atento amigo.

Lázaro Cárdenas

México, D. F., 5 de marzo de 1962

Señor profesor John D. Bernal, presidente del Comité Presidencial del Consejo Mundial de la Paz, 94 Charlotte Street, Londres, Inglaterra.

Distinguido amigo: Con su muy atenta del día 28 de febrero pasado fue en mi poder el llamamiento del Consejo Mundial de la Paz, encaminado a la celebración del Congreso Mundial por el Desarme General y la Paz, que tendrá verificativo en Moscú, durante los días del 9 al 14 de julio del presente; atención que mucho le agradezco.

Ante la imposibilidad de desplazarme en estos momentos a Viena y aprovechando el viaje de nuestro común amigo el señor ingeniero Manuel Mesa, que asistirá a las reuniones que la Presidencia Colectiva efectuará los días 18 y 19 del actual en esa ciudad, envío a usted un memorándum con mis opiniones sobre el desarme y la abolición de las pruebas nucleares; puntos de vista que son válidos tanto para la citada reunión como para el próximo Congreso Mundial de Moscú. Insisto especialmente en la conveniencia de poner en primer término la abolición de las pruebas nucleares en el movimiento general por el desarme, porque considero que un acuerdo a este efecto por parte de las grandes potencias, abriría un camino sólido y fructífero para continuar con las conversaciones oficiales sobre el desarme.

Asimismo, deseo manifestarle mi aceptación para que se incluya mi nombre en la lista de los ciudadanos que apoyan el Congreso Mundial de Moscú.

Deseándole el mayor éxito y la satisfacción propia de los importantes trabajos que realiza en bien de la humanidad, me reitero de usted afectuosamente.

Lázaro Cárdenas

Memorándum para el H. señor profesor John D. Bernal, presidente-delegado del Comité Presidencial del Consejo Mundial de la Paz, Londres, Inglaterra.

Con la información verbal y escrita de lo expuesto y resuelto en la reunión del Consejo Mundial de la Paz, efectuada en Estocolmo a fines del pasado diciembre, y conociendo las resoluciones aprobadas, a continuación se exponen algunos puntos de vista referentes a la actual situación internacional y sobre el Congreso Mundial por el Desarme General y la Paz que se realizará en Moscú del 9 al 14 de julio próximo.

Efectivamente, como apunta la resolución tocante al desarme, "la tensión internacional se ha agravado, en grado sumo". Y, a pesar de los esfuerzos que se vienen realizando para discutir el problema del desarme entre estadistas de las grandes potencias y de otros países a un alto nivel en el presente año, no se puede esperar que este hecho, en sí mismo y en el mejor de los casos, conjure el peligro de una guerra mundial, por lo que la acción de los pueblos en favor del desarme y de la paz sigue y seguirá siendo un factor primordial para obtenerlos.

La disminución de la tensión internacional no sólo es deseable sino posible y ello contribuiría a la creación de una atmósfera más propicia para continuar las negociaciones sobre las cuestiones del desarme. Sin embargo, la amenaza de una guerra mundial no puede desaparecer sin minar aún más profundamente sus causas, minarlas a un grado que haga desistir al imperialismo de desencadenarla, pues todavía hoy, como dice bien la resolución sobre el desarme ya mencionado, "las fuerzas de la guerra... se oponen persistentemente al desarme" y se opondrán mientras la economía de las potencias imperialistas descanse fundamentalmente sobre la carrera armamentista y ésta continúe aumentando los rendimientos de las clases que especulan con la guerra.

Sin embargo, todos los esfuerzos de los estados, las organizaciones y los individuos, para negociar sobre el desarme, deben ser apoyados, pues todos ellos, por limitados que sean, son útiles a la causa de la paz porque debilitan y hacen más repudiables las fuerzas de la guerra ante los pueblos y los gobiernos amantes de la paz.

Después de la segunda guerra mundial, el panorama internacional ha ido modificándose y hoy se perciben con claridad la existencia de tres grandes fuerzas que operan objetivamente en el problema de la guerra y de la paz mundiales: las fuerzas imperialistas, cuyos fines principales son combatir sin tregua a los países cuyos regímenes amenazan su existencia y mantener y aun ampliar su política expansionista, manejada hoy con distintos métodos pero siempre con el mismo objetivo: la explotación de los pueblos económicamente débiles. Sus métodos neocolonialistas cubren desde la "ayuda" militar hasta la económica, la técnica y educativa, para imponer su dominio sobre los pueblos que pugnan por salir de su condición colonial y los países que, en una u otra medida, sufren la influencia imperialista; las fuerzas nacionalistas de los países coloniales y de las naciones que en distintas formas y grados son explotados por extraños intereses y que hoy luchan denodadamente por su integración y su liberación nacionales —países que conforman territorial y demográficamente más de la mitad del mundo—; y las fuerzas del mundo socialista, cuyos fundamentos filosóficos y normas económicas se inspiran en el desarrollo armónico de sus medios productivos y en la elevación cultural, técnica y científica de su población dentro de una atmósfera de paz, pero que incrementan su capacidad defensiva ante la amenaza exterior y se han visto obligados a entrar de lleno en la carrera armamentista.

Las dos últimas fuerzas operan en favor de la paz. El imperialismo mantiene la guerra fría —favorable a sus intereses— y no descarta la idea de desencadenar una nueva guerra mundial como posible medio supremo para salvar su sistema de explotación.

Dentro de este cuadro vive y se extiende en todos los confines de la tierra la acción de los pueblos por liquidar todo peligro de guerra y asegurar la paz.

La lucha por el desarme reviste mayor intensidad, como tal, entre los pueblos que han logrado ya liberarse de la explotación y del amago diario y directo del imperialismo. Los demás, por razón natural, sienten y actúan vigorosamente por su vida independiente y su liberación —una forma no menos eficaz de luchar por el desarme, ya que la acción liberadora de estos pueblos debilita la base de sustentación en que se apoya parte muy importante de la economía y la política bélica del imperialismo. Vale señalar esta realidad.

De aquí la importancia de intensificar la explicación que debe hacerse sobre "los hechos y las causas fundamentales del peligro" (de guerra), como dice la resolución sobre el desarme varias veces citada. Ésta es la única forma de lograr la comprensión universal de que el desarme y las luchas de liberación nacional están indisolublemente unidas y que ambas se complementan para imponer la paz en el mundo.

Los pueblos saben que la mayor responsabilidad en mantener la paz o desencadenar una nueva guerra, recae sobre las grandes potencias nucleares y que, inclusive, un descuido o una casualidad pueden causar una explosión nuclear y provocar la guerra.

Esta realidad obliga al Consejo Mundial de la Paz a estudiar cuáles son los medios, los métodos y las formas más eficaces que los partidarios de la paz en el mundo deben emplear para lograr sus nobles objetivos.

A nuestro juicio, la lucha por el desarme debe poner *en primer término* la abolición inmediata de las pruebas de las armas nucleares, su destrucción y la prohibición de fabricarlas. Éste es el clamor de los pueblos, pues a nadie escapa que la existencia de armas nucleares y su manejo son un real *peligro para la humanidad toda*. *Cabría preguntar si las conversaciones entre estadistas por el desarme tendrían un verdadero sentido mientras continúan las pruebas de armas nucleares o se cierne la amenaza de que se empleen. Es por ello que el paso preliminar para que fructifique cualquier esfuerzo por el desarme, sería el convenio de las grandes potencias para abolir la amenaza y la acción concreta de producir explosiones de prueba.*

El anhelo de vivir en un mundo de paz lo compartimos todos los hombres y las mujeres, cualquiera que sea su saber, sus convicciones, sus creencias, su raza, su nacionalidad, su jerarquía y su actividad en la sociedad moderna.

Los partidarios activos por la paz mundial debemos apelar a los estadistas, a los representantes más caracterizados del mundo de la ciencia, de la cultura, de las distintas religiones, de la política y de las organizaciones sociales, sin prevenciones ni prejuicios de ninguna clase, para que compartan con los pueblos la responsabilidad de evitar la guerra, ya que lo que está en juego es la vida humana en una escala de proporciones sin precedentes.

México, marzo 1962

México, D. F., 6 de marzo de 1962

Señora profesora Olga Poblete de Espinosa, Brown Sur 61, Santiago, Chile.

Distinguida y estimada amiga: He recibido su carta del 18 de enero, con la que tuvo usted la atención de enviarme la del 26 de septiembre del año pasado, que sufrió considerable retardo por razones ajenas a nuestra voluntad. Agradezco la interesante descripción que se sirve hacer en ambas cartas sobre la situación que prevalece en su país.

Hemos quedado enterados de la situación que en meses pasados existía en distintos países de América Latina en cuanto a las tareas que se desprendieron de la Conferencia Latinoamericana por la Soberanía Nacional, la Emancipación Económica y la Paz y los limitados avances que en este sentido se operaban, especialmente en lo que se refiere al acuerdo de organizar los movimientos de liberación nacional en cada país. Espero que para estas fechas esa situación se haya modificado y que, además de los organismos que, según informaciones de prensa, ya existen en Brasil y Argentina, estén en proceso de su constitución en otros países de América Latina.

Sentimos que no haya usted podido desplazarse a México después de la reunión del Consejo Mundial de la Paz efectuada en Estocolmo, en el mes de diciembre, y haber tenido el gusto de saludarla y escucharla. Los señores ingeniero Manuel Mesa y profesora Anita Mayés nos informaron sobre el desarrollo de las discusiones, así como de los acuerdos tomados y las resoluciones respectivas, que ponen especial énfasis en la lucha por el desarme general y completo y en la de liberación nacional —objetivos interdependientes, como usted dice, e inseparables.

Hemos recibido la grata visita de la Comisión del Consejo Mundial de la Paz y hemos cambiado impresiones sobre lo acordado en Estocolmo, de las que ya tendrá usted noticias directas.

Y con relación a la conferencia de los tres continentes, a que se refiere usted en su última carta, en la que participará el Consejo Mundial de la Paz, expresé a la comisión lo que ya me he permitido manifestar a usted: que conociendo nuestro medio político, es mi opinión que debe ser convocada por los organismos de liberación nacional que se hayan constituido en América Latina para esas fechas. Además de las razones de validez permanente para constituirlos, de allí también la urgencia de impulsar el trabajo organizativo para crear los comités nacionales en cada uno de nuestros países. Es nuestra idea que en la estructuración definitiva de estos movimientos está la real y verdadera representación de los pueblos y que la fuerza que América Latina haya de aportar a la conferencia de los tres continentes debe ser la de las colectividades que se unan bajo un mismo objetivo antiimperialista. Ya organizados los comités de liberación nacional en cuatro o cinco países, donde las condiciones internas permitan una acción más rápida, América Latina podrá convocar, junto con Africa y Asia, a la Conferencia Tricontinental. Entonces también se invitaría a distintas personas de América Latina que no pertenecen al movimiento de liberación nacional, así como a organizaciones afines, que podrían adherirse a la conferencia. Estas dos condiciones darían a la representación latinoamericana mayor profundidad en sus raíces populares y más amplitud en su composición.

Agradecemos su envío del boletín de información del Consejo Mundial de la Paz, fechado el 18 de enero pasado, y el del Movimiento Chileno por la Paz, que hemos leído con todo interés.

Con un saludo cordial, quedo su afectísimo amigo.

Lázaro Cárdenas

México, D. F., 9 de marzo de 1962

Señores Wanda Wasilewskaia y Víctor Chijikvadse, miembros del Consejo Mundial de la Paz,
Viena, Austria.

Estimados amigos: En relación a su atenta carta de fecha 3 de febrero pasado y de acuerdo con su contenido, me permito adjuntar copia del memorándum que envié al señor profesor Bernal, en que le expreso mi solidaridad con la convocatoria al Congreso por el Desarme Universal y la Paz, que se celebrará en Moscú, y mis puntos de vista acerca de los problemas del desarme, de la coexistencia pacífica y de la independencia nacional.

Con respecto a otros puntos de su comunicación, transcribo párrafo de una carta que con esta misma fecha dirigí a la señora profesora Poblete de Espinosa y en el que me refiero a la visita de ustedes:

"Y con relación a la conferencia de los tres continentes, a que se refiere usted en su última carta, en la que participará el Consejo Mundial de la Paz, expresé a la comisión lo que ya me he permitido manifestar a usted: que conociendo nuestro medio político, es mi opinión que debe ser convocada por los organismos de liberación nacional que se hayan constituido en América Latina para esas fechas. Además de las razones de validez permanente para constituirlos, de allí también la urgencia de impulsar el trabajo organizativo para crear los comités nacionales en cada uno de nuestros países. Es nuestra idea que en la estructuración definitiva de estos movimientos está la real y verdadera representación de los pueblos y que la fuerza que América Latina haya de aportar a la conferencia de los tres continentes debe ser la de las colectividades que se unan bajo un mismo objetivo antiimperialista. Ya organizados los comités de liberación nacional en cuatro o cinco países, donde las condiciones internas permitan una acción más rápida, América Latina podrá convocar, junto con África y Asia, a la conferencia tricontinental. Entonces también se invitaría a distintas personas de América Latina que no pertenecen al movimiento de liberación nacional, así como a organizaciones afines, que podrían adherirse a la conferencia. Estas dos condiciones darían a la representación latinoamericana mayor profundidad en sus raíces populares y más amplitud en su composición."

Como podrán ustedes apreciar, considero de señalada importancia que queden constituidos, a la mayor brevedad posible, varios comités de liberación nacional en nuestro continente, a efecto de poder convocar, de acuerdo con las resoluciones de la Conferencia Latinoamericana por la Soberanía Nacional, la Emancipación Económica y la Paz, a una reunión latinoamericana donde quede organizado el movimiento continental permanente que coordine la acción de los movimientos nacionales con los objetivos que son ya conocidos. En esta forma podría pensarse en la posibilidad de realizar la Conferencia Tricontinental en los meses de octubre o noviembre, dando así margen para efectuar la reunión latinoamericana antes de octubre y después del Congreso Mundial de Moscú.

Por ahora el trabajo preparatorio de América Latina con vistas a la realización de la Conferencia Tricontinental es, a mi juicio, en su fase más importante, el trabajo de organización nacional y continental ya descrito y sin el cual la América Latina llegaría a la reunión de los tres continentes sin una base de sustentación verdaderamente representativa. Por ello mi insistencia en los puntos de vista que tuve oportunidad de expresar personalmente a ustedes durante su estancia en mi país.

Aprovecho esta nueva ocasión para saludarlos cordialmente.

Lázaro Cárdenas

México, D. F., 14 de marzo de 1962

Señor ingeniero Alberto T. Casella, Tucumán núm. 983, Buenos Aires, Argentina.

Estimado y fino amigo: Oportunamente recibí su atenta carta del 31 de diciembre pasado, fechada en Moscú, en la que tuvo usted la deferencia de participarme someterá su vista a un examen. Espero que el tratamiento que le señalen le sea benéfico y que pronto sepamos de su franco alivio.

Efectivamente hace algún tiempo que no recibíamos noticias suyas.

Ahora hemos leído con interés sus amables informaciones sobre los asuntos que se discutieron en la última reunión del Consejo Mundial de la Paz en Estocolmo: la convocatoria para la realización del Congreso Mundial por el Desarme General y la Paz y la organización de una conferencia de los pueblos de Asia, África y América Latina.

Hemos recibido también noticias del señor licenciado Vellasco, informaciones verbales del señor ingeniero Manuel Mesa y de una comisión del Consejo Mundial de la Paz que tuvimos el agrado de ver en esta ciudad.

A ellos, como a usted ahora, someto a su consideración que la conferencia de los tres continentes sea convocada por los organismos nacionales que existan en los propios tres continentes, que en cuanto al nuestro serían los comités de liberación nacional que se hayan constituido en América Latina, y que la convocatoria no sea por los integrantes latinoamericanos de la Presidencia Colectiva del Consejo Mundial de la Paz, ya que en la forma propuesta se daría una base más amplia a la representación de nuestros pueblos y los acuerdos que se tomaran se canalizarían a través de organizaciones ya constituidas y por lo tanto, la acción sería más efectiva y permanente; conferencia que tendría el auspicio del Consejo Mundial de la Paz.

Además es obligada preocupación nuestra, como estoy seguro lo es de ustedes, cumplir con los acuerdos de la Conferencia Latinoamericana por la Soberanía Nacional, la Emancipación Económica y la Paz, en el sentido de organizar los movimientos nacionales que darán base a una nueva conferencia latinoamericana, para dejar constituida la organización continental permanente que coordinará la lucha por la liberación nacional de nuestros países hermanos.

En cuanto a la jerarquía que corresponde a los problemas del desarme y de la liberación nacional —en la que están empeñados por igual los pueblos coloniales y los que en mayor o menor grado sufren la influencia opresora del imperialismo—, nos parece que ambas luchas se complementan y que si una parte de la población mundial es susceptible de movilizarse con mayor fervor por el desarme, la otra siente más cerca la explotación imperialista en su vida diaria y se ve más directamente afectada por ésta. Ambas realidades nos obligan a subrayar la importancia del desarme en el Congreso Mundial por el Desarme General y la Paz, y de la liberación nacional en la conferencia tricontinental sin excluir estos dos objetivos, inseparables e interdependientes, en ninguna de las dos reuniones internacionales.

No podemos esperar que el mundo se pacifique en aquellos lugares donde opera el imperialismo y donde inevitablemente se vigorizarán, día a día, las justas luchas de liberación nacional. El debilitamiento del imperialismo que éstas ocasionen contribuirá a obtener el desarme y a imponer la paz mundial. Naturalmente, la lucha específica por el desarme general y completo también tiene fundamental importancia.

Es nuestra impresión que a través de las deliberaciones preparatorias de ambos eventos internacionales, se encontrará una fórmula ajustada a la realidad que vive el mundo y a sus más inmediatas perspectivas. Le ruego su autorizada opinión.

Amalia y yo agradecemos los parabienes de su esposa y de usted, y los correspondemos ampliamente, deseando, sobre todo, el pronto restablecimiento de usted.

Su atento amigo.

Lázaro Cárdenas

P.D. He estado viajando por el interior del país y por ello dispénseme que hasta hoy le escriba.

México, D. F., 9 de julio de 1962

Señor licenciado Vicente Lombardo Toledano, Artistas N° 51, Ciudad, Z. 20.

Estimado licenciado y fino amigo: He leído con atención su carta del 28 de junio pasado, referente a las relaciones del Partido Popular Socialista con el Movimiento de Liberación Nacional y el Comité Mexicano por la Paz; organismos que sostienen entre sus principios la emancipación económica del imperialismo y la lucha por la paz.

Debo decir a usted que tengo conocimiento que, a raíz de la Conferencia Latinoamericana por la Soberanía Nacional, la Emancipación Económica y la Paz, los dirigentes y los miembros del Partido Popular Socialista y otras organizaciones, así como las personas que participaron destacadamente en ella, continuaron trabajando por el cumplimiento de los acuerdos tomados en la propia Conferencia Latinoamericana, entre ellos el de la constitución del Movimiento de Liberación Nacional; esfuerzos conjuntos que culminaron en la Asamblea Nacional que dio vida al comité provisional de ese Movimiento, en el mes de agosto de 1961. Y que en el programa y en las bases generales de este nuevo organismo, aprobados en la Asamblea Nacional, se acordó en forma expresa la reestructuración del Comité Mexicano por la Paz, que ha funcionado durante cerca de un año bajo la dirección y con el apoyo de los elementos y organizaciones que intervinieron en la Asamblea Nacional de agosto, en un esfuerzo común para reavivar el trabajo por la paz. Y que en esta segunda etapa del trabajo por la paz, en la que imperan condiciones apreciablemente distintas a las que regían hace doce años, en que fue constituido primordialmente el Comité Mexicano por la Paz, personas y miembros de agrupaciones de ideología revolucionaria bien definida, son los que están dando vida, lentamente pero en forma ascendente, a la lucha por la paz, hoy íntimamente ligada a la de la liberación del imperialismo.

Por otra parte, me parece que se apartarían de la realidad si esperasen que bajo las actuales circunstancias se incorporen a la militancia de la paz personas y organizaciones que no son definitivamente antiimperialistas. Y no se justificaría que el Comité Mexicano por la Paz debiera desarticularse del Movimiento de Liberación Nacional y tampoco que el comité provisional de éste, se aparte, en ninguno de los aspectos de su programa o de sus bases organizativas, de los acuerdos aprobados y que dieron vida al Movimiento de Liberación Nacional.

A mi juicio, tanto el Movimiento de Liberación Nacional como el Partido Popular Socialista, pueden organizar comités por la paz y ampliar la militancia popular en ellos, sin que esto limite el movimiento general por la paz, ni a ninguna de las dos organizaciones, para sostener sus respectivos postulados y programas.

Ante una solución de esta naturaleza, lo que procedería, a mi juicio, es que los dirigentes y los miembros de las organizaciones revolucionarias, se respeten entre sí y no gasten sus fuerzas en luchas estériles para su causa común —el progreso y la emancipación integral de México—, entregando armas a los enemigos de la paz y de la liberación nacional, al imperialismo y a sus aliados; más aún considerando la afinidad ideológica de los dirigentes del Partido Popular Socialista y del Movimiento de Liberación Nacional.

Considero y estimo que también piensa usted así, que en el futuro las discrepancias entre los dirigentes de las organizaciones revolucionarias se pueden dilucidar fraternalmente entre ellos, para bien de la unidad revolucionaria y de nuestro país, así como del cumplimiento de los objetivos comunes.

Me agradaría, como usted lo propone, conversar sobre este particular, si usted tiene tiempo el día de mañana a las diez horas, que me daría a la vez la oportunidad de saludarlo personalmente.

De usted, como siempre, cordialmente su amigo.

Lázaro Cárdenas

México, D. F., 8 de septiembre de 1962

Señor profesor John D. Bernal, presidente-delegado del Consejo Mundial de la Paz, 94 Charlotte Street, Londres W. I.
Gran Bretaña.

Distinguido y fino amigo: Con motivo de la peligrosa situación que están creando los Estados Unidos tomando como pretexto la importación de armas de procedencia rusa que el gobierno cubano está adquiriendo, en su legítimo derecho para asegurar su defensa, y la que se manifiesta en las declaraciones de los funcionarios públicos y los congresistas norteamericanos, así como por los que manejan los distintos medios de difusión con que cuentan los Estados Unidos, consideramos que al Consejo Mundial de la Paz le corresponde promover una acción defensiva y solidaria hacia el gobierno y pueblo cubanos, con la premura que el caso requiere.

El secretario de Estado norteamericano ha hecho público su deseo de reunirse con los cancilleres de los países americanos en los Estados Unidos, en ocasión de la apertura de la Asamblea General de las Naciones Unidas, y ahí discutir con ellos la situación cubana, con la implícita intención de promover una acción, aislada o conjunta, que obre en detrimento de la soberanía, la independencia y, quizá aun, de la integridad territorial de la República de Cuba, lo que pondría en grave peligro la paz mundial.

Por lo anterior, me permito sugerir que el Consejo Mundial de la Paz se dirija a todos los organismos nacionales por la paz, solicitando se desarrollen campañas de repudio a los intentos de intervención y agresión contra Cuba y en defensa del derecho de los cubanos a defender su soberanía, su independencia y el libre manejo de sus relaciones diplomáticas y comerciales.

En espera de que esta sugestión sea aceptada por la Presidencia y el Secretariado del Consejo Mundial de la Paz, le reitero mis cordiales y atentos saludos.

Lázaro Cárdenas

México, D. F., 14 de septiembre de 1962

Señor profesor John D. Bernal, presidente-delegado del Consejo Mundial de la Paz, 94 Charlotte Street, Londres W. I.
Gran Bretaña.

Distinguido y fino amigo: Por informaciones recibidas de varias fuentes autorizadas, entre ellas las que nos ha trasmitido la estimable profesora Olga Poblete, secretaria del Consejo Mundial de la Paz en América Latina, y las noticias que recibimos a través del doctor Guillermo Montaño, presidente del Comité Mexicano de la Paz, nos hemos enterado del interés que ha despertado en el Consejo Mundial de la Paz, en el Comité del Pueblo Chino por la Defensa de la Paz Mundial y en otros organismos la realización de una Conferencia Tricontinental de los pueblos de Asia, África y América Latina, en favor de la independencia integral de sus pueblos, contra la agresión y la explotación imperialista y la defensa de la paz mundial.

Con estos antecedentes se ha formulado el memorándum que me permito adjuntar a la presente, estimándole hacer las consideraciones que estime convenientes sobre su contenido y dárnoslas a conocer.
Cordialmente quedo su atento servidor y amigo.

Lázaro Cárdenas

NOTA: El memorándum sobre la convocatoria a la Conferencia Tricontinental fue también enviado a Kuo Mo-jo, Nicolás Tijonov y Olga Poblete, dirigentes de los movimientos por la paz en sus respectivos países —China, la URSS y Chile— y miembros preeminentes del Consejo Mundial de la Paz; a Fidel Castro, primer ministro de la República de Cuba; Kwame N'Kruma, presidente de la República de Ghana y a Youssef El Sebai, secretario general de la Organización por la Solidaridad de los Pueblos Afroasiáticos.

MEMORÁNDUM

Con los antecedentes que dieron origen y madurez a la idea de realizar una conferencia de los pueblos de Asia, África y América Latina y a los que están ligados la Conferencia Latinoamericana por la Soberanía Nacional, la Emancipación Económica y la Paz y las conferencias y reuniones de Nueva Delhi, Gaza y Estocolmo, efectuadas en 1961; en el conocimiento, por fuentes autorizadas, de los puntos de vista del Consejo Mundial de la Paz y del Comité del Pueblo Chino por la Defensa de la Paz Mundial sobre los propósitos, la forma de convocar y la organización preliminar de la Conferencia Tricontinental; con el acopio de informaciones relativas a la situación que impera en los países y en el ánimo de los pueblos de Asia y África; y, finalmente, con la experiencia acumulada desde la Conferencia Latinoamericana por la Soberanía Nacional, la Emancipación Económica y la Paz en cuanto al aporte que nuestros países pueden dar para el feliz éxito de una conferencia de solidaridad de la trascendencia que se proyecta; nos permitimos exponer ante usted opiniones respecto al contenido que debe revestir la citada conferencia y la forma de convocarla y emprender los pasos iniciales para su organización, estimándole su opinión sobre el particular.

En vista de las proporciones, la composición y las perspectivas que se abrieron en el último Congreso Mundial por el Desarme General y la Paz, gracias a los lineamientos y el trabajo realizado por el Consejo Mundial de la Paz para universalizar estos dos postulados y objetivos fundamentales de la organización, obteniendo frutos sin precedentes en cuanto a las fuerzas representativas cada vez más numerosas y disímiles que se han sumado a la lucha por la paz; y tomando en consideración el carácter claramente antiimperialista que tendría una conferencia verdaderamente representativa de los pueblos de Asia, África y América Latina:

1) Se considera conveniente que la convocatoria la hagan las organizaciones que tienen como meta la liberación nacional y las personas del más amplio carácter posible, ligadas a la lucha por obtenerla.

El Consejo Mundial de la Paz, como es lógico y conveniente, debe apoyar la Conferencia Tricontinental y participar en ella, puesto que en la lucha por la emancipación de los pueblos está involucrada de manera indisoluble la lucha por la paz mundial. Inclusive representantes del Consejo Mundial de la Paz deben participar como delegados fraternales desde las primeras reuniones preliminares, visto el interés inicial y permanente que tiene dicho organismo por la realización de la Conferencia Tricontinental y por las luchas de liberación nacional de los pueblos.

Nuestro criterio a este respecto se basa en la necesidad de que el Consejo Mundial de la Paz no comprometa la amplitud que está logrando en su trabajo, entre importantes sectores y capas ajenas a la lucha antiimperialista, dispuestas sin embargo a colaborar en la lucha por la paz mundial. Por otro lado habría que evitar motivos o pretextos de tergiversación sobre la procedencia del llamado, de la orientación, organización y financiamiento de la Conferencia Tricontinental; tareas cuya responsabilidad debe corresponder a las organizaciones y personas representativas de los pueblos asiáticos, africanos y latinoamericanos.

2) En cuanto a los propósitos de la Conferencia Tricontinental nos parece que hay completa unidad de criterio o sea el establecer la solidaridad permanente de los pueblos de los tres continentes en su lucha contra el enemigo común: el imperialismo. En otras palabras, la lucha por la abolición total y definitiva del colonialismo en sus viejas y nuevas formas, la conquista y la defensa de la independencia nacional, el respeto absoluto a la soberanía de las naciones, la emancipación económica, la defensa de la paz mundial; en síntesis el derecho de los pueblos de vivir bajo las normas políticas, económicas y sociales que mejor convengan a sus intereses nacionales e internacionales; principio este último que aquí resumimos en el derecho a la no intervención y la autodeterminación.

Con estos propósitos generales, es necesario buscar las formas más viables y eficaces para luchar por aquellos objetivos, tomando en consideración las características nacionales que nos distinguen y las condiciones internacionales que operan sobre nuestros países, las que determinan que las luchas de liberación nacional y contra las amenazas del imperialismo sean las formas más adecuadas para defender la paz mundial.

En lo que se refiere también a la solidaridad y apoyo, la conferencia debe referirse en forma muy destacada a los conflictos más peligrosos y urgentes que amenazan la independencia de los pueblos de los tres continentes y, por ello mismo, a la paz mundial. La denuncia de las constantes amenazas y provocaciones del imperialismo a Cuba, China y otros países, la defensa decidida de los países que ven amenazadas su soberanía y su independencia son obligaciones primordiales de la conferencia, sin que por ello se propicie el ataque o la defensa de los pronunciamientos ideológicos que pudieran obstruccionar la unidad alrededor del denominador común de la Conferencia Tricontinental, o sea la defensa de la soberanía y la independencia integral de las naciones de Asia, África y América Latina, y la de la paz mundial, respetando así en lo individual y en el conjunto, las distintas ideologías por las que rigen su acción los componentes de las diferentes delegaciones.

Lo anterior no sólo por razones de respeto a todas las representaciones, sino también porque la Conferencia Tricontinental necesita mover y allegarse la participación y el apoyo de las nuevas y vigorosas fuerzas antiimperialistas que surgen en nuestros continentes, además de las que de antaño luchan por los mismos objetivos con mayor madurez y experiencia, pues se necesita abrir las puertas a todas las corrientes sanas en favor de la liberación nacional, aun a las que están ligadas en una u otra forma a posiciones de poder público, las que vienen dando muestras frecuentes de compartir los mismos ideales, lo que abre la posibilidad de que algunas de ellas estuvieran dispuestas a ser representadas en la Conferencia de los pueblos asiáticos, africanos y latinoamericanos.

3) En cuanto a la América Latina, nuestro criterio es que los movimientos de liberación nacional, provisional o definitivamente constituidos en cumplimiento de los acuerdos de la Conferencia Latinoamericana por la Soberanía Nacional, la Emancipación Económica y la Paz, así como los organismos que han surgido espontáneamente, desde entonces, con similares objetivos, sean los que convoquen conjuntamente con los organismos y personas afroasiáticas.

Las conversaciones preliminares de representantes de los organismos afroasiáticos y latinoamericanos, podrían realizarse en un país de América del Sur, en la fecha que se convenga, para abordar los lineamientos preliminares sobre el contenido y la forma en que debe empezarse el trabajo de la conferencia de Asia, África y América Latina.

México, D. F., 14 septiembre 1962

México, D. F., 14 de septiembre de 1962

Señora profesora Olga Poblete, Av. Brown Sur 61, Santiago de Chile.

Muy estimada amiga: Al regresar a esta ciudad encontré su amable carta en la que tiene usted la bondad de trasmitirme informaciones muy interesantes sobre la forma en que se desarrolló el Congreso Mundial por el Desarme General y la Paz, el que tuvo un éxito y una resonancia sin precedentes. Fue muy satisfactorio para nosotros latinoamericanos que haya correspondido a usted hacer la apertura de la reunión, lo que no sólo significa la importancia que ha adquirido América Latina en la lucha por la paz mundial, sino un tributo a los méritos de usted, lo que también es motivo de complacencia para nosotros, sus amigos.

Mucho agradezco a usted su deferencia al dejarme la carta del Comité Soviético de la Paz, que ya contesto muy reconocido por su contenido, así como por la figura en miniatura de un *sputnik* que se sirvieron obsequiarme.

Leí con detenimiento los puntos de vista de los miembros del Secretariado del Consejo Mundial de la Paz y los personales de usted sobre los trabajos preliminares que deben emprenderse para la organización de la Conferencia Tricontinental y el sentir del Consejo en cuanto a su participación en la misma.

Con los elementos de juicio de su carta y otras informaciones, me he permitido elaborar un memorándum que contiene mis opiniones sobre la convocatoria, los propósitos y las formas preliminares de organización de los trabajos que culminarán en la conferencia que nos interesa por igual. Este memorándum lo encontrará adjunto a ésta y, simultáneamente, se envía al profesor Bernal, al Sr. Kuo Mo-jo y al profesor Víctor Chijikvadse.

Siento mucho no haber podido conversar largamente con usted a su paso por México, pero tengo la esperanza de verla muy pronto, ya que en su carta me anuncia la posibilidad de su regreso a ésta aprovechando las fiestas patrias, prcpiamente simultáneas en su país y el nuestro. En este caso, como lo espero, tendremos ocasión de hablar ampliamente, ya sea en la ciudad de México o en algún lugar propicio de la tierra provinciana, donde estoy con frecuencia, y lo que puede ofrecerle el conocimiento de algún nuevo lugar de México.

Ya sea verbalmente o por escrito me interesarán sus comentarios al memorándum que adjunto.

Le suplico salude con afecto, de parte de Amalia y mía, a nuestra mutua amiga Olga Urtubia, y usted reciba también de ambos nuestra cordial y sincera amistad.

Lázaro Cárdenas

México, D. F., 21 de septiembre de 1962

Señor licenciado Emilio Portes Gil,
Ciudad.

Estimado amigo: El diario *El Universal*, en la página 27 de su edición del 14 del actual, publica un artículo bajo tu firma, en el que te refieres repetidamente al Movimiento de Liberación Nacional, juzgándolo como un organismo "dependiente de Moscú", apreciación que claramente significa que, en tu concepto, lo dirige una potencia extranjera.

El Movimiento de Liberación Nacional tuvo su origen en la Conferencia Latinoamericana por la Soberanía Nacional, la Emancipación Económica y la Paz, realizada en México el año pasado, la que propició la constitución de organismos similares en los países representados y los que mantienen lazos de solidaridad. Junto con otras personas, auspicié esa reunión continental y participé directamente en ella, por lo que puedo asegurar que tanto su organización, como su financiamiento, se hicieron en forma insospechable y totalmente independiente de cualquiera ayuda extranjera. De la misma manera ha venido operando el Movimiento de Liberación Nacional.

Ignoro los fundamentos que tengas para semejante afirmación. Me supongo que desconoces la declaratoria y los documentos emanados de la citada Conferencia, así como los principios y el programa aprobados en la Asamblea Nacional que dio vida al Movimiento de Liberación Nacional, a la que también concurrí, ya que de otra manera no se puede comprender la reiteración de tus apreciaciones.

Las orientaciones que privaron en una y otra reunión tienen una clara extracción latinoamericana en lo que concierne a nuestros problemas comunes; y esencialmente nacionales, en su concepción, las que originaron el Movimiento de Liberación Nacional, que se inspira en los postulados de la Revolución Mexicana y en los deberes que impone y los derechos que otorga la Constitución General de la República. Su acción se traduce, consecuentemente, en un franco empeño porque se cumplan todos aquellos postulados en favor del pueblo y en defensa de los intereses nacionales.

Cabe preguntar si en tus viajes por la Unión Soviética y otros países o en México, has recogido alguna prueba fehaciente y concreta de que el Movimiento de Liberación Nacional lo "dirige el Kremlin".

La publicación de tu artículo coincidió con otras publicaciones hechas por elementos conservadores, colocándolo en la esfera de las voces que se levantan para deformar la verdad, debilitar los logros de la Revolución Mexicana y detener su marcha empeñadas, asimismo, en poner obstáculos al normal funcionamiento de nuestras instituciones revolucionarias.

Como es bien sabido, son los elementos que integran los movimientos democráticos y revolucionarios los que, en el libre ejercicio de sus derechos, se dedican a denunciar y a tratar de que se corrijan las injusticias que se cometen con las clases desheredadas, muy especialmente con los campesinos, entre ellos los ixtleros que has defendido recientemente; y son los elementos conservadores, ellos sí con frecuente inspiración extranjera, los que tratan de crear una atmósfera de inquietud en detrimento del avance del país, el que debe proseguir con el esfuerzo de todos los mexicanos, para obtener justicia para el pueblo e independencia económica para nuestra patria.

Sin entrar por ahora en referencias que haces de ciudadanos que hemos tenido la responsabilidad de la Primera Magistratura del país, considero no debe extrañarnos que haya elementos de este u otro organismo que censuren actos de funcionarios de las administraciones que se han sucedido en el régimen de la Revolución.

Una de las cualidades del funcionario público es, sin duda, saber resistir las censuras justas o inmerecidas que provengan de cualquier sector de nuestro país.

México principió hace pocos años a vivir un nuevo período institucional, que no debe cerrarse con la intolerancia de la libre expresión de las ideas, que es una conquista de la Revolución Mexicana, que está contribuyendo al adelanto cívico de nuestra nación.

Con esta oportunidad, me reitero tu atento amigo y servidor.

Lázaro Cárdenas

México, D. F., 27 de septiembre de 1962

Señor profesor J. D. Bernal, presidente-delegado del Consejo Mundial de la Paz, 94 Charlotte Street, Londres, W. I.
Gran Bretaña.

Estimado y distinguido amigo: Agradezco su atenta carta de fecha 20 de agosto pasado, así como sus amables expresiones sobre nuestra actividad en favor de la paz mundial.

He leído con interés sus informaciones sobre la magnitud que alcanzó el Congreso Mundial por el Desarme General y la Paz y sobre las perspectivas que se abren para ampliar y hacer más eficaz nuestro trabajo común. En efecto cada día que pasa, la disyuntiva de mantener y consolidar la paz o de exponer a la humanidad a una guerra devastadora, interesa más hondamente a las más diversas capas sociales y a los individuos y las colectividades que sustentan diferentes ideas filosóficas, convicciones políticas y sociales y credos religiosos, lo que hace hoy más necesaria la confrontación de múltiples opiniones en cuanto a formas de unir los más variados esfuerzos para obtener los nobles fines que se persiguen; el más urgente de lograr la abolición de las pruebas con armas nucleares y el no menos importante de lograr el desarme general y completo.

Todo cuanto dice usted en su carta concuerda con nuestros empeños en favor de la paz y no los escatimaremos para que la idea y las acciones por ella se extiendan y profundicen en nuestro medio.

Recientemente tuve noticias suyas sobre la próxima reunión de la Presidencia Colectiva que ha tenido usted a bien convocar para los días 26 al 28 de octubre en la ciudad de Estocolmo. Siento no poder asistir ni enviar representante personal por urgencias de trabajos impostergables, pero deseo manifestarle que cumpliremos los acuerdos y atenderemos las orientaciones que de ahí surjan en favor de la paz. Por lo tanto en esta ocasión me privaré nuevamente de conversar personalmente con usted. Sin embargo, espero que la oportunidad se presentará en un futuro próximo y así poder cambiar impresiones sobre todo lo que nos interesa en común.

Con mis afectuosos saludos y mis más sinceros votos por su bienestar personal, le reitero, querido profesor, mi profunda estimación por sus grandes méritos y por su dedicación ilimitada a la causa de la paz mundial.

Lázaro Cárdenas

México, D. F., 29 de septiembre de 1962

Excelentísimo señor doctor Kwame N'kruma, presidente de la República, Accra, Ghana.

Distinguido señor Presidente: Conociendo el señalado y permanente interés de Vuestra Excelencia por los problemas que afectan al mundo de nuestros tiempos, confirmado en forma invariable en actos y declaraciones de su gobierno y, muy recientemente, en el valioso apoyo de Vuestra Excelencia a la Asamblea "Por un Mundo sin la Bomba", efectuada en la capital de la República de Ghana, consideramos podría merecer su atención la idea —ya de vuestro conocimiento— respecto a la organización de una conferencia de los pueblos de Asia, África y América Latina, para buscar los caminos más valederos y eficaces en el esfuerzo común para afirmar o lograr la completa independencia de los países sobre los que todavía gravitan intereses y ambiciones imperialistas de distinta índole, que obstruyen o amenazan el cabal ejercicio de su soberanía y de su libertad.

Como Vuestra Excelencia sabe, los antecedentes de esta idea provienen de los encuentros internacionales de México, Nueva Delhi y Gaza, efectuados el año pasado, así como del interés mostrado por la proyectada Conferencia Tricontinental en el Consejo Mundial de la Paz.

Actualmente se realiza un cambio de impresiones entre diversos organismos y personas de los tres continentes, en una labor preliminar de exploración con respecto al contenido de la conferencia, la forma de convocarla y de dar los primeros pasos para su organización.

Por otra parte, no nos cabe duda que en las circunstancias que vive el mundo sería muy útil que representantes de los países de Asia, África y América Latina —los que responden a problemas y necesidades parecidas—, estudiaran la manera de impulsar el trabajo común de nuestros pueblos por su liberación integral y por la paz mundial.

Nos complace adjuntar un memorándum que estamos enviando también al presidente-delegado del Consejo Mundial de la Paz, señor profesor J. D. Bernal, con residencia en Londres, al primer ministro del gobierno de la República de Cuba, señor doctor Fidel Castro Ruz, al presidente del Comité del Pueblo Chino por la Defensa de la Paz Mundial, señor Kuo Mo-jo, y a la secretaria del Consejo Mundial de la Paz en América Latina, señora profesora Olga Poblete. Agradeceremos a Vuestra Excelencia que, de no haber inconveniente, nos haga conocer sus valiosas impresiones al respecto, por lo que quedaremos muy agradecidos.

Sólo nos resta desear a Vuestra Excelencia los mejores frutos en su gestión gubernamental en favor de su pueblo y de la paz del mundo, haciendo votos por vuestro bienestar personal.

Lázaro Cárdenas

NOTA: El memorándum es el enviado a John D. Bernal el 14 de septiembre de 1962.

Izúcar de Matamoros, Pue., 19 de octubre de 1962

Señor licenciado Alonso Aguilar, presidente del Comité Ejecutivo del Movimiento de Liberación Nacional, República del Salvador núm. 30-301, México, D. F.

Con motivo de la asamblea plenaria que realizan los delegados de los comités estatales y regionales del país, pertenecientes al Movimiento de Liberación Nacional, ruego a usted hacer patente mi cordial saludo a los asistentes a esa asamblea, extensivo a sus representados, así como mi adhesión a su causa, que es en bien de México y de solidaridad con los pueblos de América y demás países que luchan por su independencia, su plena soberanía y su liberación económica.

Toda lucha que se encamina a remover lo que estorba la solución de los problemas que afectan a los pueblos, se ve llena de obstáculos, incomprensiones e intereses opuestos la combaten. Por ello el esfuerzo de los ciudadanos progresistas debe ser constante y optimista, manteniendo su fe en el destino ascendente de los pueblos y superando su labor, con el pensamiento fijo en los hombres que privados de justicia y hasta dando su vida, han aportado, con ejemplar estoicismo, su tributo en aras de la libertad y del progreso.

Atentamente.

Lázaro Cárdenas

TELEGRAMA

México, D. F., 24 de octubre de 1962

Profesor John Bernal, Paixmonde, Estocolmo, Suecia.

Su atento mensaje. Verdaderamente me es difícil viajar ahora Estocolmo. Considero importancia temas tratará Presidencia Consejo entre ellos crisis provocada injustificable agresión a Cuba y acontecimientos entre India y China. Seguramente Consejo hará llamado Organización Naciones Unidas y sectores mundo interésanse paz mundial fin adóptense medidas promuevan arreglo pacífico conflictos así como Organización Naciones Unidas sancione empleo fuerza contra regímenes y normas legales. Cordialmente.

Lázaro Cárdenas

TELEGRAMA

Ciudad Altamirano, Gro., 10 de noviembre de 1962

Profesor Bernal, Paxcon, Londres, Inglaterra.

Su atento ocho actual. Muy oportuno su texto sobre conflicto China y la India. Todos partidarios paz debemos empeñarnos ante ambos países suspendan hostilidades y busquen arreglo amistoso. Es de todos conocida preocupación han demostrado dirigentes China y la India en pro paz mundial y ello facilita solución si responsables estados amantes paz les ofrecen su intervención amistosa al mismo tiempo que organismos particulares existentes todos países dan su aportación moral con igual finalidad. Cordialmente.

Lázaro Cárdenas

México, D. F., 21 de noviembre de 1962

Señor profesor John D. Bernal, presidente-delegado del Consejo Mundial de la Paz, 94 Charlotte Street, Londres, Inglaterra.

Estimado y distinguido amigo: Deseo referirme al memorándum que envié a usted adjunto a mi carta del 14 de septiembre pasado, en el que expuse a usted, entre otras, algunas opiniones sobre la convocatoria de la conferencia de los pueblos de América Latina, de Asia y África, que se proyecta realizar.

Recientemente, el 15 de octubre y el 15 de noviembre, la señora Olga Poblete, secretaria del Consejo Mundial de la Paz en América Latina, y el señor ingeniero Alberto T. Casella, miembro de la Presidencia Colectiva del Consejo Mundial de la Paz, me escribieron comentando el referido memorándum, coincidiendo entre ellos la opinión de que el Consejo Mundial de la Paz debe convocar, junto con distintos organismos continentales y nacionales de América Latina, Asia y África, la citada Conferencia Tricontinental.

Y en circular del presente mes, dirigida por la propia señora Poblete, hace referencia a las resoluciones que se tomaron en la reunión de Estocolmo, celebrada el 29 de octubre último, y en la que comunica se acordó que usted establecería los contactos para promover la realización de la conferencia tricontinental.

En tal virtud y de conformidad con el citado acuerdo del 29 de octubre, quedo pendiente de sus noticias sobre el particular.

Con la consideración y estimación que me merece, me reitero de usted cordialmente.

Lázaro Cárdenas

Londres, 14 de diciembre de 1962

General Lázaro Cárdenas, Andes núm. 605, México, D. F.

Querido Cárdenas: Gracias por su carta del 21 de noviembre. He estudiado muy atentamente su memorándum del 14 de septiembre, el que contiene sus puntos de vista respecto al contenido, la convocación, el procedimiento y los métodos de organización de la proyectada conferencia de los tres continentes. También he leído con cuidado las cartas dirigidas a usted por la profesora Olga Poblete y el señor Casella.

Además, como usted sabe, todo el asunto fue discutido exhaustivamente en la reunión del Comité Presidencial del Consejo Mundial de la Paz efectuada en Estocolmo del 26 al 28 de octubre y espero que usted haya obtenido un informe de las discusiones por parte de nuestros amigos Casella y Konder, los que tomaron parte en aquélla. Estoy enviando también para su información las minutas de la reunión y una copia de la recomendación adoptada.

Todos estuvimos de acuerdo en los fines y objetivos de la conferencia como fueron presentados por usted en el punto dos de su memorándum. Creemos que la realización de una conferencia sobre estos lineamientos es urgentemente necesaria y oportuna y que en la presente situación del mundo puede ser, sin duda, ampliamente representativa. Los debates sobre la terminación del colonialismo sostenidos en las Naciones Unidas muestran que muchos gobiernos de Asia, África y América Latina se interesarían en una conferencia de esta clase. El mismo U Thant reflejó un fuerte sentimiento en favor de la independencia nacional y la emancipación económica, ligándolas a la paz y al desarme en su discurso reciente en la Universidad John Hopkins de los Estados Unidos. Aún en Europa hay un número de organizaciones trabajando por la liberación nacional tales como el Movimiento por la Libertad de las Colonias y el Comité de Organizaciones Africanas aquí en Londres; asimismo varias organizaciones amplias por la paz —representadas solamente como observadores en el Congreso de Moscú— están ligando más y más la liberación nacional con la paz y el desarme. La Conferencia "Por un Mundo sin la Bomba" efectuada en Accra en mayo ilustra la tendencia anterior, que sólo puede intensificarse como resultado de la crisis del Caribe.

En esta situación el Comité Presidencial estima que la conferencia de los tres continentes debe ser auspiciada y convocada dentro de la mayor amplitud posible con el fin de unir los esfuerzos de todos los que luchan por una completa independencia nacional y por la paz en los tres continentes, y en contra de todas las formas de imperialismo, viejas o nuevas, y que con los organismos como la Conferencia Latinoamericana por la Soberanía Nacional, la Emancipación Económica y la Paz, el Consejo de Solidaridad Afroasiática y la Conferencia de los Pueblos Africanos, el Consejo Mundial de la Paz también debe auspiciar y convocar a la conferencia. La crisis motivada por la agresión de los Estados Unidos contra Cuba ha mostrado en una forma dramática que la independencia nacional y la paz son inseparables y que las luchas por estos dos mayores objetivos mundiales se refuerzan mutuamente.

El Comité Presidencial por lo tanto me pidió que, con la ayuda del secretario del Consejo Mundial por la Paz, estableciera contacto con todas las organizaciones interesadas en la realización de la conferencia a fin de constituir un comité preparatorio muy amplio que debe, como usted propuso, reunirse en un país de América del Sur. El primer resultado de esto es que el Consejo Mundial de la Paz será representado por una buena delegación, incluyendo, así lo esperamos, a la profesora Poblete, en la Conferencia del Consejo de Solidaridad

Afroasiática en Dar-es-Salaam que se inaugurará el 7 de enero de 1963. Espero que las discusiones ahí aclararán cualquier dificultad restante para que pueda constituirse un comité preparatorio que podrá reunirse en los próximos meses.

Estoy muy complacido por el buen trabajo que autorizado por usted ha hecho nuestro amigo Konder en Brasil y el Comité Presidencial le ha pedido continuarlo. Creo que no habría mejor país que el Brasil para realizar ahí la conferencia de los tres continentes, en caso de ser posible.

También me alegro de saber que un congreso de solidaridad continental con Cuba se efectuará en Brasil en enero y espero que a pesar del poco tiempo disponible, será un éxito. Sin embargo, me parece que se necesita hacer algo más inmediato. Las amenazas a la independencia de Cuba y al gobierno de Fidel Castro continúan y el peligro real de una invasión todavía subsiste. Pienso en los términos de una declaración que preferiblemente sea escrita por Pablo Neruda y firmada por un número de intelectuales, artistas, científicos y otros representantes eminentes de América Latina. La declaración debiera, creo yo, manifestar en términos vigorosos pero mesurados que los vuelos norteamericanos sobre Cuba, el bloqueo económico y las incursiones terroristas y, sobre todo, la negativa del señor Kennedy de dar garantías contra una invasión apoyada o llevada a cabo por los Estados Unidos, es una afrenta al honor y a la soberanía del pueblo cubano y de toda América Latina. No sé qué posibilidades habrá de que se emita tal declaración en un futuro muy próximo, firmada por un número limitado de prominentes latinoamericanos, pero creo que podría tener amplia repercusión en el mundo y, particularmente en los Estados Unidos. Es necesario destruir la impresión de que el dócil Consejo de la OEA representa la verdadera opinión de los pueblos latinoamericanos.

Finalmente, como usted sabe, la próxima reunión del Comité Presidencial será en La Habana, probablemente en febrero y espero que en esa ocasión no dejaré América Latina sin tener la oportunidad de hablar con usted.

Mientras tanto querría expresarle mi cálida apreciación y la de todos los miembros del Comité Presidencial por la dirección que usted continúa ejerciendo en nuestro movimiento de América Latina y particularmente en defensa del heroico gobierno y el pueblo de Cuba.

Con mis mejores deseos quedo de usted muy sinceramente.

J. D. Bernal, presidente del Comité Presidencial *

c.c. Profesora Olga Poblete.
c.c. Ingeniero Alberto T. Casella.

* Esta carta fue traducida del inglés.

TELEGRAMA

Pekín, China, 26 de diciembre de 1962

General Lázaro Cárdenas, Andes 605, México, D. F.

Estoy agradecido por su carta y memorándum sobre convocatoria conferencia Asia África América Latina. Admiro con sinceridad sus enormes esfuerzos por promover convocatoria Conferencia Tricontinental y estoy muy de acuerdo con carácter y propósito de conferencia propuestos en su memorándum. Conferencia Tricontinental debe basarse en luchas contra imperialismo contra nuevo viejo colonialismo y por conquista defensa liberación nacional y a través de estos esfuerzos concretos eliminar raíces de amenaza a paz mundial. Tarea tenemos enfrente es defender así paz mundial por procedimiento concreto. Por eso como usted propone en su memorándum esta conferencia debe tener como iniciadoras organizaciones personalidades interesadas en América Latina Asia África y ser precedida por conversaciones preliminares entre ellas para promoción convocatoria. En últimos tiempos imperialismo norteamericano realiza más desenfrenadamente agresiones e intervenciones en Asia África América Latina sobre todo en Cuba. Situación actual da nuevos testimonios que es sumamente importante celebrar una conferencia de unidad y de lucha antiimperialista entre pueblos tres continentes. Estamos plenamente en favor de que esta conferencia se convoque cuanto antes. Sírvase informarnos a tiempo nuevas opiniones y disposiciones de amigos latinoamericanos para promover preparación. Le contesté demasiado tarde a causa de un viaje poco largo he hecho en últimos meses por el sur país. Estoy muy ansioso de cumplir su invitación temprano posible visitar ese país y tener conversaciones con usted. Motivo año nuevo envío saludo a usted su señora y toda su familia les deseo feliz año nuevo. Que trasmita saludo mío a amigos mexicanos les deseo igualmente feliz año nuevo.

Kuo Mo-jo

NOTA: El memorándum es el enviado a John D. Bernal el 14 de septiembre de 1962.

México, D. F., 25 de noviembre de 1962

Señor ingeniero Alberto T. Casella, miembro de la Presidencia Colectiva del Consejo Mundial de la Paz, Tucumán núm. 983, Buenos Aires, Argentina.

Muy estimado y distinguido amigo: Acabo de recibir su atenta carta de fecha 15 del actual, enterándome de su viaje a Estocolmo con motivo de la reunión que en el mes de octubre pasado efectuó la Presidencia del Consejo Mundial de la Paz; viaje que espero signifique un apreciable mejoramiento de su salud.

Efectivamente, en el mes de septiembre dirigí al señor profesor Bernal, presidente del CMP, y a la señora Olga Poblete, secretaria del CMP en América Latina, puntos de vista en relación con la proyectada conferencia tricontinental, y me complace que ya sean del conocimiento de usted.

Agradezco sus reflexiones sobre el contenido del memorándum

y me satisface que al igual que la señora Poblete, coincida con la mayor parte de las sugestiones que contiene, especialmente en lo que se refiere a los propósitos y los objetivos fundamentales que debiera perseguir la citada reunión.

La señora Poblete, en circular de este mes, nos hace conocer que en la reunión de Estocolmo, celebrada el 29 de octubre último, se acordó que el señor profesor Bernal, con su carácter de presidente del CMP, haga los contactos para la celebración de la referida conferencia.

Por tal razón ya he comunicado al señor profesor Bernal estoy atento a las indicaciones que se giren al respecto, de acuerdo con la resolución a que se refiere la señora profesora Poblete.

Y ya que usted me hace conocer en el tercer párrafo de su carta, en el que cita textualmente parte de la mía y del memorándum del 14 de septiembre último, dirigido al señor profesor Bernal, que es el primer documento que recibe sobre dicho asunto y que le hubiera agradado conocer los distintos puntos de vista y opiniones relativos a la conferencia, y que anteriormente no se le había hecho llegar ninguna comunicación al respecto, considero conveniente, mi estimado y gran amigo, hacer referencia a los antecedentes que me indujeron a proponer que la Conferencia Tricontinental fuese convocada por organismos de los tres continentes.

El 26 de mayo de 1961 recibí invitación de miembros del Instituto Internacional de la Paz, con residencia en Viena, para que los miembros de la Presidencia Colectiva del Consejo Mundial de la Paz en América Latina iniciáramos los trabajos para la conferencia, con una invitación a distinguidas personas de los tres continentes. Contesté me parecía de mayor fuerza que la convocatoria la hicieran los comités nacionales que se hubieran organizado como resultado de los acuerdos tomados en la Conferencia Latinoamericana por la Soberanía Nacional, la Emancipación Económica y la Paz, celebrada en México, y que en cuanto a los miembros de la Presidencia del CMP en América Latina, firmaríamos también la convocatoria; y que el CMP, como unidad, prestaría su apoyo a la conferencia. Entonces nadie planteó si el CMP hacía o no la convocatoria.

Debo manifestarle que, como consta en el memorándum del 14 de septiembre antes citado, en ningún momento se pensó en términos excluyentes respecto al CMP, y abundamos en la opinión de usted sobre la conveniencia y la necesidad de que participe desde el primer momento en la preparación y la organización de la Conferencia Tricontinental, considerando el interés de nuestra agrupación mundial en las luchas por la independencia de los pueblos y su trabajo realizado en este sentido, aunado a la premisa de que las luchas por la paz y la liberación nacional son complementarias e inseparables. Asimismo, hemos tomado en cuenta la experiencia organizativa y las vinculaciones del CMP con diversos organismos nacionales y elementos distinguidos, conocidos mundialmente, ligados a la lucha por la paz.

Por lo tanto, con lo anteriormente expuesto, queda definida nuestra posición en asunto tan importante como es la Conferencia Tricontinental.

Estoy enviando copia de esta carta a nuestra distinguida amiga profesora Olga Poblete, como aclaración a la carta que de ella recibí fechada el 15 de octubre próximo pasado.

Mi familia y yo le deseamos salud y parabienes en compañía de su esposa, enviándoles nuestros más cordiales y afectuosos saludos.

Lázaro Cárdenas

México, D. F., 10 de diciembre de 1962

Señor licenciado Domingos Vellasco, miembro de la Presidencia Colectiva del Consejo Mundial de la Paz, Río de Janeiro, Brasil.

Distinguido y fino amigo: Saludo a usted muy cordialmente y paso a referirme a los acuerdos tomados en la Conferencia Latinoamericana por la Soberanía Nacional, la Emancipación Económica y la Paz, pues considero que debemos hacer un esfuerzo por encauzar y ahondar nuestra actividad en base al encuentro que en marzo de 1961 se efectuó en México.

Por razones obvias que los acontecimientos se han encargado de confirmar, se hace cada día más apremiante estimular la vigencia de los acuerdos antes mencionados, ya que es evidente el impulso que cobran cada día las luchas por la liberación nacional, la defensa de Cuba y de la paz mundial en los países hermanos.

Hemos sabido, por distintas fuentes de información, que después de la constitución del Movimiento de Liberación Nacional en México, en el mes de agosto del año pasado, se han organizado en Brasil, Perú y Uruguay, movimientos con fines similares a los enunciados en la declaratoria y coincidiendo en el espíritu general de sus premisas con nuestras resoluciones de marzo de 1961, amén de que, como en México, los problemas internos de sus respectivos países sean abordados de acuerdo con sus propias metas específicas. Me refiero concretamente al hecho de que estas cuatro organizaciones, junto con el FRAP de Chile, responden en su esencia y en la práctica al cumplimiento de la resolución general aprobada y que trata de los asuntos referentes a la acción común de América Latina.

En estas condiciones, considero debe procurarse desde luego

la relación entre los movimientos de liberación nacional ya constituidos, para promover el cumplimiento de la recomendación acordada por la misma Conferencia Latinoamericana, en el sentido de que se celebre una nueva reunión continental para crear el organismo permanente que se aboque la tarea de mantener y estrechar la cooperación entre aquéllos.

Tanto por la acentuada lucha de los pueblos latinoamericanos por su liberación, como por tareas prácticas cuya realización se avecina, se hace patente la necesidad anterior. Como ejemplos podemos citar la incipiente preparación de la Conferencia Tricontinental y la convocación, ya en marcha, del Congreso Continental de Solidaridad con Cuba, ante cuyos eventos una organización continental permanente habría podido contribuir de manera más efectiva y expedita para canalizar los esfuerzos latinoamericanos en favor de ambas reuniones.

Estoy enviando una comunicación similar al señor ingeniero Alberto Casella y a la señora profesora Olga Poblete, para conocer su opinión respecto a la conveniencia de preparar una nueva reunión continental, que deje establecido el comité permanente latinoamericano por la soberanía nacional y la emancipación económica de nuestros países, y por la paz mundial.

En espera de sus opiniones y noticias sobre el particular, quedo de usted cordialmente, patentizándole mis votos, a nombre de todos los de esta su casa, por el bienestar de usted y su familia

Lázaro Cárdenas

México, D. F., 3 de enero de 1963

Señora profesora Olga Poblete, Av. Brown Sur 61, Santiago de Chile.

Estimada y distinguida amiga: Oportunamente recibí sus últimas cartas referentes a los trabajos preparatorios para la realización de la Conferencia Tricontinental y a la próxima reunión latinoamericana de solidaridad con Cuba.

Para esta fecha obrará ya en su poder mi carta del 10 de diciembre pasado sobre la necesidad de dar pleno cumplimiento a los acuerdos tomados en la Conferencia Latinoamericana por la Soberanía Nacional, la Emancipación Económica y la Paz, efectuada en México en 1961.

Con la libertad que nos permite el mutuo interés que tenemos en la emancipación cabal de nuestros países y la liberación nacional de los pueblos bajo la influencia o las amenazas del imperialismo, debo manifestarle nuevamente que, a nuestro juicio, la participación de América Latina en la Conferencia Tricontinental proyectada será más efectiva y de frutos continuados si se logra reunir en un nuevo encuentro continental la representación más amplia posible de los movimientos de liberación nacional ya creados en Brasil, Uruguay, Perú y México, así como de los organismos que sustentan objetivos similares en América Latina y personas de pensamiento antiimperialista, para dejar constituido el organismo permanente que, de acuerdo con los lineamientos y las resoluciones de la Conferencia Latinoamericana de 1961, debe servir de enlace promoviendo la cooperación y la coordinación entre los movimientos nacionales de liberación.

En esta forma se consolidará la unidad de los esfuerzos emancipadores, se fortalecerán los movimientos nacionales y se estará en capacidad de presentar un sólido frente representativo de nuestros pueblos en la Conferencia Tricontinental, ofreciendo a ésta una colaboración organizada y continua en las tareas que se desprendan de ella. De otra manera se está expuesto a la dispersión de los esfuerzos logrados desde la Conferencia Latinoamericana hasta la fecha, los que están fructificando ya con los movimientos creados en distintos países de América Latina y que necesitan su vinculación permanente para fortalecerse y ampliar su radio de acción.

Como hemos manifestado anteriormente, aquí consideramos de nuestro deber el cumplimiento del compromiso moral contraído ante las diversas representaciones de los pueblos latinoamericanos que concurrieron a la Conferencia Latinoamericana por la Soberanía Nacional, la Emancipación Económica y la Paz y, sobre esta base, participar por medio de un organismo continental de acción permanente, en la reunión tricontinental que se prepara.

Enviamos copia de esta carta al señor profesor Bernal, al señor ingeniero Casella y al señor licenciado Vellasco, con el ánimo de reiterarles nuestro criterio, en la inteligencia de que en este mismo año podría realizarse la reunión latinoamericana y en seguida la Conferencia Tricontinental.

En espera de sus gratas noticias y deseándole el mayor bienestar para usted y su familia en el año que se inicia, la saludo, muy cordialmente.

Lázaro Cárdenas

ORGANIZACIÓN POR LA SOLIDARIDAD DE LOS PUEBLOS AFROASIÁTICOS

El Cairo, 19 de marzo de 1963

Señor general Lázaro Cárdenas, Movimiento Mexicano de Liberación, Nacional, Andes núm. 605, México, D. F.

Estimado señor: Tengo el privilegio de informar a usted que la Tercera Conferencia de Solidaridad Afroasiática que tuvo lugar en Moshi del 4 al 11 de febrero de 1963, adoptó la siguiente resolución especial sobre la conferencia de los tres continentes:

"La Conferencia saluda con gran beneplácito la cálida invitación del primer ministro Castro, hecha a través de la delegación fraternal de Cuba para realizar la Conferencia Tricontinental en La Habana.

"Confirma en principio las decisiones acordadas en Bandung (abril 1961) y en Gaza (diciembre 1961) concernientes a la necesidad de realizar una conferencia que incluya a las organizaciones populares antiimperialistas de África, Asia y América Latina, con el fin de intensificar la lucha antiimperialista, contra el colonialismo y el neocolonialismo, por la completa independencia nacional y la emancipación económica, por el progreso y la paz en todo el mundo.

"Considera que el procedimiento más eficaz para llegar a este fin es el de formar un comité preparatorio de la conferencia de los tres continentes que comprenda a seis organizaciones nacionales antiimperialistas ampliamente representativas, por cada continente. Este comité de dieciocho miembros debe elaborar la convocatoria y preparar la organización política y material de la Conferencia Tricontinental.

"Elige a este efecto los doce miembros de Asia y de África y les recomienda establecer el contacto necesario con la Conferencia Latinoamericana, por la Soberanía Nacional, la Emancipación Económica y la Paz, a través del presidente de la misma, general Cárdenas y con las organizaciones revolucionarias integradas de Cuba que ofrecieron su hospitalidad, a fin de que escojan las seis organizaciones nacionales antiimperialistas que deben representar a la América Latina en el comité preparatorio.

"Con este propósito África seleccionó los siguientes países: Argelia, Guinea, Marruecos, República Árabe Unida, Tanganika y África del Sur. Asia los siguientes: China, India, Indonesia, Japón, URSS y Vietnam.

"La Tercera Conferencia llama a todas las organizaciones y movimientos que luchan contra el imperialismo, el colonialismo, el neocolonialismo, por la completa independencia nacional y por la paz y el progreso de los pueblos de África, Asia y América Latina para que presten su más amplia participación y apoyo a la conferencia de los tres continentes."

Los doce miembros antes mencionados y propuestos para formar parte del comité, se reunieron el 12 de febrero en Moshi y adoptaron las siguientes resoluciones que tienden a sentar el primer paso para cumplir con la resolución de la Conferencia de Moshi:

1) Encargar al señor Youssef El Sebai comunicarse con el general Cárdenas y con las ORI con el objeto de informarles sobre las decisiones tomadas en la Tercera Conferencia de Solidaridad Afroasiática respecto a la Conferencia Tricontinental.

2) Una copia de esta carta firmada por el señor Youssef El Sebai será distribuida inmediatamente entre los doce países miembros.

3) La contestación a esta carta que hagan las ORI y el general Cárdenas será distribuida a cada uno de los doce países miembros para su información, los comentarios y las consultas necesarias.

Ha sido un placer informar a usted sobre estas resoluciones que fueron adoptadas para la preparación de la convocatoria de la conferencia de los tres continentes.

Esperando que tenga usted la bondad de canalizar toda la información y la correspondencia relacionadas con este asunto directamente a nuestra dirección, a fin de poder proceder al cumplimiento de estas resoluciones de que he sido encargado, le ruego acepte mis mejores deseos.

Suyo sinceramente.

Youssef El Sebai, secretario general *

* Carta traducida del inglés.

México, D. F., 23 de abril de 1963

Señor Youssef El Sebai, secretario general de la Organización por la Solidaridad de los Pueblos Afroasiáticos, 89, Abdel Aziz Al Saoud, El Cairo, RAU.

Estimado señor y amigo: Recibimos su muy atenta carta de fecha 19 de marzo pasado en la cual tiene usted la gentileza de informarnos sobre la resolución especial que se adoptó en la Tercera Conferencia de Solidaridad Afroasiática, que tuvo lugar en Moshi en el mes de febrero, para la proyectada Conferencia Tricontinental.

Es sumamente satisfactorio que los representantes afroasiáticos reunidos en Moshi hayan acogido y aprobado la idea de preparar la conferencia de los pueblos de los tres continentes y que se haya adelantado en el procedimiento para constituir un comité preparatorio de 18 miembros de África, Asia y América Latina que, en su oportunidad, se aboque la tarea de convocar y organizar tan importante reunión.

Hemos tomado nota de la selección, por países, que se hizo en Moshi de 6 representantes de África y de Asia, respectivamente, para integrar el comité preparatorio, así como del acuerdo para establecer contacto con organismos de Cuba y de México como paso preliminar para la selección de los representantes latinoamericanos ante aquel comité.

En cuanto a la participación de América Latina nos parece necesario proporcionar a usted los siguientes antecedentes:

Como es de su conocimiento, la Conferencia Latinoamericana por la Soberanía Nacional, la Emancipación Económica y la Paz fue auspiciada por organismos y personas de este continente y contó con el valioso estímulo moral del Consejo Mundial de la Paz. En ella fungimos como presidentes los señores doctor Domingos Vellasco de Brasil, el ingeniero Alberto T. Casella de Argentina y el suscrito.

Entre los acuerdos de la Conferencia Latinoamericana, cuyos documentos remitimos por separado, se resolvió "crear, estimular o ampliar movimientos nacionales por la soberanía, la emancipación económica y la paz, que discutan y apliquen los acuerdos de esta Conferencia", así como "recomendar que una nueva conferencia latinoamericana se celebre en tiempo oportuno, para lo cual deberá mantenerse una estrecha cooperación entre los distintos movimientos nacionales".

En otra parte de las resoluciones se cita "la necesidad de reforzar la solidaridad entre los pueblos latinoamericanos y sus hermanos de África y de Asia y la comunidad de ideales que unos y otros comparten en esta hora" y "recomienda la realización de una conferencia de representantes de los países de África, Asia, Oceanía y América Latina, con el propósito de afirmar la soberanía nacional, la emancipación económica y la paz, sobre la base de una agenda que destaque la acción de los pueblos frente al imperialismo".

Al terminar nuestra función transitoria en la presidencia de la Conferencia Latinoamericana, distintos organismos y personas mexicanos dieron cumplimiento al acuerdo primeramente citado, constituyendo el Movimiento de Liberación Nacional en el mes de agosto de 1961, al cual el suscrito quedó incorporado tan sólo como miembro.

Es con este carácter y con el de participante en el Consejo Mundial de la Paz que hemos estado pendientes del curso que toma la idea de organizar la Conferencia Tricontinental.

Respondiendo a la segunda resolución mencionada en esta carta, y también emanada de la Conferencia Latinoamericana, sobre la solidaridad de los pueblos de África, Asia con los nuestros y la perspectiva de llegar a la organización de una reunión tricontinental, hemos estado en contacto permanente con el señor profesor John D. Bernal, presidente ejecutivo del Consejo Mundial de la Paz, los señores Vellasco y Casella y con la señora profesora Olga Poblete, secretaria del mismo Consejo en América Latina.

Hoy, con señalada satisfacción establecemos relación, por su estimable conducto, con los miembros afroasiáticos del comité preparatorio y aprovechamos esta oportunidad para remitirles adjunta una nota que el 14 de septiembre del año pasado enviamos al señor profesor Bernal, entre otras personas, y que contiene los puntos de vista del Movimiento de Liberación Nacional y del suscrito sobre el contenido y la forma de convocar e iniciar la organización de la Conferencia Tricontinental.

A estos antecedentes hay que añadir nuestra insistencia ante los organismos latinoamericanos y distintas personas en la necesidad de iniciar los trabajos para efectuar la segunda Conferencia Latinoamericana por la Soberanía Nacional, la Emancipación Económica y la Paz en los últimos meses de este mismo año, cumpliendo así con el acuerdo de la primera Conferencia y dejar constituido un organismo continental permanente, representativo de las fuerzas antiimperialistas latinoamericanas, que coordine y estimule la lucha común en el hemisferio.

A nuestro juicio, es en el curso de este trabajo, con el consenso de distintas agrupaciones y personas que luchan por la liberación nacional en nuestro continente, que debemos determinar la selección, por países, de los 6 miembros que representarán a la América Latina en el comité preparatorio de la Conferencia Tricontinental, lo que en su oportunidad nos complacerá hacer conocer, por su conducto, a los miembros afroasiáticos del comité.

Asimismo, es nuestro criterio que sería deseable que la segunda conferencia latinoamericana antecediera a la tricontinental, ya que ello permitiría fortalecer la unidad en ideas y propósitos emancipadores, los que cristalizarían en una organización continental permanente capaz de coordinar y consolidar su acción y de hacerse representar en la Conferencia Tricontinental y abocarse al cumplimiento de los acuerdos que de ahí emanen con mayor eficacia y mejores resultados, para la finalidad que se persigue.

Finalmente, deseo agradecer muy cumplidamente la confianza que los representantes afroasiáticos de la Tercera Conferencia de Solidaridad Afroasiática depositaron en el suscrito y, en esta ocasión me permito trasmitir las ideas y orientaciones que comparto con el Movimiento de Liberación Nacional sobre los asuntos de interés común abordados en esta carta.

Quedo de usted su atento amigo.

Lázaro Cárdenas

NOTA: El memorándum es el remitido a John D. Bernal el 14 de septiembre de 1962.

México, D. F., 10 de mayo de 1963

CARTA NOCTURNA

James G. Endicott, Forpeace, Toronto, Canadá.

Al llegar ciudad México encontré su carta 17 abril con atenta invitación dirigirme concurrentes acto organizado por Congreso Canadiense por la Paz. Envío por su honorable conducto cordiales saludos partidarios paz Canadá así como sinceras felicitaciones por su persistente lucha contra ensayos nucleares y favor desarme general, resumida en la justa demanda: ninguna arma nuclear para Canadá, petición de sentido universal ya que todos pueblos rechazan su existencia y con mayor razón proliferación su manejo.

Verdaderos deseos pueblos es cese su fabricación y destrúyanse las existentes. Primer paso obtener estos objetivos es lograr prohibición inmediata ensayos nucleares ya que conversaciones sobre eventuales acuerdos sobre desarme no pueden progresar sin que esta condición previa se ponga en práctica.

En México han fructificado dos acciones recientes favor paz mundial. Una proveniente Congreso mexicano que el 15 noviembre pasado expidió llamamiento a demás parlamentos mundo favor paz desarme y prohibición pruebas nucleares, acogido favorablemente por opinión mundial y haciéndolo suyo parlamentos distintos países. La otra es la de los presidentes de México, Bolivia, Brasil, Chile y Ecuador propiciando acuerdos países latinoamericanos comprometiéndose no fabricar, recibir, almacenar ni ensayar armas nucleares o artefactos de lanzamiento nuclear a efecto de que América Latina sea reconocida como zona desnuclearizada.

Estos dos hechos vigorizan la tradicional política internacional de México favor paz mundial, convivencia pacífica entre estados distintos regímenes y resolución controversias internacionales por medio negociaciones, principios básicos en que susténtase armonía entre naciones y cuya fuerza moral reside en el anhelo universal que los sostiene.

Deseo todo éxito nobles esfuerzos pueblo canadiense en favor paz mundial, cuya conquista permanente se logrará en la independencia nacional de todos los países y el bienestar social de todos los hogares.

Salúdolo afectuosamente.

Lázaro Cárdenas

México, D. F., 12 de mayo de 1963

Asociación Mexicana de Periodistas, Ayuntamiento 146 9º piso, Ciudad.

Estimados amigos: Ante la distinción que recibí de esa H. Asociación Mexicana de Periodistas en su atenta comunicación del 26 de abril para dirigir un mensaje de adhesión a la Jornada de la Paz que ha organizado para los días 2, 7, 9 y 14 del actual con el noble propósito de estimular la lucha en favor de la paz mundial y la emancipación y el progreso de los pueblos, lo hago considerando que es una obligación de todo ciudadano participar en ella en esta hora en que de todos los pueblos se expresa un vehemente deseo de que la paz sea asegurada mediante la comprensión amistosa entre las naciones.

Es meritoria y trascendente la labor emprendida por la H. Asociación Mexicana de Periodistas al brindar su importante contribución a una causa estrechamente ligada a la solución de los problemas básicos de la humanidad, tanto los políticos y económicos como los sociales y culturales que se registran en los diversos países del mundo.

No escapará a los integrantes de esa H. Asociación que la paz mundial requiere como base la paz interna de cada país y que ésta sólo podrá asegurarse si junto a la satisfacción de las apremiantes necesidades de grandes sectores humanos, se imparte justicia a las personas de escasos recursos así como a las que ejercen sus derechos ciudadanos, universalmente consagrados, de expresar y manifestar libremente sus ideas, confiadas en que cualquier apariencia de actos delictuosos encuentre investigación imparcial y serena, exenta de prejuicios políticos o personales. Tampoco ignoran los miembros de esa Asociación que la paz interna e internacional también reside en el ejercicio de la soberanía de las naciones, en el derecho que tienen sobre su territorio y las riquezas naturales que encierra, el de la selección libre, sin presiones extrañas, del régimen político y social en el que prefieran desarrollarse, así como en el derecho inalienable de defender su propio estilo de vida y sus autóctonas corrientes culturales y artísticas.

Si una verdadera justicia se imparte para todos se logrará que los diversos sectores que forman la colectividad de un país vivan en un ambiente de seguridad y de tranquilidad públicas, facilitando así el bienestar en los hogares y encauzando a los países, definitivamente, por el camino de la vida institucional.

La Asociación Mexicana de Periodistas, integrada por elementos de reconocida honestidad cívica y de leales sentimientos patrios, es una garantía para que su organismo preste una valiosa contribución a la causa de la paz doméstica y de la paz mundial. Si cada ciudadano, cada empresa, cada organismo oficial o particular se adentra en las inquietudes de los sectores más numerosos del pueblo de nuestro país y en las que imperan en otros países, ayudarán con mayor eficacia a la causa de la paz.

Luchemos todos por estas finalidades comunes: la paz en el trabajo sin explotaciones propias o extrañas y así venceremos las causas que originan la guerra.

Gracias por su amable invitación que me ha permitido dirigir estas líneas en favor del anhelo universal de paz y convivencia amistosa entre todos los pueblos.

Cordialmente.

Lázaro Cárdenas

México, D. F., 4 de junio de 1963

Señora profesora Olga Poblete, secretaria del Consejo Mundial de la Paz en América Latina, Av. Brown Sur 61, Santiago de Chile.

Distinguida amiga: Oportunamente recibí sus atentas cartas de fecha 4 y 15 de mayo pasado, la primera refiriéndose a la breve visita que hizo el licenciado Alonso Aguilar a Santiago de Chile con el objeto de pulsar la opinión de los amigos chilenos sobre la conveniencia de realizar la segunda Conferencia Latinoamericana por la Soberanía Nacional, la Emancipación Económica y la Paz en los últimos meses del año actual y sobre la posibilidad de que aquella capital pudiese ser la sede de la reunión.

El licenciado Aguilar nos ha informado de la buena acogida que tuvieron ambos propósitos en algunos círculos en Chile y de la invaluable ayuda que usted y otros amigos le proporcionaron para cumplir su cometido.

A reserva de que él les envíe un informe respecto a los resultados de su viaje, me complace manifestarle que en los diversos países visitados, el licenciado Aguilar también encontró una respuesta positiva a la idea de efectuar la segunda Conferencia, en cuya preparación sería deseable que pudiera contarse con la participación más amplia posible de organismos y personas antiimperialistas superando lo logrado en la primera Conferencia de 1961 ya que, de entonces a esta fecha, han surgido en América Latina nuevas fuerzas y elementos que hoy contribuyen a robustecer la lucha por la emancipación económica de nuestros pueblos.

Es satisfactorio conocer la buena impresión que el licenciado Aguilar dejó entre las personas que tuvieron contacto con él en Chile. Tanto por su calidad de coordinador general del Movimiento de Liberación Nacional de México como por el conocimiento que tiene de los problemas latinoamericanos y mundiales, consideramos que es un elemento idóneo para tratar los asuntos que lo llevaron a la América del Sur y, asimismo, los que en este orden puedan abordarse en el futuro en reuniones de organismos internacionales afines.

En cuanto a la proyectada reunión del Consejo Mundial de la Paz en Varsovia, acabo de recibir noticias sobre su aplazamiento hasta el próximo otoño, en cuya ocasión espero que los representantes de los movimientos nacionales por la paz puedan abordar con éxito las importantes tareas que han quedado pendientes.

Con mis mejores deseos por su bienestar la saludo muy cordialmente.

Lázaro Cárdenas

México, D. F., 4 de junio de 1963

Señor profesor John D. Bernal, presidente del Consejo Mundial de la Paz, 94, Charlotte Street,
Londres, Gran Bretaña.

Estimado y distinguido amigo: Recibí su atenta carta de fecha 1 de mayo y, días después, el texto de su mensaje al Congreso Continental de Solidaridad con Cuba que, por las dificultades que encontró usted para trasladarse a Brasil, fue leído por nuestra mutua amiga, la señora Isabelle Blume, quien llevó la representación del Consejo Mundial de la Paz.

Ha sido altamente satisfactorio conocer su mensaje que expresa en forma clara y definida la posición del Consejo en defensa de la independencia de Cuba y, al mismo tiempo, revela el interés de usted en la situación que prevalece en América Latina y el apoyo moral que el organismo bajo su digna dirección rinde a las luchas de los pueblos latinoamericanos por su emancipación económica y su autodeterminación.

Sobre la reunión del Consejo Mundial de la Paz que iba a tener lugar en la ciudad de Varsovia del 9 al 13 de junio según su carta que contesto, para abordar, entre otros, el tema de la independencia nacional y la liberación económica de América Latina, a mi llegada a la ciudad de México encontré cables del Instituto de la Paz y la anunciada carta de usted, fechados el 24 de mayo pasado, informando sobre su proposición para posponer la reunión hasta el próximo otoño.

Como usted sabe, esos problemas y el de la defensa de la soberanía de nuestros países fueron los que dieron origen a la Conferencia Latinoamericana que se efectuó en México en el año de 1961 y, de acuerdo con una resolución emanada de ella, existe el propósito de examinar en una segunda conferencia la situación que impera en la actualidad y la mejor forma de impulsar y coordinar las actividades en favor de la emancipación económica de nuestros países.

Deseo agradecer cumplidamente la simpatía que le merece esta idea y para su mayor información me permito resumir nuestro pensamiento sobre los principales objetivos que persiguen los pueblos latinoamericanos en la hora presente y que constituyen los puntos básicos en que se apoya la acción independentista:

1) La recuperación íntegra y la explotación nacional de los recursos naturales de los países latinoamericanos.

2) Las condiciones de pobreza, de insalubridad e ignorancia en que viven las grandes mayorías latinoamericanas, de procedencia rural, determinan la necesidad de una reforma agraria profunda que proporcione a los campesinos la tierra y los medios necesarios para lograr su explotación moderna y racional, y les permita el usufructo justo de los bienes que producen.

3) La industrialización sana y verdaderamente nacional que se apoye, en primer lugar, en la sólida y creciente capacidad de consumo de las masas populares, en base a la vitalidad que una reforma agraria integral produce en la economía, y que, asimismo, se oriente en las necesidades que reclama cada país para su

desarrollo independiente. En caso de requerir ayuda económica y técnica del exterior para acelerarlo, que ella se otorgue sin menoscabo de la soberanía política y la independencia económica de nuestros países.

4) La sustentación de las actividades económicas y financieras sobre bases de genuino beneficio nacional, evitando su supeditación al capital extranjero.

5) Precios justos y equilibrados para las materias primas que América Latina exporta y para los productos manufacturados que importa. Libertad de comercio, indiscriminadamente, con todos los países del mundo.

6) El rechazo de alianzas políticas, económicas y militares que comprometan la soberanía y la independencia de los países latinoamericanos, así como de dádivas cuya generosidad aparente sólo denigra y rebaja la dignidad de nuestros pueblos.

7) Defensa de nuestra cultura, de las tradiciones y costumbres que conforman la vida nacional.

8) Libre intercambio universal del conocimiento científico y técnico y de las manifestaciones culturales y artísticas.

9) La solidaridad estrecha entre los pueblos latinoamericanos y con los que, en diferentes formas y grados viven bajo la explotación o la amenaza del imperialismo. Y, también, la más amplia y mutua solidaridad con los pueblos del resto del mundo en las metas comunes de justicia, bienestar y paz que a todos une.

10) El logro de la paz mundial fincada en la independencia nacional de los pueblos.

Finalmente, y abundando en el tema de la paz, desearía reiterar mi criterio de que los pueblos de América Latina, y considero también que gran parte de los africanos y asiáticos, confrontan la necesidad primordial e inaplazable de superar las condiciones lacerantes de miseria y desamparo, de enfermedad y analfabetismo en que se debaten por causa de la explotación imperialista, conscientes además, de que en la lucha por su liberación nacional encuentran la forma más eficaz de luchar por la paz mundial. Saben que el origen de las guerras modernas reside en la naturaleza expoliadora de países y pueblos extranjeros que caracteriza al imperialismo y que aquélla no puede variar.

Sin disminuir la importancia que reviste la lucha en favor del desarme general y de su obligado y urgente prolegómeno —la abolición de las pruebas con armas nucleares— cada día se hace más evidente que en la capacidad de las fuerzas de la paz para abatir las del imperialismo, minándolo y combatiéndolo en todo lugar y circunstancia, reside la eliminación gradual de las causas de la guerra y de su efecto más inmediato: la carrera armamentista.

Por ello me parece que, conjuntamente a la justa demanda del desarme general, es necesario universalizar con igual énfasis la necesidad de que los pueblos obtengan su completa independencia, pues en la lucha simultánea por ambos postulados encontraremos el camino más directo hacia una paz sólida y permanente.

Ahondar en la relación íntima que tienen los problemas del desarme general y de la liberación nacional de los pueblos, sin escapes jerárquicos o de precedencia entre ambos, es una responsabilidad de quienes tienen la alta tarea de interpretar y orientar a sus pueblos, encontrando las fórmulas universales capaces de abrir amplios cauces a la lucha común por la paz con apego a las realidades propias y específicas de cada nación y región del mundo. En este capítulo, sería deseable tomar en cuenta que en América Latina, y creo que por igual en Asia y en África, el desarme y la paz universales se convierten en un vocablo abstracto si la lucha para lograrlos no se une a la diaria y concreta por la liberación nacional y la defensa de la independencia.

Es comprensible que, ante la complejidad y la profundidad de los problemas mundiales, ahora que nuevas e importantes fuerzas de África, Asia y América Latina están ejerciendo una insoslayable influencia en el curso de los acontecimientos internacionales con su aporte liberador sin precedentes, se produzcan puntos de vista distintos en la dilucidación y en la búsqueda de los mejores caminos para lograr la paz. La realidad misma de los hechos se encargará de ajustar en sus términos valederos las orientaciones y las acciones en favor de las urgentes demandas que la humanidad reclama: el desarme general y la convivencia pacífica entre los estados con diversos sistemas sociales, la liberación y la independencia nacionales, el progreso económico, social y cultural de los pueblos y la consolidación definitiva de la paz.

Aprovecho esta oportunidad para saludarlo muy cordialmente.

Lázaro Cárdenas

México, D. F., 24 de junio de 1963

Señor profesor John D. Bernal, presidente del Consejo Mundial de la Paz, 94, Charlotte Street, Londres, Gran Bretaña.

Estimado y distinguido amigo: He recibido la atenta carta de fecha 17 de junio que, por la ausencia y el encargo de usted, me dirige el Instituto Internacional de la Paz, contestando la mía del 4 de junio, y a la vez, exponiendo un nuevo asunto de interés.

Deseo manifestarle que las consideraciones que se hacen en la carta del Instituto respecto a la iniciativa del señor presidente López Mateos compartida por los presidentes de Bolivia, Brasil, Chile y Ecuador, abogando ante los demás países de América

Latina para convertir esta zona en una región desnuclearizada, son muy acertadas en cuanto al merecido eco que ha despertado entre los partidarios de la paz.

Asimismo, recibí adjunta la copia de la carta que usted dirige al Primer Magistrado de la nación mexicana, solicitando una audiencia para la delegación que el Consejo Mundial de la Paz designará para entregarle, personalmente, un mensaje de apoyo y solidaridad por aquella significativa declaración sobre la desnuclearización de América Latina.

Con todo gusto aceptaré acompañar a la delegación del Consejo Mundial de la Paz en los momentos de la entrega del mensaje al presidente López Mateos, al comunicarnos que será recibida.

Estaré pendiente de la fecha en que la delegación del CMP decida hacer el viaje a México con el anterior objeto y mientras tanto quedo su amigo que lo saluda muy atentamente.

Lázaro Cárdenas

México, D. F., 18 de julio de 1963

Señora profesora Olga Poblete, Av. Brown Sur 61, Santiago de Chile.

Distinguida amiga: Al llegar de un viaje por el interior encontré su atenta carta del 23 de junio pasado en la que tiene la amabilidad de informarme que está usted promoviendo un intercambio de opiniones para avanzar en la realización de la segunda Conferencia Latinoamericana por la Soberanía Nacional, la Emancipación Económica y la Paz.

En cuanto a las preguntas que en la misma carta formula, seguramente para esta fecha habrá usted recibido el memorándum que el señor licenciado Alonso Aguilar envió a usted y a otros amigos latinoamericanos resumiendo las experiencias recogidas en su viaje a la América del Sur, exponiendo las cuestiones que en principio proponemos sean tratadas en la segunda Conferencia y las perspectivas de su celebración en Chile.

En vista de las condiciones que imperan en el continente consideramos que su país es el más apropiado para efectuar el nuevo evento latinoamericano, tanto por las condiciones que allá imperan como por la solidez y la fuerza de los organismos que operan en Chile en favor de los postulados comunes latinoamericanos.

Respecto a la oportunidad de realizar la Conferencia creemos que la palabra final la tienen los chilenos y en este capítulo le agradeceré sus noticias respecto a la auscultación que está usted haciendo para poder encauzar nuestro trabajo convenientemente.

Sin otro particular y rogándole trasmita mis saludos a nuestra grata amiga Olga Urtubia, quedo de usted muy atenta y cordialmente su amigo.

Lázaro Cárdenas

México, D. F., 6 de septiembre de 1963

Señor profesor John D. Bernal, presidente del Consejo Mundial de la Paz, 94 Charlotte Street, Londres, Gran Bretaña.

Estimado y distinguido amigo: Envío a usted con la presente copias de las cartas que con esta misma fecha dirijo a los distinguidos señores Nicolai Tijonov y Kuo Mo-jo, presidentes del Comité Soviético de la Paz y del Comité del Pueblo Chino por la Defensa de la Paz Mundial, respectivamente.

Usted podrá apreciar mi preocupación por la influencia que las diferencias chino-soviéticas sobre los problemas de la guerra y la paz está cobrando en el seno del Consejo Mundial y la necesidad, a mi juicio, de que se encuentren las fórmulas de un entendimiento para evitar mayores perjuicios al movimiento por la paz y posibilitar su trabajo sobre bases unitarias que garanticen la acción común de los miembros del CMP en una atmósfera de armonía y cooperación, capaz de impulsar sus esfuerzos por el mantenimiento y la consolidación de la paz universal.

Estas cartas, mi estimado profesor Bernal, responden a la consideración de que es responsabilidad de todos los que pertenecemos al Consejo propiciar la más alta comprensión de los intereses de los pueblos: la paz mundial sólidamente fincada en la independencia nacional de todos los países del mundo.

Sin otro particular quedo de usted su amigo que lo saluda cordialmente esperando las buenas noticias de su completo restablecimiento.

Lázaro Cárdenas

México, D. F., 5 de septiembre de 1963

Texto de las cartas dirigidas a Nicolai Tijonov, presidente del Comité Soviético de la Paz Mundial y al doctor Kuo Mo-jo, presidente del Comité del Pueblo Chino por la Defensa de la Paz Mundial.

Distinguido y estimado amigo: Por informaciones diversas y comunicaciones recientes del Consejo Mundial de la Paz he podido percibir que las diferencias surgidas entre la República Popular China y la URSS, en cuanto a la aplicación de la política en favor de la coexistencia pacífica, el desarme general y la paz se han reflejado, desventuradamente y de tiempo atrás, dentro de aquel organismo internacional de los pueblos.

Esta circunstancia incide desfavorablemente, a mi juicio, sobre la cohesión de las fuerzas que luchan por un mismo objetivo: la paz mundial.

Sinceramente considero que, independientemente de la disparidad de opiniones en cuanto a los caminos más viables para llegar a conquistar la paz, sería posible y aun necesario encontrar fórmulas comunes de aceptación universal que permitieran un trabajo armónico y conjunto en la esfera de acción del Consejo Mundial de la Paz, dentro de la comprensión y la apreciación cabal de la pluralidad de los métodos que los pueblos de cada país y región del mundo se ven precisados a emplear para combatir las fuerzas bélicas y del mayor o menor énfasis con que se subrayen las causas y los efectos de la guerra moderna a la que todos los pueblos están expuestos. De otro modo se presenta el peligro de que el organismo a que pertenecemos se debilite al convertirse en un campo de la lucha ideológica de dos grandes países amantes de la paz.

En los mismos términos me dirijo al eminente escritor Nicolai Tijonov, presidente del Comité Soviético de la Paz, y envío una copia de ambas cartas al señor profesor John D. Bernal, presidente del Consejo Mundial de la Paz, todo ello con la libertad que la cordial amistad de usted y de ellos, así como de otros distinguidos dirigentes de los tres organismos me han dispensado, y consciente de la responsabilidad adquirida al incorporarme al Consejo Mundial de la Paz para trabajar, en estrecha unidad con las diversas fuerzas que lo integran, por la paz y la amistad de los pueblos.

Sin otro particular quedo de usted cordialmente su amigo.

Lázaro Cárdenas

Londres, 22 de octubre de 1963

Señor general Lázaro Cárdenas, Andes 605, México, D. F.

Querido general Cárdenas: Escribo para agradecerle su carta de fecha 6 de septiembre con la que me envía usted copias de las cartas para el doctor Kuo Mo-jo y el señor Nikiloai Tikhonov.

Debo decirle, desde luego, que estoy completamente de acuerdo con usted y que demoré mi respuesta sólo porque sabía que sus puntos de vista los comparten otros miembros del Comité Presidencial y quise ver el efecto que sobre nuestras representaciones tendrían las deliberaciones del Comité que se reunió en Viena a fines de septiembre. Querría añadir que, a pesar de la rémora de mi mala salud y mi estancia en el campo por algún tiempo —circunstancias que me han evitado mantener una cercana atención al trabajo diario— había tomado medidas estrictas con respecto a ciertas comunicaciones que provocaban divisiones en el movimiento, algunas semanas antes de recibir su carta.

Usted podrá ver por la copia adjunta del mensaje que envié a la reunión del Comité Presidencial que mi postura sobre este problema es efectivamente la misma que la suya. Creo que es de la mayor importancia mantener la unidad y la eficacia de todos nuestros movimientos en este momento en que se presentan grandes oportunidades. La mejor manera para lograrla es promover al máximo la acción positiva, de acuerdo con las circunstancias nacionales y regionales, para alcanzar el desarme general y completo, la total independencia política y económica de todos los países y la coexistencia pacífica entre las naciones con diversos sistemas sociales.

Debemos, al mismo tiempo, mantenernos firmes en los ya probados principios del Consejo Mundial de la Paz, los que he reiterado al final de mi mensaje, y conducir nuestras discusiones y diferencias en forma calmada, objetiva y mesurada. Esto es de positivo beneficio, pues nos permite llegar a una clara comprensión sobre el papel de nuestro movimiento en la situación presente.

Esto es, precisamente, lo que ocurrió en la reunión de Viena. Según los informes que he recibido fue una de las mejores juntas en mucho tiempo, dado el alto nivel político de la discusión y las excelentes proposiciones para la acción futura en todas partes del mundo. Las resoluciones adoptadas son también muy buenas.

Seguramente la reunión del Consejo Mundial de la Paz que se celebrará del 28 de noviembre al 2 de diciembre será extraordinariamente importante para el futuro de nuestro movimiento. Ya escribí sobre los encuentros que efectuará el Comité Presidencial antes y después de aquella reunión, pero querría aprovechar esta oportunidad para suplicarle su presencia personal si es posible. En vista de los preparativos que está usted dirigiendo para realizar la segunda Conferencia Latinoamericana y por el éxito obtenido por nuestra delegación jefaturada por el profesor Pauling en Latinoamérica, opino que es esencial que en la reunión se escuche una voz ampliamente autorizada sobre la lucha de aquel continente y los pasos a seguir.

Finalmente, deseo darle nuevamente las gracias por la útil iniciativa tomada por usted, para tratar de prevenir que las diferencias conviertan a nuestro movimiento en un campo de batalla ideológica.

Con mis mejores deseos quedo de usted muy sinceramente.

J. D. Bernal, presidente del Comité Presidencial *

* Carta traducida del inglés.

PRESIDENCIA DE LA REPÚBLICA DE GHANA

Accra, 25 de septiembre de 1963

Querido general Cárdenas: Siento haber demorado la respuesta a su carta adjuntando su interesante memorándum sobre la idea de convocar a una conferencia representativa africana, latinoamericana y asiática y, probablemente, de las Indias Occidentales.

Tenía pensado enviar a usted un representante especial para discutir el papel de nuestros dos países y Asia en la propuesta reunión de los tres continentes.

Indudablemente, comparto sus puntos de vista sobre la necesidad de unir a los pueblos de los tres continentes en su lucha contra el imperialismo, el colonialismo y por la paz mundial. Es mi convicción que a menos de que nosotros, los países latinoamericanos, de Asia y de África, coordinemos nuestros esfuerzos sobre las cuestiones de interés común en nuestra lucha contra el imperialismo y el neocolonialismo, no podremos utilizar nuestros recursos para el mejoramiento material y el nivel de vida de nuestros pueblos.

Debemos empeñarnos en seguir este curso y desistir de distraernos de él. La solidaridad afroasiática no debe perder su frente antiimperialista y anticolonial. En este fin debemos evitar todas las formas de racismo y de discriminación en nuestra lucha. Siempre he procurado subrayar que nuestra lucha está en contra del racismo, pero no del credo y del color de los hombres. Está dirigida contra el imperialismo y el colonialismo que busca sumirnos perpetuamente en la sujeción.

He seguido de cerca sus actividades en el hemisferio con gran admiración y estoy convencido que usted es la mera personificación de la verdadera Revolución Mexicana que trajo cambios democráticos fundamentales en la vida política y económica de México. Confío, por lo tanto, sin vacilación, en su gran experiencia y buen juicio para la realización de nuestros comunes objetivos respecto a las naciones en desarrollo.

Espero que no sea demasiado tarde para ofrecerle mi asistencia y cooperación personal para llevar a cabo este plausible proyecto, cuyos objetivos, estoy seguro, no se limitan simplemente a realizar una Conferencia, sino que tienen el fin de establecer relaciones permanentes entre Latinoamérica, África y Asia.

Estoy enviando a usted una delegación. Quizá quisiera usted discutir con ellos lo que se ha hecho hasta la fecha para promover sus propósitos y sugerirles la asistencia que usted esperara de nosotros. Ellos le trasmitirán mis opiniones sobre su memorándum y le informarán sobre la forma de unir que yo pienso podría establecerse entre los países de África y América Latina. Discutí esta cuestión con algún detalle con los representantes mexicanos que asistieron a la Conferencia de Accra en junio de 1962. Mis enviados le darán a usted detallada cuenta sobre la Conferencia de Addis Abeba, que será de gran interés para usted.

Querría manifestarle mis mejores deseos para esta noble tarea que iniciará una nueva era de mutua cooperación y relación entre los pueblos de los tres continentes.

Suyo muy sinceramente.

Kwame Nkrumah, presidente de la República de Ghana *

* Carta traducida del inglés.

México, D. F., 26 de octubre de 1963

Excelentísimo señor doctor Kwame Nkrumah, presidente de la República de Ghana, Accra, Ghana.

Distinguido señor Presidente y fino amigo: Tuve el honor de recibir hace unos días al distinguido señor John K. Tettegah, enviado especial de Vuestra Excelencia para conversar sobre el contenido de mi carta de fecha 29 de septiembre de 1962, quien a su vez me entregó la atenta respuesta que mereció, fechada el 25 de septiembre de este año.

Es ampliamente satisfactorio conocer el interés manifiesto que Vuestra Excelencia abriga por la realización de una conferencia representativa de África, América Latina y Asia, compartiendo nuestros puntos de vista respecto a la necesidad de unir a los pueblos de los tres continentes en la lucha contra el imperialismo, el nuevo y el viejo colonialismo y en favor de la paz mundial, y de coordinar los esfuerzos para orientar las actividades sobre cuestiones de interés y beneficio común y para el logro de la liberación económica de los países africanos, latinoamericanos y asiáticos y asegurar el mantenimiento de la paz universal.

El imperialismo, para facilitar el sistema de explotación que lo define y detener la marcha de los pueblos hacia su independencia integral, acentúa su acción perturbadora y divisionista en importantes y vastas regiones del mundo con intereses afines qué defender y, también, estimula el racismo y la discriminación en sus formas más diversas, entre ellas las que involucran el credo y el color, tan humillantes e injustas como las demás.

Ante esta situación, el invaluable ofrecimiento de Vuestra Excelencia de participar personalmente para llevar a cabo la proyectada Conferencia Tricontinental es de gran valor y un señalado estímulo para quienes en México y América Latina propugnamos la realización de la Conferencia Tricontinental.

Como me permití indicarle al señor Tettegah, aquí consideramos necesario efectuar la segunda Conferencia Latinoamericana por la Soberanía Nacional, la Independencia Económica y la Paz Mundial, con la participación de agrupaciones y personas afines, para dejar constituido un organismo permanente, verdaderamente representativo de las fuerzas antiimperialistas del continente, el que, en su oportunidad, se aboque la tarea de ponerse en contacto con las organizaciones similares existentes en Asia y África, así como con estadistas y personas distinguidas que, como Vuestra Excelencia, hayan acogido los propósitos comunes con beneplácito y así entrar de lleno a la organización de la Conferencia Tricontinental.

Tanto por el interés específico de la Asamblea de Accra de 1962 como por la perspectiva de realizar la Conferencia Tricontinental antiimperialista, coincidiendo en general con las ideas de Vuestra Excelencia a este respecto, atendimos su atenta invitación para que asistieran delegados mexicanos que participaran en los trabajos de la Asamblea y establecieran lazos de amistad con las demás delegaciones, habiendo concurrido los señores Francisco López Cámara y Enrique González Pedrero quienes cumplieron satisfactoriamente su misión.

El primer esfuerzo en América Latina está por materializarse. Se ha pulsado la opinión de varios organismos y personas del continente los que, en su mayoría, coinciden en la necesidad de efectuar la segunda Conferencia Latinoamericana. En efecto, el señor licenciado Alonso Aguilar, dirigente del Movimiento de Liberación Nacional hizo un viaje a mediados de este año a Cuba, Brasil, Uruguay, Argentina, Chile y Colombia, no sólo con el objeto anterior, sino para propagar la conveniencia de abordar la participación de América Latina en los trabajos de la proyectada Conferencia Tricontinental sobre las bases ya apuntadas, que mereció muy buena acogida.

El propósito es organizar la conferencia continental en el curso del próximo año con vista a que la tricontinental pueda convocarse para una fecha posterior, quizá en el mismo año.

En cuanto a la Conferencia Tricontinental, manifesté al señor Tettegah nuestras ideas ya conocidas por Vuestra Excelencia, las que pueden resumirse en los siguientes puntos.

Primero, es a nuestro juicio de primordial importancia que agrupaciones de amplio carácter antiimperialista de los tres continentes convoquen a la Conferencia Tricontinental, independientemente de la señalada conveniencia de que distinguidos estadistas y personas también lo hagan, debido a la representación popular que ostentan y la necesidad de estimular la solidaridad entre los pueblos alrededor del evento en proyecto.

Segundo, sería necesario que el organismo continental permanente surgido de la segunda Conferencia Latinoamericana determinara los países que llevarían la representación de América Latina ante el comité preparatorio integrado por los representantes que en África y Asia se acordara.

Tercero, creemos que la convocación y la organización de la Conferencia Tricontinental debe quedar bajo la responsabilidad de las agrupaciones y las personas de los tres continentes, sin excluir la participación oportuna de las que luchan por la paz universal y, en especial la del Consejo Mundial de la Paz, que se ha distinguido por su apoyo a la independencia nacional de los pueblos.

A mayor abundamiento me permito adjuntar copia de una carta que dirigí al señor Youssef El Sebai, secretario general de la Organización por la Solidaridad de los Pueblos Afroasiáticos, el

23 de abril del año actual, relacionada con el asunto que nos ocupa y que se explica por sí sola.

Deseo insistir en la importancia que tiene la elevada intención de Vuestra Excelencia de colaborar en este esfuerzo y por ello me permitiría sugerir, aprovechando su generosa disposición, se dirigiera a los distinguidos estadistas africanos que han dado muestras inequívocas de sustentar una posición antiimperialista, capaces de acoger con calor esta común idea. Asimismo, de extender la valiosa influencia de Vuestra Excelencia a los organismos de aquel continente que se interesen en llevar a cabo el proyecto de unir a los pueblos de los tres continentes en la lucha contra el imperialismo y en favor de los objetivos comunes de paz y bienestar.

Entre otras personas distinguidas de alta responsabilidad creemos que el Emperador de Etiopía y los jefes de Estado de la República Árabe Unida, de Argelia, de Nigeria y de Tangañica podrían responder con legítimo y profundo entusiasmo al llamado de Vuestra Excelencia.

Siendo una tarea de excepcional trascendencia y complicada en su organización la que concierne a la proyectada Conferencia Tricontinental, cuya importancia obra en proporción a sus amplias perspectivas, se mantendrá a Vuestra Excelencia al tanto de los pasos que en adelante se den en dirección a los fines señalados y, de no haber inconveniente, le pediría tuviera a bien hacernos conocer el resultado de las gestiones que estime conveniente promover en África, y quizá en Asia, las que serían de alta significación por la autoridad moral y el prestigio de que disfruta Vuestra Excelencia.

Sin otro particular y agradeciendo una vez más la visita del distinguido comisionado especial, señor Tettegah, aprovecho la oportunidad para reiterarle mis saludos más cordiales deseando toda clase de parabienes a su pueblo y a Vuestra Excelencia.

Lázaro Cárdenas

México, D. F., 3 de noviembre de 1963

Señor profesor John D. Bernal, presidente del Consejo Mundial de la Paz, 94 Charlotte Street,
Londres, Gran Bretaña.

Estimado y distinguido amigo: Por carta del señor A. L. Walker, de fecha 30 de agosto último, supe de la considerable mejoría de su salud, lo que me complace sobremanera.

Después recibí carta del Instituto Internacional por la Paz de fecha 27 de septiembre, acusando recibo, por su encargo, de mis cartas a los presidentes del Comité Soviético de la Paz y del

Comité del Pueblo Chino por la Defensa de la Paz Mundial, agradeciéndole las expresiones que tuvo usted sobre ellas.

Más tarde recibí su comunicación de fecha 9 de octubre en la que tiene usted la amabilidad de informarme sobre las fechas de la próxima sesión que el Consejo Mundial de la Paz realizará en Varsovia, o sea del 28 de noviembre al 2 de diciembre y, asimismo de los puntos que se examinarán en la citada reunión.

Además, recibí su carta del 16 de octubre en la que tiene usted a bien manifestar la buena impresión que le causaron los resultados de la junta del Comité Presidencial del Consejo Mundial de la Paz efectuada en Viena en el mes de septiembre pasado. He tomado nota de que en la reunión del Comité Presidencial que se realizará con antelación a la del Consejo, se discutirán y decidirán cuestiones organizativas tales como la opción de nuevos miembros, la ampliación del Comité Presidencial y la eventual eliminación del buró.

Es sobre lo anterior que deseo comunicarle algunas ideas que quizás pueden ser últiles a la organización.

Debo decirle, mi estimado amigo, que siempre he considerado conveniente la renovación periódica de los elementos dirigentes en toda agrupación o institución colegiada y espero que el Comité Presidencial se aboque la tarea de examinar la necesidad de realizar cambios que impriman mayor amplitud al Consejo Mundial de la Paz y más flexibilidad en su funcionamiento.

Entre las cuestiones que a este respecto se diluciden, me parecería oportuno que se estudiara la conveniencia de que cada comité nacional por la paz, sugiriera las personas que de sus respectivos países deben ingresar y formar parte del Consejo, ya que cada comité tiene un conocimiento más completo del medio en que se desenvuelven las actividades por la paz.

En cuanto a la composición del Comité Presidencial, por la misma y otras razones, sería deseable que también se tomara en cuenta la opinión de los comités nacionales, tanto para designar nuevos miembros como para los que hubiere de sustituir. Además de su capacidad para ponderar el medio y las circunstancias en que trabajan, el facultarlos para sugerir la designación, en su caso, de miembros del Comité Presidencial, proporcionaría la debida autoridad a los organismos nacionales de la paz, se sentirían más vinculados a la institución internacional y, sobre todo, facilitaría la colaboración entre los miembros del Comité Presidencial y los del Consejo Mundial de la Paz y, a su vez, con los comités nacionales de los países respectivos.

Como es de su conocimiento, el trabajo que desempeño en mi país me impide asistir a las distintas reuniones internacionales que organiza el Comité Mundial por la Paz, así como cumplir debidamente con las responsabilidades que se desprenden para los miembros del Comité Presidencial.

Debido a lo anterior y de acuerdo con mi reiterada intención expuesta a varios distinguidos miembros de la organización que han visitado México, deseo aprovechar la próxima reunión del Comité Presidencial en que se tratarán cuestiones organizativas, para presentar mi renuncia al mismo, por el amable conducto de usted, conservando mi calidad de miembro del Consejo Mundial de la Paz, si para ello no hay inconveniente y, así, continuar ligado a la organización y a sus trabajos por la paz.

Consecuente con las ideas expuestas con anterioridad, al mismo tiempo rogaría al Comité Presidencial que, de recaer en México el honor de seguir siendo representado ante el propio Comité Presidencial, se consultara la opinión del Comité Mexicano por la Paz para hacer la designación correspondiente, pues sería aconsejable que el nuevo elemento que sustituyese al suscrito estuviera, como hasta hoy, estrechamente vinculado con aquél.

Deseo dar a usted y a sus distinguidos colaboradores las gracias más cumplidas por las amables atenciones de que he sido objeto durante mi permanencia en el Comité Presidencial del Consejo Mundial de la Paz y de manifestarle que, en mi capacidad, continuaré luchando por los nobles fines de la organización que usted dignamente dirige.

Finalmente, quiero agradecerle las referencias hechas en su informe de apertura ante la reciente reunión del Comité Presidencial en Viena y publicado en el boletín del CMP del 15 de octubre, respecto a la proyectada segunda Conferencia Latinoamericana por la Soberanía Nacional, la Emancipación Económica y la Paz. Y mi representante que oportunamente designaré para asistir a las sesiones de Varsovia tendrá la ocasión de conversar sobre este y otros asuntos de interés común estrechamente ligados a la lucha por la paz mundial.

Espero su continua y rápida recuperación y hago votos por el éxito de los trabajos del CMP, el que está asegurado en la amplia unidad de sus componentes alrededor de los objetivos comunes que perseguimos, repitiéndome su amigo que lo saluda con gran afecto.

Lázaro Cárdenas

México, D. F., 20 de noviembre de 1963

Señor profesor John D. Bernal, presidente del Consejo Mundial de la Paz, Londres, Inglaterra.

Muy distinguido amigo: El señor licenciado Alonso Aguilar, presidente del Comité Ejecutivo de Liberación Nacional, que ha sido invitado para asistir a la sesión que el Consejo Mundial de la

Paz realizará en Varsovia del 28 del actual al 2 de diciembre próximo, ha tenido la gentileza de aceptar mi representación.

El señor licenciado Aguilar se propone visitar a usted antes de la reunión en Varsovia, para expresarle nuestros deseos por el cabal restablecimiento de su salud y de tener oportunidad, reiterarle el contenido de mi carta escrita a usted el día 3 del presente mes, en la que presento por el honorable conducto de usted, mi renuncia como miembro de la Presidencia Colectiva del Consejo Mundial de la Paz y que el propio señor licenciado Aguilar reiterará a usted y que tendrá también ocasión de hacerlo patente en la "reunión que el Comité Presidencial realizará con antelación a la del Consejo, en la que se discutirán y decidirán cuestiones organizativas tales como la admisión de nuevos miembros, la ampliación del Comité Presidencial y la eventual eliminación del buró".

Como lo he expresado en mi propia carta, siento no asistir a esta reunión por asuntos que me retienen en México, pero debo decirle, que es muy sensible que usted se vea impedido de concurrir a la reunión del Consejo Mundial de la Paz, ya que habrá de hablarse de los grandes problemas de carácter nacional y mundial que son de actualidad y en los que el Consejo Mundial que usted dignamente representa, puede contribuir a encontrarles soluciones que faciliten el entendimiento amistoso entre todos los pueblos para que logre fincarse la paz mundial.

Con mis cordiales saludos me repito una vez más su amigo que le guarda gran estimación.

Lázaro Cárdenas

México, D. F., 10 de junio de 1964

Señor profesor John D. Bernal, presidente del Consejo Mundial de la Paz, 94 Charlotte Street,
Londres, Inglaterra.

Estimado y distinguido amigo: Al regresar de uno de mis viajes por el interior de la República encontré su atenta carta de fecha 20 de marzo pasado y en su oportunidad recibí la convocatoria para la reunión del Comité Presidencial que se celebró en Budapest del 25 al 27 de abril. Aún no he recibido las resoluciones o recomendaciones provenientes de esa reunión.

Con respecto a su sugestión de aplazar el efecto de mi renuncia hasta el año entrante, cuando se reestructurarán los órganos directivos del Consejo, con gusto la acato por las razones que usted manifiesta y, en cuanto a la conveniencia de que el señor licenciado Alonso Aguilar me represente en el Comité Presidencial en las reuniones futuras, lo haré con complacencia siempre que las obligaciones de trabajo de nuestro mutuo amigo le permitan desplazarse de México al lugar en que se efectúen.

El propio licenciado Aguilar, por sus actividades universitarias no pudo concurrir con mi representación a la última reunión de Budapest.

En espera de recibir sus noticias respecto a las resoluciones de la mencionada reunión y deseando que su salud siga mejorando cada día a un mayor ritmo, quedo de usted su amigo que lo saluda muy cordialmente.

Lázaro Cárdenas

CARTA NOCTURNA

México, D. F., 3 de julio de 1964

Comité Argelino Paz, Argel, Argelia.

Su atento cable 28 actual. Premura tiempo imposibilítanos enviar delegado fraternal Conferencia Desnuclearización Mediterráneo. Favor hacer presente asamblea mi amplia solidaridad objetivos específicos Conferencia y todos los que tiendan lograr desarme general, paz mundial, abolición todas pruebas nucleares, prohibición empleo y destrucción esas armas, lo que obtendráse unidad acción todos pueblos contra belicismo imperialista que persiste en amenazar Cuba y opera ya en Vietnam Sur, Laos y otros países poniendo peligro paz mundial. Deséoles todo éxito saludándolos cordialmente.

Lázaro Cárdenas

México, D. F., 6 de agosto de 1964

Señor profesor John D. Bernal, presidente-delegado del Consejo Mundial de la Paz, 94 Charlotte Street, Londres W. 1,
Gran Bretaña.

Distinguido y fino amigo: Aprovechando el viaje de nuestro común amigo el señor licenciado Alonso Aguilar que en los próximos días emprenderá por varios lugares de Asia y Europa, incluyendo la ciudad de Londres en donde se propone saludar a usted, me permito enviarle estas líneas para patentizarle mis mejores votos por su buena salud.

Nos hemos mantenido al tanto de las actividades del Consejo Mundial de la Paz y de sus esfuerzos por propiciar la normalización de la situación en el Sureste de Asia y, hoy, muy especialmente, de su empeño por levantar la opinión pública mundial en defensa de la paz, peligrosamente amenazada en Vietnam del Norte como corolario de la crítica situación que de tiempo atrás existe en Vietnam del Sur por la intervención imperialista.

Ante estos hechos y los que en el mundo entero minan la tranquilidad, sería altamente deseable que los países que reiteradamente se pronuncian y actúan en favor de la paz logren la unidad indispensable para oponerse a la creciente agresividad de las fuerzas bélicas, particularmente los que cuentan con poderosos movimientos por la paz adheridos al Consejo Mundial que usted dignamente preside.

La autoridad de usted como el más alto exponente del mencionado Consejo lo capacita en forma excepcional para promover la comprensión y el entendimiento entre las fuerzas de la paz que sustentan distintos criterios sobre la forma de llevar a cabo la lucha por objetivos que involucran los intereses de toda la humanidad, los que requieren la unidad de acción para detener a los provocadores de la guerra.

El anhelo de los mexicanos por que la paz impere en el mundo tiene antiguas y firmes raíces y desde las más altas autoridades hasta los sectores más diversos del pueblo comparten ese anhelo que ha penetrado hondamente en la conciencia nacional, persuadidos de que sólo con la unidad de los pueblos se podrá conquistar la paz.

Permítame, estimado señor profesor y excelente amigo, reiterarle mis cordiales y atentos saludos.

Lázaro Cárdenas

México, D. F., 11 de agosto de 1964

Señor doctor V. K. Krishna Menon, presidente del Comité de Relaciones Internacionales de la Conferencia Mundial por la Paz y la Cooperación Internacional, 14-B Janpath Barracks, Nueva Delhi, India.

Distinguido amigo: He leído con interés su atenta carta de fecha 3 de agosto por la que quedo enterado de la celebración de la Conferencia Mundial por la Paz y la Cooperación Internacional que se efectuará en Nueva Delhi, del 14 al 18 de noviembre de este año.

Me he percatado de la importancia que tendrá la Conferencia y aprovechando su amable invitación para expresar algunos puntos de vista, me permito manifestarle que parecería conveniente precisar algunos de los temas que, de acuerdo con su carta, se incluirán entre otros en la agenda de la reunión.

En el primer capítulo sobre la coexistencia pacífica y las relaciones internacionales, sería a mi juicio deseable la inclusión del examen de las causas de las guerras mundiales modernas.

En el capítulo sobre el desarme me parece que habría que incluir la prohibición de todas las pruebas nucleares, la destrucción de las armas de esta naturaleza y la proscripción de su manufactura.

Sólo a guisa de comentario debo decirle considero que el viejo y el nuevo colonialismo presentan iguales inconvenientes y que su existencia es foco de las principales perturbaciones mundiales. Mientras subsista el imperialismo económico en cualquiera de sus formas, la independencia de los pueblos carecerá de integralidad y prevalecerá el peligro de las guerras internacionales.

Envío al Comité Mexicano por la Paz de México copia de su amable carta para que ese organismo tome las resoluciones del caso respecto a su participación en el evento internacional por la paz y la cooperación en la forma que lo considere viable y conveniente.

Sólo me resta agradecer nuevamente su atención y quedo su atento servidor y amigo.

Lázaro Cárdenas

México, D. F., 7 de septiembre de 1964

Secretariado del Comité Preparatorio del Foro Mundial de Solidaridad de la Juventud y los Estudiantes, calle Bogdan Khmelnistsky 78, Moscú, URSS.

Me refiero a su atenta carta del 12 de agosto pasado en la que se da a conocer que en los próximos días, del 16 al 23 de septiembre, tendrá lugar en Moscú el Foro Mundial de Solidaridad de la Juventud y los Estudiantes en la lucha por la independencia y la liberación nacional, por la paz, al que concurrirán representantes de los más diversos países del mundo para abordar temas de interés común para todos los pueblos.

La reunión mundial de la juventud con el objetivo de impulsar la lucha por la independencia, la liberación nacional y la paz tiene especial significación para los países que están empeñados en lograr su cabal independencia económica, venciendo los múltiples obstáculos que el imperialismo opone a este legítimo e inaplazable anhelo.

La liberación nacional y la paz mundial, como se ha repetido frecuentemente, son dos objetivos que se complementan, puesto que sin que aquélla rija para la mayoría de los países del mundo, la paz será siempre precaria, ya que en la competencia colonialista entre los imperialismos, en su grado más álgido, o en las ambiciones de predominio económico mundial de uno de ellos, se originan las causas de las guerras internacionales y, en nuestro tiempo, aun las de las guerras localizadas, instigadas y llevadas a cabo por potencias extranjeras contra los pueblos que luchan por su liberación, como son los casos de Vietnam del Sur, el Congo, Chipre y, también, el caso de Cuba que no ha cesado de ser hostigada y amenazada en razón de que su heroico pueblo ha logrado y está dispuesto a defender su independencia y su autodeterminación.

Por estas enseñanzas de la historia contemporánea es que, para los pueblos sojuzgados o bajo la influencia imperialista, la mejor forma de luchar por la paz mundial, es la intensificación y la ampliación de las luchas de liberación, las que precisan de una solidaridad activa de los demás pueblos ya que, en último análisis, el principal enemigo de todos ellos es el mismo: el imperialismo.

Con el deseo sincero de que las resoluciones del Foro Mundial encuentren las formas que propicien la unidad de acción de las juventudes del mundo en favor de los enunciados que motivan la trascendental reunión y haciendo votos por su mayor éxito, quedo de ustedes atentamente.

Lázaro Cárdenas

México, D. F., 25 de octubre de 1964

Señor profesor John D. Bernal, presidente-delegado del Consejo Mundial de la Paz, 94 Charlotte Street, Londres W. 1.
Gran Bretaña.

Distinguido y fino amigo: Al llegar a esta ciudad después de un recorrido por el interior del país encontré su atenta carta de fecha 16 de septiembre pasado en la que tiene usted la amabilidad de informarnos sobre las actividades desarrolladas por el Consejo Mundial de la Paz durante el último verano, solicitando a la vez comentarios al respecto.

Se ha tomado nota de la acción del movimiento de la paz contra la fuerza nuclear multilateral de la OTAN, del apoyo que el Consejo Mundial ha dado a la Conferencia por la desnuclearización del Mediterráneo en la Conferencia celebrada en Argel en el mes de julio y la asistencia de una delegación del mismo a las conferencias de Tokio e Hiroshima contra las bombas "A" y "H" celebradas en el mes de agosto.

Consideramos de utilidad todo esfuerzo que se realice contra el manejo y el uso de la fuerza nuclear con fines bélicos o con simples objetivos de amenaza que ahondan las tensiones ya existentes, pero siempre he creído y los últimos acontecimientos han reafirmado la convicción de que la proscripción absoluta y universal de las pruebas atómicas, y la exigencia de destruir las bombas existentes y los artefactos para su empleo y la prohibición de su manufactura, son los objetivos fundamentales que el movimiento de la paz y los partidarios de ella deben propiciar de la manera más enérgica y extensa posible. Oponerse a la proliferación de las armas nucleares y apoyar la desnuclearización de determinadas zonas son luchas parciales y específicas cuya reconocida utilidad es, sin embargo, limitada y en cierta forma diluye la demanda de primer orden que anteriormente se cita.

Es satisfactorio que hombres del merecido prestigio del señor Bertrand Russell, el profesor Linus Pauling, el doctor Krishna Menon y otras distinguidas personas hayan compartido y atendido la preocupación de usted haciendo una declaración común relativa a los actos de agresión contra la República Democrática de Vietnam y que el Consejo Mundial haya dedicado atención preferente al ataque que aquélla sufrió en el golfo de Tonkín.

Asimismo, nos enteramos del cumplimiento de las decisiones adoptadas en Budapest y de su aplicación respecto a la incalificable agresión norteamericana contra el pueblo de Vietnam del Sur, la que se ha distinguido por los métodos más crueles e inhumanos de hacer la guerra y que, además, viola todas las normas del derecho internacional ya que se trata de una invasión extranjera y una ingerencia intolerable de una gran potencia coartando la libertad y la independencia de un país débil que debiera encontrar, en razón de la moral internacional y aun de simples sentimientos humanos, el más vigoroso apoyo a esa heroica lucha y el repudio activo de todos los amantes de la paz hacia el invasor.

La agresión contra Vietnam del Sur sigue amenazando la tranquilidad de la República Democrática del Vietnam y aun de la República Popular China, sobre todo después de los ataques aéreos en el golfo de Tonkín que las autoridades gubernamentales y militares de los Estados Unidos ordenaron, obviamente sin justificación alguna y en una expresión arrogante de poder.

En cuanto a la complicada y difícil situación de Chipre, es nuevamente el imperialismo, en este caso el británico, el que con el apoyo de los Estados Unidos se entromete peligrosamente en un país que debe dirimir sus diferencias internas libremente, sin intromisión alguna de países cercanos que responden a los intereses de las potencias imperialistas a que hemos hecho mención.

Lo que acaece en Chipre es una demostración más de que las guerras y los conflictos internacionales son ocasionados por el imperialismo.

A este respecto la acción de los Estados Unidos, la Gran Bretaña, Bélgica y África del Sur en el Congo es especialmente elocuente, ya que ahí la explotación de las inmensas riquezas de ese país motiva la denonada lucha de esas potencias para obstruir el paso del pueblo congolés hacia su liberación. En este caso como en los anteriores, el papel del Consejo Mundial de la Paz y del movimiento en su conjunto debe definirse continuamente a nuestro juicio, en forma clara y categórica, en el sentido de que las ambiciones imperialistas son las que conturban la paz y las que proporcionan mercenarios y dinero a los elementos que en el Congo frenan, con las armas en la mano, la justa lucha de aquel pueblo empeñado en recuperar su propio territorio y sus cuantiosas riquezas naturales para emplearlas en su beneficio al triunfar la causa de su independencia y de su autodeterminación. Apoyar estos últimos objetivos con todas las fuerzas del movimiento de la paz y mostrar solidaridad a la lucha armada del pueblo congoleño por su libertad, es inherente a la lucha por la paz del mundo.

En Malasia se repiten, con otras características, las mismas circunstancias básicas que rigen en las perturbaciones mencionadas arriba. Y es también función del Consejo Mundial de la Paz la denuncia de los intereses que ahí se debaten con las armas, las ambiciones territoriales y de predominio económico imperialista en una región étnica e históricamente ajena y aun hostil a todo intento de que ahí se establezca un nuevo colonialismo tan vejatorio y explotador como el que sufrió durante tantos años en el pasado.

Finalmente, deseamos referirnos a la situación de Cuba, que tanto afecta a América, y sobre la que aún pesan amenazas de invasión, experimentando agresiones reales de caracteres múltiples que obstruyen la libertad con que un país soberano debe manejar sus asuntos internos y externos. Después de las deleznables resoluciones de la IX Conferencia Consultiva de Ministros de Relaciones Exteriores de América, de las que México, respetando sus tradiciones en materia internacional, no se hizo solidario, se perfilan nuevos intentos de aislar y postrar a Cuba en una situación que evite su desarrollo económico y la consolidación de su régimen socialista, así como sus normales relaciones de intercambio comercial con la fluidez y la extensión a que tiene derecho todo país que desea vivir en paz con sus vecinos y con los demás países del mundo.

Para resumir, deseo manifestar que todos y cada uno de los problemas específicos que se examinan en su carta tienen, es necesario repetirlo, un mismo origen y que si la paz mundial se ve amenazada en cada uno de ellos se debe a una misma y única causa: la acción del imperialismo por la naturaleza de sus intereses. Es por ello, a nuestro juicio, que la lucha antiimperialista se liga íntimamente a la lucha por la paz, y es imposible abordar ésta sin señalar continua y sistemáticamente los efectos que produce la existencia del imperialismo y es de esperar que el Consejo Mundial de la Paz subraye y ponga especial énfasis, al tratar estas cuestiones, en la necesidad de estimular y apoyar todo esfuerzo de los pueblos del mundo por su independencia y su autodeterminación, cualesquiera que sean los medios que empleen para lograrlas.

Sin otro particular y deseándole completa salud, quedo su amigo que lo saluda muy cordialmente.

Lázaro Cárdenas

México, D. F., 17 de noviembre de 1964

Señor profesor John D. Bernal, presidente del Consejo Mundial de la Paz, 94 Charlotte Street, Londres, W. 1, Gran Bretaña.

Distinguido y fino amigo: Oportunamente recibí su atenta comunicación de fecha 23 de octubre pasado informando sobre el acuerdo del Comité Presidencial y del Secretariado en el sentido de convocar a una reunión que tendrá lugar en Berlín los días del 6 al 9 de diciembre próximo.

También he quedado enterado de la agenda provisional propuesta, en la que se tratarán temas que merecen estudio acucioso, especialmente en la actual situación internacional que presenta oportunidades para fortalecer la unidad de los partidarios de la paz y abordar las tareas importantes del movimiento.

Espero que en el examen político que cubre el segundo punto de la agenda, se llegue a delinear la fórmula para que, tomando en consideración las características en que se desenvuelve la lucha por la paz en las distintas regiones del mundo y que responden a situaciones diversas, todo esfuerzo encaminado a debilitar a los autores de las guerras y que amenazan la paz del mundo, pueda conjugarse con la acción en favor de la coexistencia pacífica donde sea factible aplicarla y cuyos requerimientos urgentes parecen ser la proscripción de las pruebas y la destrucción de las armas nucleares, el arreglo negociado del problema alemán en consonancia con el deseo de su pueblo, la incorporación de la República Popular China a las Naciones Unidas y a los demás organismos internacionales, el desmantelamiento de las bases militares extranjeras en territorios ajenos y la no intromisión del imperialismo en Vietnam, Chipre, el Congo, Malasia y otros lugares, así como el cese de las amenazas continuas que aquél lanza contra la autodeterminación y la independencia de Cuba.

El tercer punto, que se refiere al Congreso Mundial de la Paz, proyectado para el año entrante, reviste especial significación ya que la evolución de los asuntos internacionales y de la lucha por la paz en los últimos años requiere, como hemos manifestado varias veces, una renovación y reestructuración que responda a las nuevas exigencias y a los consecuentes cambios en los métodos de trabajo.

Con los mejores deseos por el éxito de la reunión, aprovecho esta oportunidad para enviarle mis más cordiales y atentos saludos.

Lázaro Cárdenas

México, D. F., 31 de diciembre de 1964

Señora profesora Olga Poblete, Av. Brown Sur 61, Santiago, Chile.

Distinguida y estimada amiga: Hace unos días recibí su atenta carta del 11 del actual fechada en Viena, y con positiva satisfacción he quedado enterado de sus actividades en las distintas reuniones por la paz efectuadas en Nueva Delhi, Hanoi y Berlín, así como de la resolución de la Presidencia del CMP de convocar a un congreso internacional del movimiento que se celebrará en la segunda quincena del mes de julio del año próximo en Helsinki, para lo que ya se han planeado varias acciones previas.

Asimismo, hace usted de mi conocimiento su amable intención de pasar por México, en caso de lograr concurrir a la reunión del CMP que se efectuará a mediados de febrero en Berlín, con el deseo de conversar sobre la segunda Conferencia Latinoamericana.

Como estará usted enterada, hace aproximadamente un año presenté mi renuncia como miembro del Comité Presidencial del CMP por la imposibilidad de cumplir debidamente con las responsabilidades que se desprenden de esa comisión y, sobre todo, porque siempre he considerado conveniente la renovación periódica de los elementos directivos de toda agrupación o institución colegiada como práctica vitalizadora para la orientación y las normas de trabajo de las mismas.

El señor profesor Bernal, comprendiendo las razones expuestas anteriormente para el efecto indicado solicitó, sin embargo, se aplazara la presentación de mi renuncia hasta que se renovaran los órganos de dirección del Consejo Mundial, a lo que accedí en la inteligencia de que se haría en el próximo congreso de julio venidero.

La renuncia a que hago referencia exime al suscrito de participar en lo sucesivo en actividades directivas, sin la disminución de mi permanente interés por el trabajo de la paz y de la liberación de los pueblos.

Me permito manifestarle nuevamente mi criterio respecto a la conveniencia de que la segunda Conferencia Latinoamericana, desde los pasos iniciales para su preparación, tomara en cuenta que las organizaciones latinoamericanas que propugnan en su programa y en su acción los principios de soberanía, emancipación económica y paz, independientemente de su carácter o de su filosofía política, son las más abocadas para promover, organizar y participar en aquella Conferencia, sin que ello invalide el apoyo y el estímulo que puedan darle personas significadas latinoamericanas. Como he reiterado varias veces, esta forma de trabajo implicaría un avance en relación con la primera Conferencia y daría mayor solidez, permanencia y amplitud a los esfuerzos reivindicadores de los pueblos, los que se verían mejor y más fielmente representados en esa magna reunión y, eventualmente, en la proyectada conferencia de los tres continentes y en todo evento internacional que persiga los objetivos fundamentales que inspiraron la primera Conferencia por la Soberanía Nacional, la Emancipación Económica y la Paz celebrada en México en 1961.

Será muy satisfactorio saludarla a su paso por ésta y escuchar sus valiosas experiencias y opiniones sobre temas de interés común, especialmente en relación con los trabajos por la paz mundial y la independencia de los pueblos.

Reciba usted los saludos afectuosos de Amalia y los míos con nuestros mejores deseos por su bienestar y el de su familia en el año que pronto se inicia.

Quedo cordialmente su amigo.

Lázaro Cárdenas

México, D. F., 31 de diciembre de 1964

Señor ingeniero Alberto T. Casella, Tucumán 983, Buenos Aires.

Estimado y distinguido amigo: Al llegar del interior recibí su atenta carta de fecha 23 de noviembre pasado. Siento de veras que la premura del regreso a su país haya hecho imposible su paso por México, donde hubiera tenido el gusto de saludarlo a usted y a su distinguida esposa personalmente.

Respecto a su preocupación por la necesidad de celebrar la segunda Conferencia Latinoamericana debo manifestarle que, a pesar de las dificultades de distinta índole que se han presentado para cumplimentar las resoluciones de la primera Conferencia en cuanto a la creación y el fortalecimiento de los movimientos de liberación nacional, existen agrupaciones de antigua trayectoria y recientes organismos y esfuerzos múltiples de diversos grupos para poder realizar aquélla en algún país sudamericano en que se abran posibilidades de hacerlo o en Cuba.

Seguramente estará usted enterado de la renuncia que presenté, hace más de un año, como miembro del Comité Presidencial del cmp debido al tiempo que absorbe mi trabajo en México y, a la vez, porque siempre he considerado conveniente la renovación periódica de la dirección en cualquier organismo o cuerpo colegiado, razones que expuse al profesor Bernal como fundamento de mi resolución.

A instancias del propio profesor Bernal accedí al aplazamiento de los efectos de la renuncia hasta el Congreso Mundial que se celebrará el próximo mes de julio.

Sin la disminución de mi permanente interés por el trabajo de la paz y de la liberación de los pueblos, me permito participarle que prácticamente me he retirado de las funciones directivas del cmp y, por consecuencia, de las que pudiera propiciar para la celebración de la segunda Conferencia Latinoamericana.

En relación con ésta desearía exponerle nuevamente mi criterio sobre la conveniencia de que, desde su preparación, se tomara en cuenta a las organizaciones latinoamericanas que propugnan los principios de soberanía, emancipación económica y paz, cualquiera que sea su carácter o su filosofía política, como las más abocadas para promover, organizar y participar en la segunda Conferencia, sin que ello invalide el apoyo, el estímulo y la contribución de personas significadas en la vida latinoamericana.

Me parece que al seguir estos lineamientos se daría mayor solidez, permanencia y amplitud a los esfuerzos reivindicadores de los pueblos y se verían mejor y más fielmente representados en esa magna reunión y, al constituirse un comité permanente, se haría más fácil la presencia latinoamericana en todo evento internacional que persiga fines similares a los de la primera Conferencia por la Soberanía Nacional, la Emancipación Económica y la Paz celebrada en México en 1961.

Espero que su salud mejore y no se haga necesaria la operación de que me habla y le ruego corresponda a su distinguida esposa sus amables saludos con mis deseos más sinceros por que el nuevo año de 1965 sea uno de bienestar personal para ambos y de fructífero trabajo en favor de la paz mundial.

Quedo muy cordialmente su atento amigo.

Lázaro Cárdenas

México, D. F., 13 de mayo de 1965

Señor profesor John D. Bernal, presidente del Consejo Mundial de la Paz, 94 Charlotte Street, Londres W. 1, Gran Bretaña.

Distinguido y fino amigo: Debido a mis frecuentes viajes al interior de la República hasta hoy recibí su atenta carta de fecha

3 de mayo informando sobre la reunión del Comité Preparatorio del Congreso Mundial por la Paz, la Independencia Nacional y el Desarme General que tendrá lugar en Helsinki el 22 y 23 de este mes y que será precedido por una junta de la comisión encargada de estudiar los problemas generales de la paz.

Asimismo, a mi regreso encontré varias comunicaciones sobre el próximo Congreso, las que he leído con interés ya que ellas sirven de orientación respecto a los trabajos preliminares que se están realizando y desearía referirme concretamente a la carta del Consejo Mundial de la Paz transcrita por el Instituto Internacional de la Paz con fecha 22 de abril próximo pasado.

Enterado de que, por motivo de salud, ha solicitado usted su retiro de la responsabilidad de la Presidencia del Consejo, a partir del Congreso, deseo manifestarle que siento sinceramente la causa que lo produce sabiendo, sin embargo, que aquél seguirá contando con sus valiosos consejos para el logro de la paz mundial y la independencia de los pueblos.

Me parece propicia la oportunidad para recordar a usted y al Comité Preparatorio del Congreso, la renuncia que por su amable conducto presenté ante el Comité Presidencial del CMP con fecha 3 de noviembre de 1963, cuya vigencia pospuse, de acuerdo con su cordial instancia de fecha 13 de diciembre, hasta la celebración del Congreso de 1965.

Ahora, mi querido amigo, reitero mis deseos de que la decisión que tomé a fines de 1963 se haga efectiva a partir de la citada asamblea mundial.

Agradezco, una vez más, las atenciones de que he sido objeto de parte de usted y de los distinguidos miembros del Consejo Mundial de la Paz que he tenido la ocasión de tratar en el curso de los años en el trabajo común por la paz mundial y la soberanía de los pueblos.

Haciendo votos por su cabal restablecimiento, quedo muy cordialmente su atento amigo.

Lázaro Cárdenas

México, D. F., 19 de mayo de 1965

Señora profesora Olga Poblete, Av. Brown Sur 61, Santiago, Chile.

Distinguida y fina amiga: Al llegar a esta capital encontré sus estimables cartas del 28 de abril y del 4 de mayo por las que he quedado enterado de que el Movimiento Chileno de la Paz llevará a cabo una Conferencia Nacional del 21 al 23 de este mes en la ciudad de Santiago. Asimismo, recibí el texto de la convocatoria y materiales relativos a la Conferencia.

Sobre el saludo de adhesión que usted sugiere emita para la

Conferencia Nacional de la Paz en Santiago de Chile, ¿no le parece, mi estimada amiga, que los focos de perturbación en Vietnam, el Congo, Malasia y el más reciente y cercano, en Santo Domingo, propiamente invalidan las posibilidades de hablar de paz como primera y fundamental tarea de los pueblos, en particular de los pueblos latinoamericanos y de los que tienen un destino común en Asia y África en lo que se refiere a la lucha contra el imperialismo?

Considero que más bien, la etapa de agresiones que inició el imperialismo hace algunos años en varias partes del mundo y que ahora extiende en América con actos ilícitos de invasión militar, ignorando los más elementales principios del derecho internacional y violando la no intervención y la autodeterminación de los pueblos que consagran las cartas de la ONU y de la propia OEA, merecería que los movimientos por la paz en América denunciaran con toda claridad por qué y de dónde provienen las guerras de agresión y alienten la resistencia y la lucha contra el imperialismo y los métodos de dominio que le son propios.

En efecto, la paz regional y mundial es obviamente una consecuencia y considero que hay que combatir, en primer lugar, las causas de la guerra como la forma más apropiada para contribuir a crear las condiciones necesarias para la paz entre los pueblos, lo que sólo es concebible con la derrota del imperialismo.

Mucho agradezco su amable invitación y deseo todo éxito a la Conferencia de Paz en Santiago de Chile y con esta oportunidad, me reitero su amigo que la saluda muy cordialmente.

Lázaro Cárdenas

México, D. F., 22 de diciembre de 1965

Señor doctor Fidel Castro Ruz, primer ministro del Gobierno Revolucionario, La Habana, Cuba.

Distinguido y estimado amigo: En días pasados recibí su carta del 2 del actual que con agrado contesto. Me enteré del relieve particular que revestirán la concentración popular y el desfile militar que en ocasión del VII aniversario del triunfo de la Revolución en Cuba, se realizarán en La Habana; más aún por la circunstancia de que el 3 de enero se iniciará la primera Conferencia de Solidaridad con los Pueblos de Asia, África y América Latina.

En efecto, la importancia de este evento requiere del esfuerzo coordinado y efectivo de las fuerzas antiimperialistas del continente para que adquiera paralela trascendencia a la denodada lucha de los pueblos afroasiáticos y latinoamericanos por su liberación del imperialismo y del colonialismo en todas sus formas.

En cuanto a la América Latina, el ámbito en que mayormente corresponde actuar con persistente e invariable firmeza contra la opresión de nuestros pueblos, debo referirme a la primera Conferencia Latinoamericana por la Soberanía Nacional, la Emancipación Económica y la Paz, efectuada en México en el mes de marzo de 1961, en la que, como usted sabe, se acordó crear los organismos de liberación nacional y estimular o ampliar los movimientos nacionales afines para estructurar a lo largo de Iberoamérica comités unitarios que acogieran a las más amplias y diversas fuerzas populares e impulsar así su acción en la lucha común contra el principal enemigo común de nuestros pueblos, el imperialismo.

En este esfuerzo unificador participaron y compartieron propósitos y responsabilidades agrupaciones y elementos de Centro y Sudamérica, de México y el Caribe, distinguiéndose por su comprensión y espíritu de colaboración la emérita delegación cubana, justificadamente recibida con unánime y fraternal entusiasmo por los participantes de aquella magna asamblea y, muy particularmente, por el pueblo de México.

Cumpliendo el acuerdo anteriormente mencionado se constituyó en México el Movimiento de Liberación Nacional, en la conciencia de que la solidaridad de los pueblos latinoamericanos es indispensable para la culminación del empeño independentista y considerando menester que aquéllos se organizaran para la conjugación de sus crecientes esfuerzos y dejar sentadas las bases para una acción permanente iberoamericana en favor de la completa independencia y, a la vez, para hacer más efectiva nuestra presencia conjunta en el mundo, como una fuerza solidaria de todos los pueblos que en distintas formas y en diferentes latitudes procuran su autonomía cabal ya sea en forma pacífica o compelidos por sus enemigos a la violencia.

En esta convicción nos mantuvimos en estrecha y continua relación con elementos representativos de la lucha antiimperialista y por la paz mundial en nuestro continente, a fin de acelerar la creación de los movimientos de liberación nacional y, en su oportunidad, auspiciar la formación de un organismo latinoamericano que había de ser vocero y catalizador de la voluntad independentista de nuestros pueblos y que, a la vez, hiciera sentir su solidaridad ante las agrupaciones similares de Asia y de África y hacia todas aquellas que en el mundo persiguen concomitantes objetivos.

Con este fin se hicieron largos y pacientes esfuerzos cerca de las organizaciones y de sectores de opinión antiimperialista en América Latina. Inclusive se comisionó al entonces coordinador general del Movimiento de Liberación Nacional de México para que viajara a los principales países del Sur y a Cuba en el año de 1963 y pulsara en ellos la posibilidad de preparar la segunda Conferencia Latinoamericana prevista en las resoluciones de la primera, cuyo objetivo principal sería dejar constituido el organismo permanente iberoamericano, un solo cuerpo representativo, que reuniera a las agrupaciones de la más diversa índole y que a su vez invitase a distinguidos latinoamericanos de reconocida filiación antiimperialista, capaces de contribuir con su esfuerzo a la lucha por la liberación de los pueblos hermanos.

El criterio que siempre nos guió fue el de propiciar, ante todo, la acción unitaria de los obreros y de los campesinos, de los trabajadores manuales e intelectuales y de los elementos afines de las diferentes capas sociales dispuestos a apoyar con su concurso una lucha cuya base organizativa descansase en las masas populares organizadas, las únicas capaces de asegurar la existencia sólida de los movimientos de liberación nacional y el desempeño de las múltiples responsabilidades continentales.

Es de esperar que el trascendental evento que tendrá lugar en La Habana, que reunirá a representantes populares de los tres continentes, contribuya a fortalecer los vínculos antiimperialistas de los pueblos de Asia, África y América Latina y que éste delinee los caminos para la estructuración de un organismo continental capaz de unir a los nacionalistas, cualesquiera que sean su ideología o sus creencias, su extracción política o social, pues en el empeño de ser libres, soberanos e independientes coinciden todos los pueblos cuyo sentimiento nacional es y ha sido siempre muy profundo.

Agradezco infinito la deferencia que usted me hace al invitarme a la celebración del VII aniversario de la gran Revolución Cubana y al ofrecerme la cordial hospitalidad del gobierno y del pueblo de ese noble país hermano. Asimismo, quedo muy reconocido por el significado que usted atribuye a mi participación en la Conferencia Tricontinental.

Desafortunadamente, deberes de carácter inaplazable en mi país me vedarán la grata oportunidad de saludar a usted, al presidente Dorticós y a los distinguidos miembros del gobierno de Cuba, personalmente, y de compartir por unos días la satisfacción del pueblo antillano por los notables adelantos obtenidos con su esfuerzo en el desarrollo de la Reforma Agraria, de la producción agrícola e industrial, de los trabajos de irrigación y en la extraordinaria obra educativa y de beneficio social que la Revolución está forjando para el bienestar de los cubanos.

Deseo reiterar mis más sinceros votos por el cumplimiento integral de los ideales que inspiraran a la Revolución liberadora que lleva a cabo su gobierno y el pueblo cubano, digno heredero de uno de los más preclaros héroes que nos diera una patria común latinoamericana, José Martí.

Asimismo, son de esperar resoluciones altamente positivas de la Conferencia Tricontinental, que se traduzcan en una acción que coadyuve a vencer la opresión imperialista, tantos años soportada por los pueblos africanos, asiáticos y latinoamericanos, lucha que constituye el eslabón más sólido y seguro para el logro de la liberación nacional y social de todos los pueblos del mundo.

Con mis cordiales saludos para usted y los demás distinguidos dirigentes del gobierno revolucionario de Cuba, quedo su atento amigo.

Lázaro Cárdenas

México, D. F., 2 de febrero de 1966

Señora Isabelle Blume, presidente-coordinador del Comité Ejecutivo del Consejo Mundial de la Paz, 33, Rue de la Régence, Bruselas, Bélgica.

Distinguida amiga: Recibí su muy atenta carta de fecha 8 de enero, así como la copia de la que usted dirigió a los movimientos nacionales de la paz sobre algunos de los problemas que confronta el mundo, y copia de las notas en que el Consejo Mundial de la Paz sugiere varias formas de acción inmediata.

Leí con interés su comunicación y los anexos y es de esperar que se emprendan actividades fructíferas en favor de la independencia nacional de los pueblos y de la paz mundial, especialmente en relación con la injusta e inhumana guerra de agresión que se ha desatado contra Vietnam del Norte y del Sur y que amenaza extenderse a otros países.

A este respecto, deseo manifestarle que acabo de recibir la declaración del Consejo Mundial de la Paz, entregada a la prensa recientemente, y en la que se hace eco de la inquietud general que existe por la carrera de armamentos, reflejada en particular por el exorbitante aumento del presupuesto bélico en los Estados Unidos y el constante envío de tropas norteamericanas a Vietnam del Sur, desmintiendo con ello sus pretendidas intenciones de negociación pacífica.

Asimismo, considero acertado que el Consejo puntualice en esa declaración que la única fórmula correcta para llegar a un arreglo es el cumplimiento de los cuatro puntos y las cinco condiciones que Vietnam del Norte y del Sur, respectivamente, exigen para terminar la justa lucha de independencia nacional que han emprendido los patriotas de Vietnam del Sur con el certero apoyo de sus connacionales del Norte.

Sin el cumplimiento cabal de esos requerimientos de respeto a la soberanía, la independencia y la autonomía nacionales previstos en los Acuerdos de 1954, todo intento de pacificación será frustráneo. Y en este último caso, desafortunadamente previsible en lo inmediato, me parece que el Consejo Mundial de la Paz haría bien en apelar a todas las fuerzas de la paz para que brinden su apoyo solidario a los patriotas vietnamitas que en la lucha por su libertad e independencia contribuyen en la mejor forma que les es dable por la paz mundial, ya que sin que imperen aquéllas en todos los países, las mismas bases de la paz internacional seguirán siendo minadas con el peligro latente de la extensión imprevisible de la guerra.

Agradeciendo sus finas atenciones quedo su atento amigo que la saluda cordialmente.

Lázaro Cárdenas

México, D. F., 7 de junio de 1966

Señora Isabelle Blume, presidente-coordinador del Comité Ejecutivo del Consejo Mundial de la Paz, 33, Rue de la Régence, Bruselas, Bélgica.

Distinguida amiga: Recibí su muy atenta carta de fecha 12 de mayo pasado, que hasta hoy contesto debido a mi ausencia de esta capital, confirmando que la sesión del Consejo Mundial de la Paz tendrá lugar en la ciudad de Ginebra, los días 13 al 16 de este mes, y haciendo hincapié en la importancia que la misma revestirá.

Agradezco a usted esta información y las que ha tenido la gentileza de enviarme sobre las responsabilidades y los trabajos del Consejo en estos últimos tiempos, tan preñados de amenazas para la paz mundial.

Considero oportuno referirme, por su valioso conducto, a la sesión del Consejo Mundial de la Paz respecto a dos situaciones insoslayables para los partidarios de la paz y las que han merecido la intensa preocupación pública y, naturalmente, la del propio Consejo: las de Vietnam y la República Dominicana.

La guerra en Vietnam, centro neurálgico de la atención mundial, es ya de hecho una guerra de invasión, repudiada universalmente, más aún al unirse las armas y las voces de los vietnamitas que combaten desde hace años con ejemplar heroísmo en los campos de batalla y de los que en la retaguardia ocupada por el enemigo se rebelan en las calles de Saigón, Na Dang y Hue contra los invasores extranjeros.

Jamás ha existido razón moral o legal para la intervención norteamericana en Vietnam del Sur. Y el pretexto de salvaguardar el régimen democrático y pacificar el país, que esgrimen los invasores para matar y destruir, es una infamia; y es un desacato el haber extendido la matanza y la destrucción sobre el territorio de la República Democrática de Vietnam, donde hermanos de sangre, historia, tradición y suelo natal, con pleno derecho ayudan y defienden a sus hermanos del sur a expulsar al invasor del solio patrio.

Esa guerra, que llena de oprobio al agresor, en cuya justificación nadie cree, ni sus aliados ni aun el propio pueblo norteamericano, es una guerra de carácter netamente imperialista, de expansión y sujeción económica y de dominio político por medios militares, no tan sólo dirigida contra Vietnam sino contra todo el Sureste de Asia y la que eventualmente, podrían extenderla a la República Popular China, sin consideración de medios y métodos de exterminio, como han dado pruebas en Vietnam y Laos.

Contribuir a apagar aquella hoguera es deber de toda la humanidad, apagarla en justicia y sin vacilaciones, apoyando las demandas irrenunciables de los patriotas de Vietnam del Sur y de la República Democrática de Vietnam: el retiro de las tropas, las armas y las bases militares de los invasores en el respeto estricto de los acuerdos de Ginebra; el restablecimiento de la neutralidad del país; dejar la responsabilidad de la solución de los problemas internos de Vietnam del Sur y la eventual unificación de los dos territorios a los propios vietnamitas.

La intervención de la marina norteamericana en Santo Domingo y la creación de una fuerza interamericana intervencionista, integrada también por pequeños contingentes de algunos países de América Latina, hermanos de la República Dominicana, es un reto a la conciencia universal por esta nueva y arrogante violación al derecho de gentes.

Ahí también se ha esgrimido como pretexto la amenaza del comunismo para hacer imperar los intereses imperialistas, por la fuerza, sobre el pueblo dominicano, el que ha tenido que soportar el agravio de llevar a cabo un proceso electoral bajo la ocupación militar extranjera, lo que limita y escarnece el libre ejercicio de la democracia interna y hace nugatorios los derechos soberanos del país.

Para América Latina es especialmente doloroso el caso de la República Dominicana. En él se ve comprometida la independencia de todos los países del continente. Es, sin embargo, también una advertencia y un llamado a la conciencia nacional de nuestros pueblos latinoamericanos.

Si soportar la pesada carga del imperialismo económico y luchar contra ella en condiciones todavía desiguales, es nuestro actual destino, en el tiempo los pueblos latinoamericanos cumplirán con honor su deber de liberarse con sus propios esfuerzos y con la solidaridad moral de todos los pueblos del mundo.

En el caso de las lejanas tierras vietnamitas y en el de nuestros hermanos de la República Dominicana, como en otros semejantes, insistiremos que sólo con una acción conjunta y enérgica contra el imperialismo podrá imperar una paz justa y permanente entre las naciones.

Bajo esta premisa, a mi juicio, el Consejo Mundial de la Paz y los partidarios de ésta, encontrarán siempre la ruta para cumplir con sus responsabilidades, oponiéndose y luchando inflexiblemente contra las causas de las guerras injustas y contra todas las formas de colonialismo que, en último análisis, son las que engendran aquéllas.

Con mis saludos fraternales a los delegados a la sesión del Consejo Mundial de la Paz, quedo de usted y de ellos su atento amigo que les envía los más cordiales votos por el éxito de sus deliberaciones.

Lázaro Cárdenas

México, D. F., 19 de abril de 1969

Señora Isabelle Blume, presidente del Consejo Mundial de la Paz, 33, Rue de la Régence, Bruselas, Bélgica.

Distinguida amiga: Preocupados por la situación que prevalece en el mundo y ante el peligro de que la guerra de agresión imperialista en el Sureste de Asia y el quebrantamiento de la paz en África y el Medio Oriente puedan derivar en una nueva guerra mundial, un grupo de personas independientes de América, hemos tenido a bien suscribir un llamado que con ésta adjunto, para que los representantes de la Unión Soviética y de la República Popular China, dos grandes potencias amantes de la paz hoy envueltas en una disputa de fronteras y, de tiempo atrás, en controversias que debilitan y dispersan las fuerzas que luchan por la paz mundial, encuentren fórmulas de avenimiento en el caso fronterizo y manera de dilucidar sus diferencias.

Al mismo tiempo, sometemos a consideración del Consejo Mundial de la Paz, por su digno conducto, la conveniencia de que, por los medios a su alcance, promueva la firma de este documento por personas también independientes de toda América y, si lo considera oportuno, de otras partes del mundo.

Espero que este esfuerzo obtenga una pronta y favorable acogida de su parte y de sus distinguidos colaboradores.

Quedo de usted su amigo que la saluda cordialmente.

Lázaro Cárdenas

Hombres y mujeres independientes de América, amigos de la paz, hacemos un llamado por conducto del Consejo Mundial de la Paz, a los representantes de los pueblos de la República Popular

China y de la Unión Soviética para que lleguen a un acuerdo en el conflicto fronterizo que actualmente confrontan y a un franco entendimiento, en la independencia de criterios, sobre las controversias de tesis y opiniones que sustentan y que no deben obstruir las relaciones entre las dos grandes potencias cuyos pueblos aman la paz, entendimiento que será benéfico para todos los pueblos del mundo.

La solución de los conflictos chino-soviéticos influirá moralmente para que termine en breve plazo la guerra de agresión imperialista contra Vietnam, servirá para encontrar caminos de paz entre los países que hoy se ven envueltos en luchas cruentas y acabará con la guerra fría que está afectando a los países de otros continentes que ven obstaculizado su desarrollo económico nacional.

México, D. F., abril de 1969

Firmado: Lázaro Cárdenas; Jesús Silva Herzog, historiador, sociólogo; Carlos Pellicer, poeta; Eulalia Guzmán, historiadora y arqueóloga; Luis Cardoza y Aragón, escritor guatemalteco; Rosario Castellanos, escritora; Fernando Benitez, escritor; Carlos Fuentes, escritor; Ricardo Guerra, doctor en filosofía; Carlos Monsiváis, escritor; Ignacio Aguirre, pintor; Martha L. P. de Tamayo, dirigente femenil; Ignacio García Téllez, jurista; Alberto Bremauntz, jurista; Fernando Carmona, economista; Gerard Pierre Charles, sociólogo haitiano; Enrique González Pedrero, licenciado en filosofía; Jorge L. Tamayo, geógrafo; Cuauhtémoc Cárdenas, ingeniero; Guillermo Montaño, médico; Horacio Zalce, médico; Isaías Cervantes, médico; Julio Molina Esquivel, médico; B. Ramírez Guzmán, médico; Arturo Lozano, médico; Xicoténcatl García A., médico.

México, D. F., 4 de marzo de 1970

Señor Alfredo Varela, secretario del Consejo Mundial de la Paz, Lönrotink 18 V, Helsinki 12, Finlandia.

Estimado y fino amigo: Recibí sus atentas cartas de fechas 5 de noviembre pasado, 2 de enero y 16 de febrero del año actual, así como los cables del 5 de diciembre pasado, del 16 de enero y el firmado Worldpax del 17 de febrero.

Me dispensará usted que hasta hoy me refiera a sus comunicaciones en virtud de haber estado ausente de esta ciudad.

En cuanto a sus primeros cables y cartas relacionados con la atenta invitación que tuvo la gentileza de hacerme el gobierno de la República Democrática de Sudán, a través de su representante permanente en las Naciones Unidas, y sobre el propio deseo del Consejo Mundial para que el suscrito participase en la sesión del Comité Presidencial que tuvo lugar en Khartoum en el mes de diciembre de 1969, seguramente habrá usted recibido el telegrama que le dirigí con fecha 11 de diciembre, manifestándole mi imposibilidad de concurrir a Sudán al efecto, lo que en su oportunidad también hice saber al señor representante de ese gobierno en el organismo internacional ya citado, para que lo hiciera conocer a las autoridades correspondientes.

He leído con interés sus dos cartas de este año y desde luego lo felicito por la reanudación de sus actividades en la Secretaría del Consejo Mundial de la Paz, las que, como usted dice, estarán especialmente ligadas con el movimiento por la paz en América Latina. Le deseo toda clase de éxitos en sus nuevas e importantes tareas.

He visto también las recomendaciones surgidas de la reunión de Khartoum relacionadas con América Latina y otras partes del mundo.

En efecto, la solidaridad latinoamericana y mundial con el Perú alrededor de las medidas de emancipación nacional que ha tomado su gobierno; los esfuerzos que se realicen para que concluya el injusto bloqueo que se ejerce sobre Cuba; la prosecución de una política nacional e internacional independiente por parte de los países de América Latina y la mayor vinculación de éstos ante las acechanzas imperialistas; y la postura en favor del pueblo de Puerto Rico, son obligados deberes de los partidarios de la paz mundial y de la emancipación nacional de los pueblos.

La solidaridad activa con el pueblo de Vietnam, que lucha denodadamente por la integridad territorial, la independencia y la eventual reunificación de su país, la pacificación del Medio Oriente en términos de justicia y la defensa de los pueblos oprimidos racial, social y nacionalmente, merecen la mayor atención y, sin duda, los dos primeros conflictos internacionales mencionados, con la amenaza de extenderse el primero y de acentuarse el segundo, son los más críticos de la situación mundial.

Deseo, sin embargo, aprovechar esta ocasión para manifestar a usted que también otros problemas amenazan la paz y la independencia de los pueblos y que, a mi juicio, deben ser abordados por el Consejo recomendando fórmulas positivas y conciliadoras con el ánimo constructivo que caracteriza su acción en favor de la paz.

Entre ellos, destaca por su importancia para la paz mundial, la disputa fronteriza entre China y la Unión Soviética, aún sin zanjar, y otras diferencias que han dañado la amistad entre los pueblos y la ayuda conjunta de ambos países al pueblo de Vietnam.

A este respecto en el mes de abril pasado me dirigí a la señora

Isabelle Blume y al señor Romesh Chandra, presidente y secretario del Consejo Mundial de la Paz, adjuntando un llamado en favor del acuerdo y el entendimiento entre la URSS y China y firmado por un grupo de personas independientes de México y América Latina, sometiendo a la consideración del Consejo la conveniencia de que, por su eficaz conducto, ese documento fuese firmado por otras personas de América y del mundo como una acción amistosa y valedera en favor de la paz.

Los sucedimientos en Checoslovaquia, de dos años a esta parte, han tomado también proporciones extranacionales al ocasionar una intervención de países extranjeros que, a pesar de los acuerdos o pactos regionales que la explicaran, ha creado reservas e inconformidades domésticas e internacionales que lesionan la unidad de los partidarios de la paz y que, objetivamente, dan pábulo para que los países imperialistas pretendan justificar sus intervenciones en zonas que consideran de su influencia, reviviendo en el mundo el espectro de la política del equilibrio del poder entre bloques de potencias, lo que siempre ha operado en detrimento de los demás países del orbe.

Además, con esos hechos los principios irrenunciables de no intervención y autodeterminación, fundamentos de la paz entre las naciones, se han visto debilitados.

Debido a mi ya mencionada ausencia de la capital, recibí demasiado tarde el cable del 17 del mes pasado sobre el bombardeo efectuado por el ejército israelí, hace cerca de un mes, contra objetivos civiles de El Cairo. Sólo desearía insistir en la gravedad de este conflicto, siendo muy deseable fuese liquidado exclusivamente de acuerdo con los intereses nacionales y regionales del Medio Oriente, sin indebidas e interesadas ingerencias extracontinentales, sin mutilaciones territoriales ni exigencias contrarias a la soberanía y la integridad de ambos estados, y en la protección de los grupos humanos desplazados, reincorporándolos de acuerdo con su voluntad, en los países de su antigua o nueva residencia.

Deseo manifestarle que mi trabajo en México me evitará concurrir en el mes de abril a la reunión de la Presidencia del Consejo de la Paz en Moscú, como me vi privado, por la misma causa, de incorporarme a la delegación que viajó al Canadá en fecha reciente.

Con relación a su última carta del 16 de febrero debo manifestar a usted que los elementos mexicanos que están interesados en trabajar para el movimiento de la paz en México, lo harán seguramente sin el arbitrio de individualidades, sino uniendo sus fuerzas con independencia y trabajando en consonancia con la realidad que vive el país.

Por la misma carta me enteré de que en estos días estará usted en una gira por Venezuela, Colombia, Perú y Bolivia y que, en una segunda gira por América Latina, visitará otros países y, si posible, México.

En caso de tener la satisfacción de que su visita a México se realice, será una oportunidad de conversar sobre los diversos asuntos de interés común.

Hago a usted patentes mis mejores deseos por que su labor en el Consejo Mundial de la Paz sea fructífera y espero, en su caso, su grata visita a ésta, donde será siempre bienvenido.

Quedo de usted su amigo que lo saluda muy cordialmente.

Lázaro Cárdenas del Río

IV

VARIA

(13 de octubre de 1933 al 29 de septiembre de 1970)

Tampico, Tamps., 13 de octubre de 1933

Señor general de división Plutarco Elías Calles, Tehuacán, Pue.

Mi general: Envío a usted mi saludo cariñoso, deseándole se encuentre mejorado de sus males.

He recorrido la zona afectada por los ciclones y por las inundaciones, encontrando que la parte más destruida fue la que se encontraba fincada en las riberas del Pánuco, siendo pocos los daños resentidos por la parte alta del puerto y por las construcciones de mayor solidez.

El problema más importante de la región es el de habitaciones, que van reconstruyéndose, a medida que bajan las aguas.

El problema de los sin trabajo, se va resolviendo parcialmente con la salida de gentes que abandonan la ciudad; además, se ha ocupado buena parte en los trabajos de las compañías y demás industrias afectadas.

El viaje de Abelardo,* que se anuncia para mañana, resolverá los problemas aún en pie; a saber: aseguramiento de la parte de la ciudad construida en las zonas bajas y riberas del río como los llanos y drenaje del "golfo"; el dragado del Pánuco; y el muy importante, de la reconstrucción de las escolleras, sin lo cual, habrá peligro de que se cierre el puerto.

La realización de estos trabajos facilitaría la reconstrucción de casas, a base de los salarios que obtuvieran los obreros y se lograrían realizar también las obras más indispensables, sin necesidad de donativos.

Le renuevo mi saludo y me es grato quedar de usted, como siempre su afectuoso amigo y servidor.

Lázaro Cárdenas

Uruapan, Mich., 4 de septiembre de 1934

Señor Julio Álvarez del Vayo, Madrid.

Mi estimado y fino amigo: Con positivo gusto leí su atenta carta que me ha traído su cordial felicitación que mucho le agradezco.

Tengo vivos deseos de visitar España y si en esta vez me veo privado de aceptar su invitación se debe únicamente al propó-

---

* Presidente general Abelardo Rodríguez.

sito que hice de visitar la mayor parte del país para tomar contacto con los habitantes y conocer por ellos mismos sus problemas y necesidades.

Ya he recorrido parte de cada uno de los estados de la República, principalmente zonas incomunicadas, y me faltan aún rutas incomunicadas en Chihuahua, Zacatecas y otras, recorrido que haré en un mes contando desde el próximo día 13 que salgo a Sonora para seguir de allí a Chihuahua y Zacatecas.

Esta es la razón que me impide salir ahora del país y que espero encontrará usted justificada, ya que conozco que aplaude usted se interesen los hombres del poder por los núcleos rurales que más necesitan la atención del gobierno.

Afectuosamente.

Lázaro Cárdenas

México, D. F., 20 de mayo de 1935

Señor Rafael Bejar, Parácuaro, Mich.

Estimado amigo: Con positivo interés he visto el empeño y esfuerzo por ti realizado en la plantación de árboles —palmeras— a lo largo de la carretera de Los Bancos a Apatzingán.

Digno de aplauso este empeño, porque revela el espíritu de cooperación tanto para hermosear el paisaje de la zona como aumentar su riqueza.

En varios países europeos las carreteras están siendo forestadas ya no por árboles estériles, sino por frutales, con la tendencia de que el árbol de productos preste una doble utilidad: a la vez que embellecer los caminos, producir fruta que aprovechan las gentes más necesitadas. Esta misma idea he tenido para nuestro país y tú te has adelantado a iniciar esto antes que otras personas que han recibido constantemente nuestras sugestiones; y es por todo esto que te felicito por la labor digna de encomio que estás realizando y que ojalá sirva de estímulo a hombres de otros pueblos.

Mis saludos afectuosos.

Lázaro Cárdenas

Los Pinos, D. F., 8 de marzo de 1938

Secretaría de Agricultura y Fomento, Presente.

Pongo a disposición de esa Secretaría el rancho denominado "California" de la antigua hacienda de San Antonio Tangamacato, ubicado en el municipio de Apatzingán, del estado de Michoacán, con una extensión de 326-52-00 ha. susceptibles de riego y 155-68-00 ha. de cerril pastal, en cuyos terrenos hay actualmente 7 200 limoneros y 1 000 naranjos en producción, y 8 558 palmas de coco de 3 a 7 años de plantadas, así como gran cantidad de frutales distintos, tales como plátanos, mangos, etc.

Igualmente pongo a disposición de esa dependencia, un pie de ganado cebú, pura sangre, compuesto de: dos toros sementales, treinta y cinco vacas y veintiséis crías.

Es mi deseo al donar esta propiedad al gobierno federal, que se establezca en ella una estación de fomento agrícola y ganadero, y que las utilidades que se obtengan de las plantaciones de limones, de naranjos y de palmas de coco, sean destinadas al hospital de Apatzingán, que se construyó, en parte, con aportaciones del propio rancho de "California".

Se justifica crear allí la estación de fomento agrícola y ganadero por estar ubicada en el centro de la zona que comprende el sistema de irrigación del "Plan de Tierra Caliente".

Historia del rancho

Fue comprado por el suscrito el año de 1926 a la señora María Carreón viuda de Silva, con una extensión de 3 975-84-84 ha. en la cantidad de $ 18 000.00, pagaderos $ 3 000.00 al contado y el resto a plazos que fueron pagados oportunamente. Al ser adquirida esta propiedad los terrenos se encontraban totalmente enmontados.

En 1936 se hizo espontánea dotación ejidal a los vecinos radicados en el rancho sin que mediara por parte de ellos solicitud alguna, con una superficie de 687-81-00 ha. de terrenos susceptibles de riego y 1 100-54-24 ha. de pastal; cediéndose además en la misma fecha, la fracción de "Las Palmas" con 579-44-60 ha. de terrenos pastales a la comunidad de San Juan de los Plátanos.

Por cesión gratuita también se distribuyeron 1 125-85-00 ha. entre tierras susceptibles de riego y pastales, a las siguientes personas: general Rafael Sánchez; Guillermo Girón; José María del Río; Luis Val Valencia; Arturo Chávez; J. Guadalupe García; Rodolfo Amézcua; Lino Salcedo; Teodoro Concha y Agustín Molina.

Lázaro Cárdenas

México, D. F., 18 de marzo de 1938

Señor Waldo Frank, L. Elm Row, Hampstead, Londres, N. W. 3, Inglaterra.

Mi estimado y gran amigo: He tenido el gusto de recibir su carta del día 8 de febrero, que me ha traído noticias de sus últimas actividades.

Me agrada saber que la enfermedad de su señora esposa, no es de cuidado, y que ya está en franca mejoría.

Considero de mucho interés el libro que está usted escribiendo, que seguro será uno de los más brillantes exponentes de esta hora en que se desborda la fuerza contra el derecho de los pueblos.

Es satisfactorio ver que en estos momentos difíciles que vive España, abandonada por países que debieran sentirse afectados por la tragedia que allí se desarrolla, sigue usted, con más bríos aportando sus mejores energías por servirle en estos instantes de prueba.

Veremos si también con España se consuma el crímen de frenar la libertad del pueblo.

Yo espero que en su viaje a América, tendremos el gusto de verlo entre nosotros.

En julio próximo volveré a la sierra de Oaxaca para asistir a la inauguración del internado indígena que acordamos para Guelatao en la visita que hicimos con usted. Siento no esté aquí para volver a aquellos lugares en que dio usted pruebas de buen soldado para la infantería y mejor para la equitación.

México sigue marchando al ritmo que usted conoció, con la firme esperanza de lograr su elevación moral y económica.

Lo abraza su amigo.

Lázaro Cárdenas

Los Pinos, D. F., 9 de abril de 1938

Señor Waldo Frank, 1 Elm Row, Hampstead, Londres, N. W. 3, Inglaterra.

Mi estimado amigo: Recibí su carta del 20 de marzo, en la que veo la satisfacción que le ha causado el paso dado por el gobierno de México, ante la actitud rebelde de las compañías petroleras negándose a obedecer una sentencia del más alto tribunal de la nación: la Suprema Corte de Justicia.

Toda la nación ha respondido como una sola voluntad, respaldando al gobierno y enviando su contribución económica para cubrir los compromisos de la indemnización.

Los intereses afectados no han cejado en su política de intrigas en contra de nuestro país. Han gestionado ante sus respectivos gobiernos y representaciones diplomáticas; han hablado de posibles revoluciones en México; las están deseando; pero por hoy la única revolución que pudiera haber, es la que haría el pueblo si se intentara que la nacionalización del petróleo quedara sin efecto.

Soy optimista del momento actual, y pienso que podremos consolidar en favor de la nación los intereses del subsuelo.

Escribí a usted la mañana del día en que se decretó la expropiación o sea el 18 de marzo ¿llegó a su poder?

Espero que mi carta lo encuentre bien, y que muy pronto esté usted de nuevo por este continente.

Lo abraza su amigo y hermano.

Lázaro Cárdenas

México, D. F., 15 de octubre de 1938

Señor Waldo Frank, 1 Elm Row, Hampstead, Londres, N. W. 3, Inglaterra.

Estimado y gran amigo: Le envío mi carta a esa ciudad y un duplicado a Nueva York, esperando se las manden a donde se encuentre, ya que ignoro si ha logrado usted hacer su viaje a España y regresar a América como me anunció en su carta del 21 de abril.

Veo que logró usted dar fin a su libro y lo felicito por ello. Deseo que haya también logrado hacer su viaje a España, ya que su presencia allí alentará a los defensores de la democracia, en la que nosotros estamos tan interesados, ya que su triunfo significará para Europa misma y para los pueblos de América, una barrera a la expansión del fascismo internacional.

Como usted lo previó, la campaña contra México desarrollada por el capital imperialista, ha sido fuerte y tenaz, y aunque logró deprimir un tanto nuestra economía, interrumpiendo parte del programa de obras públicas, el país ha podido soportar la acometida y empieza ya a recuperarse. Tengo la firme creencia de que el triunfo de México en el caso del petróleo será definitivo.

Después de las notas de Inglaterra, vinieron las de Estados Unidos, con el caso agrario, y hemos tenido que decidir un sacrificio económico por las propiedades afectadas a norteamericanos, que empezará a cubrirse el año próximo.

La distribución de las tierras sigue desarrollándose con la misma intensidad que usted observó, sobre propiedades de nacionales y de extranjeros, y espero que al finalizar mi período de gobierno en 1940, habremos logrado resolver, en su mayor parte, el problema agrario de México.

Con mis votos por su bienestar, lo abraza su amigo y hermano.

Lázaro Cárdenas

Nueva York, 29 de octubre de 1938

General Lázaro Cárdenas, México, D. F.

Muy estimado y gran amigo: Es en mi poder su carta del 15 de octubre. Como usted ve he regresado a mi país. El año que pasé en Europa fue un año de tristezas y de amarguras, aunque también un año de profundos conocimientos para mí. Nunca, nunca perdí la fe en el hombre. Estuve en España y allí vi que el hombre aún tiene el sentimiento de la verdad, de la hermosa verdad. El pueblo español ha ganado una gran victoria; ellos solos han peleado en Europa y han podido salir del cerco de fuego. Hay una nueva y gran España en el mundo. Tal nos parece a nosotros y dudo que las terribles fuerzas de Alemania, Italia y, sobre todo, Inglaterra —¡ah, sí, yo siempre he sabido que el principal enemigo es Inglaterra!— puedan prevalecer en contra de España, en contra del hombre.

Querido presidente Cárdenas, no ha pasado un solo día sin que usted y sus luchas se presenten en mi mente. He seguido todos los acontecimientos: la magnífica estrategia de la que se valió usted para derrotar al cedillismo, la calma que ha demostrado y la forma en que ha obrado contra la tormentosa oposición capitalista: ambas actitudes han sido profundamente inteligentes. Es claro que nuestro gobierno se inclina por el país de usted a "este respecto", puesto que esa inclinación favorece a nuestra propia democracia. Hace años que dije que la actitud de los americanos de los Estados Unidos hacia México, es el símbolo de la que tienen hacia nuestro propio país. Aquí nosotros tenemos los mismos enemigos y los que luchamos por la justicia y la verdad somos minoría y nos encontramos en campo muy expuesto. Pero desde aquellos días, bajo su gran dirección, México ha llegado a ser un cuerpo organizado que lucha por la justicia. Nosotros en los Estados Unidos, amamos los mismos ideales y estamos más expuestos hoy en día que lo que pueden estar en México.

Como de costumbre, he tenido mucho trabajo (escribí artículos acerca de España, los cuales han sido impresos y publicados en Europa, en Estados Unidos, pero principalmente en Hispanoamérica y creo que han hecho mucho bien a la causa de España). Quizá después del año nuevo me pueda dar una tregua en mi trabajo y entonces espero ir a visitarlo. Seguramente debo ir antes de 1940. Tengo mucho, pero mucho que discutir con usted: acerca del problema del futuro americano, de lo que pudimos aprender de la tragedia de Europa y más adelante de la creación del nuevo mundo que debe ser las Américas. La dirección de este movimiento, en la actualidad, está firmemente establecida en México.

En España me pidieron que fuera a la Conferencia de Repúblicas que tendrá lugar en Lima, Perú, para dar a conocer y apoyar la causa del pueblo español. Pero trabajo urgente me lo impide. Además, no siento que mi deber esté en el Congreso. Yo soy artista y pensador; yo trabajo mejor escribiendo con los materiales íntimos de las relaciones personales. Le ruego haga llegar a mí nuevamente sus letras; si hay por allá algo especial en que pueda servirle, estoy a su disposición, ordéneme usted.

Mis calurosos saludos a todos mis amigos de México y a usted, querido Lázaro Cárdenas, como siempre, mi devoción.

Waldo Frank

Nueva York, 24 de enero de 1939

General Cárdenas, México, D. F.

Mi muy querido amigo: Desde que regresé a los Estados Unidos, me enteré con gran pena de la hostil propaganda que se hace contra de México. Las grandes empresas se han unificado para destruir la fe del pueblo americano en usted y en su programa democrático, con quién sabe qué maquiavélicos planes o propósitos para el futuro. No necesito decirle cómo me ha hecho sufrir esta campaña de mentiras. En algunas agrupaciones tales como el Consejo de Relaciones Internacionales, he hecho todo lo posible para contrarrestar tal propaganda. Pero por distintas razones no he podido hacer lo que hubiera querido en favor de México, cuyo destino es preocupación de todos los americanos y los demócratas del mundo. Las razones principales que me han impedido dedicarme totalmente a la defensa de la causa de México son: 1) he tenido que dedicarme a trabajos literarios y ganar lo suficiente para sostener a mi familia, y 2) recientemente no he podido estar al tanto de los sucesos en México, a manera de estar capacitado para refutar públicamente esa propaganda, por ejemplo, los recientes artículos de Frank Kluckhon en el *New York Times*, un periódico, como usted bien sabe, de enorme influencia en todo el mundo.

Por ahora estoy dedicado a terminar una obra literaria que debo concluir pronto. Creo terminarla dentro de un mes, o por lo menos dejarla en tal forma que pueda descansar unas semanas. Con este motivo, me permito hacer a usted la siguiente proposición: usted tuvo la gentileza de invitarme para escribir un libro sobre su país. Por el momento, no puedo ir por falta de tiempo. Pero si usted lo desea, tan pronto como termine aquel trabajo, con mucho gusto haré un rápido viaje a México. Entonces podría platicar con usted y otros funcionarios, con objeto de obtener la mayor información posible para escribir uno o varios artículos y contrarrestar los desastrosos efectos que producen los escritos de Kluckhon, etc., los que tienen por objeto inculcar en la mente del pueblo americano la idea de que el gobierno de México es antisemítico, profascista, etc.

Si usted aprueba mi sugestión, mucho le agradecería me lo hiciera saber a la mayor brevedad con objeto de arreglar el viaje. Con el fin de obtener el mejor espacio posible en periódicos o revistas, me permito sugerirle que los gastos de mi viaje no los pague la empresa editora, sino usted. El propósito que me anima al hacer a usted esta sugestión, es ayudar a su país en una de sus horas más graves. No debemos permitir la repetición de la tragedia española en el continente americano. Por tanto, si usted cree que mi viaje pueda servir quedo en espera de sus instrucciones. Puedo hacerlo a fines de febrero; pero al recibo de sus noticias podré fijarle la fecha exacta de mi salida.

Haciendo votos por su felicidad, mi querido amigo y hermano, quedo de usted cordialmente suyo.

Waldo Frank

México, D. F., 2 de febrero de 1939

Señor Waldo Frank, 132 West 70th St., Nueva York, N. Y.

Estimado y querido amigo: Con satisfacción he visto en su estimable del 24 de enero que sigue usted con todo interés la campaña periodística que han emprendido las grandes empresas en contra de México, y la contrariedad que le causa la intriga que los intereses imperialistas están haciendo para impresionar al pueblo americano.

Considero de mucha importancia la colaboración que nos ofrece usted y que con gusto la acepto, esperando le sea posible, tan luego como sus ocupaciones se lo permitan, visitarnos nuevamente para que debidamente documentado pueda usted escribir sobre la verdad de México.

Hoy se ha girado acuerdo al Departamento de Prensa y Publicidad para que le envíe lo necesario con objeto de que pueda efectuar su viaje.

Esperando tener el gusto de conversar nuevamente con usted, quedo como siempre su atento amigo y hermano.

Lázaro Cárdenas

C. Bernardo Ponce, director de la revista *Voz Nacional*, Bucareli N° 12, Desp. 403, Ciudad.

Por acuerdo del C. Presidente de la República transcribo a usted la nota dirigida con fecha 9 de los corrientes al C. Secretario de Gobernación que se refiere a la inserción hecha en la revista *Newsweek*, en su número 2 del 8 del propio mes de enero, y que se relaciona con el artículo publicado en el número 25 de la revista *Voz Nacional* que usted dirige, para que si lo juzga conveniente, se haga del conocimiento público por medio de su expresada revista:

"Habiéndome enterado de que en el número 2, correspondiente al 8 del mes actual, de la revista *Newsweek*, editada en Nueva York, aparece un artículo expresando que 'funcionarios bancarios de Nueva York manifestaron privadamente que cuando menos dos jefes de naciones extranjeras han hecho recientemente fuertes depósitos en efectivo en este país. ...El otro depósito fue hecho por un agente en nombre del presidente Cárdenas, cuyo período expira este año'. A la información anterior deseo

que por conducto de la misma revista se haga del conocimiento público que es inexacta esta aseveración, por lo que a mí se refiere. Sirvo a mi país con lealtad y con la satisfacción del deber cumplido. Ni depósitos ni inversión alguna tengo dentro del país ni en el extranjero. Mis ingresos se concretan al sueldo señalado al puesto que desempeño. Lázaro Cárdenas."
Reitero a usted las seguridades de mi atenta consideración.
Sufragio Efectivo. No Reelección.
El secretario particular, Lic. Agustín Leñero
Palacio Nacional, 22 de enero de 1940

C. licenciado Genaro V. Vázquez, procurador general de la República, Presente.

Lázaro Cárdenas del Río, general de división del ejército nacional, desempeñando actualmente y desde el 1 de diciembre de mil novecientos treinta y cuatro el cargo de presidente constitucional de los Estados Unidos Mexicanos, tiene el honor de comunicar a usted, en cumplimiento y para los efectos del artículo 4º transitorio en relación con el 110 de la Ley de Responsabilidades de los Funcionarios y Empleados de la Federación, del Distrito y Territorios Federales y de los Altos Funcionarios de los Estados, que las propiedades raíces y otras que posee en la fecha, son las siguientes:

Casa en Pátzcuaro, Mich., denominada "Eréndira", con seis hectáreas.

Granja "Palmira", ubicada en el municipio de Cuernavaca, Mor., con veintiséis hectáreas.

Casa número cincuenta de la calle Wagner, en la colonia Guadalupe Inn, D. F.

Casa número uno de la calle de Emilio Carranza, en Uruapan, Mich., que actualmente usufructúa la Secretaría de la Asistencia Pública.

Fracción del rancho "California", ubicada en el municipio de Apatzingán, Mich., pendiente de escriturarse a la Secretaría de Agricultura y Fomento por cesión que hice para destinarse a estación de fomento agrícola.

Trescientas cabezas de ganado vacuno y cien de caballar en terrenos del señor Luis Fernández, en la región de Apatzingán, Mich.

Al comunicar a usted lo anterior me es grato reiterarle las seguridades de mi atenta y distinguida consideración.
Sufragio Efectivo. No Reelección.
El Presidente de la República, Lázaro Cárdenas
Palacio Nacional, 6 de junio de 1940

Galeana, Apatzingán, Mich., 13 de febrero de 1941

Señor doctor Jesús Díaz Barriga, Popotla núm. 20, México, D. F.

Estimado doctor y fino amigo: Ayer que visité Aguililla, Mich., tuve el gusto de encontrar allí al eminente doctor en ciencias naturales, señor Geo B. Hinton, de nacionalidad inglesa, quien desde hace tiempo se viene dedicando a la colección de plantas, muchas de ellas medicinales, teniendo a la fecha una muy importante cantidad recogida en los estados de México, Guerrero y Michoacán. Hace tiempo se encuentra en Aguililla y piensa permanecer allí más de un año por interesarle mucho la zona comprendida de Arteaga a Coalcomán.

Tiene varias publicaciones en inglés, de las cuales me entregó una parte que el señor licenciado Coronel —que me acompañó a Aguililla— va a traducir para después hacer una impresión en castellano y difundirla en el país. Ha estado enviando a la Secretaría de Agricultura y a la Universidad Nacional un tanto de sus estudios, que de aprovecharse serán de mucha utilidad para la nación.

Le he anunciado que usted iría a verlo, y gustoso me ha manifestado que suspenderá su viaje que ya iba a efectuar a la costa de Michoacán para esperarlo y darle toda clase de datos. Tiene una colección muy variada de "copalche" o "quina silvestre", en la que tanto se ha interesado usted.

Es por todo ello que me permito sugerirle la conveniencia de que haga usted lo posible por hacer un viaje a Aguililla antes de diez días, permaneciendo allí dos o tres días, seguro de que el expresado doctor Hinton dará a usted datos muy importantes, y creo que hasta una colección de plantas si se la solicita usted. Invite al señor diputado Ramón Medina para que lo acompañe; en la inteligencia de que pueden efectuar el viaje en automóvil hasta Aguililla, estimándole que de hacerlo, anuncie al doctor Hinton su visita a fin de que con su aviso pueda aplazar el viaje que tenía preparado a la costa.

Lo saludo con todo afecto.

Lázaro Cárdenas

México, D. F., 23 de octubre de 1947

Señor Josephus Daniels, Raleigh, North Carolina, EU.

Estimado y fino amigo: Nuestros comunes y apreciados amigos, los Townsend, tuvieron la gentileza de poner en mis manos un ejemplar del libro de usted *Sleeve diplomat*.

Al serme traducido, encontré que además del interés que tiene por anotar cuidadosamente los acontecimientos y observaciones que sobre ellos usted hiciera durante su gestión como embajador de los Estados Unidos en México, constituye, de por sí, un verídico documento que prueba que la política de la buena vecindad de aquel gran estadista y amigo de México que fuera el presidente Franklin D. Roosevelt, no fue una mera fórmula política, sino por el contrario, se realizó plenamente asentando una amistad entre los pueblos del continente americano que ahora, gracias a tan humana y elevada norma, marchan por un cauce de cooperación y fraternidad.

Creo, excelente amigo mío, que esa parte de las memorias de su vida, plasmada en las páginas de su libro, sería suficiente para señalar a usted como un verdadero demócrata amigo de todos los pueblos de la tierra.

Le agradezco los conceptos amistosos y el afán de comprensión que demuestra en sus páginas para con los actos de mi gobierno, que encontró siempre en usted al enviado leal del gobierno de los Estados Unidos, al fiel intérprete de los buenos propósitos de la política exterior del presidente Roosevelt y, sobre todo, al amigo deseoso de borrar diferencias e incomprensiones entre el pueblo norteamericano y el mexicano y de fincar entre ambos ligas de afecto definitivas.

Al hacer llegar a usted mis congratulaciones por su libro, le transmito también las de mi esposa, y junto con sus saludos, los míos.

Su siempre servidor y amigo.

Lázaro Cárdenas

Villa Obregón, D. F., 22 de enero de 1948

Señor Josephus Daniels Jr., *The News and Observer*, Raleigh, North Carolina, EU.

Estimado y fino amigo: El motivo de estas líneas, que hoy dirijo a usted, es reiterarle la pena que mi esposa Amalia y yo sentimos al conocer que nuestro digno y gran amigo, Josephus Daniels, había emprendido su último viaje. Le rogamos hacer extensivos los términos de nuestra condolencia a todos sus hijos y familiares.

El afecto —hondo y sincero— que su bondad, su talento y sus altas virtudes despertaron y desarrollaron en nosotros, hacen que al igual que sus hijos, sus familiares y sus amigos más antiguos y cercanos, nuestro corazón le guarde luto.

A sus hijos les ha legado la herencia más valiosa: su nombre, coronado del prestigio que la rectitud de su vida le fue labrando, porque hombres como él honran a su país y sirven de ejemplo a sus conciudadanos. Al irse mi valioso amigo Josephus Daniels, no solamente su patria pierde a alguien útil, también los demás pueblos, puesto que sus ideales hicieron de él un ciudadano ejemplar del mundo.

Porque ejemplificó en su persona el sentido de moral y de equidad y cuando con honor representó a su gobierno y a su pueblo ante otro, lo hizo con la misma sencilla y amable dignidad con que se trata a un vecino, sin alardes de poderío, ni artificialidades de protocolo. Esto conquistó un amigo para los Estados Unidos y para él, en cada uno de aquellos que tuvimos la fortuna de tratarlo, e hizo también amigos a los que sin tratarlo conocieron de su ejemplar actitud y de su obra.

Cuando su cuerpo bajó a reposar a su última morada, al dolor de ustedes se unió otro lejano: el de sus amigos de México.

Recuerden, usted y sus demás hijos, que tendrán en ésta su casa, amigos con el mismo afecto que nos ligó con sus padres.

Su servidor y amigo.

Lázaro Cárdenas

México, D. F., 7 de junio de 1949

Señor Maurilio Magallón, Apartado núm. 863, Tijuana, B. C.

Estimado y distinguido amigo: Después de un paréntesis de varios años hoy he tenido el gusto de recibir tu carta del 7 de mayo último, en la que te sirves platicarme las condiciones en que va desarrollándose el Territorio y los factores que están interviniendo para realizar su incremento.

Espero se resuelva satisfactoriamente el caso que se les presenta a los colonos de que me hablas. Cuentan con el señor doctor Gamboa, secretario de Salubridad y Asistencia, que me dices forma parte del grupo de colonizadores, quien seguramente platicará con el señor Presidente y se harán efectivas las facilidades que el gobierno de la República ha señalado para poblar más nuestra importante península.

Me complace lo que has logrado en tu granja, y que en realidad has hecho tras un trabajo tesonero digno de imitación. Cuando tenga oportunidad de platicar con el señor Presidente, seguramente que él recordará la impresión que recogió al visitar tus plantíos.

En varias regiones de Michoacán se han venido plantando olivos, aunque en pequeña escala; así, en la zona de Pátzcuaro y Tacámbaro hay plantados más de seis mil árboles; por Zitácuaro, unos ocho mil; por Maravatío, diez mil; por Jiquilpan unos cinco mil, todos ya en vísperas de producir.

En los olivos que cultiva mi hermano José en Jiquilpan, el año pasado cosechó cien kilos a un olivo traído de Tijuana plantado de dos años en 1943, con esto se ha despertado mayor interés entre los vecinos para hacer plantíos, y es seguro que en Michoacán tendremos con el tiempo una importante producción de aceite de olivo.

Cuando nos des el gusto de visitar tu estado natal, te agradará ver estos plantíos que se iniciaron con árboles traídos de Ensenada y Tijuana.

Te encargo informarme qué clase de prensa estás empleando para extraer el aceite de olivo, y sírvete a la vez enviar un catálogo que contenga prensas del tipo de la que nos mostró nuestro amigo Vicente Ferreira en El Sauzal, propiedad del general Abelardo Rodríguez.

Amalia me recomienda te salude, así como a tu familia; de mi parte, un fuerte y afectuoso abrazo.

Tu siempre atento amigo y servidor.

Lázaro Cárdenas

México, D. F., 10 de julio de 1951

Señor ingeniero Narciso Bassols Batalla, Antonio Maceo, 11, Tacubaya, D. F.

Estimado amigo: Me dispensará que hasta hoy me refiera a su carta del 29 de abril en la que se sirvió hablarme de la decisión de usted y del señor licenciado Alonso Aguilar Monteverde, de iniciar, a partir del 1 del actual, la publicación de una revista trimestral que se ocupe de los problemas políticos, económicos y culturales, tanto nacionales como internacionales.

Hoy he recibido por conducto del señor profesor Roberto Reyes Pérez un ejemplar de su primer número que leeré con el interés que me merece, por venir de ustedes que son representativos de las nuevas generaciones revolucionarias de México.

Me permito felicitarlos por este esfuerzo, que mucho servirá a nuestro país.

Como una aportación para su revista me he señalado doscientos cincuenta pesos para cada número, y, al efecto, acompaño a usted lo correspondiente al primero y segundo números.

Aprovecho esta ocasión para saludarlos y quedar de ustedes atento amigo y servidor.

Lázaro Cárdenas

Uruapan, Mich., 18 de agosto de 1951

Excelentísimo señor general Juan Domingo Perón, Presidente de la República, Buenos Aires, Argentina.

Estimado señor Presidente y fino amigo: El señor coronel Humberto Mariles me entregó su muy atenta carta fechada el 10 de mayo ppdo., así como el magnífico caballo que ha tenido usted a bien obsequiarme y que conservaré con gusto.

Mucho estimo sus sentimientos de amistad y sus altos conceptos sobre la obra social que se desarrolló en México durante el período presidencial que tuve el honor de presidir. Argentina tiene problemas parecidos a los de México, y ha tocado al gobierno que usted representa afrontarlos con decisión para el bienestar y progreso de su país. Deseo tenga usted la satisfacción de que se resuelvan integralmente.

Aprovecho esta oportunidad para significarle las seguridades de mi personal afecto.

De usted, atento amigo y servidor.

Lázaro Cárdenas

México, D. F., 18 de septiembre de 1951

A Waldo Frank, Truro, Massachusetts, EU.

Mi querido y gran amigo: Tuve el agrado de recibir tu carta del 21 de mayo último que me fue enviada a Jiquilpan y que recogí en los primeros días de este mes, razón por la que hasta hoy te contesto.

Celebro que tu viaje, en unión de tu esposa y de tu hijito, se haya realizado sin mayores molestias y que te hayan quedado deseos de volver a México cuando las circunstancias te lo permitan.

Fue muy grata para mí tu visita y, sobre todo, volver a encontrarte con tu misma actitud rectilínea. Los años y el trabajo no han variado tu camino. Hoy, con mayor sensibilidad y conocimiento de la vida, sigues poniendo tu espíritu y tu esfuerzo al servicio de la humanidad, de la humanidad que lucha por algo más noble que lo material. Tu intenso trabajo creador y tu constante preocupación por los problemas morales y sociales que agitan al mundo, te habrán ocasionado desvelos, pero indudablemente que también te habrán traído satisfacciones profundas, que forman parte de tu más valioso "auditorio", sea cual fuere el plan en que te encuentres.

Considero que tu nueva obra *Bolívar* que me anuncias, será un éxito. Bolívar es todo un ejemplo para el mundo; en sus ideas podrían inspirarse los responsables de esta hora, si, como él, tuvieran la alteza de miras de luchar por la "construcción de un nuevo mundo de hombres libres".

No he vuelto a ver a nuestro amigo Rómulo Gallegos; por la

prensa me enteré que viaja actualmente por ese país. Estaré pendiente de su regreso para saludarlo.

Atendiendo a tu pregunta, prefiero tus cartas en español, ya que dominas bien este idioma, y envíamelas a esta ciudad.

Te ruego hacer patente a tu esposa, de parte de Amalia y mía, nuestros saludos muy afectuosos.

Pendiente de tus noticias quedo como siempre y con todo afecto, tu amigo que te quiere.

Lázaro Cárdenas

México, D. F., 24 de marzo de 1952

Señor Eduardo Villaseñor, Edificio Guardiola – 507, México, D. F.

Estimado y fino amigo: Tuve el gusto de recibir la felicitación contenida en tu atenta del 28 de este mes en ocasión del XIV aniversario de la reivindicación petrolera, que mucho te agradezco.

Tuve también el agrado de recibir la copia del informe que te serviste rendir en diciembre de 1938 sobre la misión que te fue encomendada ante los gobiernos de España y Francia buscando mercado a nuestro petróleo; misión que nos dio oportunidad de conocer la actitud de muchos mexicanos, haciéndose digna de mención la conducta del señor licenciado León de la Barra, ex presidente de México, que con alto espíritu patrio te ofreció su colaboración ante el gobierno de Francia.

Tu informe es un documento muy importante que nos servirá para cuando haya de publicarse una recopilación de documentos relacionados con la expropiación del petróleo y su desarrollo industrial.

Pendiente de saludarte personalmente a mi regreso de Michoacán para donde salgo mañana, quedo tu siempre atento amigo y servidor.

Lázaro Cárdenas

México, D. F., 10 de mayo de 1953

Señor Waldo Frank, Truro, Mass.

Mi estimado y gran amigo: Hace tiempo no recibía noticias tuyas, y fue tu carta del 16 de enero la que me hizo saber de tu enfermedad y de tu pena al ver enferma también a tu señora. Afortunadamente te has recuperado ya, y deseo que tu señora recobre completamente su salud.

Muchos son los problemas que has tenido sobre ti y más ahora.

con las restricciones establecidas por el gobierno, limitando el derecho de hablar y de escribir.

La falta de libertad sólo se explica dentro de un régimen servido por enemigos de los derechos ciudadanos. Esto es un grave mal para esa nación que ha pugnado siempre por desarrollarse dentro de normas democráticas, pero como tú mismo señalas: "los pueblos como los individuos sólo aprenden a través de sus experiencias amargas". Ojalá que tal experiencia en tu país no se prolongue por largo tiempo.

Me congratulo de la preparación de tu nueva obra, que contendrá lineamientos y orientaciones nacidas del estudio y del conocimiento que tienes de los problemas mundiales y, esencialmente, de nuestra América. Esta obra será un ideario importante que deseo puedas concluir pronto.

Entiendo que recibirías mi mensaje del 20 de marzo que te confirmo en esta carta, en el sentido de que he aceptado con gusto el cargo de presidente honorario del Comité de Ayuda a los españoles republicanos refugiados en Francia.

Se está organizando un grupo de personas que ayuden a los enfermos asilados por la Cruz Roja en Francia, y seguramente se pondrán en comunicación con el Comité.

Espero recibir nuevas noticias tuyas. Si algo se te ofrece, con gusto estoy a tus órdenes.

Quedo, con todo afecto, tu amigo y hermano.

Lázaro Cárdenas

México, D. F., 23 de mayo de 1953

Señor don Rodrigo de Llano, director general de *Últimas Noticias*, Presente.

Estimado amigo: En el número de ayer de *Últimas Noticias* —diario de mediodía— se publica: "Ya ni su autor cree en la educación socialista", y a continuación informa que mi hijo Cuauhtémoc Cárdenas Solórzano salió a los Estados Unidos "a continuar sus estudios".

Me permito hacer la aclaración que el viaje que hizo ayer al país vecino fue por asuntos diferentes. Sus estudios de ingeniero civil los inició y los sigue en la escuela dependiente de la Universidad Nacional Autónoma de México.

En cuanto a los fundamentos del artículo 3º que entró en vigor durante el gobierno que presidí, que cita la publicación de referencia, los sigo considerando morales y convenientes a la niñez mexicana.

Ruego a usted atentamente dar cabida a esta nota en el propio diario.

Reconocido por su deferencia quedo de usted, atento amigo y servidor.

Lázaro Cárdenas

Uruapan, Mich., 9 de marzo de 1955

A los trabajadores petroleros de la sección 26 del STPRM,
Las Choapas, Ver.

Estimados amigos: He tenido el agrado de recibir a la comisión presidida por los CC. Aurelio Arango Aquino y Raymundo Campos Araujo, que me han traído la invitación de ustedes para acompañarlos el día 18 del actual, XVII aniversario de la expropiación petrolera, fecha en que harán la inauguración de un monumento alusivo a la expropiación.

Les he pedido transmitir a ustedes me dispensen no esté presente en esta vez, ofreciéndoles visitarlos en próxima ocasión.

La distinción con que han tenido a bien honrarme corresponde a toda la nación y particularmente a la clase trabajadora de México, a los obreros petroleros que en momentos difíciles para el país supieron estar a la altura de su deber en defensa de los intereses de la patria.

Espero fundadamente que los trabajadores petroleros del Sindicato Nacional seguirán poniendo todo su patriotismo para conservar íntegramente esta conquista que la Revolución Mexicana logró con el sacrificio de sus hijos, y que no omitirán esfuerzos para garantizar el progreso y la consolidación de la industria petrolera en manos de los mexicanos.

De ustedes, su siempre atento amigo.

Lázaro Cárdenas

México, D. F., 17 de noviembre de 1955

Señoras Rafaela G. de Castro Leal y Olvido T. de Salazar Mallén,
Ciudad.

Distinguidas señoras y amigas: Correspondo a su amable invitación para unirme al homenaje que se tributa a uno de los más grandes pintores de nuestro tiempo: Diego Rivera.

Rivera es un indigenista orgulloso de nuestra cepa autóctona; su personalidad artística está impregnada de una gran sensibilidad innovadora que se prodiga en expresiones de progreso y fraternidad humana. Es un abanderado que con su pincel combatiente acompaña a las huestes de la Independencia y de la Reforma, reclamando la libertad de los esclavos, la libre expresión del pensamiento y la reivindicación del patrimonio nacional. En las paredes de los palacios de Cortés y de los virreyes, estampa los adelantos de nuestra cultura aborigen y anatematiza las crueldades de la Conquista, de la Inquisición y de las invasiones extranjeras.

En sus murales es como un campesino que reclama su tierra; como un líder en las gestas del 1º de Mayo; pero es también un maestro que imparte cátedras en los corredores de los edificios públicos y en dondequiera que su talento se imprime, exige justicia para el esfuerzo humano productivo, condenando a las minorías explotadoras y estériles. En el anfiteatro de la preparatoria, en Chapingo y en el Palacio de Bellas Artes, interpreta la creación del hombre brotando de la energía primaria, modelándose en la evolución biológica y social, y culmina augurando la victoria final de la ciencia y de la técnica en la cosecha pacifista de la futura edad atómica.

Por esta valiosa contribución que para México y el mundo representa la obra pictórica de nuestro compatriota, uno mi adhesión al legítimo homenaje que sus amigos le tributamos.

Lázaro Cárdenas

México, D. F., 20 de marzo de 1959

Al señor licenciado Adolfo López Mateos, Presidente Constitucional de la República,
México.

Estimado y fino amigo: En el mes de octubre ppdo. en vísperas de iniciar mi viaje al extranjero, el señor arquitecto Alberto Leduc me hizo saber la gentileza de usted al poner a mi disposición la cantidad de treinta mil dólares para gastos de mi recorrido. Desde luego agradecí su gesto de amistad y le pedí al propio arquitecto Leduc conservarla en su poder y que en caso de tener que utilizarla lo haría. No fue necesario en virtud de las atenciones dispensadas en la mayor parte de los países visitados y por ello me permito dejar en manos del arquitecto Leduc la citada cantidad para que la entregue a usted.

En febrero que tuve la ocasión de saludar a usted me proponía hablarle sobre el particular, pero no hubo tiempo para hacerlo y hoy cumplo con esta obligación, estimándole considerar que le quedo altamente reconocido por tan sincera manifestación de amistad.

Le deseo todo bien y me reitero su atto. amigo.

Lázaro Cárdenas

México, D. F., 26 de febrero de 1960

Señor Diego Córdoba, ex embajador de Venezuela en México,
Ciudad.

Distinguido y fino amigo: Contesto su muy atenta de 19 del presente. Con gusto me adhiero a la postulación del gran escritor don Rómulo Gallegos para el Premio Nobel de Literatura, no sólo por el alto espíritu expresado en sus magníficas novelas, sino también porque en ellas se señalan fielmente las nobles palpitaciones de la conciencia latinoamericana, tan fecundas como sus tierras vírgenes, las riquezas de sus entrañas, los caudales de sus ríos y las ansias de libertad y de justicia de sus pueblos.

He tenido la agradable satisfacción de convivir con don Rómulo en las horas aflictivas de su destierro por la dictadura castrense que usurpó su investidura democrática, y lo he visto escribir, con su vida ejemplar, su mejor obra de Maestro de la dignidad republicana, de la lealtad al pensamiento liberal, de serena angustia ante el drama íntimo y de sembrador de amistad entre los semejantes, que es grata hermandad humana.

Su pluma jamás se cotizó en las subastas publicitarias, y ni el halago de los falsos honores universitarios le llevó a aceptar parentescos espirituales con los opresores de su patria.

Cuando nos honró en su reciente peregrinar con su ilustre compañía, contagió con su fe en el rescate de la voluntad ciudadana de la opresión del coloniaje pretoriano. Su firme voz acusadora de las oligarquías criolla y extranjera, que detentaban la soberanía de su nación, mantenía la unidad por la defensa de las democracias.

Permaneció en la brega sin añoranzas del poder personal. No buscó fortuna material, porque disfrutó de los tesoros de los humildes. Con ellos, siguió empuñando la bandera de las instituciones libertarias del continente, sin distingos de color, ni de credos, porque su amor a la humanidad emancipada es la expresión del espíritu fraternal de América y de los derechos de independencia de todos los pueblos del mundo.

El Premio Nobel para don Rómulo, no sólo significaría un legítimo homenaje al eminente hombre y a su tierra insigne, sino también al "Continente de la Esperanza" que en las renombradas obras del pensador habla con alta y propia voz.

En esta etapa de crisis entre las fuerzas de la técnica codiciosa y destructora, contra los excelsos valores de la existencia, dicho galardón a tan distinguido venezolano, sería promesa de la victoria de la humanidad pacífica, justiciera y creadora.

Estimado amigo don Diego: esta personal y entusiasta adhesión a la iniciativa de su amable carta, me brinda la oportunidad de enviarle un apretado abrazo y mis respetuosos saludos a su distinguida familia.

Lázaro Cárdenas

México, D. F., 3 de septiembre de 1960

Señor diputado y licenciado Silvestre García Suazo, H. Congreso de la Unión, Ciudad.

Señor diputado y fino amigo: Hago referencia a su muy atenta carta del día 25 del actual, en la que se sirve participarme que a iniciativa de usted un grupo de representantes propuso ante la comisión correspondiente del Senado, se me otorgue la presea "Belisario Domínguez".

Agradezco a usted su consideración para que se me distinga con tan honrosa condecoración, que fue solicitada también por un grupo de periodistas colaboradores de la revista *Mire*, habiéndome dirigido ya a la H. comisión del Senado de la República, manifestándole que la consideración de ustedes y de los periodistas la declino en favor del eminente ciudadano licenciado Isidro Fabela, que con anterioridad ha sido propuesto para esta condecoración y quien por sus indiscutibles méritos personales y servicios prestados al país, es acreedor a tan alta distinción.

Además considero que para esta condecoración debe preferirse a ciudadanos que no han tenido el reconocimiento público a sus merecimientos. Nos agradaría ver, en otra ocasión, condecorado con esta presea a un modesto maestro, a un oficial del ejército o a un ciudadano particular que se haya distinguido por sus servicios a México y que afortunadamente son numerosos los que existen en nuestro país.

Estimo a usted y a los representantes que firmaron la solicitud su deferencia y me reitero su atento amigo.

Lázaro Cárdenas

México, D. F., 17 de abril de 1962

Señor profesor Jesús Silva Herzog, director de *Cuadernos Americanos*, Ciudad.

Distinguido y fino amigo: Mucho le agradezco el envío de los dos tomos de *Cuadernos Americanos* que en ocasión del vigésimo aniversario de la revista se dedican al "Panorama de la América Latina 1961", los que he visto con interés, ya que contienen importantes puntos de vista sobre las condiciones políticas, económicas, sociales y culturales de nuestros países hermanos, contribuyendo así al conocimiento de la historia contemporánea del continente indolatino.

He leído ya algunas de las colaboraciones y, entre ellas, la que resume los "Veinte Años al Servicio del Mundo Nuevo" bajo su prestigiada firma.

Indudablemente, *Cuadernos Americanos* ha cumplido una tarea de gran trascendencia al divulgar el pensamiento de eminentes escritores de habla castellana que han tenido la virtud de relacionar los temas culturales con la realidad sociológica de nuestros pueblos, dando a la publicación que usted tan acertadamente dirige, un contenido eminentemente humanista. Ello está claramente expresado en su aseveración en el sentido de que "la ciencia y el arte deben estar al servicio del hombre y que el ideal de la civilización estriba en la armonía del hombre con la naturaleza y todos los hombres entre sí".

Lo felicito muy sinceramente, tanto por la aparición de los dos tomos de "Panorama de la América Latina 1961", así como por el esfuerzo que representan veinte años de trabajo de un selecto grupo de intelectuales de América y España —algunos ya desaparecidos— dejando todos ellos lo mejor de su pensamiento y de sus hondas inquietudes en páginas que reflejan nuestros empeños de superación espiritual y material, y también el drama de nuestras carencias, que frecuentemente surgen o se acentúan debido a sujeciones extranjeras. También en aquéllas se percibe una vigorosa voluntad de integración cultural e independencia nacional, de parte de los escritores más sensibles al despertar de la conciencia latinoamericanista.

Reiterándole la estimación de todos los de ésta su casa para usted y su familia, quedo su atento amigo.

Lázaro Cárdenas

México, D. F., 21 de noviembre de 1962

Al honorable R. P. Dominique Pire, Asociación "Le Cœur Ouvert sur Le Monde", 35, Rue Du Marché, Huy, Belgique.

Excelentísimo señor Pire: Me complace dirigir a usted la presente con motivo de la iniciativa que distinguidas personas han tenido para promover que se otorgue el Premio Nobel de la Paz al eminente filósofo inglés, señor Bertrand Russell.

Con toda seguridad Su Excelencia, tan merecidamente laureado con aquel premio hace cuatro años, conocerá los esfuerzos realizados en el sentido antedicho. Pero, según me informa el señor Ralph Schoeman de la Gran Bretaña, los mismos resultaron tardíos para 1962, y recientemente la Comisión Nobel de la Asamblea Nacional de Noruega resolvió declarar desierto el Premio Nobel de la Paz para este año.

Ésta tiene el objeto de solicitar a Su Excelencia que en razón de los notables méritos del señor Bertrand Russell, derivados de su importante obra humanista y su persistente acción en favor de la paz mundial, interponga usted, si no encuentra inconveniente, sus buenos oficios para que le sea otorgado el Premio Nobel de la Paz en 1963. Su larga e incansable lucha por la paz mundial bastaría para hacerlo acreedor de la responsabilidad de recibir el Premio Nobel de la Paz, como usted certeramente ha calificado ese honor. Hoy se justifica aún más, después de las valiosas gestiones del pensador inglés ante la reciente crisis mundial que, con motivo de la situación cubana, puso a la humanidad al borde de una guerra nuclear.

Aprovecho esta oportunidad, honorable señor Pire, para saludarlo cordialmente.

Lázaro Cárdenas

México, D. F., 21 de noviembre de 1962

Señor doctor Gunnar Jahn, director del Instituto Nobel,
Oslo, Noruega.

Distinguido señor Jahn: Hace varias semanas se publicó en la prensa la noticia de que el Premio Nobel de la Paz no sería otorgado a persona alguna este año. Independientemente de las razones que hayan motivado esa decisión de parte de los miembros de la H. Comisión Nobel de la Asamblea Nacional de Noruega, es evidente que el mantenimiento de la paz mundial se hace más necesario y apremiante en la hora presente y que, sin ella, todo esfuerzo de superación humana podría frustrarse y aun verse aniquilado en razón de la potencialidad de las armas nucleares que se emplearían, con toda probabilidad, en una nueva conflagración internacional. Frente a esta amenaza surge la esperanza, renovada y acrecida diariamente, por las incontenibles manifestaciones en favor de la paz de todos los pueblos del mundo.

Estas demostraciones cobran mayores perspectivas para asegurar la paz, cuando entre sus partidarios se cuenta con personas de alta distinción y mérito, que dedican gran parte de su acción y de su pensamiento a defender el derecho natural del hombre a la vida. Una de ellas, quizá la que más se haya distinguido en los tiempos modernos por sus esfuerzos personales en favor de la paz, es el pensador y humanista Bertrand Russell.

Es innecesario insistir en sus grandes méritos intelectuales, en los valores de su obra escrita, en sus persistentes llamados a la concordia universal durante los últimos cincuenta años. Todo ello es bien conocido por esa H. Institución, así como la extraordinaria utilidad de las intervenciones recientes de Bertrand Russell cerca de los gobernantes de las dos grandes potencias nucleares en momentos críticos para la humanidad, así como de los estadistas cuyos países se ven envueltos en conflictos que podrían extenderse peligrosamente; gestiones de resultados positivos para la pacificación del ambiente internacional.

Consideramos oportuno también recordar las expresiones del actual secretario interino de las Naciones Unidas, doctor U Thant, que con motivo del noventa aniversario del filósofo inglés manifestó: "A mi entender no hay persona que sienta mayor preocupación por el futuro de la humanidad y dispuesta a arriesgar cualquier cosa por su causa como Bertrand Russell, quien se ha hecho acreedor del más alto reconocimiento de la sociedad humana y de todas sus organizaciones."

Por todo lo anterior, me permito hacer presente ante el H. Instituto Nobel, a nombre de un grupo de ciudadanos mexicanos, nuestro pedimento para que el Premio Nobel de la Paz sea concedido en 1963, al señor Bertrand Russell, lo que sería un estímulo para los partidarios de la paz sin distingos.

Sin otro particular, expreso a usted las seguridades de mi más alta y atenta consideración.

Lázaro Cárdenas

México, D. F., 29 de diciembre de 1962

Señor profesor Jesús Silva Herzog, Av. Coyoacán Nº 1035, Ciudad.

Distinguido amigo: Recibí el ejemplar del libro *Hispanoamérica en lucha por su independencia* que ha tenido la gentileza de enviarme y que, según leí en el prólogo, es el primer volumen de una serie que publicará la editorial de *Cuadernos Americanos* que usted dirige, con la cooperación de la Sociedad Bolivariana de México, sobre el pensamiento de los próceres de América y de otras personas, utilizando testimonios que difunden aportaciones hechas en favor de la independencia de nuestros países.

Uno de los valores más señalados de este primer volumen es, a mi entender, el haber recogido pronunciamientos y documentos de independentistas y reformadores del pasado, ya que ello contribuye a informar a las nuevas generaciones de las dificultades que aquéllos tuvieron que superar, su decisión para enfrentarse a los problemas de la hora, la búsqueda que hicieron de las formas más adecuadas para lograr, dentro de las condiciones imperantes en cada etapa, sus nobles objetivos y, sobre todo, su esfuerzo para forjar la independencia de nuestros países, tomando en consideración la experiencia de los pueblos de otras latitudes, y a la vez atentos a la idiosincrasia, la historia y las tradiciones de nuestros pueblos.

Le agradezco la reproducción del mensaje que dirigí a la nación mexicana al expropiar los bienes de las compañías petroleras extranjeras, así como la del discurso inaugural de los trabajos de la Conferencia Latinoamericana por la Soberanía Nacional, la Emancipación Económica y la Paz, en marzo del año pasado, como documentos apropiados al espíritu general de la obra.

Felicito a usted y por su conducto a sus colaboradores por la edición de este nuevo volumen, tan útil por la vigencia esencial y las proyecciones que encierra el material escogido.

Lo saludo muy cordialmente y me reitero su atento amigo.

Lázaro Cárdenas

México, D. F., 1 de mayo de 1963

Señor ingeniero Manuel Marcué Pardiñas, director de la revista *Política*, Bucareli N? 59, Ciudad.

Estimado amigo: Felicito a usted y a sus colaboradores en el tercer aniversario de la revista *Política* que está bajo su dirección.

El esfuerzo de sostener con éxito una publicación progresista, ajena a móviles mercantiles, merece encomio y estímulo. Es un ejemplo, como el que ofrecen otras publicaciones independientes de circulación nacional o provincial, digno de ser seguido.

En el examen crítico de los acontecimientos nacionales e internacionales y en la libertad con que se enjuician en sus columnas los fenómenos de distinta índole que se producen en la sociedad contemporánea, reside el interés que despertó la revista desde su aparición.

Los órganos democráticos de opinión, como *Política*, contribuyen a elevar la conciencia cívica de los ciudadanos, sobre todo cuando al debatir doctrinas e interpretar hechos, se hace con el debido respeto a las opiniones ajenas y a sus exponentes. El debate puede siempre realizarse a fondo y con la firmeza necesaria, entendido que la capacidad de persuasión se nutra en la lealtad a los principios revolucionarios, así como en la limpieza con que se manejen en la teoría y en la acción.

La crítica periodística honesta y, a la vez, respetuosa, por dura y vehemente que sea, rinde señalado servicio a los gobiernos de la Revolución. Los ayuda a pulsar opiniones e inquietudes; a descubrir necesidades y justas demandas populares; a corregir rumbos cuando se denuncian violaciones a las leyes que protegen los intereses de la nación y los derechos de sus habitantes; cuando se señalan actos arbitrarios y abusos de autoridad en detrimento de la tranquilidad pública; cuando se asientan injusticias, anomalías y deficiencias en la marcha de la administración. Aun la crítica infundada y las denuncias sin base sirven a las autoridades, organizaciones y personas, para que éstas puedan esclarecer ante la opinión pública la verdad de los hechos y las legítimas intenciones que inspiran su gestión o sus actividades, poniendo así coto a las violaciones de la ética profesional en un capítulo tan importante y delicado como es el periodismo.

Ante un mundo en que prevalecen doctrinas encontradas e intereses en pugna, es útil que *Política* publique documentos y proclamas provenientes de voceros internacionales de distinta ideología. Así sus lectores ahondan en los problemas que confronta la humanidad de que somos parte y se aprecia mejor la universalidad que han cobrado la aspiración a la paz mundial y su sólido sustento: la plena soberanía de las naciones, la independencia económica de los países débiles y el imperio de la justicia social en el mundo —principios básicos de la Revolución Mexicana y en cuya aplicación integral dentro de nuestro ámbito han de regir las peculiaridades nacionales que nos distinguen para llegar a sus más elevados fines.

De usted su atento amigo.

Lázaro Cárdenas

México, D. F., 18 de junio de 1963

Señor José Pagés Llergo, director de la revista *Siempre*, Ciudad.

Estimado y fino amigo: Deseo felicitarte así como a todos los trabajadores intelectuales y manuales de la revista *Siempre*, por el próximo décimo aniversario de su aparición.

En tu amplia y fecunda experiencia de periodista consciente de la importancia que para la vida del país y su progreso significa la existencia de una prensa independiente, reside principalmente, a nuestro juicio, el éxito alcanzado por tu revista.

Cuando los órganos de información y de opinión presentan los hechos con objetividad, examinan con patriotismo los problemas del país y con sereno equilibrio los acontecimientos internacionales y, a la vez, recogen en sus columnas los más diversos criterios para interpretarlos y juzgarlos libremente, aquéllos rinden un servicio invaluable a la colectividad. Vigorizan el espíritu cívico de la ciudadanía ayudándola a discernir lo que beneficia o daña al país, estimulan su orientación política y social en el marco de un sano nacionalismo y, asimismo, promueven la amistad entre los pueblos y la paz entre las naciones.

En este empeño se destaca *Siempre*.

La prensa independiente, ajena a subordinaciones perjudiciales:

y sin plegarse a mezquinos intereses mercantilistas, puede abordar, con la fuerza moral de su integridad, sin fútiles temores ni timideces acomodaticias, los ingentes temas de la actualidad, por delicados y espinosos que sean.

La honrosa responsabilidad que recae sobre las publicaciones independientes es cada día más grande, pues al ahondar libremente en la realidad mexicana y hacerse intérpretes de vastos sectores de la opinión pública, se constituyen en parte integrante de la conciencia nacional. Así, los gobiernos revolucionarios encuentran en ellas el mejor estímulo para su acción constructiva y la más valiosa ayuda cuando propician rectificaciones que dictan el interés público y las necesidades nacionales.

En este décimo aniversario, a *Siempre* le corresponde jugar un papel significativo al cobrar primacía la dilucidación pública de los problemas pendientes y la búsqueda de soluciones adecuadas, aplicables con la premura que las condiciones sociales y económicas lo requieren para el logro de las metas básicas de la Revolución Mexicana: el imperio de la justicia social y el progreso independiente de México.

En ocasión de este aniversario aprovecho la oportunidad de enviarte un cariñoso abrazo.

Lázaro Cárdenas

Knoxville 16, Tenn., 14 de junio de 1963

Señor Lázaro Cárdenas, Pátzcuaro, México.

Querido señor Cárdenas: Mi esposo y yo hemos estado en México varias veces y lo amamos. Hubiera querido escribir en español, pero mi gramática no es correcta y espero ser traducida.

Mi esposo es profesor universitario e investigador y yo maestra de sexto grado. Enseño español y mis vacaciones las paso generalmente en México. Somos amigos de algunos braceros que vienen en el verano cada año y sentimos mucho que nuestra legislatura tenga intenciones de terminar el contrato de braceros.

Visitamos Pátzcuaro en verano y conocimos la propiedad que usted donó a las Naciones Unidas. También conocimos la casa en que usted vive, pero no tuvimos el honor de verlo. Mucho hemos leído sobre usted y en mi libro de español figura un retrato en que usted firma la dotación de una "milpa". Su pueblo lo quiere mucho y es usted su guía.

Nosotros le rogamos, honorable señor, no alentar el odio de su pueblo hacia los Estados Unidos. Nosotros hemos cometido muchos errores, especialmente en el problema racial, pero hay muchas gentes en los Estados Unidos que aman a México y lo ven como a un hermano. Comprendemos que sus problemas son también los nuestros. Su pueblo es amable, generoso y pacífico, pero hay grupos que inician un movimiento de odio contra los Estados Unidos. No niego que algunos de nosotros lo merece, pero la mayoría no y con el odio no se gana nada. Sí, sin embargo, con el amor.

Le rogamos ejerza su influencia, que es tan grande, para ayudar a construir sentimientos amistosos entre nuestros dos países.

Fraternalmente suya.

Adela Luebke *

* Carta traducida del inglés.

México, D. F., 26 de octubre de 1963

Señora Adela Luebke, 1721 Lake Avenie, Knoxville 16, Tenn.

Distinguida y estimada señora Luebke: Muy tarde recibí su atenta carta de fecha 14 de junio, pero ahora la contesto para expresarle mi agradecimiento por sus expresiones de simpatía hacia mi país.

Debo manifestarle, en respuesta a los últimos párrafos de su carta que en ningún momento, ni ayer ni hoy, se ha desatado un movimiento de odio contra los Estados Unidos en el que el suscrito intervenga o haya participado.

Posiblemente informaciones defectuosas o deformadas han hecho a usted concebir esa idea. Deseo decirle, eso sí, que en México existe de tiempo atrás un sentimiento antiimperialista, que se manifiesta en varios organismos nacionales, y que es reflejo de las pasadas acciones hostiles y de las presentes presiones económicas que México ha resistido a través de su historia, presiones que provienen de los reducidos círculos monopolistas y financieros de los Estados Unidos, los que, no sólo en México sino en el resto de América Latina, se dedican a explotar despiadadamente los recursos naturales y humanos de nuestros países.

En cuanto al pueblo norteamericano cuya idiosincrasia y su historia conocemos y apreciamos, sólo tenemos sentimientos y continuas expresiones de respeto y admiración por su acendrado espíritu democrático y por su capacidad de producción de bienes materiales, así como por los adelantos que ha conquistado en el campo de la ciencia, la técnica y la cultura.

Creo interpretar los sentimientos de muchos mexicanos cuando le aseguro que desearíamos ver de parte del pueblo norteamericano una mayor comprensión para nuestros problemas y en cuanto al perjuicio que la acción del imperialismo produce con sus métodos de explotación, entendimiento que ayudaría a crear mayores sentimientos de amistad y simpatía mutua dentro de un espíritu de solidaridad e igualdad.

Esperando que esta explicación aleje su inquietud y sus dudas respecto a nuestra posición de siempre ante el noble pueblo norteamericano, quedo de usted muy atentamente, esperando tener el placer de saludarlos personalmente en otra ocasión que visiten ustedes nuestro país, en donde siempre encontrarán cordialidad y amistad.

Lázaro Cárdenas

México, D. F., 31 de octubre de 1963

Señor doctor Linus Pauling, 3500 Fair Point St., Pasadena, Cal., EU.

Distinguido y estimado amigo: Me complace sobremanera felicitar a usted muy sinceramente por el merecido honor que ha recibido al otorgársele el Premio Nobel de la Paz 1962.

Sus continuos y múltiples esfuerzos por la abolición de los ensayos nucleares y por la prohibición de las armas de destrucción en masa han tenido señalados resultados, sobre todo desde 1957 en que eminentes científicos norteamericanos, alentados por usted, tomaron una posición pública a este respecto, la que hace honor al espíritu de paz y fraternidad universal que distingue al gran pueblo norteamericano.

La valiosa presea, como usted declaró en la prensa, es un triunfo para los científicos del mundo que han levantado su voz en defensa de la salud física y espiritual del género humano que puebla una tierra ya contaminada por los ensayos nucleares, y que luchan por conjurar el peligro de una guerra cuyas consecuencias destructivas son imprevisibles. La modestia con la que ha recibido usted el premio lo enaltece y hace resaltar a nuestros ojos los méritos personales que lo han hecho merecedor de tan alta distinción y nos atreveríamos a decir que también la Institución Nobel se honra grandemente al distinguir a tan alto exponente de la ciencia y de un nuevo humanismo que eventualmente imperará en las relaciones entre los pueblos y entre los individuos.

Sentí mucho, por mi ausencia, no haber tenido la oportunidad de ver a usted a su paso reciente por la ciudad de México, pero he sabido por el doctor Montaño que pronto volverá a nuestro país, en cuya oportunidad espero tener la satisfacción y el honor de saludarlo.

Con mi gran estimación quedo de usted su amigo.

Lázaro Cárdenas

Apatzingán, Mich., 12 de enero de 1964

Señor licenciado José Zuno Hernández, Av. del Bosque N? 126, Guadalajara, Jal.

Distinguido y fino amigo: El día 31 de diciembre pasado que hice un recorrido por el camino que sale de esa ciudad hacia Zacatecas, tuve el agrado de saludar a nuestro común y apreciado amigo el Dr. Atl. Pintaba el paisaje de la hermosa barranca, causándome positivo gusto saludarlo. Lo encontré con su mismo carácter, franco y alegre y con gratas manifestaciones de amistad para ti. Me encargó saludarte.

Te reitero en estas líneas mi agradecimiento por los dos últimos libros que tuviste a bien obsequiarme. Leí ya *La novela del mercado*, escrita con un claro realismo y amenidad. Me congratula patentizarte mis felicitaciones por estas nuevas obras, que agregas a la numerosa colección que has escrito con tu reconocida capacidad intelectual y amplio conocimiento universal. Obras que representan una importante contribución en bien de la cultura y del conocimiento público.

Con mis cordiales saludos para ti y los tuyos, quedo tu siempre amigo.

Lázaro Cárdenas

México, D. F., 20 de enero de 1964

Señor doctor Juan Marinello, La Habana, Cuba.

Distinguido y fino amigo: Con el interés de siempre hemos observado los logros de la Revolución Cubana y la superación de los obstáculos originados por el bloqueo imperialista que, por fortuna, el gobierno cubano está logrando romper. También seguimos atentos a las continuas amenazas y provocaciones que Cuba soporta, todas ellas provenientes del extranjero. Tenemos la firme convicción de que la solidez de la Revolución en el poder y la solidaridad internacional, especialmente la de los países socialistas, harán perder toda eficacia a la agresividad de sus enemigos.

Nos ha llegado la noticia de un hecho que no deja de preocuparnos y, sin el menor ánimo de prejuzgar las causas, debo decirle mi querido amigo que la cesantía de la señorita Teresa Proenza ha sorprendido a los amigos de Cuba. Nuestra amiga goza de la merecida simpatía de los que mantenemos relaciones con la representación diplomática de su país, en la que ha sabido conquistar un amplio aprecio de cuantos la tratan oficial o socialmente, tanto por sus propias dotes como por su conocida militancia revolucionaria de treinta años, siempre al servicio de la Revolución Cubana y de las mejores causas de América Latina y del mundo, habiéndose destacado en México en la lucha por la paz mundial, en la que le tocó colaborar cerca de nuestro muy estimado y mutuo amigo, el señor general Heriberto Jara.

Confiamos en que su situación se aclarará sin mengua del merecido prestigio de que disfruta debido a su lealtad a la Revolución Cubana, sus amplias relaciones en México con los mejores amigos de Cuba y su reconocida labor en el campo del intercambio y el acercamiento cultural.

Por la vieja y profunda amistad que une a usted con la señorita Proenza, es que me permito ponerle estas líneas de amistosa reflexión sobre el caso, ya que se trata de una persona que ha demostrado cariño y comprensión por México, ayudando con ello a estrechar los lazos de amistad entre ambos países.

Sin otro particular y con los saludos afectuosos de Amalia y míos para su señora, quedo como siempre su amigo que lo saluda con gran afecto.

Lázaro Cárdenas

México, D. F., 18 de febrero de 1964

Señor Ricardo Montilla, gobernador del estado Guarico, San Juan de Los Morros, Guarico, Venezuela.

Estimado y fino amigo: He tenido el agrado de recibir su muy atenta del día 26 del mes pasado, en la que me da usted la grata noticia de que nuestro mutuo y gran amigo Rómulo Gallegos se encuentra disfrutando de buena salud; noticia que celebramos sus amigos por la gran estimación que guardamos a tan eminente ciudadano de nuestra América. Si llega usted a tener ocasión, le ruego hacerle patente mis saludos cariñosos.

Muy merecido el homenaje que Venezuela le prepara para el próximo 10 de agosto en que cumple sus 80 años. Esperamos se le tribute también en México y otros países, como ya se le hizo al cumplir sus 70 años.

A la vez, quiero participarle mis congratulaciones por el gran proyecto de la presa "Guri" que me informa usted va a realizar el gobierno de su país, con un almacenamiento, según expresa en su propia carta, de cien mil millones de metros cúbicos, que será una de las obras de mayor volumen que se realizan en distintos continentes del globo.

Mis felicitaciones por esta obra que será de gran importancia para su país y de prestigio para el gobierno que la realice.

Todos los de esta su casa agradecemos sus saludos que le retornamos con afecto.

De usted atento amigo.

Lázaro Cárdenas

México, D. F., 5 de mayo de 1964

Señor Carlos Gómez Barrera, director general de la Sociedad de Autores y Compositores de México, S. C., Ponciano Arriaga Nº 17, Ciudad.

Estimado amigo: Oportunamente recibí su atenta carta de fecha 25 de abril en la que la Sociedad de Autores y Compositores de México, S. C. por su conducto me hace saber del justo homenaje que se prepara para el ilustre compositor Tata Nacho, con la grabación monofónica de 18 de sus mejores páginas musicales en discos para la venta al público, uno de cuyos ejemplares tuvieron la bondad de obsequiarme por lo que les quedo muy agradecido.

Al mismo tiempo, tienen ustedes la amabilidad de pedir, entre otras, mi opinión sobre la obra del famoso compositor la que con gusto remito adjunta por los altos méritos que lo distinguen como músico y por la cordial amistad que de tiempo atrás hemos cultivado.

Felicito a la Sociedad de Autores y Compositores de México, S. C., por la loable iniciativa de rendir homenaje a Tata Nacho en sus setenta años de edad y quedo su atento amigo.

Lázaro Cárdenas

Tata Nacho, con quien conservo grata amistad hace más de treinta años, es a mi juicio uno de los autores de la música vernácula que ha sabido recoger la expresión lírica del pueblo mexicano, esencialmente sensible al arte de la música y por ello capaz de reflejar con maestría sus sentimientos en melodías que surgen anónimamente en todas las regiones del país.

Es la música popular la que ha llenado la temática de Tata Nacho para devolverla al pueblo con las modalidades de su propia inspiración. El notable compositor es creador de estilo inconfundible y fiel intérprete de la sensibilidad musical mexicana.

El mejor homenaje que se puede rendir a Tata Nacho es difundir su música, música del pueblo. El estar integrado, como él, al sentir nacional, lo enaltece como artista distinguido, cuya música ha traspasado las fronteras de México.

Lázaro Cárdenas

Pátzcuaro, Mich., 20 de junio de 1964

Señor José Pagés Llergo, director de la revista *Siempre!*,
Vallarta N° 20, México, D. F.

Estimado y distinguido amigo: Me complace expresarte mis felicitaciones con motivo del décimo primer aniversario de *Siempre!*, semanario que con tanto acierto diriges.

El examen ponderado de los problemas nacionales y la vigilante defensa de la soberanía del país han tenido primacía editorial en tu revista.

En efecto, el desarrollo nacional independiente, el apego a los principios y las normas democráticas que emanan de las instituciones que el país se ha dado, el insoslayable problema de la tierra y su adecuada y justa solución en beneficio de las grandes masas rurales, el respeto a los derechos de los trabajadores manuales e intelectuales, la limpieza para impartir justicia a los más débiles, el honrado manejo de los fondos públicos, así como la atención creciente a la educación, la salud y la seguridad social que el pueblo mexicano requiere y que el Estado impulsa para elevar su nivel de vida, son temas que con frecuencia trata tu revista con legítima preocupación por el progreso nacional y el bienestar social.

También deseo felicitar por tu conducto a todos los trabajadores de *Siempre!*, especialmente a los colaboradores cuyas orientaciones e inquietudes se inspiran en la realidad nacional y en los intereses populares y los que, paralelamente a la voz de la publicación, están atentos y propician la solidaridad que los mexicanos debemos a los países agredidos y amenazados económica y militarmente por el imperialismo, cuyos pueblos persiguen, como el nuestro, su cabal independencia, el progreso social y la paz entre las naciones. Cuba —cuyo caso de soberanía e integridad ha defendido tu revista gallardamente— sigue siendo el problema más agudo en nuestro continente y, hoy mismo, se ciernen sobre ese país serias amenazas de aislamiento que lamentablemente promueven hermanos, en beneficio de intereses ajenos a los de América Latina.

Confío plenamente que proseguirás imprimiendo a tu revista, con la contribución de los que colaboran contigo, el espíritu de independencia y el patriotismo que distinguen tu trabajo periodístico.

Quedo tu amigo que te abraza afectuosamente.

Lázaro Cárdenas

México, D. F., 4 de agosto de 1964

Señor licenciado Manuel Maples Arce, embajador de México, Rue Abd-El Aziz, Beirut, Líbano.

Estimado embajador y amigo: Recibí su libro autobiográfico titulado *A la orilla de este río*, el que he leído con especial interés. La fina sensibilidad con que refleja las primeras experiencias de su vida infantil y de adolescente en el marco familiar y en el ambiente de la provincia tropical mexicana revela lo que le fue más entrañable y valedero en su temprana existencia, bellos pasajes descriptos con la fidelidad que sólo un artista puede lograr.

Es el libro de un poeta, prestigio de nuestras letras contemporáneas, que ha tenido, además, la virtud de servir al país con lealtad e inteligencia en las delicadas funciones del diplomático cuyas convicciones y elevada cultura enaltecen a México en el extranjero.

Ha sido muy grato para mí haber tenido la oportunidad de conocer su último libro, cuyo envío mucho agradezco, y sólo me resta felicitarlo y desearle toda clase de parabienes, quedando su amigo que lo saluda muy cordialmente.

Lázaro Cárdenas

México, D. F., 11 de agosto de 1964

Señor licenciado Silvano Barba González, Ejército Nacional 383, México 17, D. F.

Distinguido y fino amigo: Deseo dar a usted las gracias por el envío del tercer tomo de su importante obra *La lucha por la tierra*, rogándole disculpe la tardanza en acusar recibo del mismo debido a mis continuos viajes al interior.

Me complace felicitarlo sinceramente por su aportación al conocimiento de la lucha agraria en México, empezando en el primer tomo por la acción del caudillo Manuel Lozada en quien, a pesar de sus contactos con conservadores y elementos del imperio de Maximiliano, privó la preocupación fundamental de la reivindicación de la tierra para los campesinos. Me refiero específicamente a Manuel Lozada porque fue, después de la independencia, uno de los precursores del agrarismo y al que el tiempo le hará plena justicia en el capítulo de la lucha por la tierra.

Indudable y acendrado interés también encierran los otros dos tomos que cubren los hechos, amenamente comentados, acaecidos en la Revolución Mexicana alrededor de la cuestión agraria y en los que la ejecutoria del general Emiliano Zapata y de los ideólogos del agrarismo de diversas épocas, como de don Ponciano Arriaga a mediados del siglo pasado, y de don Andrés Molina Enríquez y los licenciados Luis Cabrera y Pastor Rouaix en el presente, se destacan como importantes exponentes de un problema que sigue siendo hoy el más profundo y de resolución más urgente en el país.

El estudio y la difusión de los problemas de la tierra con criterio revolucionario, como lo hace usted en su citada obra, son de máxima utilidad porque legan a las nuevas generaciones una guía para proseguir en la ruta de su solución en beneficio de las grandes mayorías campesinas y del progreso general del país.

Agradezco su dedicatoria sobre la participación que hemos tomado en la aplicación de la Reforma Agraria.

Soy su atento amigo que lo saluda muy cordialmente.

Lázaro Cárdenas

México, D. F., 15 de septiembre de 1964

Señor coronel de caballería DEM, Armando Pérez González, Cdte. 6º Regto. de Cab., San Andrés Tuxtla, Ver.

Estimado y distinguido amigo: Nuestro común amigo el señor Francisco Guerrero me hizo entrega de su atenta carta del 11 de agosto próximo pasado, en la que hace usted patente una vez más su espíritu de cooperación por todo aquello que sea en beneficio del país.

La fracción que perteneció a la ex hacienda de La Orilla, municipio de Melchor Ocampo del Balsas y que cede usted para las obras que se están realizando en la propia zona, como son la presa de La Villita, caminos, campo de aterrizaje y proyecto para la escuela práctica de agricultura, se le agradece a usted a nombre del propio gobierno y de la región que va a ser beneficiada.

Se comunicó al propio señor Guerrero vea en Uruapan la documentación que sea necesario expedir y que se hará en favor del Patrimonio Nacional, en los términos que oportunamente se le propondrán a usted.

La visita de usted a aquella zona que conoció hace más de quince años, le causará satisfacción al ver el desarrollo que el gobierno de la República ha emprendido para el incremento general de la región y del país, satisfacción que seguramente sentirá por haber contribuido usted a ello.

Aprovecho esta nueva ocasión para saludarlo y reiterarme de usted su atento amigo.

Lázaro Cárdenas

México, D. F., 2 de octubre de 1964

Señor licenciado Ricardo J. Zevada, director general del Banco de Comercio Exterior, S. A., Venustiano Carranza 32, México, D. F.

Distinguido y fino amigo: Pocos días antes de salir de la ciudad, hace varias semanas, recibí su obsequio del ejemplar de *José Guadalupe Posada, ilustrador de la vida mexicana*, en cuya edición se reúne lo más representativo del trabajo del eminente grabador, notable intérprete del espíritu del pueblo en su diaria existencia en las postrimerías del siglo pasado y en los comienzos de éste.

La obra de Posada merece hacerse presente y pasar a la posteridad en un trabajo de tan altos méritos literarios y gráficos como el que ha logrado el Fondo Editorial de la Plástica Mexicana que, por éste y otros anteriores, ha adquirido ya un señalado y bien merecido prestigio.

La notable selección de los trabajos de Posada caracterizando una época de la vida mexicana, la que cubre el importante período en que se manifiestan las inquietudes políticas y sociales anteriores y posteriores a la Revolución Mexicana, encuentra descripción auténtica en la crítica y el espíritu festivo que empleó el grabador para transmitir, por medio de su buril de gran artista, las carencias y las protestas del pueblo.

Maestro de los mejores pintores contemporáneos de México, su memoria y su trabajo imperecedero merecen el tributo que hoy se le rinde con la reproducción de los grabados recopilados en la obra de referencia.

Agradezco cumplidamente este valioso obsequio que usted y el Banco Nacional de Comercio Exterior se sirvieron hacerme y le hago patente mi cordial saludo.

Lázaro Cárdenas

México, D. F., 17 de noviembre de 1964

Señor Francisco Zubieta R., Sociedad Matemática Mexicana, Tacuba 5, México, D. F.

Estimado amigo: Por continuas ausencias de la ciudad, hasta hoy contesto su atenta carta de fecha 11 de agosto pasado en la que se refiere a las dificultades que algunos científicos mexicanos experimentan para su labor de investigación científica y, por los materiales anexos, quedo enterado de sus consideraciones respecto a este problema.

Evidentemente, la investigación científica merece el apoyo y el mayor estímulo de las instituciones públicas y privadas hacia los esfuerzos de los mexicanos dedicados a esta actividad en las distintas disciplinas del conocimiento científico y a toda aportación valiosa que se produzca en el país en este campo tan importante para el desarrollo y el progreso de México.

Es de desear que en un plano de altura, propio de todo empeño relacionado con la investigación científica, se logre la estrecha colaboración entre los centros de investigación y de los elementos que con desinterés y patriotismo trabajan para promover el desarrollo de la ciencia, así como su aplicación y su difusión para beneficio del país y a efecto de que México ocupe el lugar que le corresponde en un mundo en que aquélla adquiere una jerarquía sin precedentes.

Lo saluda atentamente.

Lázaro Cárdenas

México, D. F., 30 de diciembre de 1964

Señor diputado Enrique Ramírez y Ramírez, director de *El Día*, Insurgentes Sur N° 123, México, D. F.

Estimado y distinguido amigo: En ocasión del Nuevo Año que se inicia quiero hacer llegar a usted y a los colaboradores intelectuales y manuales de *El Día*, mis mejores votos por su bienestar personal y una larga y fructífera vida para el periódico bajo su digna dirección.

Al mismo tiempo, también es mi propósito felicitarlos muy sinceramente por la labor desarrollada al servicio de los intereses nacionales y populares, destacándose en la defensa de los derechos de los campesinos, acogiendo sus denuncias y promoviendo el cumplimiento integral de la Reforma Agraria; asimismo abogando empeñosamente por la estructuración de una economía con sólidas bases nacionales y propiciando el mantenimiento de la paz mundial, la independencia de los pueblos y la fraternidad entre las naciones.

En la objetividad de sus informaciones y en la fidelidad a aquel ideario, el de la Revolución Mexicana, *El Día* encuentra su razón de ser y la utilidad que representa para las fuerzas progresistas de México.

Quedo de usted y de los trabajadores del periódico, su atento amigo que los saluda muy cordialmente.

Lázaro Cárdenas

México, D. F., 31 de diciembre de 1964

Señor Martín Luis Guzmán, General Prim 38, México, D. F.

Estimado y distinguido amigo: Con verdadero beneplácito recibí el amable obsequio de los dos tomos de sus *Obras completas*, distinción que agradezco sinceramente.

La valiosa producción literaria de usted tiene, a mi juicio, el doble mérito de su excepcional calidad y de su capacidad de reflejar en un estilo interpretativo propio, episodios importantes de la Revolución Mexicana de indiscutible valor histórico y en los que usted participó, especialmente aquellos en que la destacada figura del general Francisco Villa adquiere caracteres de tal manera realistas que sólo la pluma maestra de quien conociera tan directamente al jefe de la División del Norte, y se afanara en recopilar acuciosamente datos de su extraordinaria trayectoria, pudo modelar.

Releeré con positiva satisfacción sus obras y me valgo de esta ocasión para manifestarle el señalado aprecio que me merece su literatura histórica, en cuya fuente se nutrirá la posteridad para evaluar aspectos vitales del movimiento social mexicano y de los hombres que intervinieron en la Revolución armada.

Deseándole toda clase de felicidades en el año que se inicia quedo su amigo que lo saluda cordialmente.

Lázaro Cárdenas

México, D. F., 15 de febrero de 1965

Señor ingeniero Marte R. Gómez, Paseo de la Reforma N° 540, México 5, D. F.

Estimado y distinguido amigo: Con tu muy atenta del 11 de diciembre próximo pasado recibí el texto de la plática sustentada por ti en la Sociedad de Amigos de China, bajo el título de "Brevísimas impresiones de un viaje a China", atención que mucho te agradezco.

Aunque con retraso involuntario, deseo manifestarte que entre tus interesantes observaciones hechas durante tu estancia en la República Popular China, me parecen de especial valor las que dedicas al acendrado hábito de trabajo que priva entre el pueblo chino, el que le ha permitido construir las gigantescas obras entre las que se destacan las de irrigación a que te refieres; así como la saludable práctica de los altos funcionarios chinos al asistir voluntariamente, en los momentos que sus altas tareas les permiten, a contribuir con su esfuerzo en las labores del campo, dando con ello un ejemplo de su unión con el pueblo en el trabajo.

Como tú bien dices, la población de aquel país se ha caracterizado siempre por sus dotes de cordialidad y hospitalidad que extiende por igual a propios y extraños y por el interés con que emprende toda actividad productiva o de servicio social y cultural, las que ahora se practican con un sentido de colaboración común, en una sociedad que ha logrado abolir los privilegios económicos y sociales de minorías.

Te felicito cordialmente por tus claras reflexiones respecto a las cualidades de un pueblo que está abriéndose un amplio porvenir en el mundo moderno, tanto por su vitalidad en la construcción interna como por la creciente importancia que su país adquiere en lo internacional.

Aprovecho esta oportunidad para reiterarme tu atento amigo que te saluda con gran afecto.

Lázaro Cárdenas

México, D. F., 21 de marzo de 1965

Señor Samuel Ortiz González, presidente municipal, Charo, Mich.

Estimado y fino amigo: Agradezco a usted, una vez más, el saludo que personalmente me dio en esta su casa y las atenciones que nos dispensaron el domingo pasado que tuvimos el agrado de visitarlos.

Con el señor Eduardo Ruiz del Río, ayudante de ingeniero, se envía a usted la cantidad de dos mil pesos que nos indicaron necesitan para el acarreo de material para los empedrados que tienen en proyecto realizar en esa población; cantidad que fue obtenida de varios amigos.

El propio señor Ruiz del Río lleva a ustedes un cuadro que representa el encuentro del señor Morelos con el señor Hidalgo, que me permito obsequiarles, para el salón de la Presidencia Municipal.

Con relación al proyecto del agua potable, confirmo a usted el ofrecimiento que se les hizo de reunirles cien mil pesos, que es la aportación que le corresponde al pueblo para cubrir el presupuesto de cuatrocientos mil pesos aproximadamente, que según manifestó usted costará la obra.

Considero que la cantidad de cien mil pesos podrá reunirse para el primero de noviembre del presente año, fecha en que se entregará al organismo oficial que se encargue de hacer la obra.

Me platicaron usted y vecinos, que la Secretaría de Recursos Hidráulicos les ha indicado que para dicha obra aportará el 50 % y el resto, entre el gobierno del estado y la población.

Al ofrecer reunirles la cantidad de cien mil pesos, los vecinos podrán emprender otras de las muchas obras que están necesitando, como escuelas y caminos, que es lo que les convendría atender primero y en una segunda etapa, seguir con el drenaje y el monumento que han proyectado ustedes levantar en esa histórica e importante población de Charo, en donde el señor Morelos encontró al señor Hidalgo.

Y para la próxima temporada de lluvias, emprender la mayor forestación que puedan hacer y que es factible lograr, proponiéndose los vecinos, que en cuanto a proveerse de árboles frutales para los patios de las casas y de ornato para calles, parques y caminos, podrán obtenerlos de los viveros del gobierno.

Les deseo éxito en el noble propósito que se han impuesto de proveer a ese histórico lugar de los servicios y demás obras que le son indispensables y con esta oportunidad me reitero de ustedes su atento amigo.

Lázaro Cárdenas

México, D. F., 19 de mayo de 1965

Señor Miguel A. Olea Enríquez, Mérida, Yucatán.

Estimado amigo: Mucho agradezco el envío del magnífico busto en bronce del señor general Salvador Alvarado y del libro escrito por él, reeditado recientemente y que tuvo usted la gentileza de obsequiarme.

La acción del general Alvarado en Yucatán fue la culminación de su trayectoria revolucionaria y, tanto en el campo de las ideas como en el de las armas, supo labrarse un prestigio bien merecido por el mantenimiento vertical de una conducta ejemplar.

Efectivamente, es necesario que las actuales y las futuras generaciones conozcan la importante gestión gubernativa del general Alvarado en Yucatán, donde en un corto período de tiempo adoptó medidas que lo señalan como un elemento de ideas sociales excepcionalmente progresistas y poseedor de una visión esclarecida respecto a los intereses de la reacción yucateca y de la necesidad de romper su poder político y económico para dar curso a una gestión revolucionaria de sello auténticamente popular y agrarista.

El general Alvarado pasa a la historia de la Revolución como uno de sus hombres más valiosos y representativos, por lo que me congratulo conocer sus propósitos de honrar su memoria.

Lo saludo cordialmente y me reitero su atento amigo.

Lázaro Cárdenas

México, D. F., 18 de junio de 1965

Señor José Pagés Llergo, director de la revista *Siempre!* Ciudad.

Muy estimado y distinguido amigo: Estas líneas tienen por objeto felicitarte, así como a los periodistas y trabajadores que bajo tu dirección desde hace ya doce años publican *Siempre!*

El décimo segundo aniversario de tu magnífica revista llega en circunstancias particulares para América, claramente perceptibles en su significación para tu fina sensibilidad de periodista consciente de su responsabilidad ante la opinión pública.

Proclamar la unidad de los mexicanos alrededor del régimen de la Revolución ante los graves peligros que se ciernen sobre los pueblos de América Latina en virtud de las injustificables invasiones y agresiones extranjeras en territorios del Caribe, es un deber patriótico que *Siempre!* ha sabido cumplir en su sección editorial.

Esta unidad en marcha, de la que se excluirán espontáneamente los elementos y sectores incapaces de anteponer los sagrados intereses nacionales a sus propias y mezquinas conveniencias, además de investir al régimen de una fuerza moral incontrastable cuando levanta su voz en defensa de la soberanía, la integridad territorial y la autodeterminación de los pueblos, fortalece las instituciones revolucionarias.

Distinguidos colaboradores de tu revista así lo han comprendido y con acierto señalan que sólo en la sana unidad nacionalista, por heterogéneas que sean las fuerzas que la promueven y apoyan, es posible proseguir con éxito en el esfuerzo común de abrir nuevos cauces para el mejor ejercicio de la democracia en materia política, así como en el funcionamiento interno de las agrupaciones sindicales, campesinas y populares; de realizar la Reforma Agraria cabal para acrecentar la producción y el rendimiento en beneficio real de la población rural; de reintegrar a la nación el aprovechamiento de los recursos naturales y su usufructo, primordialmente, para los mexicanos; de impulsar la industria y el comercio verdaderamente nacionales; de cimentar el progreso en el desarrollo independiente de la economía del país y promover un creciente bienestar para la colectividad con la extensión ininterrumpida de los beneficios de la educación, la salubridad y la seguridad social que requiere el pueblo en todos los ámbitos del territorio.

Una vigorosa unidad patriótica alrededor de nuestras instituciones hacen invulnerable la soberanía de la patria y reviste de autoridad la defensa que hace México de los principios que inspiran su política internacional.

Por lo anteriormente expuesto, considero que tu revista hace bien en llamar a la reflexión a los mexicanos para que, sin prescindir de sus ideas políticas disímiles y de sus reivindicaciones sociales, se apresten a presentar un solo frente solidario hacia el derecho de los pueblos a la libertad, del que México nunca estaría dispuesto a renunciar.

Deseo larga y fructífera vida para tu revista y te ruego saludes cordialmente a todos los trabajadores manuales e intelectuales que colaboran contigo en ella.
Te saluda con afecto tu amigo.

Lázaro Cárdenas

México, D. F., 31 de julio de 1965

Señor ingeniero Narciso Bassols Batalla, Casa Nº 24, Refinería 18 de Marzo, México 16, D. F.

Estimado y fino amigo: Agradezco sinceramente el envío del libro que recoge el pensamiento de su ilustre padre titulado *Obras de Narciso Bassols*, cuya señalada significación histórica radica en el conjunto de las ideas de un revolucionario que sostuvo con ejemplar honestidad una postura firme e intransigente en favor de los objetivos de la Revolución Mexicana en su interpretación más avanzada, dedicando a su progresión y a la lucha que los pueblos libran por la independencia nacional y la paz mundial, lo mejor de sí mismo.

La capacidad excepcional de este gran hombre de México le permitió abordar los problemas más complejos. Eminente jurista e ideólogo, hizo notables aportaciones en el campo del derecho agrario, de la economía y las finanzas públicas, la educación y la cultura, siempre al servicio de los mejores intereses de México y su pueblo.

En la esfera de las relaciones internacionales, en que el gobierno que me tocó presidir tuvo el honor de contar con su valiosa colaboración, se distinguió por su actuación en defensa de la política tradicional de México, enriquecida por la extraordinaria claridad de sus enunciaciones en los foros internacionales, contribuyendo a que México ocupara en el mundo un sitio destacado por su fidelidad a los principios de no intervención y autodeterminación, de justicia y paz internacionales, tan quebrantados y finalmente ignorados por la mayoría de los países en los prolegómenos y al estallar la segunda guerra mundial.

En el libro también aparece su pensamiento sobre las más diversas cuestiones políticas, emitido fuera ya de la administración pública, en una de las etapas más brillantes de su vida revolucionaria, saliendo al paso en todas aquellas cuestiones que afectan la vida del pueblo y de la nación, definiéndose siempre con nitidez y sin claudicaciones por hacer efectivos los postulados de la Revolución Mexicana y aun hacerla avanzar y pronunciándose, ante los problemas internacionales de México y del mundo, con un criterio antiimperialista, de franca amistad hacia el mundo socialista y de adhesión a todos los pueblos en su lucha por la liberación social y nacional.

Finalmente deseo reiterar el alto aprecio que siempre tuve para el señor licenciado Narciso Bassols, tanto por sus virtudes de ciudadano y su reconocida probidad, como por su inteligente y leal colaboración que prestó al gobierno durante el período 1934-1940 en los asuntos de interés excepcional para el país, entre ellos en cuestiones derivadas de la expropiación petrolera al defender con éxito en los tribunales internacionales el derecho de México a decretar la expropiación; y en posteriores estudios especiales que a la postre se tradujeron en disposiciones legales destinadas a evitar la penetración de capital privado y extranjero en la explotación y el aprovechamiento del petróleo, cuyo dueño originario es la nación y el pueblo mexicano su usufructuario.

Me reitero su atento amigo que lo saluda afectuosamente.

Lázaro Cárdenas

México, D. F., 31 de julio de 1965

Señor Félix Gordón Ordás, Ciudad.

Distinguido y fino amigo: Oportunamente recibí el primer tomo de su libro *Mi política fuera de España,* cuyo envío y la dedicatoria que calza mucho agradezco.

Felicito a usted por este aporte para el conocimiento de la guerra en España, de las relaciones de México con la República Española y de su meritoria actuación en el campo de la política y la diplomacia, siempre al servicio de su noble causa en función de un arraigado sentimiento democrático y una honda preocupación patriótica que mucho lo honran.

La larga etapa de subsistencia del régimen que impera en España y que ha significado el exilio y condiciones de existencia precarias para muchos españoles, será superada al culminar los esfuerzos populares para crear las condiciones que permitan un cambio favorable para el porvenir de España, el que contará con el apoyo y la solidaridad de los países y los pueblos del mundo que rechazan todo tipo de dependencia del exterior.

Con esta oportunidad me reitero de usted su atento amigo que lo saluda muy cordialmente.

Lázaro Cárdenas

México, D. F., 30 de agosto de 1965

Señor licenciado José María Suárez Téllez, Verbena 45, Col. Tlatilco, México 16, D. F.

Estimado y fino amigo: Recibí con su atenta carta de fecha 20 de julio pasado su libro titulado *Espinas agraristas*, el que reúne una importante relación de hechos violatorios e ilegales que distintos elementos y autoridades inferiores de diversas regiones del país han cometido para limitar, desvirtuar e ignorar la legislación agraria vigente, perjudicando hondamente a numerosos grupos de campesinos y creando desconfianza hacia aquellas autoridades que debieran ser las encargadas de cumplir con las disposiciones que los protegen.

Considero que cada uno de los casos que usted presenta en su libro, así como la inserción de documentos que amparan la acción agraria, significa una contribución extraordinariamente útil para que las autoridades superiores y lectores de su libro se percaten del desamparo en que, en algunos lugares del país, viven núcleos de campesinos que siguen luchando por hacer válidas las promesas de la Revolución. Asimismo, para que las autoridades encargadas de corregir anomalías se entreguen a la tarea de subsanar injusticias y prevenir hechos que, además de minar el prestigio del régimen revolucionario, introducen la intranquilidad, la desconfianza y la inestabilidad en el campo.

Felicito a usted por su interesante obra que servirá de estímulo a los elementos que, como usted, luchan por la justicia y la reivindicación de los campesinos.

Quedo su atento amigo que lo saluda muy cordialmente.

Lázaro Cárdenas

México, D. F., 20 de septiembre de 1965

Señor William Weber Johnson, Los Ángeles, California.

Estimado y fino amigo: Acuso a usted recibo de su muy atenta del día 30 de agosto pasado, con la que vino un cheque de veinticinco dólares, que usted le obsequia al joven Tranquilino Cortés, que ha perdido la vista y que conoció usted durante nuestro viaje a Churumuco; obsequio que ya le hacemos llegar con su especial saludo. Él le vivirá agradecido por este acto de nobleza, que yo a la vez mucho le estimo.

En seguida hago mención al último párrafo de su citada carta sobre el estudio que está usted realizando de la "etapa maderista" para el libro que proyecta.

La figura histórica del señor presidente Francisco I. Madero, tiene el gran mérito de haberse lanzado al movimiento revolucionario, democrático y popular, en circunstancias en que debilitada políticamente la dictadura, subsistía íntegro, sin embargo, su poder económico y militar frente a fuerzas revolucionarias de escasa experiencia y reciente organización que, en la corta etapa en que actuó el señor Madero, apenas iniciaban una lucha ardua y aun desigual en la que éste se debatió desde el momento mismo del triunfo de la Revolución. El hecho mismo de su muerte lo atestigua.

En esas condiciones, la Revolución no podía fructificar en toda su magnitud, pero sí sentar las bases, como lo hizo el señor Madero, cuyas metas fueron madurando en el curso de la lucha armada, victoriosa por la vitalidad de la causa revolucionaria, especialmente en la conciencia agrarista de las masas campesinas, así como en la de los trabajadores en cuanto a la reivindicación de sus derechos sociales y en la del pueblo en general al proclamar la recuperación para México y los mexicanos de las riquezas de su suelo y su usufructo.

Comprendo cuán difícil debe ser para un escritor contemporáneo reflejar una realidad a más de medio siglo de distancia, cincuenta y cinco años en que han ocurrido cambios tan radicales en el decurso de la historia y en el pensamiento del individuo. Ello, no obstante, con los estudios que viene realizando permitirán a usted hacer una obra importante de la realidad mexicana.

Sin otro particular por ahora, lo saludo afectuosamente.
Su atento amigo.

Lázaro Cárdenas

México, D. F., 31 de diciembre de 1965

Señor Diego Córdoba, Hamburgo 266, México, D. F.

Distinguido y gran amigo: Largas ausencias de la capital me impidieron escribirte a Venezuela para agradecerte el envío del discurso que pronunciaste en ocasión del 450° aniversario de Cumaná, cuna de héroes y poetas de dimensiones americanas, que es, a la vez, tu ciudad natal.

Ahora lo hago con gusto también para darte las gracias por el obsequio que tuviste la bondad de hacernos a Amalia y a mí de las composiciones del insigne poeta y amigo desaparecido, Andrés Eloy Blanco, reunidas bajo el título de *La casa de Abel* que fueron escritas desde la cárcel y con motivo del terremoto que sufrió Cumaná en 1929.

Tus palabras en la casa en que nació Andrés Eloy Blanco en Cumaná haciendo la exégesis del poeta y rindiendo un emocionado tributo al libertador también cumanés, Antonio José de Sucre, me impresionaron porque en ellas se entrelazan los altos méritos de dos soldados de la libertad que, uno con la espada y el otro con la pluma, habían de ser eslabones en la historia independentista de América, y adquirir con ello honrosa ciudadanía continental.

Sabes cuánto admiro la figura de Antonio José de Sucre, la madurez excepcional de su pensamiento, la humildad de su corazón y el sereno valor del joven libertador y la estimación que tuve por las cualidades morales e intelectuales del gran poeta venezolano, inolvidable y dilecto amigo de mi mayor aprecio.

Leyendo los finos y sentidos poemas que hizo sobre Cumaná se percibe su hondo arraigo a la tierra que lo vio nacer, así como su amplio espíritu americanista al exaltar el paisaje físico y humano que se extiende, en lo profundo, a todo lo largo de la provincia latinoamericana, entrañable y perenne en nuestro ánimo, y de la que se desprende el cálido trasunto de nuestro parentesco espiritual y la misma disposición a preservar las tradiciones que dan fuerza y carácter propios y sentido de independencia a los latinoamericanos.

De esta veta inconfundible del poeta de la libertad está hecho el "Canto a la Espada" que nos diera patria cuando fue empuñada, entre otros, por Hidalgo, Morelos y Morazán, por Bolívar y Sucre, por San Martín y Artigas, por Martí.

Debo decirte, finalmente, que tu insistencia en la necesidad de proseguir el esfuerzo de estos prohombres en la conquista de la independencia económica de América Latina para completar y afirmar la que aquéllos nos legaron en lo político, es una feliz referencia al deber continuo de todo latinoamericano de clara conciencia histórica y firmes sentimientos patrios.

Con la estimación y afecto de siempre y deseando a tu distinguida esposa y a ti un feliz año de parte de Amalia y mío, quedo tu atento amigo.

Lázaro Cárdenas

México, D. F., 3 de enero de 1966

Señor arquitecto Luis Enrique Méndez Ramírez, México, D. F.

Estimado amigo: Recibí tu tesis profesional relacionada con la Escuela Preparatoria en Uruapan, Mich., en la que haces un estudio interesante de las características, el funcionamiento y la enseñanza que se imparte en aquel centro educativo y en la que dedicaste, en buena parte, un examen del medio, de los antecedentes históricos y de las actividades principales que se han desarrollado en aquella región del estado de Michoacán.

Sobre lo que expresas respecto a la necesidad de que los jóvenes que tienen oportunidad de recibir enseñanza superior, se conserven ligados a todas las manifestaciones del diario acontecer y de los anhelos populares, ello es sin duda justo y conveniente para el propio profesionista.

Además, como también es tu idea, la juventud está siempre dispuesta a toda renovación no tan sólo por sus condiciones biológicas, sino por la búsqueda constante que hace de un mundo nuevo que la inclina a adherirse a movimientos sociales dinámicos que trasciendan en un sentido positivo para el conjunto de la sociedad y, en especial, para las clases populares que en nuestro país están tan necesitadas de la cooperación de los jóvenes profesionistas a fin de trasponer las condiciones aún precarias en que viven.

El joven arquitecto tiene, sin duda, tareas de la mayor importancia en materia de vivienda y de urbanización, tanto en las ciudades como en los centros rurales, donde mucha falta hace propiciar la vivienda decorosa y con sanas condiciones de existencia.

Te felicito muy sinceramente por el esfuerzo que desplegaste en tu interesante tesis y te deseo toda clase de éxitos en el ejercicio de tu profesión.

Agradezco tu deferencia y quedo tu amigo que te saluda cordialmente.

Lázaro Cárdenas

México, D. F., 10 de enero de 1966

Señoritas Concepción y Blanca Prieto, Av. Nuevo León N° 103, México 11, D. F.

Distinguidas amigas: Agradezco su amable obsequio del libro de su ilustre padre y dilecto amigo desaparecido, señor Indalecio Prieto, titulado *De mi vida*, el que recoge relatos sobre los más diversos temas, todos ellos de interés y que, como se anuncia en las "Palabras de los editores", con él se inicia la publicación de escritos del autor que servirán para editar sus obras completas, lo que es muy loable dado el talento, la larga y fructífera experiencia de su padre y la importancia de su intervención en una etapa singular de la historia contemporánea de España, especialmente en el estadio anterior a la República, durante su existencia y después de ella, al entronizarse en el poder la actual dictadura.

Particular satisfacción ha sido para mí la deferencia de que he sido objeto al enviarme el ejemplar número uno de la edición de esta interesante recopilación de "recuerdos, estampas, siluetas, sombras..." que el eminente señor Prieto escribió en México y otros países de América durante su largo y honroso exilio.

Haciendo votos por su bienestar y pendiente de reiterarles personalmente mi agradecimiento por su atención, reciban saludos cariñosos de todos los de esta su casa.

Lázaro Cárdenas

México, D. F., 29 de enero de 1966

Señor ingeniero Jorge L. Tamayo, Bartolache N° 1931,
México 12, D. F.

Distinguido amigo: He recibido con agrado los cuatro tomos de la obra *Benito Juárez, documentos, discursos y correspondencia* que bajo los auspicios del gobierno de la República ha preparado usted, recopilando durante años la copiosa documentación que existe y seleccionando con acuciosidad los escritos del Benemérito de las Américas y los que sobre su actuación perduran, lo que constituye un aporte invaluable para hacer presente ante los mexicanos el curso real y objetivo de los hechos en una de las épocas más valiosas de la historia de México independiente.

Es muy satisfactorio que se disponga usted a preparar los materiales para la publicación del resto de esta importante obra, de valor inapreciable, la que pondrá al alcance de los especialistas y de los estudiosos de nuestra historia un acervo de documentos, frecuentemente antecedidos por notas de usted para una mayor comprensión de las circunstancias históricas imperantes. Este trabajo, además de sus méritos revela la loable dedicación de usted y el justo homenaje que el gobierno de la República rinde a uno de los más insignes patricios de México y de América.

Felicito sinceramente a usted y a sus colaboradores por la tarea que empeñosamente se han abocado y quedo su atento amigo que lo saluda muy cordialmente.

Lázaro Cárdenas

Cd. Altamirano, Gro., 2 de febrero de 1966

Señor doctor Gustavo Baz, calle Bravo N° 14, San Jerónimo, D. F.

Mi estimado doctor y distinguido amigo: Con referencia a nuestra conversación telefónica el día 28 del mes pasado, le confirmo en estas líneas que he leído con interés sus artículos relativos a su reciente viaje a la República Popular China, publicados en la revista *Siempre!*, y en especial el que apareció en el número 657 de fecha 26 de enero, intitulado "Rusia y China, dos pueblos en la era heroica de su vida".

Entre otros conceptos, me parece particularmente acertado su sereno reconocimiento de la profunda y rápida transformación que han experimentado China y Rusia bajo el régimen socialista, junto a la afirmación de que México ha encontrado su régimen institucional que le permite lograr progresos importantes los que, al madurar la conciencia social del pueblo se dará curso al advenimiento de estadios más elevados de autonomía económica y democracia social para lo que, como usted señala, es necesario preparar a maestros con una orientación cooperativista que, desde la escuela primaria hasta la enseñanza superior impartan conocimientos teóricos y prácticos sobre cooperativismo, condición indispensable para crear una mentalidad y organizar un sistema social en que imperen los intereses de la colectividad sobre los particulares, meta de toda sociedad moderna, naturalmente tomando en cuenta para llegar a él, las peculiaridades del medio y la idiosincrasia de nuestro pueblo. Hay que ahondar en la conciencia de los mexicanos que en aquel sistema se inspiraron los postulados más avanzados de la Revolución Mexicana, cuya evolución en el sentido indicado irá despejando los obstáculos de carácter interno y externo que aún frenan el desarrollo independiente, el avance social y la afirmación de la cultura nacional.

Lo felicito por la aportación que hace usted al conocimiento público con sus interesantes observaciones personales.

A mi regreso del recorrido que realizo por esta región del Medio Balsas, me comunicaré con usted, como se lo ofrecí, aceptando su amable invitación.

Lo saludo cordialmente y deseo para usted y su familia salud y bienestar.

Lázaro Cárdenas

TELEGRAMA

Cd. Altamirano, Gro., 8 de febrero de 1966

Excelentísimo señor embajador de la Unión de Repúblicas Socialistas Soviéticas, Calzada de Tacubaya, México, D. F.

Patentizo a usted y al pueblo de la URSS mis felicitaciones por extraordinario éxito alcanzado por hombres ciencia soviética, que lograron hacer llegar nave a la luna. Este éxito de la URSS es una aportación valiosísima a la humanidad que representa de inmediato mayores posibilidades para asegurar paz mundial y poner fin a guerra agresión contra pueblos indefensos que luchan ahora porque se les respete su soberanía y su independencia, y puedan pueblos agredidos y los que afecta guerra fría, dedicarse por entero a organizar su desarrollo integral para alcanzar mayores niveles de vida y así facilitar se llegue a establecer efectiva y leal convivencia pacífica y de mutua cooperación entre todos países del mundo.

Lázaro Cárdenas

México, D. F., 19 de mayo de 1966

Señor León Felipe, México, D. F.

Distinguido amigo: Deseo reiterarle mi agradecimiento por el amable obsequio de su último libro de poemas *¡Oh, este viejo y roto violín!* que he leído con profundo interés.

Su voz, la de uno de los poetas más preclaros y mejores hijos de la España republicana, la sentimos hondamente inspirada en el genio de su pueblo invicto.

El largo y doloroso trance histórico que obligó a salir y a permanecer lejos de su patria a numerosos republicanos, ofreció a los mexicanos, sin embargo, la oportunidad de convivir hermanados con ustedes en el trabajo, ya sea material o intelectual, dando a las relaciones entre nuestros pueblos una dimensión más grande y más honda, unión fraterna a la que usted ha contribuido en forma preeminente con su obra y cuyos frutos recogerán las nuevas generaciones mexicanas y españolas.

Gracias por sus bondadosas palabras manuscritas en este libro, las que me hacen rememorar su generoso gesto de haberme dedicado su primer libro escrito en México, *El español del éxodo y el llanto*.

Lo saluda con todo cariño su atento amigo.

Lázaro Cárdenas

México, D. F., 19 de mayo de 1966

Señor Juan Rejano, México, D. F.

Distinguido amigo: He leído sus bellos poemas reunidos en el libro *El jazmín y la llama* que tuvo usted la gentileza de obsequiarme hace algunos días.

Al reconocido y alto mérito de su obra poética añade usted el de estos versos que durante años permanecieron inéditos y que ahora publica en sentido homenaje póstumo a su distinguida compañera, escritora y periodista insigne que también nos honró con su amistad.

Deseo agradecerle nuevamente el obsequio de su último libro y manifestarle que quedo muy reconocido por su afectuosa dedicatoria, correspondiendo, por mi parte, con mis mejores sen-

timientos de amistad hacia usted en lo personal y hacia la causa de la liberación de España, a la que se ha entregado usted fervorosamente.
Quedo su atento amigo que lo saluda muy cordialmente.

Lázaro Cárdenas

Mariscala de Juárez, Oax., 28 de mayo de 1966

Señor licenciado Rodolfo Brena Torres, gobernador constitucional del estado, Oaxaca, Oax.

Estimado y distinguido amigo: Lo saludo cordialmente y le participo llegué ayer a esta población de paso hacia Silacayoapan, para donde salgo hoy.

A las trece horas de ayer pasé por Ayuquililla y allí me informaron de los acontecimientos penosos, registrados en dicho lugar la madrugada del 22 del actual y el 24 de este propio mes, en las cercanías del citado pueblo.

Muy lamentable la muerte del grupo de la policía judicial y penosa también la muerte del presidente municipal y sus tres acompañantes.

Se encuentra allí un grupo de la policía, seguramente para facilitar a las autoridades las investigaciones que serán aclaradas en su verdadera realidad.

El estado de ánimo de las familias es deprimente por los caídos, los presos y porque la mayoría de los hombres han salido del lugar.

Piden a usted las familias, señor Gobernador, la presencia, por unos días, de un elemento de su gobierno, ajeno a la policía, que no tenga resentimientos directos por los caídos. Que si fue un crimen cometido con la policía piden se obre serenamente en las investigaciones. Que se tomen en cuenta las causas que motivaron los hechos, la hora en que se presentó la policía, los antecedentes políticos que han existido y existen en el lugar, la conducta que han observado los detenidos y la que observaron los caídos hasta antes de los hechos. Que la persona que usted designe haga un llamado a los hombres para que vuelvan a sus hogares. Manifiestan las familias que se presentarán todos los que sean citados.

La presencia de un representante directo de usted, señor Gobernador, sería provechosa para la tranquilidad de la zona. Me permito referirle que hechos parecidos se registraron durante mi responsabilidad como Gobernador de Michoacán y en la Primera Magistratura del país y siempre la presencia de un elemento enviado directamente por el Ejecutivo o la presencia de la primera autoridad, evitó mayores males.

Sé de la rectitud de usted, de su capacidad como gobernante, de su sensibilidad para que se resuelvan con imparcialidad y justicia los casos que se presentan y por ello, por el vecindario de Ayuquililla, por los que no hayan participado en los acontecimientos referidos, por todos aquellos ciudadanos que se interesaron y lucharon tanto por construir su escuela primaria, que usted inauguró, por los niños de hoy que serán los ciudadanos del porvenir, envío a usted estas líneas que le llevan mis condolencias por los hechos sucedidos y porque sé de su preocupación por los que cayeron en cumplimiento de una misión y por los que pudieran caer sin tener responsabilidad.

Quedo de usted su atento amigo que lo estima afectuosamente.

Lázaro Cárdenas

México, D. F., 8 de junio de 1966

Señor general José Rafael Gabaldón, Quinta Santocristo, Avenida La Vega-El Paraíso, Caracas, Venezuela.

Distinguido y querido amigo: Con profunda pena recibí la noticia de la muerte del doctor Alirio Ugarte Pelayo, a quien me unían sentimientos de sincera amistad.

Comprendo y comparto su gran pena y pienso, como usted, que el pueblo venezolano, especialmente sus juventudes, podrán recoger la herencia de virtudes humanas y cívicas que abrigaran en el ilustre desaparecido, siempre atento al deber de mantener en alto su limpio historial nacionalista y de buscar la unión patriótica, siguiendo así la huella que nos legara el libertador Simón Bolívar que, sin excluir la resistencia múltiple a la opresión extranjera, dejara abierta toda ruta de dignidad para luchar por la mayor y más honrosa de las responsabilidades hispanoamericanas: la defensa de la nacionalidad.

Con mis sinceras condolencias, mi admiración por la fortaleza de espíritu con que afronta usted la adversidad, quedo su amigo que lo abraza muy afectuosamente.

Lázaro Cárdenas

Jiquilpan de Juárez, Mich., 25 de julio de 1966

Señor licenciado Rodolfo Brena Torres, gobernador constitucional del estado, Oaxaca, Oax.

Estimado y distinguido amigo: Agradezco a usted su gentil deferencia, al participarme, en su muy atenta carta del día 7 de junio próximo pasado, el informe contenido sobre los hechos ocurridos en Ayuquililla, Oax. en el mes de mayo del presente año.

Hasta hoy escribo a usted en virtud de haber pasado unas semanas en el norte del país, habiendo tenido oportunidad de recorrer la vía del ferrocarril Chihuahua-Pacífico, importante obra que cruza la abrupta serranía de Chihuahua y Sinaloa, en la que se puso de manifiesto, una vez más, la capacidad técnica de los ingenieros mexicanos, vía que posiblemente ya conozca usted.

Existen en la zona montañosa núcleos indígenas tarahumaras con gran habilidad en la artesanía que podrán ya ser mejor atendidos por el estado contando con esta interesante comunicación. Hacen instrumentos de madera y de roca con pequeños implementos rudimentarios, que al establecérseles escuelas y proporcionárseles medios para ampliar sus trabajos, contribuirán en mayor escala al desarrollo económico de la extensa región que cruza el ferrocarril, región que contiene zonas boscosas, de las que los tarahumaras han sido sus antiguos propietarios.

Grupos de tarahumaras participaron en diferentes trabajos de la nueva línea y hablan muy favorablemente de ellos los ingenieros que los utilizaron en las obras realizadas.

Son núcleos indígenas, como todos los de nuestro país, que usted conoce, que si se les atiende y se les da oportunidad de cultivarse, responden afirmativamente al esfuerzo que se pone en su favor.

He visto con usted su interés y empeño por realizar obras en las zonas de su entidad, pobladas por grupos primitivos, y conociendo su sensibilidad indigenista, le refiero mi viaje por la región tarahumara.

Lo saludo cordialmente y espero tener la satisfacción de estrechar su mano, en alguno de los recorridos que realice por esa entidad.

Deseo esté usted bien y me reitero su atento amigo.

Lázaro Cárdenas

Cd. Hidalgo, Mich., 15 de agosto de 1966

Señor diputado y licenciado Mario Colín, Av. de las Fuentes 255, Jardines del Pedregal, México 20, D. F.

Estimado y fino amigo: Recibí con agrado el volumen preparado por usted bajo el título *Nombres geográficos del estado de México* con textos revisados y anotados por el doctor Ángel María Garibay K., cuya edición ha sido hecha por la Biblioteca Enciclopédica de aquel mismo estado.

Es sumamente valiosa la obra bibliográfica en que está usted empeñado y este nuevo libro es un aporte muy meritorio al conocimiento de la etimología de las palabras indígenas, en este caso la nomenclatura náhuatl, otomí y mazahua de los municipios del estado de México.

Efectivamente, como señala usted en el prólogo, el interés del acervo bibliográfico sobre las lenguas indígenas de México va más allá de la erudición; "su utilidad es fundamental no sólo por lo que estos documentos representan para el conocimiento de las lenguas aborígenes, sino además por lo que entrañan para el estudio de nuestro desarrollo histórico y cultural".

Lo felicito por este nuevo esfuerzo que, con la valiosa ayuda del doctor Garibay, ha emprendido usted para difundir el estudio y el conocimiento de los nombres indígenas de las poblaciones del estado de México.

Con mi cordial saludo quedo de usted su atento amigo.

Lázaro Cárdenas

Cd. Hidalgo, Mich., 15 de agosto de 1966

Señor licenciado Antonio Arriaga, director del Museo Nacional de Historia, Castillo de Chapultepec, México, D. F.

Estimado y fino amigo: Recibí su atenta carta de fecha 3 de junio pasado con la que tuvo usted la amabilidad de enviarme su artículo titulado "La historia de una bandera norteamericana", publicado en la revista *Siempre!* en el mes de abril, que hasta hoy le contesto debido a mis frecuentes viajes.

En su oportunidad leí su interesante escrito, en el que hace usted un bien documentado relato de la forma en que los mexicanos arrebataron la bandera norteamericana que trajeron a nuestro país aventureros que incursionaron por el estado de Sonora en el siglo pasado y que, por patriótica decisión del entonces gobernador de aquel estado, señor Ignacio Pesqueira, fueron perseguidos y abatidos en Caborca, Son.

Ésta es la suerte que debieran encontrar siempre los invasores de territorios ajenos, cuya acción en el tiempo, en vez de suspenderse, se hace más frecuente y masiva sobre países lejanos, constituyendo una amenaza universal como ocurre en Vietnam y otras partes del mundo.

Agradezco y acepto su amable invitación para visitar el Museo Nacional de Historia, bajo su digna dirección. En cuanto sea posible, avisaré a usted anticipadamente.

Con esta oportunidad quedo de usted su atento amigo, que lo saluda cordialmente.

Lázaro Cárdenas

Jiquilpan de Juárez, Mich., 15 de septiembre de 1966

Señor general José Álvarez y Álvarez, Cuernavaca, Mor.

Estimado general y distiguido amigo: Mucho le agradezco el envío de la tesis de su hijita, señorita Manuela Enriqueta Álvarez Sepúlveda, *Las relaciones de México y los Estados Unidos durante el período en que fue presidente el señor general Calles* y que presentó a la Escuela Nacional de Ciencias Políticas y Sociales para obtener el título correspondiente.

El tema escogido para esta tesis encierra un interés especial, tanto por la cuestión implícita en el título de la tesis, como para los estudios de la historia del petróleo en México y las vicisitudes que su explotación y aprovechamiento encontraron desde su descubrimiento en tierras mexicanas hasta el período que cubre el muy meritorio trabajo de la señorita, su hija, quien merece de mi parte una felicitación calurosa por sus evidentes cualidades de investigadora, seria y responsable, a tan temprana edad.

La continua intromisión y las múltiples presiones ejercidas por las compañías petroleras y el propio gobierno de los Estados Unidos para usufructuar una posición de privilegio en cuanto a la explotación del petróleo de México, resaltan en sus verdaderas dimensiones en el trabajo que comento y como señala la joven autora de la tesis en sus conclusiones "queda clara la influencia que en la política internacional de los Estados Unidos ejercen los intereses económicos de sus ciudadanos, así como la protección específica del gobierno de aquel país a las compañías petroleras motivando en el curso de la historia de México de casi un siglo atrás, continuas dificultades externas e internas que, algunas veces produjeron perturbaciones para la marcha ascendente y pacífica del país".

Por este motivo me complace felicitar a usted y a su señora también, por la formación intelectual que han podido lograr con sus orientaciones y consejos a la nueva licenciada en Ciencias Diplomáticas, como ella misma apunta en la dedicación de su tesis, y le suplico que por su amable conducto le haga llegar un saludo cariñoso con mis sinceros parabienes por el contenido y la interpretación patriótica de su notable tesis profesional.

Quedo de usted su siempre atento amigo, que lo saluda muy cordialmente.

Lázaro Cárdenas

México, D. F., 10 de noviembre de 1966

Señor senador Carlos Loret de Mola, Cámara de Senadores, México, D. F.

Estimado y fino amigo: Por mis viajes constantes al interior de la República he retrasado la manifestación de mi agradecimiento por el envío de su conferencia dictada en Mérida, que usted titula "Yucatán en el concierto nacional".

He leído con interés este trabajo y me parece que la descripción y la interpretación de las características y las modalidades del campesino de Yucatán muestran un acercamiento espiritual de su parte hacia el problema humano y social de aquel gran pueblo que dio esplendor cultural y artístico al pasado de México con su genio y su trabajo, y que hoy sufre una situación que sería deseable se superara en la reivindicación de su derecho al disfrute de un bienestar que la Revolución todavía le adeuda.

Sería de la mayor importancia que las personas que actualmente ocupan posiciones propicias para ayudarlo, continuaran preocupándose por el mejoramiento de las condiciones en que viven los campesinos yucatecos y que encauzaran las fórmulas prácticas para hacer de la Reforma Agraria en Yucatán un éxito para los que trabajan la tierra e integrar así, a la clase productora de aquella región, a la situación económica social y cultural que merecen.

En espera de que su identificación con los campesinos de Yucatán y sus problemas lo ayuden a trabajar por su reivindicación, hago a usted patente mi reconocimiento por su atención de remitirme el texto de la conferencia antedicha.

Quedo su atento amigo que lo saluda cordialmente.

Lázaro Cárdenas

México, D. F., 4 de enero de 1967

Señora Dolores de Rivas Cherif viuda de Azaña, Ciudad.

Distinguida amiga: Con involuntario retraso por mis viajes continuos fuera de la capital, deseo darle las gracias más cumplidas por su amabilidad de obsequiarme los dos tomos que contienen las *Obras completas* de su distinguido esposo y dilecto amigo, el señor Manuel Azaña, notable escritor, tribuno y forjador insigne de la segunda República en España.

Es sumamente satisfactorio que los escritos y discursos del eminente estadista se hayan podido reunir y publicar en México donde, como usted sabe, contó siempre con amigos múltiples de la causa que él defendió toda su vida y donde es considerado en justicia uno de los más altos representantes de su pueblo, hermano de sangre, lengua e idiosincrasia del mexicano.

Con todo interés he leído buena parte de las páginas del primer tomo que cubre un período histórico tan importante para España y Europa, encontrando en aquéllas un conocimiento profundo y una interpretación esclarecida de las ideas y de los hechos de su tiempo, y una forma de expresión difícil de encontrar en la época contemporánea en la literatura política, en los ensayos y estudios en lengua castellana.

España republicana sigue siendo motivo de honda preocupación e interés ininterrumpido de mi parte, y a pesar de los años transcurridos, tengo la íntima convicción de que el pueblo español pronto volverá a hacer sentir su voluntad republicana haciéndose nuevamente rector de su destino y aplicando en lo individual y lo colectivo el anhelo reflejado en las palabras del señor presidente Azaña cuando dijo: "De las diferentes vocaciones que pueden ofrecerse en la vida, yo preferiría siempre aquella que más en derechura me llevase a ser con plenitud hombre de mi tiempo, es decir, a incorporar a mi vida personal todos los problemas que agitan el medio social en que me muevo."

Permítame, nuevamente, expresar mi sincero agradecimiento por su valioso obsequio así como por su afectuosa y muy apreciada dedicatoria.

A nombre de Amalia y mío le deseamos un año venturoso con los suyos, saludándola con nuestro cariñoso afecto.

Lázaro Cárdenas

México, D. F., 16 de enero de 1967

Señor licenciado Jesús Reyes Heroles, director general de Petróleos Mexicanos, Av. Juárez N° 92-94, México, D. F.

Distinguido y estimado amigo: Recibí con satisfacción y agradecimiento señalados su gentil y valioso obsequio de los tres tomos de la *Historia general de las cosas de Nueva España*, del misionero Bernardino de Sahagún en la edición hecha en México por el señor Alejandro Valdés en el año de 1829.

Conservaré esta valiosa obra sobre los antiguos mexicanos, de su medio ambiente, sus creencias, sus costumbres, las modalidades de su idiosincrasia y de su vida hasta la llegada de los españoles, con especial aprecio ya que se trata de uno de los estudios más completos de la época y, a la vez, es fuente interesante para conocer e interpretar mejor las características del pueblo mexicano y valorar sus tradiciones.

Asimismo, le doy las más cumplidas gracias por su libro titulado *La política petrolera* del escritor norteamericano Robert Engler, el que ofrece una lectura de especial interés por la amplia documentación que contiene respecto al desarrollo de la industria petrolera en el mundo y a la influencia que ésta ha ejercido y sigue ejerciendo en la política contemporánea, desafortunadamente hasta la fecha, con un corolario de conflictos de diversa índole para los países cuyo territorio posee petróleo sin que puedan explotarlo y aprovecharlo libremente por el carácter todavía monopolista de su apropiación y usufructo por parte de los grandes consorcios internacionales.

México, por fortuna, es una de las excepciones de esta regla aplicable a los países que aún presencian la explotación de las riquezas petrolíferas de su subsuelo o submarinas, por intereses extranjeros.

Le deseo el mayor éxito en su trascendental tarea de contribuir, bajo la orientación presidencial y por propia disposición, a incrementar y defender con criterio nacional la riqueza petrolera mexicana, patrimonio de la nación.

Quedo de usted su atento amigo que lo saluda muy cordialmente.

Lázaro Cárdenas

México, D. F., 22 de mayo de 1967

Señor licenciado Jesús Reyes Heroles, director general de Petróleos Mexicanos, Av. Juárez Nº 92-94, México, D. F.

Distinguido y fino amigo: Mucho agradezco el envío de su libro *Estudio preliminar a las obras de Mariano Otero*, en el que hace usted una justa interpretación y evaluación del pensamiento del preclaro legislador y estadista que actuó en un período especialmente aciago de la historia de México.

Las ideas del prócer Mariano Otero, expuestas en sus "Observaciones" y "Consideraciones", así como en el "Ensayo" dan, efectivamente, la medida de su poder analítico respecto a las causas principales de los problemas de la sociedad, las que con mente esclarecida atribuye a factores esencialmente materiales y concretamente, a la organización de la propiedad, lo que revela la madurez a que llegó este joven y notable pensador mexicano de la primera mitad del siglo pasado.

Su acción parlamentaria y su gestión al frente del Ministerio de Relaciones Interiores y Exteriores, en las difíciles condiciones que imperaban, con nuestro territorio mutilado como resultante de una guerra injusta y bajo nuevas y peligrosas amenazas del exterior cuando el país desorganizado y desunido era fácil presa de capituladores, tuvo la virtud de distinguirse por el patriotismo acrisolado y la excepcional capacidad de saber ponderar las situaciones más complejas y ejercer el poder de que estaba investido en defensa de los intereses nacionales.

Sorprende, en verdad, que un hombre de tan fugaz ejecutoria pública haya dejado una huella valedera, tanto en sus aportes teóricos como en su acción práctica que cubren, en realidad, tan pocos años de la historia de nuestro país.

Felicito a usted muy sinceramente por su nuevo libro y, desde luego, será muy positiva la edición de las obras del señor Mariano Otero para que la posteridad pueda valorar, en su justa medida, esta figura ejemplar.

Quedo de usted su atento amigo, que lo saluda muy cordialmente.

Lázaro Cárdenas

México, D. F., 3 de julio de 1967

Señor doctor Salomón Eckstein, México, D. F.

Distinguido y fino amigo: Deseo agradecer a usted el obsequio de su interesante libro titulado *El ejido colectivo en México*, presentado como tesis en la Universidad de Harvard de los Estados Unidos para obtener el doctorado en Economía.

He leído con especial interés su examen sobre los sistemas de tenencia de la tierra consagrados por la Reforma Agraria en México y sus planteamientos sobre los distintos y complejos aspectos en que funciona el ejido y sus opiniones respecto a la forma en que éste opera, con sus defectos y sus virtudes, y la manera de mejorar el sistema ejidal.

Sin duda su libro refleja la seriedad que usted ha puesto al estudiar el problema de la tierra y especialmente el de la organización ejidal por lo que, independientemente de las distintas opiniones que existen sobre tan importante tema, su trabajo constituye un aporte muy valioso para el conocimiento de los diferentes aspectos del sistema ejidal.

Lo felicito muy sinceramente por su obra y es de agradecer su preocupación y simpatía respecto a la Reforma Agraria y su producto más genuino, el ejido.

Fue para mí útil y agradable la conversación que con usted y otros amigos tuve hace algunas semanas y deseo manifestarle mis mejores votos para sus futuros trabajos y su bienestar personal.

Quedo de usted su amigo que lo saluda muy cordialmente.

Lázaro Cárdenas

México, D. F., 18 de julio de 1967

Señor licenciado Ignacio García Téllez, 20 de Noviembre N° 82, México, D. F.

Distinguido y estimado amigo: Recibí sus atentos saludos y el artículo que sobre la juventud escribió usted para la revista *Siempre!* y que se publicó el 14 de junio pasado.

Conocía ya su texto y deseo felicitarlo por los claros conceptos que en él vierte, señalando la compleja situación en que ha tocado vivir a las jóvenes generaciones y los factores que contribuyen a crear una serie de interrogantes a una juventud que, si es cierto que se ve rodeada de intensas luchas que la inquietan y a veces, la confunden, se encuentra hoy mejor equipada para analizar y comprender las causas de los desajustes internos y externos que experimentan casi todos los países y, en general, el mundo entero.

Los sacudimientos de orden moral y social que la juventud registra, desde la sutil intromisión de ideas y costumbres ajenas a su propia idiosincrasia, la violenta reacción que se extiende por todo el orbe contra la injusticia social, las guerras localizadas que ha desatado el imperialismo y el choque ideológico y político entre naciones afines o no en sus estructuras básicas, hasta el vertiginoso avance de la ciencia y la técnica que han abierto rutas de progreso y de comunicación interestelar y simultáneamente a monstruosas capacidades de destrucción y de muerte colectivas; todos estos sucesos y contradicciones corresponden a la descomposición de un mundo que fenece y al desencadenamiento de fuerzas revolucionarias nuevas e incontrastables, tanto físicas como espirituales, en vísperas de un cambio profundo en todas las escalas de las relaciones sociales y humanas.

Esta gran revolución, que es mundial, inevitablemente produce grandes convulsiones sociales e incendios bélicos que afectarán a la presente y a las generaciones venideras, las que sería deseable estuviesen preparadas, para vivirlos con entereza y sólidas convicciones revolucionarias, para ponerlas en práctica en la medida en que las circunstancias lo vayan requiriendo, en la confianza de que el porvenir es uno para toda la humanidad, el de bienestar colectivo en la aplicación de la justicia y el de la paz entre las naciones, en el usufructo independiente de sus bienes en beneficio de sus pueblos en un orden internacional fraterno y sin distingos deprimentes.

Leo con invariable interés sus aleccionadores escritos, en los que manifiesta sus ideas con tanta sinceridad como espíritu de justicia.

Agradezco el envío que me hizo usted del artículo que comento y quedo, como siempre, su atento amigo que lo saluda muy afectuosamente.

Lázaro Cárdenas

México, D. F., 14 de agosto de 1967

Señor Antonio J. Bermúdez, Av. Ávila Camacho N? 108,
México 10, D. F.

Distinguido y estimado amigo: Mucho agradezco su obsequio del valioso libro titulado *Causas y consecuencias de la guerra del 47*, del escritor y jurista norteamericano del siglo pasado, señor William Jay, sobre la injusta invasión norteamericana que México sufrió en 1847 y que dio origen a la dolorosa mutilación del territorio nacional.

Es en extremo interesante la posición del autor ante las maquinaciones del gobierno norteamericano para lograr posesionarse de grandes extensiones del país, así como su acendrado sentimiento antiesclavista en aquellos tiempos en que no abundaban elementos que se pronunciaran fervorosamente en favor de la justicia internacional y de la que merecían los negros de los Estados Unidos con la abolición de la infamante situación de esclavitud en que vivían.

Después de muchos años, la secuela que de aquella mentalidad pervive ha producido miseria, ignorancia e insalubridad, prevaleciendo tal estado de injusticia entre la población negra, que hoy registra una efervescencia prerrevolucionaria que, de no otorgarle con premura sus derechos y atender sus necesidades materiales y culturales, desembocará en fecha no lejana en un gran movimiento social de negros y blancos norteamericanos unidos en su voluntad de paz en la justicia interna y externa y en el respeto definitivo de sus derechos cívicos, económicos, sociales e individuales para la constitución de una sociedad verdaderamente justa, igualitaria.

Le agradezco muy sinceramente el envío de este libro editado en México hace veinte años, cuya adquisición mucho aprecio, gracias a su gentileza.

Quedo su atento amigo que lo saluda muy cordialmente.

Lázaro Cárdenas

México, D. F., 20 de agosto de 1967

Señor profesor Jesús Silva Herzog, Av. Coyoacán N? 1035,
México, D. F.

Distinguido y estimado amigo: Con verdadero interés leí varios artículos que aparecieron en el número cuatro de *Cuadernos Americanos*, prestigiosa revista de proyección latinoamericana, bajo su acertada dirección.

Entre éstos el del señor Manuel Pedro González titulado "Cuba, revolución en marcha", el de Charles Henry Miller "B. Traven y el problema petrolero" y el que con gran erudición escribió usted bajo el título de "El comercio de México bajo la época colonial", entre otros que también corresponden a temas y autores de señalada jerarquía.

El artículo que trata sobre la Revolución Cubana se distingue por su objetividad y, salvo para fuerzas interesadas en negar u oscurecer la verdad, la interpretación panorámica, nítida y desapasionada, que el señor González ofrece sobre las condiciones de vida que imperan en la República hermana, es óptima para las masas del pueblo ya que, a pesar de las limitaciones impuestas a Cuba desde el exterior, no carecen de una alimentación básica adecuada, poseen escuelas y atención médica universales, centros de descanso y sano esparcimiento gratuitos o a precios módicos y oportunidades de cultivarse a manera de contribuir al progreso de la sociedad, de la nación y en lo individual, sin más límites que los que impone el estado de desarrollo de la ciencia, la técnica, la literatura y el arte en aquel país.

En cuanto a posibles errores e injusticias cometidos, como dice el autor, son producto de la inexperiencia e inevitables en todo proceso revolucionario, más aún ante una situación de continuas amenazas foráneas. Sin duda, ambos se irán conjurando y subsanando en la medida que se consolide el régimen socialista.

Lo que manifiesta el señor Miller respecto al problema petrolero reviste importancia al tratarse del deseo sincero de un ciudadano norteamericano de que se difunda la historia que culminó con la expropiación, partiendo desde la explotación incipiente del producto en las tierras adyacentes al Golfo de México, donde se registraron numerosos despojos, injusticias de toda clase y aun graves hechos de sangre que recoge el eminente escritor B. Traven en su libro *La rosa blanca* con la indignada, generosa pasión y la maestría de un escritor en extremo sensible y honesto.

Si la propia novela de Traven no ha podido ser publicada en los Estados Unidos, imagino que la historia del petróleo en México no tendría fácil acogida en las casas editoriales norteamericanas. La buena disposición del señor Miller hacia México es frecuente encontrarla entre el pueblo de su país. Desafortunadamente, los grandes intereses petroleros y otros de índole similar se empeñan siempre en frustrarla.

Siendo el petróleo, como usted sabe, uno de los elementos que despierta mayor codicia y alrededor del cual se han formado consorcios tan poderosos, capaces de influir sobre sus propios gobiernos y los ajenos, su posesión ha producido, más de una vez, graves problemas internacionales en los que se han visto involucradas la guerra y la paz, la independencia de los pueblos y la soberanía de las naciones, pues los intereses que se mueven en función del petróleo no tienen escrúpulo alguno para emplear la mayor violencia y los más brutales métodos imperiales para adquirir derechos omnímodos sobre su explotación, lo mismo en América que en el Medio Oriente y en aquellas regiones de Asia y de África en que hay yacimientos petrolíferos.

En justicia el señor Miller menciona el libro de usted sobre la historia de la expropiación petrolera, como la mejor contribución al conocimiento de los hechos que acaecieron alrededor de ese acto de emancipación económica; y es ocasión propicia para manifestarle mi permanente aprecio por su valiosa y patriótica colaboración en los momentos más difíciles de las negociaciones respectivas que el gobierno que tuve el honor de presidir sostuvo con el de los Estados Unidos, así como en la ardua tarea de la organización de Petróleos Mexicanos.

Felicito a usted por su magnífico artículo ya citado sobre el comercio de México durante la época colonial, por los valiosos antecedentes reunidos y clara y amenamente expuestos respecto a la forma en que se estableció el intercambio comercial entre la Nueva España y la Metrópoli y su difícil desarrollo, lleno de las cerradas restricciones que ésta practicaba con sus colonias. Aún con diferencias sustanciales, la lectura de su artículo hace pensar en que el influjo de las normas establecidas para el comercio de entonces, en cierta forma persisten en un mundo diferente, más amplio, mejor organizado y mutilateralmente comunicado, pues las grandes potencias no han podido superar la estrechez en que mantienen sus intercambios, cuya discutible multilateralidad se hace aún más relativa, perjudicando la expansión del comercio exterior de los países débiles que, como el de México, tan ligado se encuentra a las condiciones en que opera su economía interna.

Los tres artículos representan, en verdad, un muestrario de los muy valiosos e ilustrativos que aparecen bimensualmente en las distintas secciones de su magnífica revista, que ha logrado seguir y presentar la evolución del pensamiento hispanoamericano de los últimos veinticinco años.

Deseo manifestarle que me fue muy grata y útil la reciente conversación con usted, esperando reanudarla en alguna ocasión propicia.

Quedo de usted su amigo que lo saluda muy cordialmente.

Lázaro Cárdenas

México, D. F., 4 de noviembre de 1967

Señor Francisco Martínez de la Vega, Rébsamen Nº 556, México 12, D. F.

Distinguido y estimado amigo: Mucho agradezco el obsequio del volumen que encierra una selección de tus recientes escritos periodísticos que han sido recogidos bajo los auspicios del Sindicato de Trabajadores Electricistas de la República Mexicana en las "Ediciones Solidaridad".

Conocí, en la oportunidad de su publicación, los artículos mencionados; los releí y tal como apunta la nota preliminar del libro "mantienen su interés y permiten bosquejar la personalidad de un periodista que ha dedicado lo mejor de su tiempo y de su inteligencia a orientar a los obreros y campesinos".

Deseo aprovechar esta ocasión para manifestarte una vez más mi gran aprecio por tu labor periodística, llevada con un profesionalismo riguroso que, nutriéndose en un alto sentido de responsabilidad al examinar los problemas de su tiempo, se mantiene en una actitud rectilínea tendiendo a hacer conciencia sobre asuntos que requieren la atención pública y soluciones adecuadas en benificio del país y de sus clases de escasos recursos, ya sea esclareciendo hechos, haciendo públicas las injusticias o abriendo rutas congruentes con las mejores tradiciones revolucionarias. Y si se trata de escribir de cuestiones mundiales, en señalar advertencias que contribuyan a salvaguardar la soberanía y a defender la independencia nacional, propugnando siempre por la justicia y la paz internacionales.

Quiero destacar el generoso empeño con que justificadamente escribes sobre la Reforma Agraria, presente siempre en la fuerza con que se manifiestan las urgencias campesinas o peligrosamente marginada o desfigurada al conjuro de negativas tendencias conservadoras y de nuevos intereses creados, según la orientación y las circunstancias del momento. Permanece sin embargo, en tus escritos, con reiterada insistencia, como tema central de la vida de México y, por lo tanto, de tu actividad periodística.

Dura y necesaria tarea la de persistir en que se aplique la Reforma Agraria y se modifiquen y afinen las leyes respectivas con un criterio de franca connotación revolucionaria, como lo expresas en reciente artículo al reiterar que la tierra no debe ser para quien la posea sino para quien la trabaje. También, habrá que insistir en que deben garantizarse las utilidades del ejidatario en la producción, al cosechar su siembra, la que por lo general pasa al comercio y a la industria en condiciones desventajosas que mantienen al campesino en condiciones precarias.

Te felicito por tu continua labor periodística, revolucionaria, deseándote significativas satisfacciones.

Quedo muy cordialmente tu amigo.

Lázaro Cárdenas

México, D. F., 8 de enero de 1968

Señor arquitecto Ernesto Guevara Lynch, domicilio conocido, Rosario, Argentina.

Estimado y distinguido señor arquitecto: Pasado el ambiente de sensible sorpresa, me permito manifestar a usted mi honda pena por el fallecimiento de su ilustre hijo, cuyas gestas guerrilleras por la libertad de nuestra América le han abierto las puertas de la inmortalidad.

La muerte y las circunstancias en que se produjo para Ernesto Guevara de la Serna y, sobre todo, la razón de su vida heroica mantenida hasta su momento final, se convierten para la humanidad oprimida, singularmente para los latinoamericanos, en un mensaje de redención y en una instancia para persistir en la ruta que, por caminos diversos, llevan a la libertad, la independencia y la emancipación social de los pueblos.

La preocupación y el fervoroso anhelo de servir y aliviar los sufrimientos de sus semejantes desde su temprana juventud; el despertar de su conciencia social ante la similitud y la gravedad de nuestras carencias latinoamericanas; su entrega a la causa eminentemente humanista de la liberación total del hombre y la decisión y el valor con que escogió "consumirse en una actividad revolucionaria ininterrumpida que no tiene más fin que la muerte", hacen del Che Guevara prototipo de nuestros tiempos.

Amarga es, sin duda, la pérdida de un hijo e irreparable la de un prócer de la libertad, mas la fuerza que emana de su ejemplo permanece y da contenido a la vida de juventudes que han de proseguir en el esfuerzo de alcanzar sus altas metas.

El fusil, en manos del Che Guevara, fue un flagelo depurador de injusticias y una arma de reivindicaciones sociales que los pueblos siempre han empleado para liberarse de la opresión.

Para usted y los suyos un saludo afectuoso con mis más sinceras condolencias.

Lázaro Cárdenas

Buenos Aires, 28 de marzo de 1968

Señor general Lázaro Cárdenas, Andes 605, México 10, D. F.

Mi muy estimado señor general: Acuso recibo de su expresiva carta del 8 de enero del corriente año, que recién contesto por haber estado ausente.

Su carta, además de llegarme profundamente, tiene para mí un especial significado: mi hijo Ernesto tenía por usted un altísimo concepto y gran aprecio y yo personalmente, lo he tenido tanto, que su persona y su actuación en la defensa de los intereses nacionales de México, me inspiraron en la lucha por la defensa de los intereses nacionales de nuestro país y especialmente, en la defensa de nuestro petróleo, donde actué como secretario general de la entidad denominada "Movimiento en Defensa del Petróleo Argentino".

Agradezco señor general, las palabras de condolencia y las palabras de elogio de mi hijo Ernesto, las agradezco como padre y las agradezco como ciudadano de América y de todos los pueblos oprimidos por los grandes imperialismos.

Le pido permiso para que, si a usted no le trae molestia alguna, pueda hacer pública esta hermosa carta, que sin duda alguna, ha de dar aliento a tantos hombres empeñados en la liberación y la emancipación social de los pueblos.

Reciba usted de mi parte y de todos los míos, con toda admiración y respeto, un fraternal saludo de

Ernesto Guevara Lynch

México, D. F., 9 de febrero de 1968

Señor doctor Gustavo Baz, presidente del Patronato del Hospital de Jesús, Pino Suárez Nº 35, México 1, D. F.

Distinguido y fino amigo: Acabo de recibir su atenta carta de fecha 17 de enero y el programa anexo que el Patronato que usted dignamente dirige ha denominado "Servicio Médico Social del Hospital de Jesús".

Asimismo, me comunica que este programa tiene como objeto incorporar a sectores económicamente débiles de la población a la atención médica, que por una u otra razón las instituciones de seguridad social oficiales o descentralizadas no pueden incluir en sus servicios, por ejemplo, los boleros, voceadores, choferes, locatarios de mercado, estudiantes de provincia y otros grupos sin salario fijo ni patrón que pueda auxiliarlos para ingresar en el sistema de seguridad establecido.

La forma en que el Patronato del Hospital de Jesús piensa proporcionar servicios médicos a esos sectores, por medio de cuotas modestas por consulta externa y hospitalización con descuentos en la adquisición de medicamentos, es muy loable, ya que de otra manera aquéllos difícilmente podrían contar con la atención que les proporcionará con toda eficiencia el Patronato.

En cuanto a su amable invitación para concurrir a las jornadas de trabajo que tendrán lugar en los próximos días a efecto de cambiar impresiones para impulsar los programas de beneficio social que auspiciará el Hospital de Jesús, me veré privado de concurrir a la primera en vista de que, por razones de trabajo, tendré que ausentarme de la capital el próximo lunes.

Sin embargo, con todo gusto asistiré a algunas de las que en el futuro efectúen.

Felicito a usted y a sus colaboradores muy sinceramente por el programa que tienen en mente para extender el servicio médico de beneficio social descrito en la publicación que vino adjunta a su atenta carta, deseando al Patronato del Hospital de Jesús los mejores resultados en esta obra señaladamente benéfica.

Esperando tener ocasión de saludarlo y reiterarle personalmente mi disposición de colaborar en su patriótica y humanista labor, quedo como siempre su atento amigo.

Lázaro Cárdenas

México, D. F., 10 de febrero de 1968

Señor licenciado Genaro García, México, D. F.

Estimado y fino amigo: Recibí el volumen escrito por usted titulado *Camino del genocidio* que dedica a los diez mil republicanos españoles que durante la segunda guerra mundial fueron deportados a los campos de exterminio de la Alemania nazi y sacrificados en las cámaras de gas e incinerados en hornos crematorios.

La descripción que hace usted de los episodios que vivieron los trabajadores extranjeros, los perseguidos y prisioneros bajo el régimen nazi, así como el material fotográfico con que ilustra el texto de su libro, demuestran con realismo y claridad la oscura y criminal ejecutoria del nazismo, la que es oprobiosa para la humanidad.

Desgraciadamente, con otros métodos y nuevas armas y protagonistas presenciamos hoy una guerra de aniquilamiento que sólo detiene el heroísmo extraordinario de los vietnamitas, del norte y del sur, y una solidaridad internacional creciente en favor de la independencia y la integridad territorial del país tan injusta y cruelmente agredido por el imperialismo norteamericano.

Felicito a usted por el merecido homenaje que constituye su libro a las víctimas del nazismo y le doy las gracias más cumplidas por la amable dedicatoria de su escrito.

Quedo de usted su amigo que lo saluda muy cordialmente.

Lázaro Cárdenas

México, D. F., 13 de mayo de 1968

Señor Diego Córdoba, Edificio Villa Madrid, Depto. 64, Av. Páez, El Pinar, Caracas, Venezuela.

Distinguido y querido amigo: Recibí tu carta y el cable de fechas 10 y 28 de abril, respectivamente, que mucho agradezco.

El crimen político que segó la vida del doctor Martin Luther King, como tú bien dices, es un hecho infamante en la historia de los Estados Unidos, más aún considerando que fue un apóstol de la lucha pacífica en favor de los derechos civiles de la población negra norteamericana y que sus armas fueron siempre la razón y el convencimiento en su empeño de modificar, de hecho y de derecho, las condiciones de injusticia y discriminación en que viven sus hermanos de raza. Asimismo, fue un paladín de la causa de la paz mundial.

El acto de violencia que truncó la vida del pacifista, traerá como consecuencia, en póstuma y doble ironía, el recrudecimiento inevitable de la lucha de los negros y los mulatos por medios violentos, los únicos que han dejado a su alcance para tratar de remover los obstáculos de la intolerancia y la incomprensión propias de la barbarie que aún impera entre algunos sectores de los Estados Unidos: la segregación racial.

He leído con interés lo que me dices en tu carta sobre la situación que priva en Venezuela. Sería deseable la creciente unidad del pueblo alrededor de los principios de la democracia social y la emancipación económica para que, independientemente de los partidos en que militen los venezolanos, puedan llegar a hacer culminar la justicia que por igual persiguen los que luchan con métodos cívicos y los que emplean métodos violentos.

He quedado enterado de que mi ahijado Diego permanecerá unos meses más en los Estados Unidos y que tú y Matilde, no podrán viajar a México en este mes, aplazando su visita para el mes de julio. Seguramente ustedes y Diego coincidirán aquí. Para Amalia y para mí será muy grato verlos de nuevo en México.

Me apena que tu salud no sea del todo buena y que hayas tenido que internarte en el Hospital Central de Caracas para someterte a investigaciones médicas, siendo plausible que no haya necesidad de una intervención quirúrgica, sino la posibilidad de que recuperes la salud con aplicaciones de diatermia.

Agradezco tus amables expresiones relativas a mi participación en los actos conmemorativos del XXX aniversario de la expropiación petrolera, así como el recorte de periódico que tuviste la bondad de enviarme.

Amalia se une a mí para desear a Matilde y a ti nuestros mejores parabienes.
Recibe por mi parte un abrazo cariñoso.

Lázaro Cárdenas

México, D. F., 15 de mayo de 1968

Señor ingeniero Adolfo Orive Alba, Agustín Ahumada N? 335, México 10, D. F.

Distinguido y fino amigo: Leí con interés el texto de la conferencia que tuvo usted a bien dictar el 25 de abril pasado en la Facultad Nacional de Ingenieros de la Universidad Nacional Autónoma de México sobre la misión del ingeniero en México y el mundo.

Los antecedentes que ilustran su conferencia en cuanto a los avances que a través de la historia realizan los pueblos para desarrollarse, me parecen muy interesantes y orientadores; y la enumeración de la forma en que han intervenido los ingenieros mexicanos en la construcción de la infraestructura económica del país, la considero útil para imprimir entre los estudiantes de ingeniería y arquitectura una idea clara y veraz de las realizaciones que han antecedido a las que hoy emprenden las nuevas generaciones a fin de que, aprovechando las experiencias del pasado, pueda esa juventud orientar su acción hacia metas más ambiciosas y congruentes respecto a las tareas esenciales en cuanto a obras de infraestructura necesarias y capaces de servir a los mexicanos para desarrollar y transformar aceleradamente sus recursos naturales.

Agradezco a usted el envío del texto de su conferencia y felicítolo muy sinceramente por la precisión, la claridad y la intención patriótica que encierra este trabajo de divulgación de las responsabilidades a las que debe responder un ingeniero en México.

Quedo de usted su atento amigo que lo saluda muy cordialmente.

Lázaro Cárdenas

México, D. F., 12 de julio de 1968

Señores ingeniero Alberto T. Casella y Alfredo Varela, presidente y vicepresidente del Consejo Argentino de la Paz, Tucumán 983, Buenos Aires, Argentina.

Muy estimados amigos: Recibí su atenta carta de fecha 29 de

abril pasado en la que expresan su pena por el deceso del señor general Heriberto Jara, acaecido hace cerca de dos meses en esta capital.

Efectivamente, el señor general Jara fue revolucionario de gran valía que contribuyó con las armas en la mano y con su labor legislativa a hacer triunfar y consolidar la Revolución Mexicana y asimismo, un patriota y gran luchador por las mejores causas de la humanidad y en especial, por la paz del mundo.

Es sin duda una pérdida para México y para los luchadores por la paz que conciben ésta en función y como consecuencia de la plena autodeterminación de los pueblos y en el respeto a la soberanía de las naciones. Además, como ustedes bien dicen, su vida es un estímulo para quienes, como él, luchan por la gran causa de la paz mundial.

Agradezco su carta de condolencia solidaria.

Quedo de ustedes su amigo que los aprecia y los saluda muy cordialmente.

Lázaro Cárdenas

México, D. F., 14 de junio de 1968

Señor Efraín Buenrostro, Tennyson N? 355, México 5, D. F.

Distinguido y fino amigo: Recibí el volumen que contiene del primero al cuarto número de la revista *Problemas Agrícolas e Industriales de México* y que corresponden al año de 1950.

Mucho agradezco el obsequio que me haces de estas publicaciones finamente empastadas ya que, además de provenir de un estimado y gran amigo, los escritos que cubren el año editorial de la revista de referencia son de particular interés, en especial para mí los que se refieren a la irrigación en México, a la agricultura y a las cuestiones agrarias y al desarrollo económico e industrial del país.

Es ocasión propicia para manifestarte mi aprecio, grande y continuo, por la valiosa colaboración que prestaste a la administración 1934-1940 que tuve el honor de presidir, tanto como titular de la Secretaría de la Economía Nacional como en las ingentes tareas que se desprendieron de la expropiación petrolera al ocupar el cargo de director de Petróleos Mexicanos en una etapa especialmente difícil de su desarrollo incipiente como industria nacionalizada y que ha contribuido al desenvolvimiento general del país.

Es para mí una señalada satisfacción contar con tu sincera y leal amistad a través de tantos años y hago los mejores votos porque tu estado de salud siga mejorando.

Para ti y tu familia a nombre de Amalia y mío propio nuestros saludos cariñosos.

Lázaro Cárdenas

México, D. F., 27 de julio de 1968

Señor licenciado José Guadalupe Zuno, Guadalajara, Jal.

Estimado y gran amigo: Sigo en mis frecuentes recorridos y es por esto que hasta hoy hago referencia a tu muy atenta carta del 6 de junio próximo pasado. Agradecemos tus saludos que retornamos para ti y los tuyos con gran afecto.

En relación a la entrega de los títulos a la generación 1965 que me distinguió nombrándome su padrino y en la que tuviste la gentileza de representarme, me sería muy grato entregárselos personalmente, sólo que no podré por ahora viajar a esa zona sino hasta después de octubre próximo y como serían varios meses de espera, tú me indicarás si prefieren enviármelos para firmarlos y en este caso, te avisaré oportunamente la fecha en que me encontraré en esta ciudad para recibirlos.

Te estimaré hacer patente mi afectuoso saludo a nuestros ahijados. Tanto tú que asististe al acto como yo que recibí su distinción para apadrinarlos, quedamos obligados con ellos y espero tener ocasión de verlos y saber de sus actividades.

Deseo te sigas manteniendo en buen estado de salud para que continúes desarrollando tu meritoria labor y en contacto con los jóvenes que pueden aprender mucho de tus amplios conocimientos y de tu sensibilidad revolucionaria.

Un abrazo de tu siempre atento amigo.

Lázaro Cárdenas

México, D. F., 30 de julio de 1968

Señor Miguel A. Olea Enríquez, Calle 59 N° 432, Mérida, Yuc.

Estimado y fino amigo: Recibí tu muy atenta carta de fecha 23 de julio actual en la que, haciendo una justa apreciación de los altos méritos del señor general Salvador Alvarado, me participas que la empresa que diriges ha exaltado su memoria erigiendo un monumento a la entrada de las nuevas industrias que ha creado Cordemex y que llevan su nombre. Me llegó la copia que me enviaste y que te agradezco.

Es sin duda plausible la erección de ese monumento y, sobre todo, el haber perpetuado el nombre del general Alvarado en instalaciones industriales que darán trabajo a un numeroso grupo de obreros.

Independientemente de los beneficios que reportó al pueblo yucateco la presencia transitoria del general Alvarado en Yucatán, cuyas ideas y acción revolucionarias se hicieron sentir hondamente en la península, seguramente que también se estará exaltando la memoria del prócer yucateco, señor Felipe Carrillo Puerto, cuya trayectoria revolucionaria semeja en limpieza, rectitud y altura de miras a la del propio general Alvarado y que, además, sacrificó su vida por sus ideales.

Te felicito y por tu amable conducto a quienes hayan colaborado para hacer culminar esta obra de recordación del señor general Alvarado.

Quedo tu amigo que te saluda muy cordialmente.

Lázaro Cárdenas

México, D. F., 8 de octubre de 1968

Señor ingeniero Santiago Agurto Calvo, rector de la Universidad Nacional de Ingeniería, Casilla N° 1301, Lima, Perú.

Muy estimado señor ingeniero y fino amigo: Tuve el gusto de recibir su comunicación de fecha 18 de septiembre pasado, en la que tiene usted la amabilidad de hacer de mi conocimiento que la Universidad Nacional de Ingeniería bajo su rectorado tomó el acuerdo de designarme doctor *honoris causa* de la misma.

Agradezco infinitamente el alto honor que se me hace, así como la enunciación que usted hace en su carta sobre los motivos por los cuales han tenido a bien acordar la designación respectiva y que manifiesta usted con generoso espíritu.

Siento decirle y, por su digno conducto a los maestros y alumnos de esa H. Universidad, que me veré privado de la satisfacción de recibir tan inmerecido honor, por el momento, debido a circunstancias e ineludibles compromisos de trabajo contraídos con anterioridad, en la inteligencia de que esta obligada ausencia de la Universidad Nacional de Ingeniería en ocasión tan significada, acendra mi gratitud y reconocimiento hacia todos y cada uno de los componentes de aquella institución.

Me permito felicitar muy cordialmente a la Universidad Nacional de Ingeniería de Lima, por su participación en el esfuerzo que el Perú ha realizado para reivindicar la riqueza petrolera del país, que estamos seguros llegará a lograrlo, no obstante las dificultades que es necesario afrontar y vencer para que ese invaluable recurso sea restituido a la nación, la que tiene el legítimo derecho de poseerlo y usufructuarlo en beneficio de sus propios intereses.

Quedo de usted su amigo que lo saluda muy cordialmente.
Lázaro Cárdenas

México, D. F., 12 de noviembre de 1968

Señor licenciado Gustavo Corona, México, D. F.

Estimado licenciado y fino amigo: Recibí copia del informe que manda usted al señor Gobernador del estado de Michoacán, relacionado con la plaga de la palma de coco que afecta a los plantíos en la costa de Michoacán.

Muy conveniente la sugestión que usted hace en el sentido de que se aprovechen elementos egresados o pasantes de la carrera de la Facultad de Agrobiología en Uruapan, para que se estudie la plaga de referencia y forma de combatirla.

Dicha escuela entiendo está incorporada a la Universidad Michoacana y considero que ello facilita el aprovechamiento de grupos estimulados por el gobierno del estado.

Por diferentes conductos se ha solicitado de la Secretaría de Agricultura y Ganadería se ponga mayor atención al combate de esta plaga que ha venido arruinando plantíos de consideración, tanto en el estado de Guerrero como en Michoacán y en la primera oportunidad que tenga de platicar con el C. Secretario de Agricultura haré referencia a ello.

Lo felicito por el interés que usted pone en problemas de esta naturaleza que afectan la economía de la región y del país.

Me reitero de usted su atento amigo con un saludo afectuoso.
Lázaro Cárdenas

México, D. F., 8 de febrero de 1969

Señor ingeniero Marte R. Gómez, Reforma N° 540,
México 5, D. F.

Estimado y fino amigo: Recibí tu muy atenta carta de fecha 21 de diciembre pasado y con ella un recorte del diario *El Sol de México*, correspondiente al día 20 del mismo mes, informando que el doctor Ramiro Iglesias Leal fue invitado para concurrir al lanzamiento de la cápsula espacial "Apolo 8" que se efectuó desde Cabo Kennedy.

Haces memoria de que el doctor Iglesias fue un niño hijo de campesinos que a temprana edad solicitó, a nuestro paso por Cd. Camargo hace cerca de treinta años, facilidades para proseguir sus estudios en la capital.

Es satisfactorio que el médico de origen campesino que hiciera sus estudios en la Facultad de Medicina de la Universidad Nacional Autónoma de México y que obtuviera con tu ayuda becas de especialización, fuera invitado a observar a los tripulantes del viaje espacial como asesor médico de la Asociación Sindical de Pilotos Aviadores de México y, también, que siga sintiendo apego a su tierra natal, sobre todo a la clase campesina de la que proviene.

Te agradezco me hayas informado de ello, que en realidad me causa satisfacción ver se distinga a un profesionista como el doctor Iglesias, de origen campesino, por sus propios merecimientos.

También deseo darte las gracias por el interesante libro que me obsequiaste en ocasión del nuevo año, titulado *Dos hermanos héroes* cuyo autor es el señor Lorenzo de la Garza, el cual leeré con todo interés.

Quedo tu amigo que te saluda con gran afecto.

Lázaro Cárdenas

México, D. F., 10 de febrero de 1969

Señor Pablo Méndez, Municipio Libre Nº 54, colonia Portales, México, D. F.

Estimado amigo: Deseo manifestarle, y por su amable conducto a su señora madre y familiares, mi honda pena por el deceso del notable artista revolucionario, defensor de las mejores causas de México y de la humanidad.

Leopoldo Méndez exaltó con singular talento plástico las gestas de la Revolución Mexicana, interpretando fielmente en el contenido de su obra el verdadero y profundo sentido social que la inspiró. Organizó con otros eminentes pintores y grabadores mexicanos, el Taller de Gráfica Popular, de fecundo y ya largo historial en su función de hacer llegar el arte del grabado al pueblo.

Rescató la tradición mexicana que en su dinámica expresión popular empleó el genial grabador José Guadalupe Posada para describir el ambiente político y social del medio en que vivió, e hizo resurgir, con un sentido nuevo, la práctica de la creación artística en forma colectiva, de manera que la expresión individual pudiese manifestarse con toda libertad y, en tareas específicas, se trabajase en equipo en la concepción y la realización de obras destinadas a la educación artística y política de las masas. Ambas tareas revelan la fina y generosa sensibilidad del espíritu de Leopoldo Méndez.

En sus últimos años, con varios colaboradores dedicó lo mejor de su talento a una labor editorial de alta calidad seleccionando, reproduciendo y difundiendo la plástica mexicana en algunas de sus manifestaciones más interesantes.

Artistas como él merecen el reconocimiento de propios y extraños, por la trascendencia de su obra en el tiempo y en el espacio.

Quedo de usted su amigo que lo saluda con afecto.

Lázaro Cárdenas

México, D. F., 11 de febrero de 1969

Señor Martín Luis Guzmán, Gral. Prim. núm. 38, México 6, D. F.

Estimado y distinguido amigo: Recibí complacido la meritoria obra que reúne reproducciones de valiosas pinturas realizadas en México en los siglos XVI y XVII, las que pertenecen a colecciones particulares.

La edición de este volumen bajo la dirección del señor Javier Pérez de Salazar, con la contribución de escritores, artistas y técnicos en la materia, ofrece la oportunidad a los interesados en la pintura mexicana antigua de conocer y apreciar obras de arte que, como se dice en los textos, registran la influencia del arte religioso europeo y que, a la vez, conllevan la huella artística del indígena, enriqueciendo e imprimiendo un sello inconfundiblemente mexicano a algunas de las pinturas cuya reproducción es, en efecto, de alta calidad y que, como dice el distinguido editor en la introducción, merece debido reconocimiento.

Sería de desear que los coleccionistas particulares que poseen obras de tan considerable valor artístico pudiesen organizar, bajo el patrocinio de los editores de "La pintura mexicana-siglos XVI y XVII", una exposición pública que llevara al mayor número posible de mexicanos siquiera parte del acervo que contiene el volumen que tuviste la amabilidad de obsequiarme y que mucho te agradezco.

Deseamos para ti y familia mayores satisfacciones en el presente año.

Tu siempre atento amigo.

Lázaro Cárdenas

México, D. F., 13 de febrero de 1969

Señor licenciado Antonio Arriaga Ochoa, director del Museo Nacional de Historia, Castillo de Chapultepec, México, D. F.

Distinguido y fino amigo: Con su atenta carta de fecha 4 de febrero recibí el sexto número de los *Anales del Museo Michoacano*, edición patrocinada por el C. Gobernador del estado de Michoacán.

Efectivamente, sería deseable que la publicación de los anales no se suspendiese pues, como usted dice en su carta, es indispensable estudiar los archivos de valor histórico que se encuentran en Michoacán y Guanajuato, los que seguramente ofrecerán materiales tan interesantes como los que glosa usted respecto a las minas de cobre explotadas desde la época de don Vasco de Quiroga y los que sirvieron para que el ilustre historiador señor licenciado Eduardo Ruiz, escribiera *La intervención francesa en Michoacán*, siendo los *Anales del Museo Michoacano* la publicación adecuada para difundirlos.

Agradecido por el envío del ejemplar de referencia, felicito a usted y a sus colaboradores por los continuados esfuerzos editoriales y museográficos que realizan.

Quedo de usted su amigo que lo saluda muy cordialmente.

Lázaro Cárdenas

México, D. F., 14 de febrero de 1969

Señores Simón Ramírez Puente, Cosme Mejía y Dimas Palacios, presidente, secretario y tesorero del Comité pro-homenaje al señor general Pedro Rodríguez Triana, Torreón, Coah.

Estimados amigos: Recibí la atenta invitación que se sirven hacerme para asistir al aniversario de la muerte de nuestro distinguido y fino amigo el señor general Pedro Rodríguez Triana, que fue gobernador de Coahuila y que se distinguió por su honestidad y espíritu agrarista, ayudando en todo lo que estuvo a su alcance a la clase campesina.

Por asuntos que me precisa atender me veré privado de estar presente en el merecido homenaje que se le tributa, rogándoles darme por presente en este acto.

Los felicito por el reconocimiento que guardan al hombre que luchó siempre en favor de la Reforma Agraria y por dar mayor impulso a la producción agrícola del ejido.

De ustedes su atento amigo.

Lázaro Cárdenas

México, D. F., 31 de marzo de 1969

Señora profesora Adriana Lombardo de Silva, directora de la Universidad Obrera de México, San Ildefonso N? 72,
México 1, D. F.

Estimada profesora y distinguida amiga: En su oportunidad recibí sus cartas de enero y del 6 de febrero en relación con los cambios que habían de operarse en la dirección de la Universidad Obrera de México y sobre los cuales tuvo usted la gentileza de participarme en el sentido de que fue usted nombrada, por unanimidad, directora de la institución, y que al señor profesor Raciel Hernández se le designó secretario general de la misma.

Reitero a usted lo que verbalmente le manifesté, felicitándola por su nuevo encargo, y afirmando mi opinión de que es útil para la preparación ideológica de los trabajadores mexicanos la existencia de la Universidad Obrera, donde adquieren una orientación filosófica de tendencia socialista sobre los principios que delineara el eminente fundador, ya desaparecido, de esa institución, señor licenciado Vicente Lombardo Toledano, cuya firmeza en el mantenimiento de esa casa de estudios con el fin ya indicado, es digna de encomio y de que prosiga sus labores bajo los métodos y las formas que él inspiró durante su gestión rectora.

Le deseo éxito en su noble misión y quedo de usted su amigo que la saluda muy cordialmente.

Lázaro Cárdenas

TELEGRAMA

México, D. F., 15 de abril de 1969

Señores Alberto García Montoro y Antonio Cazarín, presidente y vicepresidente Gran Comisión Homenaje General Heriberto Jara, F. Canal N° 619, altos, Veracruz, Ver.

Debido a compromisos de trabajo siento privarme de acompañarlos en significativos actos tributan homenaje memoria eminente ciudadano general Heriberto Jara en el primer aniversario de su muerte. Deseo sin embargo, patentizar mi completa y sincera adhesión ceremonias conmemorativas dedicadas a ilustre revolucionario y dilecto amigo, relevante figura en Asamblea Constituyente de Querétaro, donde distinguióse espíritu revolucionario sus intervenciones relativas artículos veintisiete y ciento veintitrés Carta Magna, laureado miembro del ejército constitucionalista, probo funcionario público y defensor de la causa de la paz mundial y de la autodeterminación de los pueblos. El general Heriberto Jara fue siempre consecuente, en sus ideas y su acción, con los principios de la Revolución Mexicana y con los que inspiran la trayectoria de los pueblos hacia su liberación. Vivió hasta el final de su vida con la preocupación de que las administraciones del régimen apoyadas en las clases populares fueran tolerantes ante la oposición política y comprensivas de las inquietudes de la juventud, cuidando de facilitarle el camino de su natural proceso histórico para conservar en ella el espíritu de superación generosa de servir al pueblo en sus necesidades. En contacto con la juventud siempre fueron sus consejos los de guiarse por la organización política para encontrar solución a sus problemas. El general Jara es digno de ser emulado por las presentes y futuras generaciones. Agradezco a ustedes la atenta invitación que se sirven hacerme y los saludo cordialmente, y por su estimable conducto a los trabajadores del puerto de Veracruz.

Lázaro Cárdenas

México, D. F., 26 de junio de 1969

Señor doctor Kenneth L. Pike, Universidad de Michigan,
Ann Arbor, Michigan.

Estimado y fino amigo: Mucho agradezco la obra que ha tenido usted la amabilidad de obsequiarme titulada *El lenguaje en relación con la teoría unificada sobre la estructura y el comportamiento humano*, la que se debe a sus persistentes y acuciosos estudios hechos en las zonas mexicanas en que se habla el mixteco y el mazateco.

Considero de un mérito excepcional el esfuerzo y la constancia de usted y de su distinguida esposa para conocer de cerca y a través de gran cantidad de material teórico, las raíces de las lenguas ya mencionadas y el efecto que éstas y el medio reflejan, condicionan y contribuyen a conformar la sicología de los pueblos, influyendo también en su comportamiento.

La importancia de sus estudios es múltiple y de considerables alcances para coadyuvar, a través de análisis depurados, a elaborar tesis científicas capaces de penetrar más hondamente en la configuración mental y física del individuo y de las colectividades.

Felicito a usted muy sinceramente por la obra a que ha dedicado usted sus esfuerzos.

Deseo manifestarle el alto aprecio que Amalia y yo profesamos a usted y a su señora esposa por los años de dedicación y de amistosa simpatía que durante mucho tiempo ofrecieron a los mexicanos de todos los niveles que tuvieron la oportunidad de tratar durante su estancia en México.

Quedamos de ustedes sus amigos que los saludan muy cordialmente.

Lázaro Cárdenas y señora

México, D. F., 2 de julio de 1969

Señor licenciado Octavio García Rocha, México, D. F.

Estimado y fino amigo: Oportunamente recibí el texto de la tesis *Organismos de desarrollo regional* (*El caso de la Comisión del Río Balsas*), que presentó usted a la Escuela Nacional de Economía de la Universidad Nacional Autónoma de México para obtener el título de licenciado en Economía.

El examen que usted hace de la significación que en México ha cobrado la planificación del desarrollo regional y los objetivos de carácter nacional que se les atribuye, es a mi juicio muy acertado ya que de acuerdo con las características de México y, dados los limitados recursos financieros disponibles, el abordamiento de las tareas que se desprenden en todo el territorio para procurar un desarrollo congruente y relativamente acelerado son las que usted señala y que con ejemplaridad trata con propiedad y atingencia en su estudio sobre la Comisión del Río Balsas.

Es alentador que los jóvenes como usted muestren cada día mayor interés por prepararse por medio de la realización de estudios superiores a efecto de ponerlos a disposición de aquellas necesidades más pronunciadas.

Lo felicito por el contenido de su tesis que considero de señalado interés.

Agradezco su amable dedicatoria y quedo su amigo que lo saluda cordialmente.

Lázaro Cárdenas

México, D. F., 3 de julio de 1969

Señores Jesús Bernárdez Gómez y Alfonso Gorostiza, presidente y secretario del Centro Republicano Español, López Nº 60, primer piso, México, D. F.

Estimados y finos amigos: Mucho agradezco el telegrama que con motivo del treinta y ocho aniversario de la Promulgación de la República Española tuvieron la amabilidad de dirigirme en representación de la emigración republicana.

Las amables expresiones de su telegrama constituyen una nueva muestra de afecto al país que, acogiéndolos, ha recibido los beneficios de una emigración digna de las virtudes del pueblo español que con su genio y su trabajo han sabido contribuir al avance de múltiples actividades en el país entre las que se destaca la difusión de la cultura española, la iberoamericana y, en general, la que en el mundo se abre camino en todas las direcciones y latitudes.

Correspondo los sentimientos de consideración y afecto que la emigración republicana española ha tenido la gentileza de manifestarme.
Quedo de ustedes su amigo que los saluda cordialmente.

Lázaro Cárdenas

México, D. F., 25 de julio de 1969

Señor Gerard Pierre-Charles, México, D. F.

Estimado amigo: En su oportunidad recibí el libro titulado *Haití, radiografía de una dictadura* que publicó recientemente la editorial Nuestro Tiempo, y que ha tenido usted la amabilidad de enviarme.

Con verdadero interés leí este estudio de los antecedentes y las condiciones en que se ha desarrollado la vida política, económica y social del pueblo haitiano, el primero en conquistar su independencia en América Latina, y considero que es un valioso aporte al conocimiento de Haití, tanto por su interpretación histórica como por la descripción de su situación actual.

Siendo un hecho conocido, el suscrito tiene siempre presente la ayuda en hombres y pertrechos que el Libertador Simón Bolívar obtuvo de Haití, como primera muestra de solidaridad hemisférica en favor de la gesta independentista de los países sudamericanos.

Felicito a usted por la visión revolucionaria y patriótica con que encara en su libro problemas tan complejos y de tan hondas raíces sociales.

Agradezco a usted su gentileza al remitirme su valiosa obra.
Quedo de usted su amigo que lo saluda cordialmente.

Lázaro Cárdenas

México, D. F., 29 de julio de 1969

Señor licenciado Luis Encinas J., Alatorre N° 813, colonia Pitic, Hermosillo, Son.

Estimado y fino amigo: Recibí su muy atenta carta de fecha 30 de junio pasado y el ejemplar adjunto de su último libro titulado *La alternativa de México*.

Su libro es de gran interés; esclarece con franqueza y sinceridad inusitadas algunas de las causas por las cuales la vida política y social del país aún no avanza con la celeridad deseable.

Su examen sobre las inquietudes de la juventud en el mundo y en México me parece atinado y aquéllas se seguirán manifestando en la medida en que el orden social contenga elementos de injusticia y desigualdad en la vida interna de los países y en la relación entre las naciones y mientras la amenaza de la guerra y de la destrucción sean una real amenaza para los jóvenes.

En relación a la reforma educativa, algunos de cuyos elementos usted planteó en el Instituto de Educación Superior y de Investigación Científica, son sin duda dignos de atención ya que, a pesar del tiempo transcurrido, son válidos especialmente en lo que se refiere a la comunicación de los estudiantes con el medio social a efecto de que sus actividades escolares no transcurran en el alejamiento de los problemas que los rodean.

En efecto, las limitaciones aún imperantes en la vida política y social del país, sobre todo en lo que se refiere a la acción de los partidos políticos y, en general, de la ciudadanía, no nos permite abrigar esperanzas de satisfacción respecto a la práctica de la democracia interna y externa de las organizaciones políticas y sociales, ni tampoco por una de las principales demandas políticas de la Revolución: el sufragio efectivo.

En cuanto a lo social, la Reforma Agraria, tiene usted razón, sigue siendo la cuestión fundamental a resolver en México para poder avanzar firmemente en el desarrollo de las demás actividades económicas. México puede hacerlo con justicia inspirándose en los principios de la Revolución que establecen considerable equilibrio entre el desenvolvimiento productivo y la liberación económica de los trabajadores.

Felicito a usted muy sinceramente por el contenido de su libro, pues es un loable esfuerzo por esclarecer las causas de los problemas que han surgido en el panorama nacional en estos últimos tiempos. Me interesó mucho lo que usted dice sobre la Reforma Agraria y la necesidad de reencauzarla a efecto de terminar con las viejas taras como la existencia persistente de latifundios y de múltiples irregularidades cometidas en detrimento de los campesinos.

Me causará positivo agrado tener la ocasión de platicar con usted en uno de sus viajes a esta capital y le estimo este deseo, que me manifestó en su propia carta. Salgo con frecuencia en recorridos por la cuenca del río Balsas, pero espero coincida uno de sus viajes con mi estancia en esta ciudad.

Agradezco a usted la oportunidad que me ha dado de leer su libro, pocos días después de su edición.

Quedo de usted su amigo que lo saluda muy cordialmente.

Lázaro Cárdenas

México, D. F., 22 de agosto de 1969

Señor Diego Córdoba, Caracas, Venezuela.

Muy querido y gran amigo: Recibí tu carta de fecha 11 del actual en la que con pena me enteré que sufriste un quebranto en tu salud y que has pasado dos meses en un balneario a orillas del mar, por prescripción médica.

Comprendo tu estado anímico por este motivo, mas estoy cierto de que para estas fechas te sientes mejor y ya en condiciones de establecer comunicación regular con tus familiares y amigos, que tanto te queremos y sabemos apreciar tus altos méritos.

En efecto, el mundo capitalista se encuentra convulsionado por razones lógicas de su inevitable e irreversible decadencia y el hecho de que su poder, por esa misma circunstancia, se haga sentir con violencias y acentuadas injusticias, es característico de ese régimen. Simultáneamente se yergue consistentemente una nueva perspectiva para la humanidad en la que, usufructuaria de todos los bienes materiales que le corresponde disfrutar por igual, rescatará la misión de la ciencia y de las creaciones del espíritu para su continua superación.

Espero prontas noticias sobre tu salud y tu posible viaje a México. Entre tanto, saludos cariñosos de parte de Amalia y mía para Matilde y para ti. Ambos deseamos tu completa recuperación.

Quedo tu amigo que te saluda con todo afecto.

Lázaro Cárdenas

México, D. F., 28 de agosto de 1969

Señor licenciado Gustavo Díaz Ordaz, Presidente de la República, Palacio Nacional, México, D. F.

Distinguido señor Presidente y fino amigo: Me permito distraer su atención debido al serio quebrantamiento de la salud del señor Eli de Gortari, actualmente recluido en la Penitenciaría del Distrito Federal.

La señora de Gortari, su esposa, y médicos amigos han informado que la diabetes que aqueja al doctor de Gortari presenta un estado suficientemente avanzado para ocasionarle una ceguera que puede ser progresiva y que trastorna considerablemente su vida en una reclusión que aligeraba con el estudio y el trabajo intelectual, al que ha dedicado sus mejores años.

Ruego a usted encarecidamente se consideren las condiciones de salud del doctor de Gortari y que, si fuese posible, las autoridades judiciales atenúen los términos de su acción y encuentren una fórmula para que el mismo recobre su libertad.

Debo manifestar que, en tales circunstancias, el doctor de Gortari estaría dispuesto a salir del país voluntariamente y por tiempo indefinido. Su principal empeño es terminar algunas obras que sobre filosofía escribe y que ha interrumpido en razón de su mala salud, en realidad muy precaria; asimismo atender moral y materialmente a su familia, en la que cuenta con cuatro hijos menores.

Disculpe, señor Presidente, esta nueva molestia que le infiero.

Quedo su atento amigo que lo saluda muy cordialmente.

Lázaro Cárdenas

México, D. F., 4 de noviembre de 1969

Señor doctor José Herrera Oropeza, Calle N° 5, Quinta "El Naranjo", Caracas, Venezuela.

Estimado amigo: Oportunamente recibí su libro titulado *Venezuela y el tercer mundo* y publicado en Venezuela este año. Mucho le agradezco su envío.

Me parece un acierto que el tema que usted seleccionó lo haya abordado desde el ámbito de su propio país haciendo, a la vez, consideraciones generales sobre el mismo.

Entre estas últimas dice usted que "el tercer mundo ha comenzado a ser una realidad como posibilidad de independencia económica y política" y se refiere a la previsible conjugación de fuerzas populares de los países afroasiáticos y latinoamericanos hacia ese fin.

A mi juicio, la unidad de propósitos proviene de la similaridad de los problemas que confrontan los países dependientes del tercer mundo, y es ya una realidad vigorosa en lo que respecta a la lucha por la independencia económica y la soberanía nacional. Aunque cada uno de esos países, para obtenerlas, siga su propio camino de acuerdo con sus circunstancias y particularidades, objetivamente es el trayecto común de los pueblos sojuzgados y sectores discriminados, convergente en breve plazo histórico con la lucha por la emancipación de los propios pueblos de los países desarrollados.

Aquella realidad es la que más pesa y determina en el curso de los acontecimientos internacionales, y agudo ejemplo de ello es la exitosa y heroica resistencia que los patriotas de Vietnam del Sur y del Norte están librando contra el poderoso imperio norteamericano. En esta batalla por la humanidad entera los pueblos todos, sin excepción, son solidarios de la liberación nacional y también solidarios en la protesta contra el agresor imperialista.

Felicito a usted por su nuevo aporte al estudio y análisis de los problemas que interesan y preocupan a gran parte del mundo contemporáneo.

Quedo de usted su atento amigo que lo saluda cordialmente.
Lázaro Cárdenas

México, D. F., 6 de diciembre de 1969

Señor Diego Córdoba, Av. Páez, Edif. Villa Madrid, Depto. 64, El Pinar, Caracas, Venezuela.

Muy estimado y gran amigo: Oportunamente recibí tu carta de fecha 31 de octubre pasado y sólo obligaciones de trabajo que me han mantenido fuera de la capital, motivaron el retraso en contestar.

Es muy satisfactorio que tu salud haya mejorado notablemente y, cuando recibas ésta, seguramente de tiempo atrás el médico te habrá dado de alta.

También me complace mucho saber que has decidido retornar a México en unión de Matilde, para estar cerca de tus hijos y de tus amigos que residimos aquí y que tanto te apreciamos.

Respecto a "la revolución que habrá de transformar nuestro destino" y que "está en manos de la juventud en rebeldía en todos los pueblos", hemos de conversar personalmente de estos y otros aspectos del gran cambio que el mundo viene experimentando en todos los órdenes. Por ahora sólo debo manifestarte que, a pesar de circunstancias o síntomas superficiales de signo negativo, tengo plena confianza en la capacidad humana, especialmente de la juventud, de trasponer obstáculos para que los pueblos cumplan con su destino histórico que será, inevitablemente, el de la convivencia fraternal de los pueblos y las naciones en un mundo que sustente su equilibrio en la justicia y la paz.

Amalia y yo, así como Cuauhtémoc y su familia, te esperamos a ti y a Matilde con los brazos abiertos, muy contentos de que vuelvas entre nosotros.

Quedo tu amigo que te abraza muy cordialmente.
Lázaro Cárdenas

Ahuacatitlán, Mor., 26 de febrero de 1970

A la comunidad Kikapoo, El Nacimiento, Mpio. de Múzquiz, Coah.

Con positiva pena nos enteramos del fallecimiento de mi estimado amigo Papikuano, jefe de esa comunidad. Lamentamos tan sensible pérdida y por tal motivo hacemos patente a ustedes nuestras sinceras condolencias.

Recordamos las gestiones y empeño que Papikuano puso para lograr la restitución de sus tierras y mejorar las condiciones de vida de la comunidad. Esperamos que quien lo sustituya siga con el mismo interés preocupándose por todo aquello que ayude al progreso y bienestar de todos ustedes.

Me habría sido satisfactorio estar con ustedes en estos días, pero asuntos urgentes me han retenido en esta región. Me propongo visitarlos en unos meses más.

He pedido a mi apreciado amigo el señor general P. A. Feliciano Flores pase a saludarlos y expresarles personalmente nuestro pesar.

De ustedes su amigo.

Lázaro Cárdenas del Río

México, D. F., 7 de marzo de 1970

Señor Diego Córdoba, Caracas, Venezuela.

Muy querido amigo: Recibí tu amable carta de fecha 13 de febrero y, en efecto, salí perfectamente bien de la intervención quirúrgica que se me practicó hace cerca de dos meses. Agradezco tu interés por mi salud.

Mucho nos alegra confirmes tu propósito de venir con Matilde a México alrededor del mes de abril, esperamos así sea y te veamos completamente restablecido.

Son muy naturales tus preocupaciones sobre los problemas de nuestros países y mundiales. No puedes ser indiferente a ellos siendo tú un luchador de firmes convicciones políticas y sociales y de honda sensibilidad en favor de las causas justas.

Sumándome a tus preocupaciones, considero que, más que pendientes de la "inevitable revolución que se avecina en el mundo", estamos en ella desde hace varios lustros y que la inquietud juvenil y la que experimentan los pueblos de tiempo atrás, son signos inequívocos de que está presente como una fuerza que, para crear un nuevo mundo, tiene primero que destruir mucho de lo falso y envejecido, fundamentalmente las estructuras socioeconómicas que detienen un mejor destino para el ser humano.

Cuando estés en México tendremos mucho qué platicar.

En espera de verlos por ésta su casa, Amalia y Cuauhtémoc se unen a mí para enviar a Matilde y a ti, los más cariñosos saludos y nuestros parabienes.

Quedo tu amigo que te saluda con todo afecto.

Lázaro Cárdenas del Río

México, D. F., 21 de marzo de 1970

Señor Bernabé Arana León, socio delegado de la Sociedad Local Colectiva de Crédito Ejidal, Quechehueca, Son.

Muy estimado y fino amigo: Estoy verdaderamente agradecido a la Sociedad Local Colectiva de Crédito Ejidal de Quechehueca, que usted representa, y a las demás comunidades que han tenido la gentileza de invitarme para que los visite.

Me he privado hasta hoy de trasladarme a esa zona por asuntos que me ha precisado atender, tanto más que al visitar a ustedes tendré que ir de allí a otras zonas del norte del país de donde se han servido también invitarme, y para ello necesito disponer de dos o tres semanas para el recorrido.

Por lo anterior, propongo a ustedes sea en el próximo mes de octubre, en el aniversario de su dotación ejidal cuando los visite, ya que para entonces habré desahogado los asuntos que hoy me retienen, en la inteligencia de que en esa fecha, sin variación alguna, estaré con ustedes.

Les ruego considerarlo así, y les reitero que tengo positivos deseos de saludarlos personalmente en su propia casa y ver de cerca lo que han logrado con su esfuerzo las comunidades ejidales y comunidades yaquis, en bien de su mejoramiento y progreso de la región.

Un saludo afectuoso para ustedes y sus familias de su siempre atento amigo.

Lázaro Cárdenas del Río

México, D. F., 16 de junio de 1970

Señor senador Rafael Galván, director general de la revista *Solidaridad*, Dr. Río de la Loza N° 233, piso 1°, México, D. F.

Muy apreciado y fino amigo: Mucho agradezco el envío periódico de la revista *Solidaridad* del Sindicato de Trabajadores Electricistas de la República Mexicana, que acertadamente diriges.

Deseo felicitarte así como a tus colaboradores por la alta calidad periodística y el interés general que despierta el contenido de la revista, especialmente entre los trabajadores.

Asimismo te hago patente mis congratulaciones por la valiosa participación de nuestro mutuo y buen amigo, el distinguido periodista Francisco Martínez de la Vega como codirector de la propia revista.

He visto con interés los últimos números, entre ellos en los que aparecen los editoriales titulados "Turbiedades y esperanzas del sector nacionalizado" y "El resurgimiento del sindicalismo revolucionario", haciendo en el primero la distinción entre la expropiación y la nacionalización de bienes en consonancia con el articulado de la Constitución, siendo ilustrativo lo que asienta respecto al cambio radical que experimenta la propiedad privada en ambos casos.

El editorial del número que corresponde al 30 de abril también merece mención especial por el examen que se hace de la situación actual del movimiento obrero, ofreciendo perspectivas para su fortalecimiento en función de la independencia económica y para que la clase obrera cumpla con su papel histórico.

Creo sinceramente que la revista se está superando continuamente al sostener tesis propias en cuanto a las formas de revitalizar la trayectoria de la Revolución Mexicana.

Con mis mejores deseos por tu salud y bienestar quedo tu amigo que te saluda afectuosamente.

Lázaro Cárdenas del Río

México, D. F., 17 de junio de 1970

Señor doctor Gustavo Baz, México, D. F.

Distinguido y fino amigo: Debido a mis frecuentes viajes a las distintas zonas del río Balsas me vi privado de manifestar a usted oportunamente mis más sinceras felicitaciones por sus cincuenta fructíferos años de ejercicio profesional, celebrados recientemente.

Conociendo de siempre su cariño por la profesión que escogió y estudió en años aciagos y consciente de los éxitos tan señalados que ha tenido en ella, siento verdadera y amistosa satisfacción al verlo entregado con el entusiasmo que lo caracteriza a la práctica de su noble oficio.

En la celebración antedicha, es imposible ignorar su trayectoria revolucionaria íntimamente ligada, desde sus años de estudiante y joven profesionista, al movimiento social mexicano en que usted participó tan activamente.

Merece justo reconocimiento su interés continuo por la formación de la juventud, mostrado desde la rectoría de la Universidad Nacional Autónoma de México; por mejorar las condiciones de vida del pueblo mexicano, lo que hizo a usted rebasar las amplias fronteras de la medicina para entregarse a los deberes de la administración pública y dedicarse a proporcionar salud o prevenir enfermedades; y manifestando con hechos positivos su reiterada preocupación por la suerte de los trabajadores del campo y de la ciudad al frente del gobierno de su estado natal.

La lucha por la Reforma Agraria, que usted vivió de cerca desde su génesis, ha permanecido como una de sus preocupaciones más vivas, seguramente como convicción arraigada desde la época en que actuó en contacto con el general Emiliano Zapata y por su propia experiencia revolucionaria.

En nuestras conversaciones y otros elementos de juicio he podido apreciar sus ideas respecto a la necesidad de introducir reformas a la Reforma Agraria y, en efecto, así es siempre que sean de intención y contenido revolucionarios.

Abordando el problema con hondo sentido social y humano se refería usted hace un mes, con toda justicia, a la necesidad de incorporar a los niños y los jóvenes del medio rural a los beneficios del reparto de la tierra y del desarrollo agropecuario e industrial, señalando que son las nuevas generaciones las que deben prepararse directa y prácticamente para consolidar las condiciones de seguridad en que debe vivir la población campesina, cuyo esfuerzo está relacionado con las posibilidades de llevar a cabo el desenvolvimiento armónico de la economía nacional.

La referencia a sus distintas actividades marginales a su profesión obedecen al hecho de que la vida y la obra de usted difícilmente podrían concebirse sin sus valiosas aportaciones en la administración pública, en el campo de la cultura y en la acción revolucionaria.

Deseo a usted toda clase de parabienes y mayores éxitos en la labor médico-social en que está usted hoy empeñado.

Quedo de usted su amigo que lo aprecia con gran afecto.

Lázaro Cárdenas del Río

México, D. F., 30 de junio de 1970

Señor licenciado Salvador Pineda, embajador de México en Grecia, Atenas, Grecia.

Estimado y fino amigo: Recibí su muy atenta carta de fecha 13 de mayo que con motivo de mi 75 aniversario tuvo usted la amabilidad de escribirme y la que he leído agradecido por sus amistosos conceptos sobre mi trayectoria en la vida pública de México, mereciendo una interpretación muy generosa de su parte.

Aseguro a usted, mi estimado amigo, que cuanto se pudo hacer en el sexenio 1934-1940 en beneficio del país y del pueblo mexicano, tanto en lo que se refiere a mantener en lo posible su dignidad como a elevar las condiciones de vida del pueblo, fue en el cumplimiento de un deber señalado por la Constitución y la responsabilidad que entonces contraje ante la nación. Y también es una obligación de mexicano conservar un interés continuo, en el lugar de trabajo que nos corresponda, en mejorar la imagen de México y procurar la mejoría social y cultural de sus habitantes.

Confío en que durante su estancia en Atenas haya contribui-

do a mejorar las relaciones entre los pueblos mexicano y griego y deseo para usted y los suyos, salud y bienestar.
Quedo su amigo que lo saluda muy cordialmente.
Lázaro Cárdenas del Río

México, D. F., 3 de julio de 1970

Señor doctor Ignacio Chávez, Paseo de la Reforma N° 1310, México, D. F.

Distinguido y fino amigo: Deseo felicitar a usted sincera y cordialmente con motivo de sus cincuenta años de vida profesional que tan merecidamente celebra el gremio médico mexicano en lo general y el Instituto Nacional de Cardiología en particular.

Me uno con beneplácito al reconocimiento público que en tan señalada ocasión se rinde a usted por sus excepcionales servicios en el ejercicio profesional; por la alta calidad de la práctica médica y de los trabajos de investigación que bajo sus auspicios logró el Instituto Nacional de Cardiología con la cooperación de grupos de eminentes galenos, institución que ha adquirido considerable prestigio nacional e internacional y ha servido para que nuevas generaciones de cardiólogos de México, América y otras partes del mundo obtengan mayor preparación en su especialidad en una institución tan altamente calificada.

Aunque es ante todo el campo de la cardiología al que ha dedicado usted mayor tiempo e interés, vale mencionar su preocupación continua por elevar el nivel profesional de la juventud estudiosa en el empeño de que la cultura, la ciencia y la técnica tengan la debida aplicación para el desarrollo independiente del país.

En esta última dirección pudo usted en un momento encauzar y mejorar las actividades docentes de la Universidad Nacional Autónoma de México en una ardua tarea de orientación e intención patriótica, cuyos frutos serán apreciados más clara y concretamente con el paso del tiempo y cuando se pueda valorar el alcance de su dedicación y esfuerzo en la rectoría de esa H. Casa de Estudios, de largo y señero historial.

Ampliamente conocida en México la limpia y honrosa trayectoria de su vida científica de conocidas vetas humanísticas, su jubileo constituye una muestra fehaciente de la estima y admiración que le profesamos los mexicanos por haber puesto su inteligencia y su capacidad, sin límite alguno, al servicio de la sociedad y del individuo, rebasando fronteras de toda índole para ampliar los campos del saber e intensificar el sentido de responsabilidad intelectual entre las nuevas generaciones.

Deseo para usted en este aniversario las más grandes satis-

facciones y en el futuro salud, bienestar y nuevos éxitos en su profesión.
Quedo de usted su amigo que lo saluda muy afectuosamente.

Lázaro Cárdenas del Río

México, D. F., 28 de julio de 1970

TELEGRAMA

Comité Organizador del Jubileo Profesional del Maestro Ignacio Chávez, Av. Cuauhtémoc 300, México 7, D. F.

Deseo agradecer muy cumplidamente la distinción que he recibido de ese Comité Organizador al invitarme al merecido homenaje que se rinde al doctor Ignacio Chávez con motivo de su Jubileo Profesional. En ocasión tan señalada quiero manifestar público reconocimiento y mi sincera admiración hacia la extraordinaria actividad profesional y docente de tan ilustre galeno, la que ha prestigiado nacional e internacionalmente al país tanto por sus méritos propios como por haber auspiciado y organizado el Instituto Nacional de Cardiología que tan alta calidad ha cobrado en sus trabajos de investigación y la práctica de la medicina en la concerniente especialidad. Verdaderamente siento verme privado de concurrir al merecido homenaje al maestro Chávez debido a compromisos ineludibles de trabajo, mas ruego a ustedes participar al doctor Chávez y a sus acompañantes mis mejores votos por su bienestar y por nuevos éxitos en el ejercicio profesional con mis saludos más afectuosos.

Lázaro Cárdenas del Río

México, D. F., 8 de agosto de 1970

Señor ingeniero Heberto Castillo, Cárcel Preventiva de la ciudad de México, Lecumberri, México, D. F.

Muy estimado y fino amigo: Debido a los frecuentes viajes que hago he retardado involuntariamente manifestarte mi profundo agradecimiento por la magnífica pintura que tuviste la bondad de obsequiarme y que conservaré con agrado en esta tu casa.

Veo que estás aprovechando tu señalada disposición para la pintura y te felicito por el acierto con que has tratado un tema campesino, tan cercano a nuestro interés mutuo, y escogiste a un grupo de indígenas "triqui" que, como tú sabes, viven dispersos en una de las regiones más apartadas de la Mixteca y que necesitan empeñosa atención, en múltiples aspectos, para su integración al desarrollo de esa zona y, en general, del estado de Oaxaca y del país.

Me complace saber que disfrutas de buena salud y que tu ánimo es levantado, asimismo, que dedicas gran parte de tu tiempo a estudiar, escribir y a cultivar el arte de la pintura. Leo siempre con interés tus artículos periodísticos.

Quedo tu amigo que te recuerda y saluda con aprecio y viejo afecto.

Lázaro Cárdenas del Río

México, D. F., 12 de agosto de 1970

Señora Sofía Bassi, Acapulco, Gro.

Distinguida señora Bassi: Recibí su amable carta de fecha 17 de julio así como su autorretrato, el que describe las penosas condiciones en que usted se encuentra.

Agradezco a usted muy sinceramente el valioso y gentil obsequio enviado para mi señora y para mí y, asimismo sus expresiones de amistad.

Deseo manifestarle que sentimos sinceramente su actual situación y esperamos que las adversas y dolorosas circunstancias que tan hondamente han afectado a usted y sus familiares sean superadas a fin de que pueda recobrar la facultad de reunirse con los suyos y seguir produciendo arte en una atmósfera de libertad, tan necesaria para todo ser humano y consustancial para los artistas en cuanto al pleno desarrollo de su capacidad creadora.

Amalia y yo enviamos a usted nuestro sincero reconocimiento por sus finas atenciones con nuestros saludos más cordiales.

Lázaro Cárdenas del Río

México, D. F., 4 de agosto de 1970

Señores Emilio Rabasa, Andrés Valencia; señoritas Virginia Alcántara y Verónica Zamora, México, D. F.

Estimados y finos amigos: He leído con verdadero interés el trabajo preparado por ustedes sobre la obra del notable filósofo alemán Carlos Marx.

El estudio describiendo, en sus rasgos esenciales, la vida de Marx y haciendo una síntesis de sus teorías representa una disposición y un esfuerzo loables por conocer a fondo tesis que han influido poderosamente en la conformación de la ideología socialista en la época contemporánea.

Carlos Marx explicó con claridad las causas de la transformación continua y permanente de la sociedad, mas no pudo prever la evolución de ciertos fenómenos contemporáneos, por lo que parecería conveniente que con el espíritu de estudio e investigación que ustedes muestran por el tema de su trabajo, se empeñaran en interpretar la naturaleza, la trayectoria y el destino del imperialismo en América Latina, a la luz de las teorías del desarrollo socioeconómico que Carlos Marx y otros filósofos y economistas han tratado con singular lucidez, lo que significaría una aportación de sumo interés.

Felicito a ustedes por el afán de conocer el pensamiento marxista que, como ustedes mismos dicen, tiene una influencia importante en la teoría y la práctica del movimiento revolucionario universal.

Mucho agradezco la visita que tuvieron a bien hacerme y, asimismo, la gentil dedicatoria de su trabajo al suscrito.

Quedo de ustedes su amigo que los saluda muy cordialmente.

Lázaro Cárdenas del Río

México, D. F., 29 de septiembre de 1970

Excelentísimo señor Mohamed Hamdi Abou Zeid, embajador de la República Árabe Unida en México, Av. Rubén Darío N° 30, México 5, D. F.

Excelentísimo señor embajador: Deseo manifestar a usted mi profunda pena por el fallecimiento del Presidente de la República Árabe Unida, señor Gamal Abdel Nasser, quien dejó honda y benéfica huella al seguir una trayectoria de acendrado patriotismo y al impulsar la liberación y la unidad de los países árabes ante los problemas nacionales, regionales e internacionales que confrontan.

Con el deceso del señor Nasser, el mundo pierde uno de los más esclarecidos estadistas contemporáneos, que se distinguió hasta el último momento de su vida, como promotor de la paz en el respeto a la independencia de su país y, en general, de las naciones árabes.

Por mi parte, he perdido un entrañable y respetado amigo.

Ruego a usted, señor embajador, transmitir a su gobierno y al pueblo egipcios mi más sentido pésame por el infausto suceso que motiva esta carta.

Quedo de usted cordialmente su atento amigo.

Lázaro Cárdenas del Río

ÍNDICE ONOMÁSTICO

Adán, Abelardo: II, 214
Aguilar, Alonso: II, 138, 222, 242, 258, 262, 268, 271-273, 309
Aguilera G., Manuel: I, 166
Aguirre, Ignacio: II, 291
Aguirre Benavides, Adrián: I, 85
Aguirre Cerda, Pedro: I, 333; II, 82
Aguirre Palancares, Norberto: I, 137, 143, 270, 276
Agurto Calvo, Santiago: II, 367
Alamillo Flores, Luis: I, 448-449, 455-456, 469-471, 494-496; II, 13
Alarcón, Gabriel: I, 275-276
Alatorre, general: I, 488
Albornoz, Álvaro de: I, 300
Alcérreca, Luis G.: I, 137
Aldaz Frecero, César: II, 130
Alemán, Miguel: I, 218, 256, 421; II, 17, 87
Alfaro Siqueiros, David: I, 63; II, 217
Almazán, Juan A.: I, 41, 421; II, 113
Alonso, Domingo: I, 20
Alvarado, Salvador: II, 335, 366-367
Álvarez del Vayo, Julio: I, 301, 347; II, 10-11, 297
Álvarez Garín, Raúl: I, 99
Álvarez Mosqueda, Saúl: I, 99
Álvarez Sepúlveda, Manuela Enriqueta: II, 350
Álvarez y Álvarez, José: II, 350
Álvarez y Lezama, Francisco: I, 207
Allende, Salvador: II, 111, 152, 162-163, 171, 177, 206
Amézaga, Roberto: II, 71
Amézcua, Rodolfo: II, 299
Anaya, Miguel: II, 108
Anderson, L. L.: I, 328
Andrade R., José Carlos: I, 99
Anttonete, Alfredo: II, 208
Arana León, Bernabé: II, 381
Arango Aquino, Aurelio: II, 313

Arbenz, Jacobo: II, 92
Arciniegas, Germán: II, 148
Arévalo, Juan José: II, 83, 87, 98
Arias, José Antonio: I, 265
Arredondo Muñozledo, Benjamín: I, 206
Arriaga, Antonio: II, 349
Arriaga, Ponciano: II, 330
Arriaga Ochoa, Antonio: II, 370
Arroyo Alva, Antonio: I, 74
Artigas, José Gervasio: II, 160, 341
Auriol, Jean: I, 299-300
Ávila Cadena, Marcos Antonio: I, 99
Ávila Camacho, Manuel: I, 9, 15-16, 29, 39, 42, 45, 112, 171, 256, 421, 430, 439, 441, 448-449, 456, 458, 465, 470, 472, 475-476, 478, 481, 483, 486-487; II, 9, 113
Azaña, Manuel: I, 293, 298-301, 303, 305, 317; II, 121, 351-352
Azcárate, Juan F.: I, 144

Baca Calderón, Esteban: I, 160
Baeza, Trinidad: I, 144
Barba González, Silvano: II, 329
Barcia, Camilo: I, 301
Barletta, Leónidas: II, 199
Barrenechea, Manuel: I, 387-388
Bassi, Sofía: II, 386
Bassols, Narciso: I, 338, 347-348, 355; II, 38, 210, 221, 309, 337-339
Batista, Fulgencio: II, 117, 134, 208
Baz, Gustavo: I, 11, 122; II, 343, 361, 382
Becerra G., José Luis: I, 99
Béjar, Rafael: II, 298
Beltrán, Enrique: I, 184
Benavides Correa, Alfonso: II, 198
Benenson, Peter: II, 53
Benes, Eduardo: I, 316-317
Benítez, Fernando: II, 143, 291
Benítez, Jaime: II, 97
Berle, Adolfo: I, 326

Bermúdez, Antonio J.: I, 202; II, 71, 356
Bernal, John D.: II, 52, 176, 213, 220, 224-225, 229, 233-234, 238, 240, 242-248, 251, 254-255 n, 258, 261, 263-265, 269, 271-273, 276, 279-280, 282
Bernárdez Gómez, Jesús: II, 374
Betancourt, Rómulo: II, 103-106
Beteta, Ignacio M.: I, 315; II, 36, 93
Beteta, Ramón: I, 324, 336, 342-343; II, 35, 37, 92
Biraudy, Ángel A.: II, 208
Bisbé, Manuel: II, 208
Blanco, Andrés Eloy: II, 161, 340
Blanco, Othón P.: I, 465
Blanco Moheno, Roberto: I, 51, 53-54
Blum, León: I, 299-301, 303, 306, 317, 319, 322
Blume, Isabelle: II, 259, 287-288, 290, 293
Boal, John: I, 405-406
Bolívar, Simón: I, 11; II, 86, 102, 159-160, 180, 310, 341, 347, 375
Bosh, Juan: II, 183
Bouffé, Gérard: I, 190
Bravo Valencia, Enrique: I, 82
Bremauntz, Alberto: I, 64, 89, 215; II, 45, 92, 291
Brena Torres, Rodolfo: II, 346-347
Briseño, Arturo: II, 86
Brizzola, Leonel: II, 172
Buenrostro, César: I, 187, 189, 258
Buenrostro, Efraín: I, 45, 439; II, 365
Buitimea, Porfirio: I, 105, 111
Bursley: I, 352
Burt: I, 386
Bustamante, Eduardo: I, 232

Cabañas, Daniel R.: I, 59
Cabagne Mendoza, Carlos: I, 99
Cabrera, Luis: II, 330
Cabrera de Díaz, Bertha: I, 100
Cacho de Canela, María Luisa: I, 80
Cadena de Ávila, Carlota: I, 100
Calcines Gordillo, Ramón: II, 129
Calles, Plutarco Elías: I, 17-18, 23-27, 29, 47, 163, 174; II, 121, 129
Camacho, Enrique: II, 194
Camargo, Fernando: I, 172
Campos Araujo, Raymundo: II, 313
Campos Salas, Octaviano: I, 246
Canela Abarca, Luis: I, 80
Capistrán Garza, René: I, 60
Cárdenas, Celeste de: II, 192
Cárdenas, José: II, 308
Cárdenas Solórzano, Cuauhtémoc: I, 20, 186-188, 236, 262; II, 192, 194, 299, 312, 379-380
Cardoza y Aragón, Luis: II, 221, 291
Carías A., Tiburcio: I, 309
Carmona, Fernando: II, 291
Carranza, Venustiano: I, 51, 53-54, 88, 118, 409; II, 114, 121, 126
Carreón viuda de Silva, María: II, 299
Carrillo, Alejandro: II, 41
Carrillo Jr., Alejandro: I, 181
Carrillo Flores, Antonio: I, 241; II, 78, 115
Carrillo Puerto, Felipe: II, 123, 367
Carvajal, Ángel: II, 93
Casella, Alberto: II, 128, 214, 218, 223, 230, 244-247, 250-251, 253, 281, 364
Caso, Alfonso: I, 32-33
Castelo Branco, Humberto: II, 54
Castellanos, Raúl: I, 63
Castellanos, Rosario: II, 291
Castillo: I, 25
Castillo, Heberto: I, 99; II, 385
Castillo Nájera, Francisco: I, 8, 16, 283, 309, 312, 324-327, 329, 331, 333, 339, 343, 346-347, 349, 352, 362-364, 370, 372, 374, 376-382, 388, 391-392, 396-397, 405, 413-414, 417, 421, 423, 425, 429, 430, 434, 490, 496; II, 12
Castro, José Agustín: I, 420
Castro Leal, Rafaela G. de: II, 313
Castro Ruz, Fidel: II, 91, 96, 106, 117-118, 124, 129, 134, 136-137, 169, 235 n, 242, 246, 252, 284
Castro Estrada, José: I, 212, 214
Cazarín, Antonio: II, 372

Cedillo, Saturnino: I, 18, 36, 40, 44-45
Cedillo Castro, Celia: I, 44-45
Cepeda V., Vicente: I, 193
Cervante, Isaías: II, 291
Cervantes Ahumada, Raúl: II, 43
Cervantes Cabeza de Vaca, Luis: I, 99
Cienfuegos, Camilo: II, 137
Clark, Frank S.: I, 408, 448
Coello Elizondo, Antonio: I, 196
Colín, Mario: II, 348
Concha, Teodoro: II, 299
Contreras Labarca, Carlos: I, 333
Córdoba, Diego: II, 94, 159, 190, 192, 196-197, 315, 340, 363, 376, 379-380
Córdoba, hijo, Diego: II, 191, 363
Corona, Gustavo: II, 368
Corona del Rosal, Alfonso: I, 242
Coronel, licenciado: II, 306
Corretjer, Juan Antonio: II, 98-99
Cortés, Tranquilino: II, 339
Cosío del Pomar, Felipe: II, 87
Cosío Vidaurri, Guillermo: I, 271-272
Cruz, Ricardo: I, 144
Cruz, Roberto: I, 26
"Cuate" (Cuauhtémoc Cárdenas): I, 187
Cuesy Pola, Eduardo: I, 70
Cury, Jottin: II, 178
Cusi, Ezio: I, 150-152

Chandra, Romesh: II, 293
Chang-ching, Juan: II, 42
Chapin, Selden: I, 407
Chávez, Arturo: II, 299
Chávez, Ezequiel A.: I, 32
Chávez, Ignacio: II, 384-385
Che Guevara, Ernesto: II, 360
Chiari, Roberto: II, 150-151
Chijikvadse, Víctor: II, 214, 219, 222, 224, 229, 238
Chiprés, Jesús: I, 20
Chou Ehr-fu: II, 42, 216

Daeslé: I, 316
Daladier, Edouard: I, 299-300
Daniels, Josephus: I, 310-311, 327-328, 330, 337, 342, 349, 367-368, 372, 377-378, 398, 434, 435; II, 306-307
Davies, Joseph: I, 424
Davis, W. R.: I, 368, 379-380
Dávila, Arturo: I, 442-443, 449
De Zaldo, mayor: I, 495
Dedijer, Vladimir: II, 70
Delbos, Ivon: I, 299
Delgado, Francisco: I, 178
Denegri, Ramón P.: I, 294, 297
DeWitt, John L.: I, 9, 448, 450, 453-455, 461, 463, 467-471, 474-478, 480-481, 483, 485
Díaz, Porfirio: I, 459
Díaz Barriga, Jesús: II, 306
Díaz Ordaz, Gustavo: I, 84, 137, 146, 155, 200, 202, 246, 257, 259, 262; II, 71, 77, 164, 175, 190, 192-193, 217, 377
Dietrich, Arturo: I, 406
Domínguez, Belisario: II, 20
Domínguez, Raúl: I, 349
Dominois: I, 317-318, 322
Dórea, Joao: II, 171-173, 175
Dorticós, Osvaldo: II, 111, 124, 130, 146, 195, 286
Dr. Atl: II, 325
Duggan, Lawrence: I, 421, 496
Dumont, René: I, 165
Duque de Estrada, Miguel: II, 95
Eckstein, Salomón: II, 354

Eden, Anthony: I, 302
Efron, David: I, 421
Elías Calles, Hortensia: I, 47
El Sebai, Youssef: II, 235 n, 252-253, 268
Emery Ulloa, Federico: I, 99
Encinas, Luis: II, 375
Endiccott, James G.: II, 255
Engler, Robert: II, 352
Enríquez, Ignacio C.: I, 164
Enríquez, Raymundo E.: II, 31
Eriza de la Vega, Cipriano: I, 325
Escobedo, Josué: I, 40
Espinosa Mireles, Gustavo: I, 46; II, 22

Fabela, Isidro: I, 16, 63, 292, 301, 305-306, 319, 321; II, 26, 29, 102, 161, 316
Faber, Paúl: II, 43

Felipe, León: II, 345
Félix de Austria: II, 13
Fernández, Eufemio: II, 108
Fernández, Graciela M. de: I, 100
Fernández, Luis: II, 305
Fernández Martínez, Enrique: I, 144
Ferreira, Vicente: II, 309
Figueroa: I, 103
Flores, Feliciano: II, 380
Flores Magón, Ricardo: I, 174
Foster Dulles, John: I, 13
Franco: I, 103
Franco, Francisco: I, 302, 344; II, 36-37, 116
Franco López, Manuel: I, 262, 264
Frank, Waldo: II, 300-302, 304, 310-311
Frayre, Martha: II, 221
Frías Lucky, Juan: I, 110
Fuentes, Carlos: I, 97; II, 144, 291

Gabaldón, José R.: II, 163, 179, 183, 187, 347
Gagarin, Yuri A.: II, 215
Galván, Rafael: II, 381
Gallegos, Rómulo: II, 83, 86, 90, 99, 103-104, 107, 196-197, 200, 310, 315, 326
Gamboa, Rafael Pascasio: II, 308
Gámiz Díaz, Juan: I, 274
García, Genaro: II, 362
García, J. Guadalupe: II, 299
García A., Xicoténcatl: II, 291
García Armengol, Miguel: II, 130
García Barragán, Marcelino: I, 101
García Cantú, Gastón: I, 20, 77, 98
García Correa, Bartolomé: I, 40
García Márquez, Calixto: II, 94
García Montoro, Alberto: II, 372
García Naranjo, Nemesio: II, 89-90
García Reynoso, Plácido: I, 261
García Rocha, Octavio: II, 374
García Suazo, Silvestre: II, 316
García Téllez, Ignacio: I, 50, 135, 206; II, 82, 291, 354
Garza, Lorenzo de la: II, 369
Garibay K., Ángel María: II, 348-349
Gasca Villaseñor, Celestino: I, 86
Gaulle, Charles de: II, 53, 66
Gavaldón, José R.: II, 94
Gaxiola, Javier: I, 439
Geiger: I, 331
Gil Preciado, Juan: I, 154, 200, 248, 270-271
Girón, Guillermo: II, 299
Giroux, Edith P.: I, 336
Godínez, Benigno: I, 144
Goering, Hermann: I, 320
Goldenberg, Sara: II, 112
Gómez, Alejandro: II, 141, 147, 199
Gómez, Hilda: I, 247
Gómez, Luz: I, 247
Gómez, Marte R.: I, 26, 128, 170, 247; II, 109-110, 119, 333, 368
Gómez Alonso, Paula: I, 100
Gómez Arias, Alejandro: II, 68
Gómez Barrera, Carlos: II, 327
Gómez Maqueo, Roberto: I, 448
Gómez Mont, Felipe: II, 68
Gómez Villanueva, Augusto: I, 156, 158
Gonzaga de Oliveira Leite, Luis: II, 140, 146
González, Abraham: I, 161
González, Clicerio: I, 226
González, Manuel Pedro: II, 356-357
González, Miguel S.: I, 486
González Casanova, Henrique: I, 97
González Casanova, Pablo: I, 78, 216
González de Alva, Luis: I, 99
González Gómez, Javier: I, 456
González Pedrero, Enrique: II, 145, 268, 291
González Tejeda, Armando: I, 50, 52
Gordón Ordás, Félix: I, 290, 296-297; II, 338
Gorostiza, Alfonso: II, 374
Gorostiza, José: II, 155
Gortari, Eli de: I, 99; II, 221, 377
Goulart, Joao: II, 131, 171, 173
Grove V., Marmaduke: I, 387-388
Gual Vidal, Manuel: I, 173, 177
Guerra, Ricardo: II, 291
Guerra Leal, Mario: I, 58
Guerrero, Francisco: II, 330
Guerrero, Silvestre: I, 44
Guevara de la Serna, Ernesto: II, 94, 360-361

392

Guevara Lynch, Ernesto: II, 360-361
Guevara Niebla, Gilberto R.: I, 99
Guillén, Fedro: II, 192
Guillermo II: I, 321
Gutiérrez Cázares, J. Jesús: I, 110
Gutiérrez Menoyo, Eloy: II, 169-170
Gutiérrez Roldán, Pascual: I, 186
Guzmán, Martín Luis: II, 333, 370
Guzmán Cárdenas, Cristóbal: I, 212

Hamdi Abou Zeid, Mohamed: II, 387
Hay, Eduardo: I, 291, 377, 404, 406
Haya de la Torre, Raúl: II, 87
Hernández, Héctor: I, 274
Hernández, Melba: II, 66
Hernández, Raciel: II, 372
Hernández Armas, Joaquín: II, 168
Hernández Gamundi, Félix L.: I, 99
Hernández Netro, Mateo (gobernador de San Luis Potosí al producirse la sublevación del general Saturnino Cedillo, la cual secundó): I, 40
Hernández Terán, José: I, 233, 235, 250-251
Hernández y Hernández, Juventino: I, 154
Herrera, José Joaquín, de: I, 428
Herrera Bazán, Severino: I, 193
Herrera Oropeza, José: II, 378
Herrera y Lasso, José: I, 174
Herrero, Rodolfo: I, 51, 53-54
Hidalgo, Manuel: I, 404
Hidalgo y Costilla, Miguel: II, 159, 195, 335, 341
Higareda, Felipe: I, 156
Hill, Robert: II, 102
Hinojosa: I, 104
Hinton, Geo B.: II, 306
Hitler, Adolf: I, 302, 320-321; II, 23-24, 57, 116
Ho Chi Min: II, 72, 74-75
Hoover, Heberto C.: I, 423
Hopkins, John: II, 245
Hostos, Eugenio María de: II, 160
Huerta, Victoriano: I, 411

Hull, Cordell: I, 324, 335, 340, 385, 396
Hurley, Patrick: I, 345, 367, 372, 374-377, 430, 495; II, 12-13

Iglesias Leal, Ramiro: II, 368-369
Iturbide, Agustín de: II, 30

Jahn, Gunnar: II, 318
Jara, Heriberto: I, 66, 77, 88, 463; II, 21, 40, 57-59, 215, 326, 365, 372-373
Jara, Velia: II, 216
Jasso: I, 40
Jay, William: II, 356
Jenkins, William: I, 314
Jiménez Cohen, Gustavo: II, 132
Jiménez de Asúa, Luis: I, 301, 305, 316-318, 322
Jiménez Montaño, Zacarías: I, 144
Jiménez y Muro, Dolores: I, 174
Johnson, Lyndon B.: II, 68
Jones, Jesse: I, 422
Juana de Arco: II, 68
Juárez, Benito: I, 9, 162; II, 160-161, 176
Juliot-Curie, Frédéric: II, 209-212

Kellog, John D.: II, 121
Kennedy: I, 340
Kennedy, John: I, 188; II, 68, 246
Kenneth Turner, John: I, 74
Kepner, general: 480
Krofta: I, 316, 318, 322
Kluckholn, Frank L.: I, 340; II, 303
Kolosovsky, Igor K.: II, 81
Kollmann, Otto: I, 245
Konder, Valerio: II, 221-222, 224, 245-246
Kruschev, Nikita: I, 13; II, 48-50, 52, 215
Krzywicki, E.: I, 245
Kuo Mo-jo: II, 38-39, 42, 48, 52, 55, 58, 235 n, 238, 242, 247, 263-264
Kybal, Vladimir: I, 348

Ladd, F.: II, 71-72
La Fontaine, Juan de: II, 115, 119
Lama de la: I, 186
Lane Wilson, Henry: II, 123
Lara Barragán, Antonio: I, 47
Lárraga: I, 40

393

Larrazábal, Wolfgang: II, 94, 142
Lavín, José Domingo: I, 47, 195
Lawson, Robert: I, 352, 381, 407
Leduc, Alberto: II, 314
Leñero, Agustín: I, 41, 305, 316, 374, 378, 429; II, 305
León, Carlos: I, 61
León de la Barra, Francisco: II, 311
Leyva Velázquez, Gabriel: I, 116
Lezcano, Javier: II, 208
Lincoln, Abraham: II, 102
Lombardo de Silva, Adriana: II, 371
Lombardo Toledano, Vicente: I, 53, 81, 198; II, 84-85, 139, 232, 372
London, Russfound: II, 66
López, Alfonso: I, 287
López, Jacinto: I, 51-53, 65
López, Miguel: I, 290
López Bustamante, Pedro: I, 325
López Cámara, Francisco: II, 145, 268
López Mateos, Adolfo: I, 55, 62, 72, 127, 257; II, 39, 114, 131, 261-262, 314
López, P., Florencio: I, 99
López Souza, Amílcar: I, 159
Lorence, Rigoberto: I, 256-257
Loret de Mola, Carlos: II, 350
Loyo, Gilberto: I, 158, 203
Lozada, Manuel: II, 329
Lozano, Arturo: II, 291
Lucero, Ignacio: I, 105
Luebke, Adela: II, 323
Lumbreras, Alberto: I, 81
Luther King, Martin: II, 363
Llano, Rodrigo de: I, 41; II, 312
Llata de la, ingeniero: I, 488

MacArtur, Douglas: II, 31
Macías Navarro, Bernabé: I, 211
Macías Valenzuela, Anselmo: I, 110
Machado, Gustavo: II, 196
Madero, Alberto: I, 161
Madero, Francisco I.: I, 55, 77, 88, 118, 161; II, 114, 121, 123, 339-340
Magañón, Mauricio: II, 308
Maldonado Leyva, David: I, 274
Manrique Jr., Aurelio: I, 26

Mansfield, Mike: I, 68
Mao Tse-tung: I, 13; II, 40, 48-51, 179
Maples Arce, Manuel: II, 329
Marcué Pardiñas, Manuel: I, 99; II, 320
Mariles, Humberto: II, 310
Marinello, Juan: II, 208, 325
Márquez Sterling, Carlos: II, 208
Marshall, George: I, 454
Martí, José: II, 134, 160, 286, 341
Martínez, Salvador: I, 99
Martínez Barrio, Diego: II, 14
Martínez de la Vega, Francisco: II, 156, 358, 381
Martínez Domínguez, Alfonso: I, 90
Martínez Domínguez, Guillermo: I, 208, 249, 268
Martínez Manautou, Emilio: I, 240
Martino, César: I, 269
Marx, Carlos: II, 386-387
Mata, Filomeno: I, 63
Maximiliano de Austria: II, 30, 329
Mayés, Anita: II, 228
Mazo, Alfredo del: I, 224, 230, 234
McGovern, George: II, 81
Medina, Francisco: I, 145
Medina, Ramón: II, 306
Mei-Yi: II, 42
Mejía, Cosme: II, 371
Méndez, Leopoldo: II, 369
Méndez, Pablo: II, 369
Méndez Arceo, Sergio: I, 94, 277
Méndez Ramírez, Luis Enrique: II, 341
Mendoza, Alfredo: I, 274
Mendoza viudad de Cabagne, O.: I, 100
Mendoza Shoerfeguer, Miguel: I, 162
Menon, Krishna: II, 274, 277
Mercado Vázquez, Porfirio: I, 276
Mesa, Manuel: II, 211, 224, 228
Messersmith, George S.: I, 437, 495
Miaja, José: I, 315
Miller, Charles Henry: II, 357-358
Miranda, Francisco: II, 159, 193
Mistral, Gabriela: II, 161
Molina, Agustín: II, 299

Molina Enríquez, Andrés: I, 74
Molina Enríquez, Luis: II, 330
Molina Esquivel, Julio: II, 291
Monsiváis, Carlos: II, 291
Montaño, Guillermo: II, 62, 234, 291, 324
Montaño, Otilio: I, 174
Montilla, Ricardo: II, 200, 326
Monzón, Luis G.: I, 174
Moore, C. J.: I, 408
Morales Romero, Antonio: I, 99
Morazán, Francisco: II, 160, 341
Morelos, José María: II, 159, 195, 335, 341
Moreno: I, 151
Moreno Torres, Manuel: I, 192
Moreno Valle, Rafael: I, 262
Morones Prieto, Ignacio: I, 201, 210
Mossagedh, Mohamed: I, 8; II, 32, 125
Moya, Carlos: I, 175
Múgica, Francisco: I, 88-89, 112, 443, 458; II, 113
Múgica y Rodríguez Cabo, Janitzio: I, 198
Mussolini, Benito: I, 302, 320; II, 122

Nasser, Gamal A.: II, 41, 125, 387
Nava: I, 40
Navarro, Cándido: I, 174
Navarro, Paulino: I, 174
Necas: I, 317-319
Negrín, Juan: I, 347-348, 355
Nehru, Jawaharlal: II, 125
Neruda, Pablo: II, 246
Ngo Mau: II, 74
Nguyen Thi Binh: II, 76
N'Kruma, Kwame: II, 235 n, 241, 266-267
Noriega: I, 151
Noriega, Alberto: I, 224
Noriega, Raúl: II, 15
Núñez, José Manuel: I, 39

Obregón, Álvaro: I, 24-25, 53-54, 162; II, 115, 123
Ocampo Calderón, Pedro: II, 80
Ocaranza, Fernando: I, 30, 33
Ochoa, Manuel F.: I, 129
Olachea, Agustín: I, 62
Olea Enríquez, Miguel: II, 335, 366

Olivares Figueroa, J. Ascensión: I, 95
Ordóñez, Xavier: I, 332
Orive Alva, Adolfo: II, 364
Ortega: I, 44
Otero, Mariano: II, 353-354
Ortiz, Fernando: II, 208
Ortiz González, Samuel: II, 334
Ortiz Mena, Antonio: I, 240
Ortiz Rubio, Pascual: I, 89, 104
Ovares, Enrique: II, 208
Ozuna Pérez, Rubén, I, 452

Padilla, Ezequiel: I, 437, 439
Padilla Couttolenc, Ezequiel: II, 188
Padilla Nervo, Luis: II, 46
Padilla Salazar, Raymundo: I, 99
Pagés Llergo, José: I, 68; II, 89, 321, 328, 335
Palacios, Dimas: II, 371
Palacios Macedo, José: I, 32-33
Palomares, Noé: I, 271
Pándura, Cesáreo: I, 153
Pani, Alberto, J.: I, 178
Papikuano: II, 379
Paredes: I, 44
Pareyón, Armando: II, 42
Pauling, Linus: II, 265, 277, 324
Paz Estensoro, Víctor: I, 10, 118
Pellicer, Carlos: II, 291
Peng Chen: II, 179
Peña, Lázaro: II, 208
Peña, Manuel de la: I, 130
Peralta, Carlos M.: I, 113
Pérez Elías, Antonio: II, 34
Pérez González, Armando: II, 330
Pérez Méndez, Carlos: I, 79
Pérez Palacios, Ángel: I, 212
Pérez Salazar, Javier: II, 370
Pérez Treviño, Manuel: I, 103
Perón, Juan Domingo: II, 309
Pesqueira, Ignacio: II, 349
Pierre-Charles, Gerard: II, 291, 375
Pike, Kenneth L.: II, 373
Pineda, Salvador: II, 191, 383
Pire, Dominique: II, 317-318
Pluma Blanca, Francisco: I, 111
Pluma Blanca, Luis: I, 110
Poblete, Olga: II, 111, 127, 214-215, 218, 221-223, 227, 234-235 n, 238, 242, 244-250, 254, 257, 262, 280, 283

Ponce, Bernardo: II, 304
Ponce Sobrevilla, Aníbal: II, 204
Porrúa, Indalecio y José Antonio: I, 163
Posada, Guadalupe: II, 331
Portes Gil, Emilio: II, 239
Portuondo, José Antonio: II, 99
Posada, José Guadalupe: II, 369
Prestes, Luis Carlos: II, 147
Preuschen, Gerhardt: I, 231
Prieto, Blanca: II, 342
Prieto, Concepción: II, 342
Prieto, Indalecio: I, 355; II, 342
Proenza, Teresa: II, 147, 325-326
Pugi Mivar, Manuel: II, 111

Quadros, Janio: II, 128, 184
Quintanilla, Luis G.: II, 36
Quiñones, Horacio: I, 49
Quiroga, Pablo: I, 30
Quiroga, Vasco de: I, 145; II, 371

Rabasa, Emilio: II, 386
Raimondi, Luigi: I, 194
Ramírez, Alfonso Francisco: II, 14
Ramírez, Ricardo: I, 482
Ramírez: I, 30
Ramírez, Enrique: I, 23
Ramírez Guzmán, B.: II, 291
Ramírez Méndez: I, 276
Ramírez Novoa, Ezequiel: II, 203
Ramírez Puente, Simón: II, 371
Ramírez y Ramírez, Enrique: I, 75, 255; II, 153, 332
Ramos Cosme, Benjamín: I, 270
Ramos Praslow, Ignacio: I, 160
Rayner, Arnold H.: I, 451
Rejano, Juan: II, 345
Rentería, Daniel T.: I, 175
Revueltas, José: I, 99
Reyes Heroles, Alfonso: 88, 91, 196; II, 352-353
Reyes Pérez, Roberto: I, 55; II, 309
Rico, Juan Felipe: I, 443, 448, 460, 466, 469-471, 480-481
Richberg, Donald: I, 343-347, 349, 352, 356-357, 367-369, 373, 378, 424, 429
Río, José María del: II, 299
Ríos, Juan Antonio: II, 82
Ríos Solano, Fidencio: I, 95, 277

Riva Palacio, Carlos: I, 29
Rivas, Mariano: I, 211
Rivas Cherif, Dolores de: II, 351
Rivera, Diego: II, 313
Roa, Raúl: II, 96
Rockefeller, Nelson: I, 424
Rodríguez, Abelardo: II, 297, 309
Rodríguez, Luis I.: I, 40-41; II, 82, 91
Rodríguez, Mauro: I, 99
Rodríguez, Modesto E.: I, 451
Rodríguez Adame, Julián: I, 190
Rodríguez Cabo, Matilde: I, 198; II, 191, 193, 363-364, 377, 379-380
Rodríguez Malpica, Mario: I, 465
Rodríguez Pereira, Lafayette: II, 181
Rodríguez Triana, Pedro: II, 371
Roig de Leuchsering, Emilio: II, 208
Rojo Gómez, Javier: I, 66, 132
Romero, José Rubén: I, 410
Roosevelt, Eleanor: I, 189
Roosevelt, Franklin Delano: I, 8, 38, 61, 283-285, 315, 326, 300-331, 336-337, 340, 344-346, 349, 355, 362, 364, 366-369, 371-372, 423, 427-428, 430, 435, 437; II, 18, 29, 68, 102, 151, 160, 307
Roosevelt, Teodoro: I, 423
Rosales, Romeo Antonio: I, 254, 269
Rosas Barrera, Federico: I, 99
Rouaix, Pastor: II, 330
Rubio, Roque R.: I, 144
Ruiz Cortines, Adolfo: I, 114, 256-257, 259; II, 32, 88, 168
Ruiz, Eduardo: II, 371
Ruiz del Río, Eduardo: II, 334
Ruiz Villegas, Salvador: I, 99
Russell, Bertrand: I, 16; II, 59-62, 64, 66-67, 69-70, 81, 277, 317-119

Sáenz, Vicente: II, 161
Sahagún, Bernardino de: II, 352
Salazar: II, 71
Salazar Mayén, Olvido T. de: II, 313
Salcedo, Lino: II, 299
Sandino, Augusto C.: II, 118
San Martín, José de: II, 160
Sánchez, Rafael: II, 299

Sánchez, Salvador S.: I, 454, 472-473, 477
Sánchez Colín, Salvador: I, 152
Sánchez Gavito, Vicente: II, 154
Sánchez Pineda, Sindronio: I, 24
Sánchez Taboada, Rodolfo: I, 29
Sánchez Tapia, Rafael: I, 25, 40
Sandoval, Arturo: I, 133, 258
San Martín, José de: II, 341
Santa Ana, Miguel G.: I, 160
Santillán, Manuel: I, 190, 223
Santos Valdés, José: I, 239
Sartre, Jean-Paul: II, 66-67, 70, 73
Saucedo, Enrique S.: I, 194
Saucedo Salazar, Rubén: I, 205
Schaumann, Hans: I, 222
Schelesinger, Joseph: I, 188
Schoeman, Ralph: II, 317
Schwartz, Laurent: II, 70, 73
Seoane, Edgardo: I, 147
Serrano, G.: I, 352, 381, 406-407
Shen-Chien: II, 50
Sierra, Justo: I, 131-132
Silva Herzog, Jesús: I, 96, 371, 373, 392; II, 291, 316, 319, 356
Sloan, Luward Martin: II, 74
Soberanes Muñoz, Manuel: II, 80
Solórzano de Cárdenas, Amalia: I, 198, 247, 482; II, 42, 54, 192, 194, 199, 232, 238, 281, 307, 309, 311, 340, 352, 364, 366, 373, 377, 379-380, 386
Somoza, Anastasio: I, 308, 424
Sorhegui, Silvino: II, 98-99
Sotelo Regil: I, 429
Stalin, José: II, 23
Stevenson, Adlay: II, 223
Suárez, Eduardo: I, 180, 324, 326, 375, 391-392, 406, 439
Suárez, Luis: II, 72
Suárez Téllez, José Ma.: II, 338
Sukarno: II, 125
Sucre, Antonio José de: II, 160, 341
Sueiro, Magdalena: II, 130
Sun Yat-sen: II, 42
Svahnstrom, Bertil: II, 76

Taide Aburto, J.: I, 99
Tamayo, Jorge L.: I, 134; II, 211, 291, 343
Tamayo, José: I, 118

Tamayo, Marta L. P. de: II, 291
Tannenbaum, Frank: I, 495; II, 35
Tata Nacho: II, 327
Taylor: II, 81
Tejeda, Adalberto: I, 328
Tene, Próspero: I, 129
Tenorio, Horacio: I, 178
Terrones Benítez, José: I, 212
Tettegah, John K.: II, 267, 268-269
Tijonov, Nicolai: II, 52, 235 n, 263-264
Togno, Francisco M.: I, 249
Toriello, Guillermo: II, 88-89
Torres, Guadalupe viuda de: I, 133-134
Torres, Luis: II, 55
Torres Bodet, Jaime: I, 183
Torres Landa, Juan José: I, 133
Townsend, Elvira de: I, 107
Townsend, Guillermo: I, 107; II, 306
Traven, B.: II, 357
Trejo, Fausto: I, 99
Trotsky, León: I, 291, 294, 311
Trujillo, Leónidas: I, 424
Truman, Harry S.: II, 57, 68
Tsai Tung-kuo: II, 43
Tsao Tsuo-kuo: II, 42
Turrubiates, Ildefonso: I, 40
Twist: I, 336

U Thant: II, 54, 245, 319
Ubico, José: I, 424
Ugarte Pelayo, Alirio: I, 11; II, 95, 99, 347
Urtubia, Olga: II, 219, 224, 238, 263

Val Valencia, Luis: II, 299
Valdés, Alejandro: II, 352
Valdés Matilde, Julián: I, 276
Valle Caral, Manuel del: II, 146-147
Valle Espinosa, Eduardo: I, 99
Van Hasselt, B. T. W.: I, 328
Varas M., Raúl: I, 387
Varela, Alfredo: II, 217, 221, 291, 364
Vargas, Getúlio: I, 424
Vargas Lugo, Bartolomé: I, 176
Vázquez, Genaro V.: II, 305
Vázquez del Mercado, Antonio: I, 278

Vázquez Gómez, Elena: I, 355, 415; II, 108, 137, 157, 169
Velasco Alvarado, Juan: II, 198, 201, 203-204, 249
Velázquez H., Ricardo: I, 181
Vellasco, Domingos: II, 127-128, 131, 214, 222-223, 251, 253-254
Vigne, Fernand: II, 212
Villa, Francisco: II, 121, 333
Villalobos, Antonio: I, 42, 373, 386
Villaseñor, Eduardo: II, 311
Villaseñor, Toribio: I, 156

Walker, A. L.: II, 269
Wallace, Henry: I, 433; II, 17-18, 21-22, 208
Washington, George: II, 102
Wasilewskaia, Wanda: II, 229
Watts: I, 375
Waxman, Rita: I, 36
Weber Johnson, William: II, 339
Welles, Summer: I, 309, 312-315, 324, 326-332, 339, 342, 345-346, 352-353, 363, 367-369, 381-382, 384, 407, 420, 495
Wilkie, John M.: I, 430
Wolfran, Hans L.: I, 231
Womack Jr., John: I, 97

Xuan Thuy, M.: II, 76

Yáñez, Agustín: I, 131, 204
Ydígoras, Manuel: II, 112
Yocupicio, Román: I, 108

Zalce, Horacio: II, 291
Zapata, Emiliano: I, 97-98, 118, 174; II, 114, 121, 123, 329
Zárraga, Juan: I, 407
Zevada, Ricardo J.: II, 331
Zermeño Araico, Manuel: I, 451, 454-455, 460, 462, 469-471, 476-477, 481, 483-484, 486
Zorrilla Ríos, Miguel: I, 209
Zubieta, Francisco: II, 331
Zuno Hernández, José: II, 325, 366

impreso en gráfica panamericana s. de r. l.
parroquia 911 - méxico 12, d. f.
cuatro mil ejemplares
10 de septiembre de 1975

www.ingramcontent.com/pod-product-compliance
Lightning Source LLC
Chambersburg PA
CBHW031131160426
43193CB00008B/98